Gesundheitsökonomie

Guido W. Weber

Marketing in der gesetzlichen Krankenversicherung

Kundenbindung in einem regulierten Wettbewerb

D 21 (Diss. Universität Tübingen)

Shaker Verlag
Aachen 2012

Bibliografische Information der Deutschen Nationalbibliothek
Die Deutsche Nationalbibliothek verzeichnet diese Publikation in der Deutschen Nationalbibliografie; detaillierte bibliografische Daten sind im Internet über http://dnb.d-nb.de abrufbar.

Zugl.: Tübingen, Univ., Diss., 2011

Umschlaggestaltung unter Verwendung eines Bildes von Fotolia

Printed in Germany.

ISBN 978-3-8440-1098-5
ISSN 2191-9836

Shaker Verlag GmbH • Postfach 101818 • 52018 Aachen
Telefon: 02407 / 95 96 - 0 • Telefax: 02407 / 95 96 - 9
Internet: www.shaker.de • E-Mail: info@shaker.de

Für Mutsch († 2006)

Geleitwort

Gegenstand der vorliegenden Dissertation ist die Kundenbindung in der gesetzlichen Krankenversicherung. Die Arbeit untersucht, welche Faktoren die Kundenbindung bestimmen und über welche Marketing-Instrumente die Bindung an eine Krankenkasse beeinflusst werden kann.

Ausgehend von den Rahmenbedingungen im Krankenkassen-Wettbewerb werden relevante Grundlagen der Kundenbindung für Krankenkassen erarbeitet und ein Kausalmodell mit Hilfe einer Kovarianzstrukturanalyse empirisch überprüft. Darüber hinaus werden Handlungsmöglichkeiten zur Beeinflussung der Kundenbindung in der gesetzlichen Krankenversicherung aufgezeigt und empirische Ergebnisse zur Bedeutung ausgewählter Marketing-Instrumente von Krankenkassen präsentiert.

Die Dissertation widmet sich einem Thema von hoher praktischer Relevanz. Die Ausführungen sind theoretisch fundiert; die empirische Überprüfung der aufgestellten Hypothesen erfolgt mittels aktueller statistischer Methoden. Neue Erkenntnisse zum Krankenkassen-Marketing sowie zur Kundenbindung in der gesetzlichen Krankenversicherung werden gewonnen.

Ich wünsche der Arbeit die hohe Aufmerksamkeit und Verbreitung, die sie verdient hat.

Tübingen, im Juni 2012 Prof. Dr. Ralph Berndt

Vorwort

Die vorliegende Arbeit entstand während meiner Tätigkeit als externer Doktorand am Lehrstuhl für Marketing an der Wirtschafts- und Sozialwissenschaftlichen Fakultät der Eberhard Karls Universität Tübingen und wurde im Wintersemester 2011/2012 als Dissertation angenommen.

Mein besonderer Dank gilt meinem Doktorvater Herrn Prof. Dr. Ralph Berndt für die Betreuung der Arbeit. Ebenso danke ich Herrn Prof. Dr. Bernd Jahnke für die Übernahme des Zweitgutachtens sowie Herrn Prof. Dr. Werner Neus für den Prüfungsvorsitz der Disputation.

Darüber hinaus möchte ich mich bei der Geschäftsführung der careon GmbH in Tübingen bedanken, dass ich Promotion und operatives Tagesgeschäft im Rahmen meiner Anstellung verbinden konnte. Weiterhin danke ich Herrn Uwe K. Schneider für die datenschutzrechtliche Beratung bei der Durchführung der Onlinebefragungen sowie meinem Bruder Kai Schneider für seine Unterstützung bei der grafischen Gestaltung der Fragebögen.

Die empirischen Ergebnisse basieren auf zwei Befragungen von mehr als 4.000 gesetzlich Versicherten. Allen Befragungsteilnehmern sowie den zehn Krankenkassen, die eine Ansprache ihrer Versicherten ermöglichten, sei an dieser Stelle ebenfalls gedankt: Bertelsmann BKK, BKK B. Braun Melsungen AG, BKK ESSANELLE, BKK Pfalz, BKK PricewaterhouseCoopers, BKK Wirtschaft & Finanzen, Deutsche BKK, Ernst & Young BKK, KKH-Allianz und Vereinigte BKK.

Große persönliche Unterstützung fand ich zudem bei meiner Frau Regina, die das Entstehen dieser Arbeit von Anfang an begleitete. Danke für die Geduld und das notwendige „Gegengewicht“ in all den Jahren.

Die Erkenntnisse der durchgeführten Untersuchungen sollen zur Weiterentwicklung der gesetzlichen Krankenversicherung beitragen und den Versicherten bzw. Patienten stärker in den Vordergrund stellen. Auf dem Weg von einem Beitrags-

und Servicewettbewerb der Krankenkassen hin zu einem Wettbewerb um die beste Versorgung, sind die Wünsche der Versicherten noch besser zu verstehen und die Messung von Kundenpräferenzen zu optimieren. Die nachfolgenden Kapitel geben hierfür Impulse.

Trotz aller Herausforderungen und Verbesserungspotenziale in der gesetzlichen Krankenversicherung haben wir in Deutschland ein leistungsfähiges Gesundheitssystem, das jedem Bürger unabhängig von dessen Einkommen einen nahezu freien Zugang zu einer hochwertigen medizinischen Versorgung ermöglicht. Den Wert dieses Systems erfuhr ich nur wenige Wochen nach Beginn der Promotion, als bei unserer Mutter eine unheilbare Krebserkrankung festgestellt wurde. Trotz nicht vorhandener Heilungschancen fand in den nachfolgenden zehn Monaten eine aufwendige Behandlung statt. Die Frage, was ein Lebensmonat kostet, mussten wir uns glücklicherweise nicht stellen; der persönliche Wert jeder zusätzlich verbrachten Woche war dagegen unschätzbar. In allen Lebenslagen konnte ich mich auf meine liebe Mutter verlassen; meine Annahme als Doktorand hat sie mit Stolz erfüllt, den Abschluss der Promotion konnte sie leider nicht mehr erleben. Ihr ist dieses Buch gewidmet.

Tübingen, im Juni 2012 Guido W. Weber

Inhaltsverzeichnis

Tabellenverzeichnis

Abbildungsverzeichnis

Abkürzungsverzeichnis

ABDA	Bundesvereinigung Deutscher Apothekerverbände
Abs.	Absatz
ADF	Asymptotically Distribution Free
AEV	Arbeiter-Ersatzkassen-Verband
AGFI	Adjusted-Goodness-of-Fit-Index
Anm.	Anmerkung
AOK	Allgemeine Ortskrankenkasse
AVN	Alternativenbezogenes Vergleichsniveau
BKK	Betriebskrankenkasse
BKN	Bundesknappschaft
BMI	Body Mass Index
BMG	Bundesministerium für Gesundheit
C/D	Confirmation/Disconfirmation
CFI	Comparative Fit Index
CMIN/DF	Verhältnis zwischen dem Chi-Quadrat-Wert und den Freiheitsgraden
COPD	Chronic Obstructive Pulmonary Disease
C.R.	Critcal Ratio
DDD	Daily Defined Doses
DEV	Durchschnittlich extrahierte Varianz
DMP	Disease Management Program
DRG	Diagnosis Related Groups
EBM	Einheitlicher Bewertungsmaßstab
EFA	Explorative Faktorenanalyse
Est	Estimate
FIML	Full Information Maximum Likelihood
GEK	Gmünder Ersatzkasse
GFI	Goodness-of-Fit-Index
ggf.	gegebenenfalls
GLS	Generalized Least Squares

GKV	Gesetzliche Krankenversicherung
GKV-FinG	GKV-Finanzierungsgesetz
GKV-OrgWG	Gesetz zur Weiterentwicklung der Organisationsstrukturen in der GKV
GKV-VStG	GKV-Versorgungsstrukturgesetz
GKV-WSG	GKV-Wettbewerbsstärkungsgesetz
GMG	Gesetz zur Modernisierung der Gesetzlichen Krankenversicherung
GSG	Gesundheitsstrukturgesetz
H	Hypothese
HMG	Hierarchisierte Morbiditätsgruppe
HMO	Health Maintenance Organization
HZV	Hausarztzentrierte Versorgung
ICD	International Classification of Diseases
i.d.R.	in der Regel
IGeL	Individuelle Gesundheitsleistungen
ITK	Item-to-Total-Korrelation
IV	Integrierte Versorgung
IKK	Innungskrankenkasse
KBS	Knappschaft-Bahn-See
KBV	Kassenärztliche Bundesvereinigung
KFA	Konfirmatorische Faktorenanalyse
KHK	Koronare Herzkrankheit
KITK	Korrigierte Item-to-Total-Korrelation
KV	Kassenärztliche Vereinigung
KZV	Kassenzahnärztliche Vereinigung
LKK	Landwirtschaftliche Krankenkasse
MIMIC	Multiple Indicators, Multiple Causes
ML	Maximum Likelihood
Morbi-RSA	Morbiditätsorientierter Risikostrukturausgleich
n	Stichprobengröße
NFI	Normed Fit Index
PKV	Private Krankenversicherung
PLV	Preis-Leistungsverhältnis
RMSEA	Root-Mean-Square-Error of Approximation
ROI	Return-On-Investment
RSA	Risikostrukturausgleich
RSA-ÄndV	RSA-Änderungsverordnung

Rz.	Randziffer
S.	Seite
SE	Standard Error
See	See-Krankenkasse
SGB	Sozialgesetzbuch
SLS	Scale-free Least Squares
SMC	Squared multiple Correlations
SOEP	Sozio-oekonomisches Panel
Sp.	Spalte
TK	Techniker Krankenkasse
u.a.	unter anderem
u.U.	unter Umständen
ULS	Unweighted Least Squares
WIdO	Wissenschaftliches Institut der AOK
VdAK	Verband der Angestellten Krankenkassen
vdek	Verband der Ersatzkassen e.V.
VIF	Variance Inflation Factor
Vgl.	Vergleiche
vs.	versus
WHO	World Health Organization
z.B.	zum Beispiel

1 Einleitung

1.1 Ausgangspunkt

Mit der Einführung der freien Kassenwahl im Jahr 1996 wurde eine strukturelle Neuausrichtung der gesetzlichen Krankenversicherung (GKV) in Deutschland angestoßen. Wettbewerb soll fortan zur Verbesserung der Wirtschaftlichkeit und Qualität im Gesundheitswesen beitragen. Darüber hinaus soll Wettbewerb die Krankenkassen motivieren, auf die Wünsche ihrer Versicherten einzugehen und deren medizinische Versorgung nicht nur zu bezahlen („Payer"), sondern aktiv mitzugestalten („Player"). Aufgabe der Politik ist es, einen geeigneten Ordnungsrahmen hierfür festzulegen.

Die Versicherten nehmen diesen Wettbewerb an. Seit dem Jahr 1996 hat etwa jedes dritte bis vierte Mitglied mindestens einmal die Krankenkasse gewechselt.[1] Auch bei den Krankenkassen ist ein neues Rollenverständnis festzustellen; aus den ehemaligen „parastaatlichen Finanzverwaltungen" und „kundenfernen Behörden"[2] sind kundenorientierte Dienstleistungsunternehmen hervorgegangen, die um die Gunst der Versicherten konkurrieren.

Aufgrund der Versicherungspflicht befinden sich Krankenkassen in einem Verdrängungswettbewerb. Das Thema Kundenbindung rückt dabei zwangsläufig ins Zentrum der unternehmerischen Ziele, denn nur überzeugte Kunden gelten gegenüber Konkurrenzangeboten als immun. Um die Marktstellung einer Krankenkasse zielgerichtet zu gestaltet, bedarf es somit gesicherter Erkenntnisse, welche Determinanten die Kundenbindung in der gesetzlichen Krankenversicherung bestimmen und wie die Versicherten auf spezielle Marketing-Instrumente von Krankenkassen reagieren.

[1] Vgl. Andersen/Grabka (2007), S.243 f., Greß et al. (2008b), S.23.

[2] Vgl. Jacobs et al. (2001), S.42 ff.

Über die Einflussfaktoren der Kundenbindung und die Bedeutung spezifischer Marketing-Instrumente in der gesetzlichen Krankenversicherung ist bislang wenig bekannt. Diese Forschungslücken gilt es zu schließen.

1.2 Zielsetzung und Gang der Untersuchung

Erkenntnisziel der vorliegenden Untersuchung ist die theoretische und praktische Durchdringung der Kundenbindung in der gesetzlichen Krankenversicherung. Im Vordergrund steht das Gestaltungs- und Anwendungsinteresse, d.h. die Unterstützung bei der Lösung einzelwirtschaftlicher Probleme von Krankenkassen – in diesem Fall der Bindung von Versicherten (*pragmatisches Wissenschaftsziel*). Hierzu bedarf es eines soliden theoretischen Fundaments und der Aufdeckung von relevanten Ursache-Wirkungs-Beziehungen (*theoretisches Wissenschaftsziel*), die sich in konkrete Maßnahmen übertragen lassen.

Zwei Forschungsfragen werden behandelt:

1. Welche Faktoren beeinflussen die Kundenbindung bei Krankenkassen?

2. Wie wichtig sind spezifische Marketing-Instrumente für die Versicherten?

Nach dem einleitenden **Teil 1** wird in **Teil 2** der Untersuchung zunächst auf die *Rahmenbedingungen* des Krankenkassen-Marketing eingegangen. Neben einer Beschreibung der Marktteilnehmer (2.1) werden die Ziele des Krankenkassen-Wettbewerbs und das Ausmaß staatlicher Vorgaben erläutert (2.2).

Teil 3 setzt sich mit der *Bedeutung der Kundenbindung* für Krankenkassen auseinander. Nach einer Begriffbestimmung (3.1) wird die Rolle der Kundenbindung als Unternehmensziel von Krankenkassen diskutiert (3.2) und der Stand der Forschung zur Kundenbindung in der gesetzlichen Krankenversicherung dargestellt (3.3). Wie die Analyse zeigt wurde der Frage, warum Versicherte ihre Krankenkasse nicht wechseln, zwar schon mehrfach und in unterschiedlicher Form nachgegangen. Ein Modell, das die wesentlichen Determinanten der Kundenbindung in der GKV abbildet, liegt bislang allerdings nicht vor. Theoretisch fundierte empirische Befunde zur Erklärung der Kundenbindung bei Krankenkassen fehlen.

Um diese Forschungslücke zu schließen und die relevanten Ursache-Wirkungs-Beziehungen zu ermitteln (theoretisches Wissenschaftsziel), wird in **Teil 4** ein Kausalmodell der Kundenbindung entwickelt und einer empirischen Prüfung unterzogen.

Vier Schritte werden hierzu durchlaufen: Schritt 1 ordnet das Phänomen der Kundenbindung als wissenschaftliches Erkenntnisobjekt ein (4.1). Im zweiten Schritt werden in einer theoretischen Analyse die Bindung von Kunden auf Basis unterschiedlicher Erklärungsansätze eingehend untersucht und mehrere Einflussgrößen identifiziert (4.2). Darauf aufbauend findet im dritten Schritt eine Konzeptualisierung der ermittelten Konstrukte statt (4.3). Dabei werden die Facetten der Einflussgrößen beleuchtet und Hypothesen über das Zusammenspiel der Konstrukte aufgestellt. Die Hypothesen gehen anschließend in ein allgemeines Kausalmodell der Kundenbindung ein. Die Erklärungskraft des Modells wird im vierten Schritt mithilfe einer Kovarianzstrukturanalyse empirisch überprüft (4.4). Grundlage für die Überprüfung sind die Daten einer im November 2010 durchgeführten Kundenbefragung bei zwei Krankenkassen.

Teil 5 ist auf das pragmatische Wissenschaftsziel ausgerichtet und befasst sich mit den *Marketing-Instrumenten*, die Krankenkassen zur Kundenbindung einsetzen können. Der erste Abschnitt gibt einen Überblick zu den Handlungsmöglichkeiten im operativen Krankenkassen-Marketing (5.1). Auf Basis der 4-P-Systematik wird gezeigt, welche Marketing-Instrumente im Rahmen der Leistungs- und Servicepolitik, der Preispolitik, der Kommunikationspolitik und der Distributionspolitik für Krankenkassen zur Verfügung stehen. Anschließend wird der Stand der Forschung zu den Präferenzen von gesetzlich Versicherten hinsichtlich der Angebote und Merkmale von Krankenkassen dargestellt und kritisch gewürdigt (5.2). Die Analyse deckt auf, dass in den meisten der vorliegenden Studien die Wichtigkeiten einzelner Angebote und Merkmale nur direkt abgefragt wurden. Die Verlässlichkeit derartiger Abfragen ist umstritten und kann zu falschen Handlungsempfehlungen führen. Um die Bedeutung ausgewählter Marketing-Instrumente von Krankenkassen und die Problematik direkter Wichtigkeitsabfragen zu überprüfen, wird eine weitere Primäranalyse durchgeführt (5.3). Grundlage der Analyse sind die Ergebnisse einer zweiten Versichertenbefragung, die ebenfalls im November 2010 bei acht Krankenkassen stattfand. Die Versicherten sollten hierbei die Wichtigkeit ausgewählter Angebote und Merkmale von Krankenkassen direkt bewerten und ihre subjektive Zufriedenheit mit dem jeweiligen Angebot oder Merkmal angeben. Darüber hinaus wurde die Gesamtzufriedenheit der Versicherten mit ihrer Krankenkasse gemessen. Auf Basis dieser Parameter können die Wichtigkeiten einzelner Attribute indirekt berechnet und mit den Ergebnissen der direkten Wichtigkeitsbestimmung verglichen werden. Für die indirekte Wichtigkeitsbestimmung kommen eine multiple Regressionsanalyse und ein MIMIC-Modell zu Einsatz. Zusätzlich wird untersucht, ob zwischen den Teilzufriedenheiten und der Gesamtzufriedenheit asymmetrische Zusammenhänge bestehen und ob eine Einteilung in Basis-, Leistungs- und Begeisterungsfaktoren gemäß dem Mehr-Faktoren-Modell von Kano möglich ist. Methodisch wird hierzu auf den Dummy-Variablen-Ansatz in Verbindung mit einer multiplen Regressionsanalyse zurückgegriffen. Eine Gegenüberstellung der Handlungsempfehlungen auf Basis der Importance-Performance-Analyse und des Kano-Modells schließen das Kapitel ab.

Teil 6 fasst die Erkenntnisse der Untersuchung zusammen und zeigt Ansatzpunkte für weiterführende Forschungen auf.

2 Rahmenbedingungen des Krankenkassen-Marketing

Die Untersuchung der Kundenbindung bei Krankenkassen setzt ein Verständnis des Krankenkassenmarktes voraus. Hierzu werden die Marktteilnehmer in der gesetzlichen Krankenversicherung und deren Beziehungen zueinander beschrieben. Anschließend wird auf die Ziele des Krankenkassen-Wettbewerbs eingegangen und erläutert, wie der Gesetzgeber in diesen Wettbewerb regulierend eingreift.

2.1 Marktteilnehmer in der gesetzlichen Krankenversicherung

Die gesetzliche Krankenversicherung ist ein komplexes Geflecht unterschiedlicher Akteure. Grundsätzlich wird zwischen Kostenträgern, Versicherten und Leistungserbringern unterschieden.

2.1.1 Kostenträger

Leistungen, die der Sicherung der Gesundheit und der Abdeckung von Krankheitsrisiken dienen, werden in vielen Gesellschaften nicht dem Zusammenspiel aus Angebot und Nachfrage überlassen. Das Auftreten einer Erkrankung ist zum einen kaum vorhersehbar, zum anderen übersteigen die mit einer Erkrankung verbundenen Kosten oftmals die finanzielle Leistungsfähigkeit des Einzelnen. Das finanzielle Risiko von Krankheit wird daher häufig auf einen Dritten übertragen (Kostenträger).

Zu den idealtypischen Organisationsformen von Gesundheitssystemen gehören[3]

- staatliche Gesundheitsdienste,
- Sozialversicherungssysteme und
- marktlich organisierte Systeme.

Staatliche Gesundheitsdienste (z.B. in Großbritannien) fassen die Drittfinanzierung und das Leistungsangebot in einer Institution zusammen. Die Finanzierung erfolgt durch Steuergelder. *Sozialversicherungssysteme* (z.B. in Deutschland) finanzieren sich durch einkommensabhängige Beiträge, die im Rahmen einer Pflichtversicherung von allen Mitgliedern erhoben werden. Die Anbieter von Gesundheitsleistungen sind unabhängig. Der Gesetzgeber gibt jedoch vor, welche Leistungen nach welchen Vergütungsprinzipien bezahlt werden und welche Vertragsoptionen zwischen den Akteuren bestehen. In *marktlich organisierten Systemen* (z.B. in den USA) bieten private Versicherer einen vertraglich festgelegten Leistungskatalog an. Die Beiträge der Versicherten werden individuell bestimmt.

Die *gesetzliche Krankenversicherung* in Deutschland zählt zu den Sozialversicherungssystemen. Seit ihrer Gründung im Jahr 1883 entwickelte sie sich zu einer echten Volksversicherung;[4] inzwischen gehören etwa 90 Prozent der deutschen Bevölkerung der GKV an. Sie ist damit der größte Träger für die finanzielle Absicherung im Krankheitsfall und gilt als wichtigste Säule der deutschen Sozialversicherung.

Neben der GKV existiert in Deutschland das System der *privaten Krankenversicherung* (PKV). Allerdings ist es nur Besserverdienern in Deutschland möglich, aus der gesetzlichen Krankenversicherung auszutreten und in eine private Krankenversicherung zu wechseln. Knapp zehn Prozent der Deutschen sind über die PKV abgesichert.[5]

In der gesetzlichen Krankenversicherung gibt es historisch bedingt keinen einheitlichen Träger, sie ist vielmehr ein Sammelbegriff für alle durch das Gesetz geschaffenen Krankenkassen.

[3] Vgl. Leidl (2002), S.350; Schwartz/Kickbusch/Wismar (2002), S.237 ff.; Simon (2008), S.85 ff.

[4] Vgl. Beske/Hallauer (1999), S.77.

[5] Dies umfasst nur den Anteil an Vollversicherungen.

§ 4 SGB V gliedert die GKV in mehrere Kassenarten:

- Allgemeine Ortskrankenkassen (AOK),
- Betriebskrankenkassen (BKK),
- Innungskrankenkassen (IKK),
- Ersatzkassen (vdek),
- Landwirtschaftliche Krankenkassen (LKK) und
- die Deutsche Rentenversicherung Knappschaft-Bahn-See (KBS).

Die Anzahl der Krankenkassen ist in den letzten Jahren aufgrund von Fusionen kontinuierlich zurückgegangen (siehe Abbildung 2.1)[6]. Eine Aufteilung der im Januar 2011 agierenden Krankenkassen nach Kassenarten zeigt Tabelle 2.1. Die Marktanteile, gemessen an der Anzahl der Versicherten, können Abbildung 2.2 entnommen werden.[7]

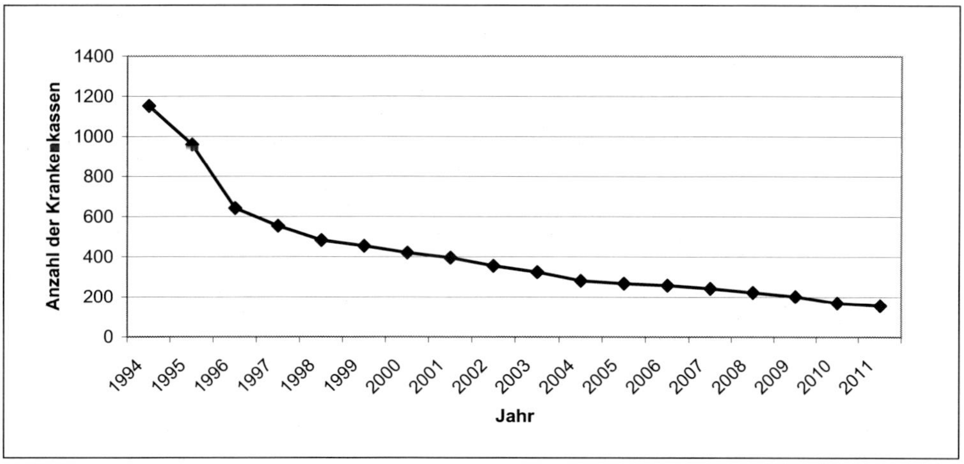

Abbildung 2.1: Anzahl der Krankenkassen von 1994 bis Januar 2011

Tabelle 2.2 zeigt die Größenverteilung der Krankenkassen im Jahr 2008.[8] In der kleinsten Krankenkasse wurden 900 Versicherte gezählt, bei der größten Kasse wa-

[6] Die Daten stammen aus Bundesministerium für Gesundheit (2010a), Ziffer 8.4 sowie aus www.gkv-spitzenverband.de (Zugriff am 12. Januar 2011).

[7] Die Daten stammen aus BMG, GKV-Statistik KM1 (Stand: 1. Februar 2011).

[8] Vgl. zu den folgenden Angaben Klusen (2008) sowie Osterkamp (2008), S.124 f.

Kassenart	AOK	BKK	IKK	vdek	LKK	KBS	Gesamt
Anzahl	12	121	7	6	9	1	156

Tabelle 2.1: Anzahl der Krankenkassen nach Kassenarten (Stand: Januar 2011)

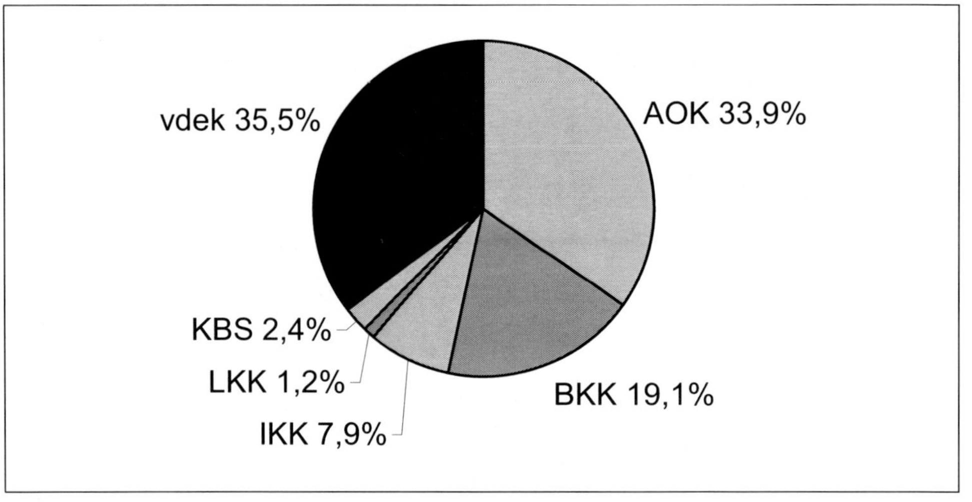

Abbildung 2.2: Marktanteile nach Kassenarten (Stand: Januar 2011)

ren 6,9 Millionen Menschen versichert. Jede zweite Krankenkasse hatte zum Zeitpunkt der Erhebung weniger als 50.000 Kunden. Trotz der Vielzahl an kleinen und mittelständischen Krankenkassen deckten im Jahr 2008 die zehn größten Kassen mit zusammen rund 39 Millionen Versicherten bereits mehr als die Hälfte des Marktes ab.

Versicherte der GKV waren über lange Zeit strikt an eine einzige Krankenkasse gebunden, Wahlmöglichkeiten bestanden nur in einem sehr beschränkten Umfang. Grundsätzlich versicherten die Allgemeinen Ortskrankenkassen (AOK) als Pflichtkasse alle Personen einer Region. Bei der Existenz einer Betriebskrankenkasse (BKK) oder Innungskrankenkasse (IKK) traten diese an die Stelle der AOK. Zu den Ersatzkassen hatten nur bestimmte berufsrechtlich definierte Gruppen von Angestellten und einige Arbeiter ein Zutrittsrecht. Die Bundesknappschaft, die See-Krankenkasse und die landwirtschaftlichen Krankenkassen (LKK) bildeten spezifische Sonderformen der Pflichtkasse.[9]

[9] Zu den Zuweisungsregeln vor der Einführung der Wahlfreiheit vgl. z.B. Gericke/Haenecke (2001), S.95; Paquet (2009), S.5.

Größe	Anzahl Krankenkassen
< 10.000 Versicherte	39
< 20.000 Versicherte	71
< 50.000 Versicherte	109
< 100.000 Versicherte	130
< 250.000 Versicherte	164
< 500.000 Versicherte	181
< 1.000.000 Versicherte	199
< 6.900.000 Versicherte	215

Tabelle 2.2: Größenstruktur in der GKV, Anzahl der Krankenkassen nach Mitgliederzahl 2008 (Quelle: in Anlehnung an Klusen (2008))

Erst seit 1996 können fast alle Mitglieder ihre Krankenkasse frei wählen. Je nach Kassenart gelten jedoch auch weiterhin einige Sonderregelungen:

- Zu den so genannten *Primärkassen* zählen die AOKs, die BKKn und die IKKn. Die AOKs bestehen nur für abgegrenzte Regionen, die BKKn und IKKn können sich in einzelnen Ländern oder bundesweit öffnen. Darüber hinaus können sich die BKKn und IKKn entscheiden, ob sie nur Arbeiter des jeweiligen Betriebes bzw. der jeweiligen Innung aufnehmen oder ob sie sich auch für andere Versicherte öffnen.

- Die *Ersatzkassen* können ihren Bezirk auf ein Land oder mehrere Länder ausweiten, eine Beschränkung des aufnahmeberechtigten Mitgliederkreises ist jedoch nicht möglich.

- Zu den *Sonderfällen* zählen die Landwirtschaftlichen Krankenkassen und die Knappschaft-Bahn-See. In ihnen wurden bislang nur Angehörige der entsprechenden Berufsgruppen versichert. Erst seit April 2007 kann die Knappschaft von allen GKV-Mitgliedern frei gewählt werden.

Wie alle Träger der Sozialversicherung sind auch Krankenkassen *Körperschaften des öffentlichen Rechts* und somit mittelbare Staatsverwaltung. Der Staat bedient sich dieser speziellen Organisationsform, um der im Grundgesetz verankerten Aufgabe der Daseinsvorsorge für seine Bürger nachzukommen. Die Hauptaufgabe von Krankenkassen besteht daher im Vollzug der Sozialgesetzgebung unter staatlicher Aufsicht.[10] Zu den *landesunmittelbaren* Krankenkassen gehören alle Kassen, deren Zuständigkeitsbereich sich nur auf ein Bundesland erstreckt. Sie unterliegen in der

[10] Vgl. Simon (2008), S.122 ff.

Regel dem zuständigen Sozialministerium. Die Aufsichtsbehörde für alle weiteren (*bundesunmittelbaren*) Krankenkassen ist das Bundesversicherungsamt.[11]

Krankenkassen führen die ihnen zugewiesenen Aufgaben organisatorisch und finanziell selbständig durch. Zu den wesentlichen Merkmalen der *Selbstverwaltung* gehören die alle sechs Jahre stattfindenden Sozialwahlen, in denen durch die Mitglieder einer Kasse der Verwaltungsrat und durch diesen der aus bis zu drei hauptamtlichen Vertretern bestehende *Vorstand* einer Kasse gewählt wird. Der Vorstand ist für die Verwaltung der Krankenkasse zuständig und vertritt sie nach außen.[12]

2.1.2 Versicherte

Anfang 2011 zählte die gesetzliche Krankenversicherung in Deutschland knapp 70 Millionen Versicherte.[13] Dieser Personenkreis setzt sich aus etwa 51 Millionen Mitgliedern und 18 Millionen mitversicherten Familienangehörigen zusammen. Mitglieder sind alle Versicherten, die einer eigenen abhängigen Beschäftigung nachgehen und Beiträge für die gesetzliche Krankenversicherung bezahlen. Erweitert wird dieser Kreis um die Gruppe der beitragsfrei mitversicherten Familienangehörigen. Dazu zählen der Ehegatte und die Kinder eines Mitglieds, sofern diese nicht hauptberuflich selbständig erwerbstätig sind und ihr Einkommen eine gesetzlich festgelegte Höhe nicht überschreitet.[14] Der Leistungsanspruch ist für beide Gruppen gleich. Die Wahl der Krankenkasse und die Teilnahme an den Sozialwahlen ist jedoch den Mitgliedern vorbehalten.

Darüber hinaus wird zwischen Pflichtversicherten und freiwillig Versicherten unterschieden. *Pflichtversichert* ist jeder Arbeitnehmer und Rentner bis zu einem Jahreseinkommen in Höhe der Versicherungspflichtgrenze (2010: 49.950 EURO). Hierzu gehören auch Landwirte, Wehr- und Zivildienstleistende sowie Auszubildende und Studenten. Wer ein Einkommen über der Versicherungspflichtgrenze bezieht, zählt zur Gruppe der *freiwillig Versicherten.* Diesen Versicherten steht es offen, in der gesetzlichen Krankenversicherung zu bleiben oder in eine private Krankenversicherung zu wechseln.

[11] Vgl. § 90 SGB IV.
[12] Vgl. §§ 29-66 SGB IV.
[13] BMG, GKV-Statistik KM1 (Stand: 1. Februar 2011).
[14] Vgl. § 10 SGB V.

Die Gesundheitsausgaben sind in der Bevölkerung sehr unterschiedlich verteilt. Eine kleine Gruppe verursacht sehr hohe Kosten, der Großteil dagegen fast keine.[15] Die oft zitierte Faustregel, dass 20 Prozent der Versicherten für 80 Prozent der Leistungsausgaben verantwortlich sind, trifft auch für die gesetzliche Krankenversicherung näherungsweise zu:

- In einer Studie von Winkelhake/Miegel/Thormeier (2002) wurden die Leistungsausgaben für Krankenhausaufenthalte, Krankengeld und Arzneimittel von mehr als 2,5 Millionen Versicherten der AOK Niedersachsen aus den Jahren 1998 und 1999 ausgewertet. Dabei zeigte sich, dass die teuersten zehn Prozent der Versicherten 80 Prozent der Leistungsausgaben in den genannten Bereichen verursachten.[16] Das teuerste Prozent der Versicherten war für fast 30 Prozent der Gesamtkosten verantwortlich. Die Lorenzkurve der Ausgabenverteilung zeigt Abbildung 2.3. Ein Viertel der Versicherten wies Kosten von weniger als 100 DM pro Jahr auf. Bei fast 30 Prozent der Versicherten lagen die jährlichen Ausgaben zwischen 100 und 1.000 DM. Nur zwei Prozent der Versicherten verursachten Ausgaben von mehr als 20.000 DM pro Jahr.

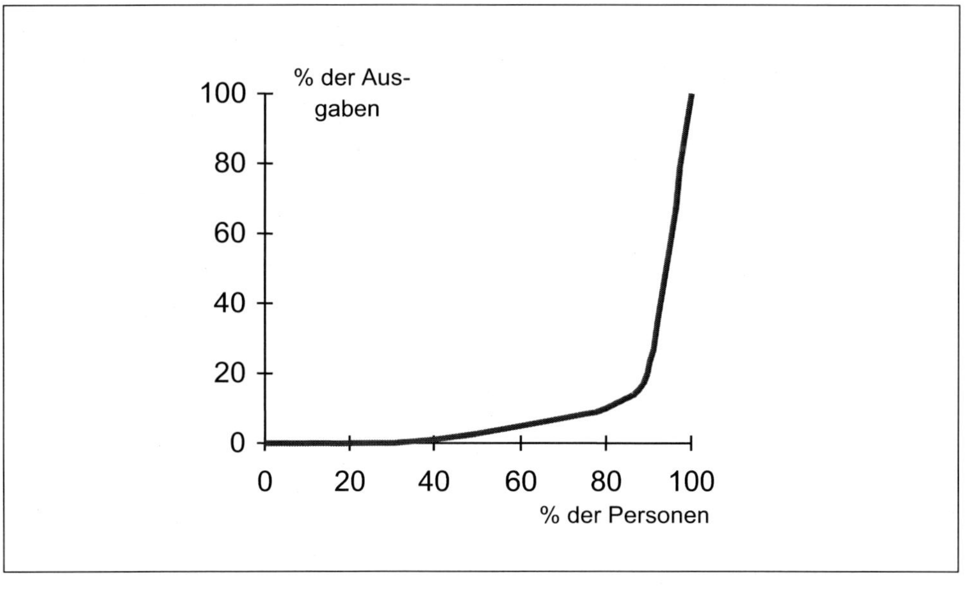

Abbildung 2.3: Lorenzkurve der Leistungsgaben, AOK Niedersachsen 1998/1999 (Quelle: Winkelhake/Miegel/Thormeier (2002), S.59)

[15]Vgl. Amelung (2007), S.134.

[16]Vgl. Winkelhake/Miegel/Thormeier (2002), S.58 f.

- Zu ähnlichen Ergebnissen kommen Analysen der Gmünder Ersatzkasse (GEK)[17] und der Allgemeinen Ortskrankenkassen[18]. Nach Berechnungen der GEK waren „70% aller versichertenbezogen erfassten Ausgaben der Krankenkasse der Gruppe der 10% „teuersten Versicherten“ des Jahres 2004 zuzuordnen. Umgekehrt entfielen ... auf die 70% „günstigen Versicherten“ lediglich knapp 10% der erfassten Gesundheitsausgaben.“[19] Diese Angaben decken sich mit einer Übersicht von Busse (2009); Abbildung 2.4 gibt die Verteilung wieder.

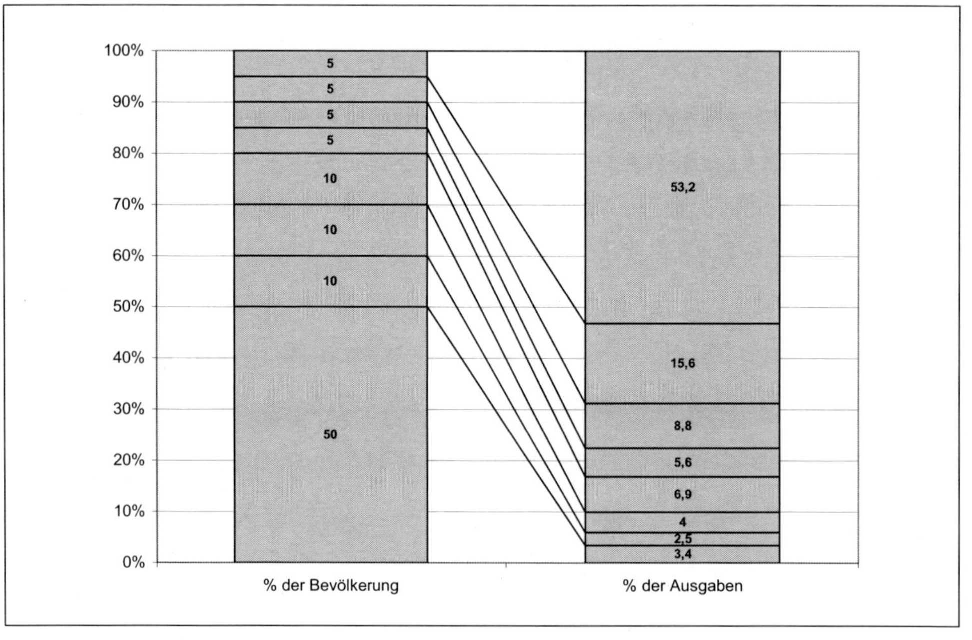

Abbildung 2.4: Verteilung der GKV-Leistungsausgaben 2000/2001 (Quelle: Busse (2009), S.611)

2.1.3 Leistungserbringer

Zu den Leistungserbringern in der gesetzlichen Krankenversicherung gehören neben den niedergelassenen Ärzten, Krankenhäusern und Apotheken auch Dienstleister für die Erbringung von Heil- und Hilfsmitteln sowie die Gruppe der sonstigen Leistungserbringer:

[17] Vgl. Grobe/Dörning/Schwartz (2003), S.94 ff., Institut für Sozialmedizin, Epidemiologie und Gesundheitssystemforschung (2008).

[18] Vgl. Gerste/Günster (2011), S.318 ff.

[19] Institut für Sozialmedizin, Epidemiologie und Gesundheitssystemforschung (2008), S.42.

- In der *ambulanten Versorgung* gilt für die Versicherten das Recht zur freien Arztwahl. Voraussetzung ist die Mitgliedschaft des Arztes in der für ihn zuständigen Kassenärztlichen Vereinigung (KV) bzw. Kassenzahnärztlichen Vereinigung (KZV). Im Rahmen ihres gesetzlichen Sicherstellungsauftrags müssen die KVen und KZVen eine ausreichende, zweckmäßige und wirtschaftliche ambulante Versorgung gewährleisten. Die Krankenkassenverbände schließen dazu auf Landesebene mit den KVen und KZVen Verträge über die Bereitstellung medizinischer Leistungen. Von den Krankenkassen erhalten die KVen und KZVen ein vorab bestimmtes Budget, das an die einzelnen Ärzte nach einem bestimmten Schlüsselprinzip als leistungsbezogenes Honorar verteilt wird.[20] Seit den Gesundheitsreformen 2004 und 2007 sind auch Direktverträge zwischen Kassen und Ärzten grundsätzlich möglich. Auf Bundesebene werden die KVen und KZVen durch die Kassenärztliche Bundesvereinigung (KBV) und die Kassenzahnärztliche Bundesvereinigung (KZBV) vertreten. 2004 gab es in Deutschland etwa 186.000 von den KVen und KZVen zugelassene und ermächtigte Ärzte.[21]

- Die *stationäre Versorgung* der Bevölkerung wird über den gesetzlichen Auftrag der Krankenhäuser sowie der stationären Vorsorge- und Rehabilitationseinrichtungen abgedeckt. 2003 gab es bundesweit etwa 3.500 dieser Einrichtungen.[22] Ihre Träger sind entweder öffentlich, gemeinnützig oder privat. Fast alle Krankenhausleistungen werden über Fallpauschalen für unterschiedliche Behandlungsfälle vergütet.

- Die Sicherstellung der Arzneimittelversorgung wird durch die *Apotheken* gewährleistet. Jeder Apotheker ist Pflichtmitglied in der jeweiligen Landesapothekenkammer. Diese sind wiederum in der Bundesapothekenkammer zusammengeschlossen. Neben dem Deutschen Apothekenverband, der sich vor allem für die kaufmännische Interessen der Apotheker einsetzt, werden die Apotheker durch die Spitzenorganisation ABDA - Bundesvereinigung Deutscher Apothekenverbände vertreten. Ende 2009 gab es in Deutschland etwa 21.500 Apotheken.[23]

- Die Erbringung von Heilmitteln (physikalische Therapie, Sprachtherapie und Ergotherapie) und Hilfsmitteln (z.B. Brillen, Hörhilfen, Prothesen) erfolgt

[20] Vgl. Schulenburg/Greiner (2000), S.184 ff.

[21] Vgl. Bundesministerium für Gesundheit (2005), Tabelle 6.4 und 6.10.

[22] Vgl. Bundesministerium für Gesundheit (2005), Tabelle 7.1.

[23] Vgl. http://www.abda.de/zdf.html (Verfügbarkeitsdatum: 15.03.2011).

durch Leistungserbringer, die die gesetzlich vorgegebenen Voraussetzungen erfüllen. Dies gilt in ähnlicher Form für die Gruppe der sonstige Leistungserbringer (z.B. Haushaltshilfen, Krankentransport, Hebammen).

Die Ausgaben in der gesetzlichen Krankenversicherung betrugen im Jahr 2009 etwa 160 Milliarden Euro. Die Verteilung der Kosten auf die einzelnen Leistungsbereiche zeigt Abbildung 2.5.

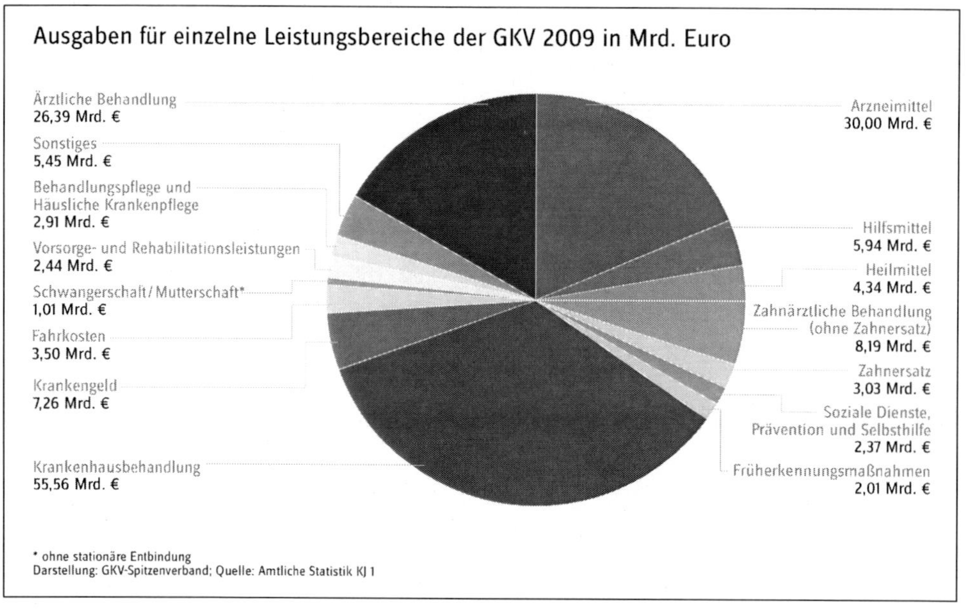

Abbildung 2.5: GKV-Ausgaben nach Leistungsbereichen im Jahr 2009 (Quelle: GKV-Spitzenverband (2011), S.4)

2.1.4 Beziehungen zwischen den Marktteilnehmern

Versicherte der GKV haben einen gesetzlichen Anspruch auf alle medizinisch notwendigen Sach- und Dienstleistungen (*Bedarfsdeckungsprinzip*).[24] Krankenkassen erbringen diese Leistungen nicht selbst, sondern schließen hierzu Verträge mit entsprechenden Leistungserbringern. Tritt ein Krankheitsfall ein, dann erhalten die Versicherten die vereinbarten Leistungen direkt, d.h. die Zahlung der Vergütungen erfolgt durch die Krankenkasse und nicht durch die Versicherten (*Sachleistungsprinzip*).

[24]Vgl. § 2 SGB V.

Abbildung 2.6 gibt dieses Beziehungsdreieck der Marktteilnehmer wieder und hebt die drei zentralen Märkte und Wettbewerbsfelder in der gesetzlichen Krankenversicherung hervor:[25]

- den *Versicherungsmarkt* mit dem Wettbewerb um Versicherte,
- den *Behandlungsmarkt* mit dem Wettbewerb um Patienten und
- den *Leistungsmarkt* mit dem Wettbewerb um Leistungsverträge.

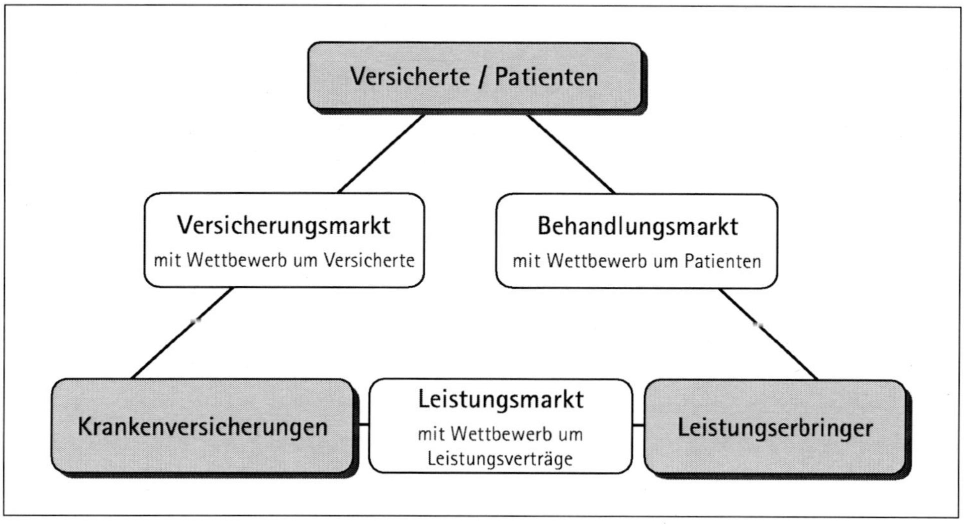

Abbildung 2.6: Märkte und Wettbewerbsfelder im Gesundheitswesen (Quelle: Cassel et al. (2008), S.37)

Für Krankenkassen sind vor allem der Versicherungsmarkt und der Leistungsmarkt relevant. Die Wettbewerbsdynamik innerhalb dieser Märkte hängt davon ab, welche Freiheiten bzw. *Handlungsmöglichkeiten* für die Akteure bestehen und wie die *Anreize* gesetzt sind.

[25] Vgl. Cassel et al. (2008), S.37 ff.

2.2 Wettbewerb und Regulierung in der gesetzlichen Krankenversicherung

Wettbewerb im Versicherungsmarkt spielte in den ersten hundert Jahren nach Gründung der gesetzlichen Krankenversicherung nur eine untergeordnete Rolle. Zwar war ein Kassenwechsel auch schon vor dem Jahr 1996 für einen Teil der Mitglieder möglich. Wettbewerb zwischen den Kassen fand in dieser Konstellation aber nur eingeschränkt statt und war als Steuerungsinstrument bedeutungslos.[26] Auch die Leistungserbringung und deren Vergütung wurden lange Zeit fast ausschließlich auf kollektiver Ebene gemeinsam und einheitlich für alle Krankenkassen und Leistungserbringer geregelt.[27] Ein Wechselspiel aus Innovation und Imitation konnte sich daher auch auf dem Leistungsmarkt nicht einstellen.

Erst mit der Einführung wettbewerblicher Instrumente zu Beginn der 1990er Jahre fand eine strukturelle Neuausrichtung der gesetzlichen Krankenversicherung statt. Wettbewerb stellt dabei keinen Selbstzweck dar, sondern ist ein Mittel zur Erreichung von Zielen. Da Gesundheitsmärkte einige Besonderheiten aufweisen, greift der Staat regulierend in diesen Wettbewerb ein und gibt Regeln für die Akteure vor.

2.2.1 Ziele des Krankenkassen-Wettbewerbs

Nach Hayek stellt Wettbewerb einen ergebnisoffenen *Such- und Entdeckungsprozess* dar und mobilisiert das Wissenspotential einer Gesellschaft.[28] Um Vorsprungsgewinne zu realisieren und sich am Markt zu behaupten, versuchen Unternehmer im Wettbewerb ständig Innovationen in Form von neuen qualitativ hochwertigen Produkten und neuen kostengünstigen Produktionsverfahren hervorzubringen. Ineffiziente Anbieter scheiden aus dem Markt aus. Wettbewerb ist folglich eine treibende Kraft zur bestmöglichen Allokation von Ressourcen und zur Erreichung von Effizienzzielen.

---

[26] Vgl. Jacobs et al. (2001), S.12.
[27] Vgl. Ebsen et al. (2003a), S.128; Ebsen et al. (2003b), S.4.
[28] Vgl. Hayek (1968); Schulz (2003), S.1 f.

Auch in der gesetzlichen Krankenversicherung soll Wettbewerb zur Verbesserung der Effizienz[29] und zur Erreichung weiterer Ziele beitragen:[30]

- Schaffung einer materiellen Wahlfreiheit für alle Versicherten,
- Orientierung an den Präferenzen und Wünschen der Kunden,
- Verbesserung der Qualität der Gesundheitsversorgung,
- Effizienzverbesserungen bei der Leistungserbringung,
- Anstoß von Suchprozessen für Produkt- und Prozessinnovationen,
- Anreize für den Aufbau neuer Versorgungsformen sowie
- eine schnellere Anpassung an sich ändernde Rahmenbedingungen.

Als konkrete Auslöser für die Einführung wettbewerblicher Instrumente gelten die sozialpolitisch nicht länger tragbare Ungleichbehandlung von Arbeitern und Angestellten und die langfristige Sicherung der Bezahlbarkeit der medizinischen Versorgung:[31]

- *Aufhebung der Ungleichbehandlung von Arbeitern und Angestellten*: Das Berufsgruppenprinzip und die Zuweisung von Versicherten zu einer Krankenkasse führte über die Jahre zu einer zunehmend ungleichen Verteilung der Morbiditätsrisiken zwischen den Kassenarten. Besonders die Allgemeinen Ortskrankenkassen waren als Primärkassen von dieser Risiko-Entmischung betroffen, da der Wechsel in eine BKK, IKK oder Ersatzkasse in der Regel die Abwanderung von Versicherten mit durchschnittlich besserem Gesundheitszustand bedeutete.[32] Aufgrund der unterschiedlichen finanziellen Belastungen der Kassen kam es zu Beitragssatzunterschieden von bis zu 8,5 Prozentpunkten.[33] Diese Ungleichbehandlung war sozialpolitisch nicht länger tragbar und führte zur Einführung der Wahlfreiheit für die Versicherten, die seit 1996 besteht.

[29] Hinsichtlich des Ziels, die Leistungsausgaben durch die Einführung wettbewerblicher Elemente einzudämmen, weisen Lüngen/Lauterbach (2007) darauf hin, dass bislang kaum Evidenz darüber besteht, „dass wettbewerbliche Gesundheitssysteme niedrigere Ausgaben verursachen als eher staatlich regulierte Systeme“ (Lüngen/Lauterbach (2007), S.288).

[30] Vgl. Wille (1999), S.171; Jacobs et al. (2001), S.17; Sachverständigenrat für die Konzertierte Aktion im Gesundheitswesen (2005), S.37.

[31] Vgl. Greß (2002), S.491; Krauskopf (2004), S.XIII; Paquet (2009), S.5.

[32] Vgl. Krauskopf (2004), S.XII; Paquet (2009), S.5.

[33] Vgl. Smigielski (1993), S.85; Cassel (1992), S.25.

- *Sicherung der Bezahlbarkeit der medizinischen Versorgung*: Seit den 1970er Jahren gelten die Beitragssatzstabilität[34] sowie die Fixierung des Anteils der Gesundheitsausgaben am Bruttoinlandsprodukt als Globalziele der deutschen Gesundheitspolitik.[35] Trotz dieser Zielsetzungen ist der durchschnittliche Beitragssatz in der gesetzlichen Krankenversicherung von 8,2 Prozent im Jahr 1970 auf über 15 Prozent im Jahr 2011 gestiegen (siehe Abbildung 2.7). Der demografische Wandel und der medizinisch-technische Fortschritt werden in diesem Zusammenhang immer wieder als Kostentreiber genannt und für den Anstieg der Beitragssätze verantwortlich gemacht.[36] Einige Experten gehen davon aus, dass durch das Wechselspiel der beiden Faktoren die Gesundheitsausgaben zukünftig weiter überproportional ansteigen.[37] Schätzungen eines kostendeckenden Beitragssatzes der gesetzlichen Krankenversicherung für das Jahr 2050 reichen von 17,5 bis über 50 Prozent.[38]

Aus ökonomischer Sicht stützt sich die gesundheitspolitische Diskussion der letzten Jahre auf die Vermutung, dass die Ressourcen im Gesundheitswesen *nicht* effizient organisiert sind. Durch eine Neuorganisation der Produktionsfaktoren könnten nach dieser Annahme mehr Gesundheitsgüter produziert werden, ohne dass es bei der Herstellung aller anderen Güter zu Einschränkungen kommen müsste;[39] es wird also nicht mit dem geringstmöglichen Faktoreinsatz produziert. Wettbewerb soll eine derartige Neuorganisation anstoßen.

Auf Effizienzmängel weist zum Beispiel der Sachverständigenrat in seinem Jahresgutachten 2000/2001 zur Über-, Unter- und Fehlversorgung im deutschen Gesundheitswesen hin.[40] Folgt man darüber hinaus einer im Januar 2009 vorgestellten

[34] In § 71 SGB V wird der Grundsatz der Beitragssatzstabilität gesetzlich festgelegt.

[35] Vgl. Schwartz/Kickbusch/Wismar (2002), S.240.

[36] Vgl. Straub (2006), S.74.

[37] Folgt man der Literatur, dann ist sich die Fachwelt allerdings keineswegs einig darüber, ob bzw. in welchem Maß kostentreibende Effekte vom demografischen Wandel und vom medizinisch-technischen Fortschritt ausgehen (vgl. z.B. Henke/Reimer (2007), Bosbach/Bingler (2008)). Die Gründe für den Anstieg der Beitragssätze liegen aus Sicht von Experten vielmehr auf der Einnahmenseite, insbesondere in der über die Jahre gesunkenen Bruttolohnquote (vgl. Bingler/Bosbach (2007), S.303 ff.; Rürup (2008), S.81). Neben dem demografischen Wandel und dem medizinisch-technischen Fortschritt können zudem weitere Faktoren zu einem Anstieg der Gesundheitsausgaben führen, wie z.B. ein gestiegenes Anspruchsniveau der Bevölkerung, ein unterentwickeltes Kostenbewusstsein und ein daraus abgeleiteter Anreiz zur übermäßigen Inanspruchnahme von Gesundheitsleistungen, gesundheitliches Fehlverhalten oder die Ausweitung medizinischer Leistungen durch eine angebotsinduzierte Nachfrage der Leistungserbringer (vgl. Hajen/Paetow/Schumacher (2000), S.91; Schneider (2003), S.10 ff.; Henke/Reimer (2007), S.736).

[38] Vgl. Ulrich/Schneider (2007), S.792 f.; Cassel (2007), S.691 f.; Fritz Beske Institut für Gesundheits-System-Forschung (2007); Sauerland/Wübker (2010).

[39] Vgl. Hajen/Paetow/Schumacher (2000), S.38 f.

[40] Vgl. Sachverständigenrat für die Konzertierte Aktion im Gesundheitswesen (2001b).

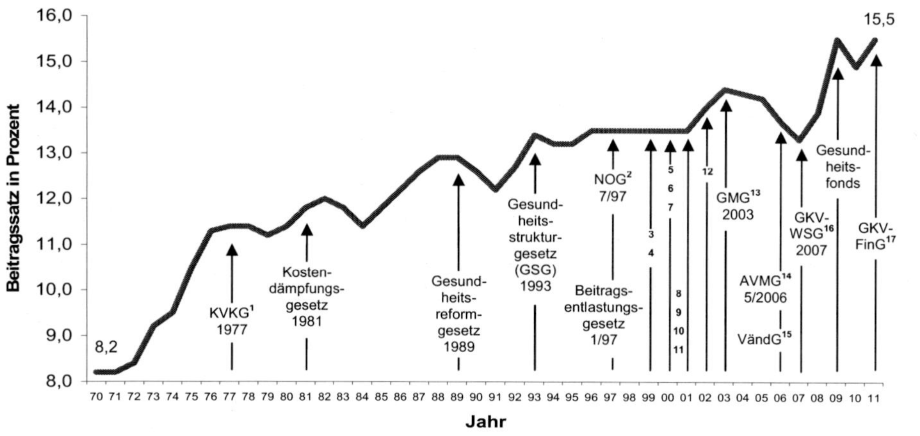

Abkürzungen: [1] Krankenversicherungs-Kostendämpfungsgesetz (KVKG); [2] 1. und 2. Neuordnungsgesetz (NOG); [3] GKV-Gesundheitsreform 2000; [4] GKV-Solidaritätsstärkungsgesetz; [5] Zehntes Gesetz zur Änderung des Arzneimittelgesetzes (ZGÄAG); [6] Gesetz über den Verkehr von Arzneimitteln (GverkA); [7] Gesetz zur wirtschaftlichen Sicherung der Krankenhäuser (GSKRK); [8] Festbetragsanpassungsgesetz (FBAnpG); [9] Arzneimittelbudget-Ablösungsgesetz (ArzAblG); [10] Gesetz zur Reform des RSA in der GKV (RSA-ReformG); [11] Gesetz zur Reform des Fremdkassenzahlungsausgleichs (GRFK); [12] Beitragssatzsicherungsgesetz und zur Regelung der Krankenhauspflegesätze (BSG); [13] Gesetz zur Modernisierung der Gesetzlichen Krankenversicherung (GMG); [14] Arzneimittelversorgungs-Wirtschaftlichkeitsgesetz (AMWG); [15] Vertragsarztrechtsänderungsgesetz (VÄndG); [16] GKV-WSG: GKV-Wettbewerbsstärkungsgesetz); [17] GKV-FinG: GKV-Finanzierungsgesetz.

Abbildung 2.7: Beitragssatzentwicklung und Reformgesetzgebung in der GKV 1970-2011 (Quelle: fortgeführt nach Cassel (2007), S.692)

Studie des Rheinisch-Westfälischen Instituts für Wirtschaftsforschung (RWI) und des Lehrstuhls für Gesundheitsökonomie der Universität Duisburg-Essen, dann bestehen in der gesetzlichen Krankenversicherung Effizienzreserven von bis zu 9,8 Milliarden Euro pro Jahr.[41] Auch in internationalen Vergleichen wird das deutsche Gesundheitssystem oftmals als teuer bei nur mittelmäßiger Leistungsfähigkeit dargestellt;[42] die Aussagekraft derartiger Vergleiche ist allerdings umstritten.[43]

2.2.2 Staatliche Vorgaben im Krankenkassen-Wettbewerb

Die Akteure in der gesetzlichen Krankenversicherung sind in ihren Entscheidungen nicht vollkommen frei, sondern an staatliche Vorgaben gebunden. Zu den Grund-

[41] Vgl. Augursky et al. (2009), Initiative Neue Soziale Marktwirtschaft (2009); zur Kritik an den Ergebnissen siehe z.B. o.V. (2009h), o.V. (2009a).

[42] Im World Health Report 2000 der WHO lag Deutschland z.B. bei der Höhe der Gesundheitsausgaben auf Platz drei und bei der Gesamtbewertung auf Platz 25 (vgl. World Health Organization (2000), S.153).

[43] Vgl. Beske/Drabinski/Zöller (2004).

regeln des Krankenkassen-Wettbewerbs gehören das Solidar- und das Subsidiaritätsprinzip, die vor allem im Versicherungsmarkt eine Rolle spielen. Darüber hinaus gibt der Gesetzgeber für den Leistungsmarkt detailliert vor, welche Vertragsoptionen zwischen Krankenkassen und Leistungserbringern bestehen. Ein wichtiges Steuerungsinstrument im Wettbewerb der Krankenkassen ist zudem der Risikostrukturausgleich, der die Beitragszahlungen der Mitglieder auf Basis der Morbiditätsrisiken zwischen den Kassen verteilt.

2.2.2.1 Solidarprinzip und Subsidiaritätsprinzip

Die Versicherungspflicht in Deutschland gekoppelt mit dem Solidarprinzip sind die Kernelemente der sozialen Krankenversicherung und wesentliche Erfolgsgaranten für eine stabile gesellschaftliche, gesamtwirtschaftliche und gesundheitspolitische Entwicklung.[44] Das Solidarprinzip ermöglicht allen Mitgliedern der Versichertengemeinschaft einen annähernd gleichen Zugang zum Gesundheitssystem (*Bedarfsprinzip*) und beteiligt den Einzelnen nur nach Maßgabe seiner wirtschaftlichen Leistungsfähigkeit an den Ausgaben (*Leistungsfähigkeitsprinzip*).[45] Auf diese Weise erfolgt ein Solidarausgleich zwischen Gesunden und Kranken, besser Verdienenden und schlechter Verdienenden, allein stehenden Mitgliedern und Mitgliedern mit beitragsfrei mitversicherten Angehörigen.[46]

Der Leistungsumfang der Krankenkassen ist gemäß dem Solidarprinzip zu einem Großteil gesetzlich vorgeschrieben und ausdrücklich nicht Teil des Wettbewerbs im Versicherungsmarkt.[47] Im fünften Buch des Sozialgesetzbuches (SGB V) gibt der Gesetzgeber für alle Krankenkassen einheitlich vor, welchen Leistungsanspruch die Versicherten haben und welche darüber hinausgehenden Zusatzangebote eine Kasse gewähren kann. Auf diese Weise ist garantiert, dass jeder Versicherte im Krankheitsfall einen nahezu gleichen Zugang zu einer bedarfsgerechten, ausreichenden und zweckmäßigen medizinischen Versorgung erhält.

---

[44] Vgl. Hajen/Paetow/Schumacher (2000), S.107; Schwartz (1999), S.87.

[45] Kritiker weisen in diesem Zusammenhang darauf hin, dass das deutsche Gesundheitssystem die Anforderungen des Solidarprinzips nur teilweise erfüllt (vgl. Knappe/Weissberger (2003), S.102 f.). So werden zum Beispiel nicht alle Einkommensarten der Mitglieder oder die Größe und Zusammensetzung eines Haushalts bei der Ermittlung des zu zahlenden Beitrags berücksichtigt, die Höhe der Prämienzahlungen endet zudem an der Beitragsbemessungsgrenze. Auch die Möglichkeit für Besserverdiener, sich dem Solidarprinzip der GKV durch einen Wechsel in die private Krankenversicherung zu entziehen, ist in diesem Kontext zu kritisieren. Wie empirische Untersuchungen zeigen wechseln vor allem Menschen mit einem guten Gesundheitszustand in die PKV (vgl. Greß et al. (2008c), S.20 mit Verweis auf Kriwy/Mielck (2006)).

[46] Vgl. Knappe/Weissberger (2003), S. 102; Simon (2008), S.67 ff.

[47] Vgl. Cassel et al. (2008), S.38.

Nach den Grundsätzen des Solidarprinzips muss eine Krankenkasse von allen Mitgliedern den gleichen prozentualen Beitragssatz (bis zur Beitragsbemessungsgrenze) erheben, ohne den Gesundheitszustand oder die Anzahl der mitversicherten Familienangehörigen zu berücksichtigen (*Diskriminierungsverbot*).[48] Für eine Sicherstellung des Kassenwahlrechts gilt zusätzlich ein *Kontrahierungszwang*. Krankenkassen können demnach keine Mitglieder ablehnen, die sich bei ihnen versichern wollen.

Um die Eigenverantwortung und Selbsthilfe der Versicherten nicht vollständig durch das Solidarprinzip zu ersetzen, greift die gesetzliche Krankenversicherung zusätzlich auf das *Subsidiaritätsprinzip* zurück. Demnach sind Lasten, die ein Individuum bzw. kleinere Solidargemeinschaften selbst tragen können, auch von diesen zu übernehmen. Erst wenn eine Last die kleinere Gemeinschaft überfordert, tritt die jeweils größere Solidargemeinschaft ein.[49] Die Grundsätze des Solidarprinzips und des Subsidiaritätsprinzip greift § 1 SGB V unter der Überschrift „Solidarität und Eigenverantwortung“ auf. Anwendung findet das Subsidiaritätsprinzip in der Ausgrenzung von so genannten Bagatellarzneimitteln sowie in den Zuzahlungs-, Härtefall- und Überforderungsregelungen der GKV.[50]

2.2.2.2 Selektives Kontrahieren

Die detaillierten Vorgaben des Leistungskatalogs schränken den Wettbewerb der Krankenkassen ein. Diese Einschränkung relativiert sich, sofern es für Krankenkassen möglich ist, die Leistungen eigenständig über den Leistungsmarkt „einzukaufen“. Der Gesetzgeber würde in diesem Fall zwar festlegen, *welche* Leistungen mit welchen Mindestqualitätsstandards den Versicherten gewährt werden müssen, die Kassen hätten jedoch Einfluss darauf, *wer* diese Leistungen in welcher Art und Weise und zu welchen Konditionen erbringt. Bei einer grundsätzlichen Vertragsfreiheit und der Möglichkeit des *selektiven Kontrahierens* könnten Krankenkassen und Leistungserbringer selbst darüber entscheiden, ob und mit welchen Vertragspartnern sie Versorgungsverträge abschließen, wie diese Verträge inhaltlich gestaltet sind und welche Vertragsformen sie hierfür wählen.[51] Darüber hinaus würden Leistungserbringer nicht schon aufgrund ihrer bloßen Zulassung an der vergüteten Versorgung

[48] Das Gegenteil des *Solidarprinzips* ist das *Äquivalenzprinzip*, welches in der privaten Krankenversicherung angewendet wird. Nach dem Äquivalenzprinzip wird die Prämie eines Versicherten gesondert nach Alter, Geschlecht und Vorerkrankungen ermittelt.

[49] Vgl. Simon (2008), S.73 f.

[50] Vgl. Simon (2008), S.74.

[51] Vgl. Nebling (2008), S.119.

der gesetzlich Versicherten teilnehmen.[52] Selektive Vertragsabschlüsse haben das Potenzial, zusätzliche Such- und Entdeckungsprozesse im Gesundheitswesen anzustoßen, die zur Verbesserung der Qualität und Wirtschaftlichkeit der medizinischen Versorgung beitragen und Krankenkassen sowie Leistungserbringer dazu zwingen, sich bei der Entwicklung ihrer Angebote an den Bedürfnissen der Versicherten zu orientieren. Aus wettbewerbstheoretischer Perpektive ist die Vertragsfreiheit ein unentbehrliches Pendant zu der im Jahr 1996 eingeführten Kassenwahlfreiheit,[53] und die Voraussetzung für einen echten Preis-Leistungs-Wettbewerb in der gesetzlichen Krankenversicherung.

Sobald Krankenkassen und Leistungserbringer um den Abschluss von Verträgen konkurrieren, besteht die Aufgabe der Kassen nicht mehr ausschließlich in der Finanzierung der Leistungen; Krankenkassen entwickeln sich vielmehr zum „Sicherstellungsagenten“ und „Systemmanager“ ihrer Versicherten, indem sie Verträge mit geeigneten Leistungserbringern abschließen und die von ihnen vorzuhaltenden Versorgungsstrukturen aktiv mitgestalten.[54] Als *Intermediär* zwischen Patienten und Leistungserbringern kümmern sie sich um die Auswahl und Qualitätsprüfung von Ärzten, Krankenhäusern und anderen Leistungserbringern, verhandeln „im Auftrag“ ihrer Versicherten Preise und Gewährleistungsansprüche und regeln die Zahlungsmodalitäten der vereinbarten Vergütungen.[55] Ein Wettbewerb im Leistungsmarkt ermöglicht es Krankenkassen, sich von konkurrierenden Kassen abzuheben und die Leistungsausgaben ihrer Versicherten zu beeinflussen.

Die Erkenntnis, dass ein Wettbewerb im Gesundheitswesen, der sich auf den Versicherungsmarkt beschränkt und die kollektiven Strukturen im Leistungsmarkt beibehält, nicht das volle Innovationspotenzial des Gesamtsystems nutzt, setzte sich nur zögerlich beim Gesetzgeber durch. Erst seit dem Beschluss des GKV-Modernisierungsgesetzes (GMG) Ende 2003 ist eine stärkere wettbewerbliche Öffnung des Leistungsmarktes erkennbar.[56] Krankenkassen können seither auf eine Reihe selektivvertraglicher Regelungen zurückgreifen.[57] Weitere Vertragsoptionen wurden mit dem „Gesetz zur Stärkung des Wettbewerbs in der gesetzlichen Kran-

[52] Vgl. Cassel et al. (2008), S.18.

[53] Vgl. Jacobs/Schulze (2006), S.24; Schulze (2007), S.280.

[54] Vgl. Cassel et al. (2008), S.35 f.

[55] Vgl. Nebling (2008), S.120.

[56] Vgl. Cassel et al. (2008), S.51 ff.; Dalhoff (2008), S.100 ff.

[57] Auch vor dem GMG konnten Krankenkassen in Randbereichen erste selektive Vereinbarungen mit Leistungserbringern treffen. Hierzu gehörten Modellvorhaben, Strukturverträge und Verträge zur integrierten Versorgung. Für das Gesamtsystem spielten diese Möglichkeiten zunächst nur eine untergeordnete Rolle; die „Dominanz des kollektiven Konzepts“ blieb weitgehend erhalten. Vgl. hierzu Cassel et al. (2008), S.52.

kenversicherung (GKV-WSG)“ im Jahr 2007 eingeführt. In welchen Bereichen Direktverträge zwischen Krankenkassen und Leistungserbringern möglich sind, zeigt Tabelle 2.3.

Vertragsoption	**Grundlage**
Verträge über Hilfsmittel	§ 127 SGB V
Verträge mit Apothekern	§ 129 Abs. 5b SGB V
Arzneimittel-Rabattvereinbarungen	§ 130a Abs. 8 SGB V
Modellvorhaben	§§ 63-65 SGB V
Strukturverträge	§ 73a SGB V
Hausarztzentrierte Versorgung	§ 73b SGB V
Besondere ambulante Versorgung	§ 73c SGB V
Verträge zu strukturierten Behandlungsprogrammen	§ 137f SGB V
Verträge über integrierte Versorgung	§§ 140a ff. SGB V
Verträge mit Rehabilitationskliniken	§ 111 Abs. 5 SGB V
Verträge mit Leistungserbringern im Ausland	§ 140e SGB V
Verträge mit sonstigen Leistungserbringern	§ 132 ff. SGB V

Tabelle 2.3: Selektivvertragsoptionen nach dem GKV-WSG

Folgt man der Begründung zum Gesetzesentwurf des GKV-WSG, dann wird das deutsche Gesundheitswesen vor allem durch die im Jahr 2007 beschlossenen Reformen „auf allen Ebenen neu strukturiert und wettbewerblicher ausgerichtet“[58]. Als Teilziele werden vom Gesetzgeber u.a. die „Qualitäts- und Effizienzsteigerung durch Intensivierung des Wettbewerbs auf Kassen- und auf Leistungserbringerseite“[59] genannt.

Eine ausführliche Analyse der selektiven Vertragsoptionen für die Zeit vor und nach dem GKV-WSG nehmen Cassel et al. (2008) vor. Aus ihrer Untersuchung geht hervor, dass eine generelle Öffnung der GKV für Direktverträge auch nach dem GKV-WSG nicht stattgefunden hat. Eine radikale „Big Bang“-Strategie war in diesem Wettbewerbsfeld zwar nicht zu erwarten und würde der von Experten empfohlenen schrittweisen Einführung von Strukturreformen im Gesundheitswesen sogar widersprechen.[60] Die zögerliche Grundhaltung des Gesetzgebers ist ebenfalls nachvollziehbar: „Kein verantwortlicher, risikoaverser Akteur tauscht unvollkommene Situationen gegen riskante ungewisse Strukturen.“[61] Kritisiert wird jedoch, dass sich in den Reformmaßnahmen zumindest die Ansätze eines schlüssigen Gesamtkon-

[58] Deutscher Bundestag (2006), S.85.
[59] Deutscher Bundestag (2006), S.85.
[60] Vgl. Weller (2002), S.42; Cassel et al. (2008), S.49 ff.
[61] Schulz-Nieswandt (2006), S.277.

zepts hätten widerspiegeln können. Ein solches Konzept ist bislang nicht erkennbar. Die bestehenden Möglichkeiten für Direktverträge stellen vielmehr einen „bunten Strauß von Partikularlösungen“[62] dar, die zum Teil unzureichend ausgestaltet sind. Mit Blick auf die bisherigen Bemühungen des Gesetzgebers, den Vertragswettbewerb in der gesetzlichen Krankenversicherung zu fördern, stellen Cassel et al. (2008) abschließend fest: „Von „Vorfahrt für Vertragswettbewerb“ kann auch nach dem GKV-WSG weiterhin keine Rede sein.“[63] Der Vertragswettbewerb bleibt vielmehr als „Reformbaustelle“ für zukünfte Gesundheitsreformen erhalten.[64]

Anfang 2009 wurden auf dem Leistungsmarkt nur etwa sechs Prozent der Leistungsausgaben über Direktverträge geregelt.[65]

2.2.2.3 Risikostrukturausgleich

Die Bundesregierung legt seit dem Jahr 2009 den von jeder Krankenkasse bislang autonom bestimmten Beitragssatz für alle Kassen einheitlich fest.[66] Die Beiträge der Versicherten und der Arbeitnehmer werden seither mit den Zuschüssen des Bundes in einen gemeinsamen *Gesundheitsfonds* weitergeleitet, aus dem jede Krankenkasse finanzielle Zuweisungen erhält.[67] Kommt eine Kasse mit den ihr zugewiesenen Mitteln nicht aus, dann hat sie von ihren Mitgliedern einen Zusatzbeitrag zu erheben. Erwirtschaftet eine Kasse dagegen einen Überschuss, so kann sie diesen an ihre Mitglieder ausschütten.[68] Die Grundprinzipien des Gesundheitsfonds zeigt Abbildung 2.8.

In einem Kassenwettbewerb, in dem die Versicherten keine risikoäquivalenten, sondern einkommenbezogene Beiträge bezahlen, müssten Krankenkassen mit einer schlechten Risikostruktur, überwiegend einkommensschwachen Versicherten und vielen beitragsfrei mitversicherten Familienangehörigen sehr hohe (Zusatz-)Beiträge verlangen. Krankenkassen mit vielen gesunden, gutverdienenden und alleinstehenden Mitgliedern kämen dagegen mit einem geringeren Beitrag aus und könnten die Überschüsse an ihre Versicherten weiterreichen. Bei annähernd gleichen Leistungen

[62] Cassel et al. (2008), S.102; ähnlich auch bei Schulze (2007), S.287.
[63] Cassel et al. (2008), S.220.
[64] Vgl. Schulze (2007), S.302.
[65] Vgl. Paquet (2009), S.11.
[66] Vgl. § 241 SGB V in der ab 1.1.2009 geltenden Fassung.
[67] Vgl. § 271 SGB V in der ab 1.1.2009 geltenden Fassung.
[68] Vgl. § 242 SGB V in der ab 1.1.2011 geltenden Fassung.

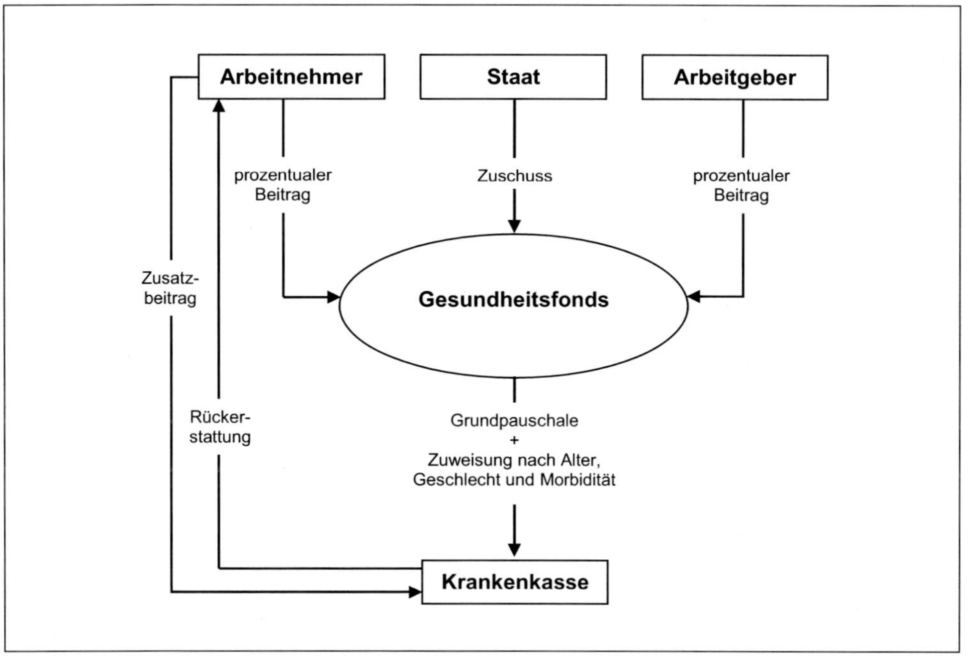

Abbildung 2.8: Der Gesundheitsfonds

und dem Recht der freien Kassenwahl wäre in diesem Fall mit erheblichen Mitgliederbewegungen in Richtung der beitragsgünstigen Krankenkassen zu rechnen.

Obwohl eine Kasse durch den Kontrahierungszwang keine Mitglieder ablehnen darf, bestehen in einem solidarischen Krankenversicherungssystem, in dem ein Ausgleich der Kosten nur innerhalb der jeweiligen Krankenkasse erfolgt, starke Anreize zur Anwerbung „günstiger" Mitglieder. Krankenkassen, die es schaffen größtenteils gesunde, alleinstehende und besserverdienende Versicherte zu werben, könnten auf diese Weise ihre Risikostruktur verbessern und Ausschüttungen vornehmen. Je erfolgreicher eine Krankenkasse bei der aktiven Selektion günstiger Risiken ist, desto besser stellt sie sich im Wettbewerb auf. Da es sich insgesamt um ein Nullsummenspiel handelt, können dagegen Krankenkassen mit einer schlechten Risikostruktur in einen ruinösen „Teufelkreis" geraten - selbst wenn sie effizient wirtschaften. Dieser „Teufelskreis" wird durch die Selbstselektion der Mitglieder verschärft, da erfahrungsgemäß vor allem bessere Risiken auf Prämienunterschiede reagieren und von ihrem Wahlrecht Gebrauch machen. Kassen mit einer schlechten Risikostruktur verlören somit nach und nach alle Versicherten mit einem geringen Kostenrisiko und müssten schließlich so hohe Prämien verlangen, dass am Ende auch die Versicherten mit einem hohen Kostenrisiko abwandern und die Kasse vom Markt verschwindet. Die Abwanderung von Versicherten mit einem hohen Kostenrisiko verändert wiederum die Risikostruktur in den aufnehmenden Krankenkassen und zwingt diese, ihre Prämien zu erhöhen. Der Prozess beginnt somit von neuem und endet im Extremfall erst dann, wenn nur noch eine Krankenkasse am Markt übrig ist.[69]

In einem solchen System würde in den Zusatzbeiträgen und Ausschüttungen der Krankenkassen nicht deren unterschiedliche Fähigkeiten z.B. im Qualitäts- und Kostenmanagement zum Ausdruck kommen. Die Prämien wären nur ein Merkmal der unterschiedlichen Risiko- und Versichertenstrukturen der Kassen. Eine erfolgreiche Risikoselektion wird dabei zur Überlebensfrage und würde alle Aktivitäten der Krankenkassen auf dieses Thema lenken. Eine Verbesserung der Qualität und Wirtschaftlichkeit der Gesundheitsversorgung würde, wenn überhaupt, nur eine untergeordnete Rolle spielen.

Bereits im Vorfeld der freien Kassenwahl waren die Risiken zwischen den Krankenkassen aufgrund des Zuweisungsprinzips sehr unterschiedlich verteilt. Um diese ungleichen Startvoraussetzungen im Kassenwettbewerb zu kompensieren[70] und einer volkswirtschaftlich unerwünschten Risikoselektion entgegenzuwirken, wurde im Jahr 1994 mit dem *Risikostrukturausgleich* (RSA) ein Finanzausgleich zwischen den Krankenkassen eingeführt.

Nach den Erkenntnissen der Versicherungsökonomie muss die in einem Versicherungsmarkt erhobene Prämie dem jeweils versicherten Risiko entsprechen.[71] Aufgabe des Risikostrukturausgleichs ist daher, die risiko*pauschalen* Beitragszahlungen der Versicherten bestmöglich in risiko*äquivalente* Prämien umzuwandeln[72] und den Kassen einen entsprechenden Beitragsbedarf zuzuweisen. Hierzu sind beobachtbare Merkmale heranzuziehen, die mit der Inanspruchnahme medizinischer Leistungen und den damit verbundenen Ausgaben korrelieren.[73] Bei der Einführung des RSA im Jahr 1994 standen bei den Krankenkassen erst wenige Daten zur Verfügung, die für diesen Zweck geeignet waren.[74] Die Auswahl der Merkmale beschränkte sich daher zunächst auf die indirekten Morbiditätsfaktoren Alter, Geschlecht und Bezug oder Nichtbezug einer Erwerbsminderungsrente. Junge Versicherte gehörten

[69] Vgl. Cassel/Janßen (1999), S.15 ff.; Jacobs et al. (2001), S.23 ff.; Wasem/Lauterbach/Schräder (2005), S.8; Cassel (2006), S.66 ff.; Wenner (2006), S.310; Greiner (2006b), S.443.

[70] Vgl. Behrend et al. (2004), S.21; Wasem/Lauterbach/Schräder (2005), S.8.

[71] Vgl. Göpffarth/Henke (2007), S.29.

[72] Vgl. Sehlen (2005), S.58 f.; Oberender/Zerth (2005), S.39; Jacobs/Schulze (2007), S.10; Göpffarth/Henke (2007), S.29.

[73] Vgl. Behrend et al. (2004), S.21.

[74] Vgl. Schräder/Reschke (2006); Göpffarth (2007a), S.23.

demnach zu den guten Risiken, da sie im Durchschnitt gesünder sind und nur wenige Leistungen in Anspruch nehmen. Alte Versicherte zählten dagegen zu den schlechten Risiken, da die Krankheitslast eines Menschen mit zunehmendem Alter tendenziell steigt und die Ausgaben der medizinischen Versorgung entsprechend höher ausfallen. Unberücksichtigt blieb dagegen die Ausgabenstreuung innerhalb der Altersklassen. Über die ursprünglichen RSA-Merkmale war es daher nur sehr eingeschränkt möglich, das individuelle Ausgabenrisiko abzubilden.[75] Aus den Merkmalen „Mann, 40 Jahre, keine Erwerbsminderungsrente" geht zum Beispiel nicht hervor, ob es sich um einen gesunden Versicherten mit geringen Leistungsausgaben handelt. Ebenso können diese Merkmale auf einen (chronisch) kranken Versicherten mit hohen Leistungsausgaben zutreffen.

Das Bestimmheitsmaß R^2, welches den Anteil der Ausgabenvarianz durch die herangezogenen Risikomerkmale erklärt, erreichte beim ersten RSA-Modell einen Wert von rund 0,07.[76] Das heißt: Über die indirekten Morbiditätsfaktoren Alter, Geschlecht und Bezug oder Nichtbezug einer Erwerbsminderungsrente konnten nur etwa sieben Prozent der krankheitsbezogenen Ausgabenvarianz erklärt werden.[77] Krankenkassen „erwirtschafteten" mit überdurchschnittlich kranken Versicherten folglich einen negativen Deckungsbeitrag. Es war für sie daher attraktiv, vor allem einkommensstarke und überdurchschnittlich gesunde Versicherte anzulocken und zu halten (positive Risikoselektion). Versicherte mit ungünstigen Merkmalen waren dagegen abzuschrecken oder zur Kündigung zu bewegen (negative Risikoselektion).[78] Krankenkassen hatten unter den Bedingungen des alten RSA zudem nur wenig Interesse daran, sich für eine Verbesserung der medizinischen Versorgung von (chronisch) kranken Versicherten einzusetzen, da ein solches Engagement zu einem Zulauf betriebswirtschaftlich schlechter Risiken hätte führen können („Harakiri-Argument").[79]

---

[75] Vgl. Lauterbach/Lüngen (2005), S.20.

[76] Vgl. Reschke et al. (2004), S.182 f.; Wasem/Lauterbach/Schräder (2005), S.12; Göpffarth/ Henke (2007), S.29.

[77] Bei der Beurteilung von R^2-Werten ist zu beachten, dass Gesundheitsausgaben zu einem Großteil zufallsbedingt anfallen; die Erklärungskraft von Risikoadjustierungsmodellen in einem Krankenversicherungssystem ist daher beschränkt. Als „natürliche" Obergrenze werden in der Literatur R^2-Werte zwischen 0,25 und 0,3 angegeben (vgl. Behrend et al. (2004), S.23 f.; Wasem/ Lauterbach/Schräder (2005), S.12).

[78] Vgl. Höppner et al. (2006), S.121.

[79] Vgl. Jacobs et al. (2000), S.34; Jacobs et al. (2001), S.46; Jacobs (2003), S.37; Wasem/Lauterbach/ Schräder (2005), S.10; Daubenbüchel/Göpffarth (2005), S.42; Cassel (2006), S.79; Jacobs/ Schulze (2007), S.8; Jacobs/Staudt/Wasem (2007), S.421.

Die genannten Wettbewerbsverzerrungen und Anreize zur Risikoselektion wurden in mehreren Gutachten zum Risikostrukturausgleich untersucht.[80] Im Ergebnis waren sich die Gutachter einig, dass ein Wettbewerb um die beste Versorgung der Versicherten sich nur entfalten kann, wenn der Aufbau eines innovativen Versorgungsmanagements aus Sicht der Krankenkassen erfolgsversprechender ist als die Selektion betriebswirtschaftlich günstiger Risiken. Dies setzt eine möglichst hohe Prognosekraft des verwendeten RSA-Modells voraus.

Mit dem morbiditätsorientierten Risikostrukturausgleichs (Morbi-RSA) wurde am 1. Januar 2009 ein neuer Finanzausgleich eingeführt. Im Zentrum des überarbeiteten Modells stehen seither 80 Krankheiten, die das Morbiditätsrisiko eines Versicherten präziser abbilden sollen. Die Höhe der Zuweisungen, die eine Krankenkasse über den RSA erhält, hängt von mehreren Faktoren ab (vgl. Abbildung 2.9):[81]

- *Grundpauschale mit Zu- und Abschlägen*: Krankenkassen erhalten zunächst für jeden Versicherten eine Grundpauschale. Die Höhe der Pauschale bemisst sich an den durchschnittlichen Pro-Kopf-Ausgaben der GKV und wird über Zu- und Abschläge nach Alter und Geschlecht angepasst; der dabei ermittelte Zuweisungsbetrag spiegelt das Ausgabenrisiko eines „gesunden" Versicherten wider. Als gesund gelten im Morbi-RSA alle Versicherten, die an keiner der 80 ausgewählten Krankheiten leiden.

- *Prospektive Morbiditätszuschläge*: Liegt bei einem Versicherten eine der berücksichtigungsfähigen Krankheiten vor, so erhält die Krankenkasse einen zusätzlichen Morbiditätszuschlag in Höhe der durchschnittlichen Ausgaben, die von der jeweiligen Krankheit verursacht werden. Da es sich um ein prospektives Modell handelt, werden für die Berechnung der standardisierten Zuschläge nicht die laufenden Behandlungskosten herangezogen, sondern die mit einer Krankheit verbundenen Kosten des Folgejahres.[82]

- *Zuschlag bei Erwerbsminderung*: Bezieht ein Versicherter aufgrund einer schweren Erkrankung eine Erwerbsminderungsrente, so ist dies in der Regel mit

[80] Siehe hierzu die Gutachten von Jacobs et al. (2001), Lauterbach/Wille (2001) und Breyer/Kifmann (2001).

[81] Vgl. im Folgenden Bundesversicherungsamt (2008c); Bundesversicherungsamt (2008b); Bundesversicherungsamt (2008a); Göpffarth (2009a); Göpffarth (2009b).

[82] Nicht alle Kosten, die innerhalb eines Jahres entstehen, sind auf die Erkrankungen des Vorjahres zurückzuführen. Die Ausgaben eines zufälligen Beinbruchs stehen zum Beispiel in keinem Zusammenhang mit einem im Vorjahr aufgetretenen Herzinfarkt und dürfen nicht in die standardisierten Zuschläge einfließen. Für das „Herausrechnen" dieser Kosten wird die statistische Methode einer multiplen Regression herangezogen.

zusätzlichen Belastungen der Krankenkasse verbunden. Neben den Morbiditätszuschlägen führt daher auch der Bezug einer Erwerbsminderungsrente zu weiteren Zuschlägen aus dem RSA.

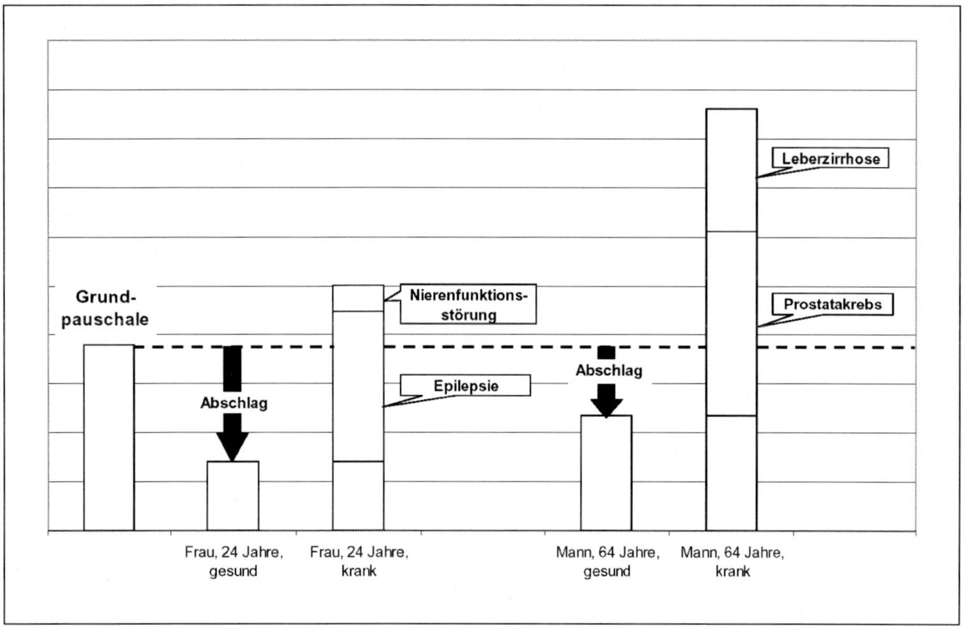

Abbildung 2.9: Zuweisungen für Pflichtleistungen der Krankenkasse: Grundpauschale mit alters- geschlechts und risikoadjustierten Zu- und Abschlägen (Quelle: Bundesversicherungsamt (2008c), S.5)

Der neue Risikostrukturausgleich unterscheidet 152 Risikogruppen: 40 Gruppen für die Einstufung nach Alter und Geschlecht, sechs Gruppen für Erwerbsminderungsrentner und 106 hierarchisierte Morbiditätsgruppen (HMG). Bei einigen Erkrankungen wird nach dem Schweregrad differenziert; für Krankheiten mit einem ähnlichen Versorgungsbedarf wurden gemeinsame Morbiditätsgruppen gebildet. Dies erklärt, warum die Zahl der HMGs nicht mit der Zahl der 80 ausgewählten Krankheiten übereinstimmt.

Die Prognosekraft des Morbi-RSA ist im Vergleich zum alten RSA deutlich besser. Das Bestimmtheitsmaß erreicht einen Wert von 0,197.[83] Anzumerken ist in diesem Zusammenhang allerdings, dass auch ein noch so ausgereiftes Klassifikationsmodell niemals zu einem vollständigen Ausgleich der Morbiditätsrisiken führen kann. Ein perfekter Ausgleich aller denkbaren Risiken ist zudem weder notwendig noch aus

[83]Vgl. Bundesversicherungsamt (2008a), S.14.

Kostengründen zu empfehlen. Bei der vorgesehenen Weiterentwicklung des Klassifikationsmodells geht es daher auch zukünftig nicht um eine maximale, sondern um eine optimale Gestaltung des RSA, der die Handlungsanreize der Krankenkassen richtig setzt und in einem wettbewerblichen Prozess zu einer Erhöhung der Effizienz und Effektivität der medizinischen Versorgung beiträgt.[84]

[84]Vgl. Wille/Ulrich/Schneider (2009), S.77 f.

3 Bedeutung der Kundenbindung für Krankenkassen

Um die Bedeutung der Kundenbindung in der gesetzlichen Krankenversicherung zu erläutern, wird zunächst auf den Begriff der Kundenbindung eingegangen und erklärt, welche Rolle die Bindung von Kunden im Zielsystem von Krankenkassen spielt. Anschließend werden die bisherigen Forschungsergebnisse zur Kundenbindung bei Krankenkassen dargestellt und kritisch gewürdigt.

3.1 Begriff der Kundenbindung

Für den Begriff der „Kundenbindung" finden sich in der Marketingliteratur unterschiedliche Definitionen. Grundsätzlich kann zwischen einer anbieter- und einer nachfragerorientierten Perspektive unterschieden werden:

- Kundenbindung aus *Sicht eines Anbieters* umfasst alle Maßnahmen, die geeignet erscheinen, die Beziehung zu den Kunden positiv zu gestalten. Ziel der Kundenbindung ist es, eine enge und intensive Beziehung zu den Nachfragern aufzubauen und für die Zukunft zu stabilisieren. Aus Anbietersicht immunisiert Kundenbindung die Nachfrager gegenüber Angeboten der Konkurrenz und beugt der Abwanderung zu Wettbewerbern vor.[85] Anbieteraktivitäten, die auf die Bindung von Kunden ausgerichtet sind, werden häufig auch unter dem Begriff „Kundenbindungsmanagement" zusammengefasst.[86]

- Aus der *Perspektive der Nachfrager* steht Kundenbindung für die Absicht oder Bereitschaft eines Kunden eine Geschäftsbeziehung aufrecht zu erhalten

[85] Vgl. Diller (1996), S.82; Homburg/Bruhn (2003), S.8.

[86] Vgl. Meyer/Oevermann (1995), Sp.1344; Homburg/Bruhn (2003), S.8; Homburg/Becker/Hentschel (2003), S.98.

und in zukünftigen Kaufsituationen Folgekäufe bei einem bestimmten Anbieter bewusst zu tätigen. Als Kundenbindung wird in diesem Zusammenhang ein Zustand bzw. eine Verhaltensabsicht bezeichnet, die durch Maßnahmen eines Anbieters beeinflusst wird.[87]

Neben der *zukünftigen Verhaltensabsicht* wird in der Literatur das bisherige bzw. *faktische Verhalten* der Nachfrager als zweite Dimension der Kundenbindung diskutiert.[88] Die Bestimmung bzw. Messung der Kundenbindung auf Basis von Vergangenheitswerten hat hinsichtlich der Datenverfügbarkeit Vorteile. So ist z.B. die Beschaffung und Auswertung von Verkaufsdaten in der Regel kostengünstiger und schneller möglich, als die Konzeption, Durchführung und Auswertung von Kundenbefragungen. Allerdings besteht die Gefahr, aus dem bisherigen Verhalten der Kunden falsche Schlüsse zu ziehen.[89] Ein Kunde, der einem Unternehmen schon seit Jahren scheinbar „treu“ ist, kann z.B. durch eine Veränderung seiner Anforderungen oder durch den Markteintritt eines Konkurrenten plötzlich einen Anbieterwechsel planen, ohne dass dies aus seinem bisherigen Kaufverhalten erkennbar wäre. Betrachtet man die Stärke der Kundenbindung als einen Frühindikator für Marktveränderungen, so ist die von einem Kunden geäußerte Verhaltens*absicht* eine bessere Grundlage, um Handlungsempfehlungen für das Management von Unternehmen abzuleiten. Vor diesem Hintergrund liegt es nah, unter Kundenbindung einen *auf die Zukunft* gerichteten *Zustand* bzw. eine „Momentaufnahme“ des beabsichtigten Kundenverhaltens zu verstehen.

Bei der Kundenbindung handelt es sich um ein *hypothetisches Konstrukt*, d.h. um einen abstrakten Sachverhalt, der sich einer direkten Beobachtung entzieht und daher aus anderen, beobachtbaren Sachverhalten (Indikatoren) zu erschließen ist.[90] Der beabsichtigte Wiederkauf eines Kunden stellt einen solchen Indikator dar.

Neben der Wiederkaufabsicht werden in der Literatur häufig drei weitere Indikatoren der Kundenbindung genannt:[91]

- die *Zusatzkaufabsicht* (Cross-Buying), d.h. die Absicht des Kunden auch andere Leistungen eines Anbieters in Anspruch zu nehmen,

[87] Vgl. Diller (1996), S.82 ff.; Meffert (2003), S.129; Werani (2003), S.3; Krafft/Götz (2006), S.338.

[88] Vgl. Meyer/Oevermann (1995), Sp.1341; Homburg/Bruhn (2003), S.8 f.

[89] Vgl. Diller (1996), S.85; Töpfer (2008), S.369.

[90] Vgl. Böhler (1995), Sp.1775 f.

[91] Vgl. Meyer/Oevermann (1995), Sp.1342; Homburg/Becker/Hentschel (2003), S.99; Homburg/Bruhn (2003), S.9; Bayón/von Wangenheim (2005), S.171; Homburg/Stock (2005), S.309.

- die *Weiterempfehlungsbereitschaft*, d.h. die Bereitwilligkeit des Kunden einen Anbieter gegenüber Freunden und Bekannten zu empfehlen, sowie
- die *Preiserhöhungstoleranz*, d.h. die Akzeptanz des Kunden höhere Preise für die Leistungen eines Anbieters zu bezahlen.

3.2 Kundenbindung im Zielsystem von Krankenkassen

Ausgangspunkt für das Marketing von Krankenkassen ist die Formulierung von Zielen. Diese können in Form einer *Zielpyramide* dargestellt werden. An der Spitze der Pyramide stehen die allgemeinen Wertvorstellungen des Unternehmens; sie sind Grundlage für die Bestimmung des Unternehmenszwecks. Aus dem Unternehmenszweck lassen sich anschließend die eigentlichen Unternehmensziele ableiten. Diese sind wiederum Orientierungsgrößen für Bereichs-, Aktionsfeld- und Instrumentalziele. Auf jeder Ebene werden die Ziele zunehmend konkretisiert. Jedes untergeordnete Ziel ist ein Mittel, um das darüber liegende Ziel zu verwirklichen (vgl. Abbildung 3.1).[92] Auf der Ebene der Instrumentalziele liegen die Zielentscheidungen und Mittelentscheidungen eng beieinander.[93]

Eine erste umfassende Diskussion und empirische Untersuchung der Ziele von Krankenkassen nach der Einführung des freien Kassenwahl erfolgte durch Haenecke.[94] In Anlehnung an dessen Vorgehensweise werden in den nachfolgenden Abschnitten die drei obersten Zielebenen aus Abbildung 3.1 auf die Ziele der gesetzlichen Krankenversicherungen übertragen.

3.2.1 Allgemeine Wertvorstellungen und Unternehmenszweck von Krankenkassen

Auf der obersten Ebene der Zielpyramide legen die *allgemeinen Wertvorstellungen* die Geschäftsgrundsätze eines Unternehmens fest.[95] Aus der Sicht von Krankenkassen lassen sich an dieser Stelle die Grundmaxime der gesetzlichen Sozialversicherung einordnen.[96] Diese beinhalten die Verwirklichung sozialer Gerechtigkeit und sozialer

[92] Vgl. Becker (2006), S.28; ähnlich auch bei Meffert (2000), S.71.

[93] Vgl. Becker (2006), S.90.

[94] Vgl. Haenecke (2001a); Haenecke (2001c).

[95] Vgl. Becker (2006), S.29 ff.

[96] Vgl. Haenecke (2001a), S.97 und 163; Bogner/Loth (2004), S.44.

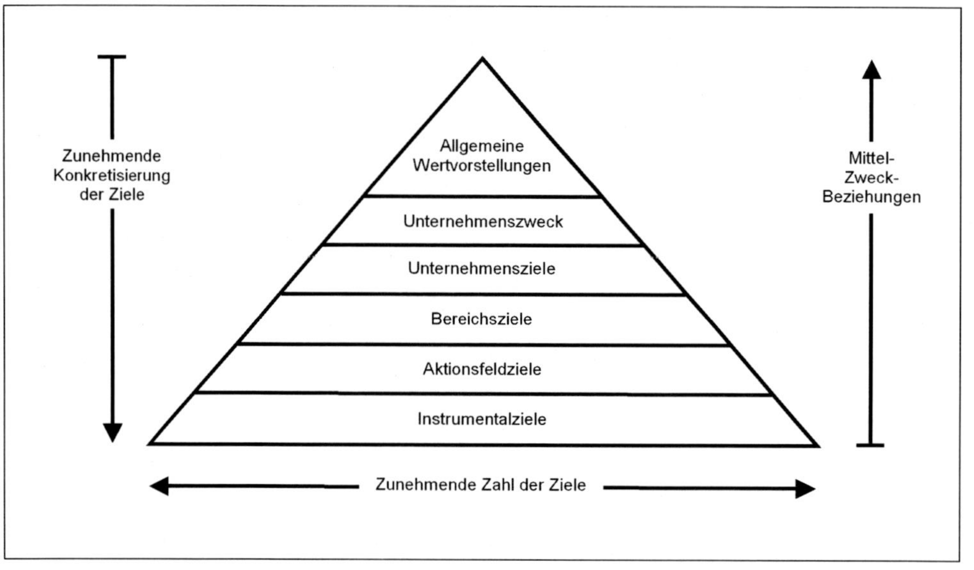

Abbildung 3.1: Zielpyramide (Quelle: Becker (2006), S.28)

Sicherheit (Solidarprinzip).[97] In der gesetzlichen Krankenversicherung werden diese Grundsätze durch das Bedarfs- und Leistungsfähigkeitsprinzip verwirklicht. Jedes Mitglied der Versichertengemeinschaft erhält hierüber einen annähernd gleichen Zugang zum Gesundheitssystem. An den Ausgaben müssen sich die Versicherten jedoch nur nach Maßgabe ihrer individuellen wirtschaftlichen Leistungsfähigkeit beteiligen.

Der *Unternehmenszweck* gibt Unternehmen einen bestimmten Handlungsrahmen sowie eine bestimmte Handlungsrichtung vor. Beides wird für Krankenkassen im fünften Teil des Sozialgesetzbuches (SGB V) festgelegt. Nach § 1 SGB V hat die Krankenversicherung als Solidargemeinschaft die Aufgabe „die Gesundheit der Versicherten zu erhalten, wiederherzustellen oder ihren Gesundheitszustand zu bessern." Die Kernaufgabe der Krankenkassen liegt in der Finanzierung dieser Leistungen. Daneben nehmen Kassen zunehmend auch Aufgaben wahr, die über diesen Bereich hinausgehen. Diese Gestaltungsaufgaben gewinnen vor allem in den Bereichen der Prävention, Rehabilitation und Gesundheitsförderung sowie in der Reorganisation und Weiterentwicklung der medizinischen Versorgung an Bedeutung. Der gesetzliche Auftrag der Krankenkassen liegt in der Erfüllung dieser Aufgaben

[97] Vgl. § 1 SGB I.

unter Beachtung des Wirtschaftlichkeitsprinzips[98] und dem Grundsatz der Beitragssatzstabilität[99].

Unter Berücksichtigung der vom Gesetzgeber vorgegebenen Rahmenbedingungen, können Krankenkassen auf den darunter liegenden Ebenen die Ziele ihres unternehmerischen Handelns selbst festlegen.

3.2.2 Kundenbindung als Unternehmensziel von Krankenkassen

Die klassische Theorie der Unternehmung geht davon aus, dass das Streben nach maximalem Gewinn das Oberziel eines Unternehmens darstellt. Dieser absolute Anspruch der Gewinnmaximierungshypothese wurde auf Basis empirischer Untersuchungen inszwischen jedoch revidiert. In der Praxis stehen mittlerweile andere Ziele im Vordergrund, wie z.B. die Sicherung des Unternehmensbestandes, die Wettbewerbsfähigkeit des Unternehmens oder die Zufriedenheit der Kunden. Welche Ziele priorisiert werden, hängt zum Beispiel von situativen Faktoren ab, wie der Wettbewerbsintensität, der Größe sowie dem Überlebens- oder Gewinn-Niveau eines Unternehmens.[100]

Auch Krankenkassen können unterschiedliche Unternehmensziele verfolgen. Eine Gewinnerzielung ist jedoch ausdrücklich untersagt. Fallen Überschüsse an, sind diese an die Mitglieder in Form niedrigerer Zusatzbeträge oder Ausschüttung zurückzugeben.[101]

Zu den Zielen von Krankenkassen gehören:[102]

- die Erhöhung der Kassengröße,
- die Erhöhung der Kundenzufriedenheit,
- die Steigerung des Bekanntheitsgrades,
- die Verbesserung der medizinischen Versorgung,
- die Stabilisierung bzw. Senkung des Beitragssatzes[103] sowie

[98] Vgl. § 12 SGB V.

[99] Vgl. § 71 SGB V.

[100] Vgl. Meffert (2000), S.72; Becker (2006), S.14 ff.

[101] Vgl. Simon (2008), S.123.

[102] Vgl. Haenecke (2001a), S.168 ff.; Bogner/Loth (2004), S.45 ff.

[103] Seit der Einführung des einheitlichen Beitragssatzes im Jahr 2009 bezieht sich dieses Ziel auf die Höhe von Zusatzbeiträgen oder Ausschüttungen.

- die Verbesserung der Risikostruktur.

Im Rahmen einer schriftlichen Befragung von 61 Kassenmanagern konnten im Jahr 2000 drei Oberziele von Krankenkassen identifiziert werden:[104]

- die Sicherung des Kassenfortbestands,
- das Erhöhen bzw. Halten der Kassengröße sowie
- das Senken bzw. Halten des Beitragssatzes.

Bei der Frage nach dem wichtigsten Ziel von Krankenkassen lag die Sicherung des Kassenfortbestands mit rund 45 Prozent der Nennungen an vorderster Stelle. Das Halten bzw. die Erhöhung der Kassengröße gaben etwa 21 Prozent der Befragten als wichtigstes Ziel an. Bei der Frage nach den fünf wichtigsten Zielen wurde auch die Höhe des Beitragssatzes als zentrale Zielgröße genannt. Eine erneute empirische Erhebung durch Reile (2006) bestätigte diese Ergebnisse.[105]

Welche Ziele eine Krankenkasse priorisiert, hängt von ihren individuellen Möglichkeiten und Rahmenbedingungen ab; diese können sehr unterschiedlich sein. Einige Krankenkassen versichern nur wenige Tausend Menschen, andere Kassen zählen dagegen mehrere Millionen Versicherte zu ihren Kunden. Ähnlich ist es bei der personellen Aufstellung: Während kleine Krankenkassen mit 10-20 Mitarbeitern auskommen, haben die großen Krankenkassen in Deutschland mehrere Tausend Beschäftigte.[106] Auch die Risiko- und Einkommenstrukturen sind ungleich verteilt. Darüber hinaus nutzen einige Krankenkassen die Möglichkeit, sich nur für die Beschäftigten bestimmter Trägerunternehmen zu öffnen und somit nur eine bestimmte Klientel zu bedienen. Andere Kassen wiederum agieren uneingeschränkt auf Landes- und Bundesebene. Aufgrund dieser Heterogenität erscheint es schwer, ein allgemein gültiges Oberziel von Krankenkassen zu bestimmen.

Bei einer genaueren Betrachtung der empirisch ermittelten Oberziele von Krankenkassen liegt es allerdings nahe, die Ziele nicht isoliert zu betrachten, sondern als *Wirkungskette* zu verstehen: Der Beitragssatz bzw. die Zusatzbeiträge oder Ausschüttung können als „Preis für die Krankenversicherung" die Wechselbereitschaft bestehender und potenzieller Kunden und somit die Größe einer Krankenkasse (gemessen an der Anzahl ihrer Versicherten) beeinflussen. Das Erhöhen oder

[104] Vgl. Haenecke (2001a), S.175 ff.; Haenecke (2001c), S.31 ff.

[105] Vgl. Reile (2006), S.47 ff.

[106] Die BARMER Ersatzkasse zählte zum Beispiel im Jahr 2009 rund sieben Milionen Versicherte und etwa 17.000 Mitarbeiter (vgl. www.barmer.de).

Halten der Kassengröße ist wiederum eine notwendige Bedingung für deren Fortbestand.

3.2.2.1 Motive für den Erhalt und die Erhöhung der Kassengröße

Die *Sicherung des Fortbestands* einer Krankenkasse ist als Ziel sehr allgemeingültig. Marktteilnehmer, die dieses Ziel nicht als unmittelbar gefährdet ansehen, werden es kaum als oberstes Unternehmensziel hervorheben. Die Bedeutung der Sicherung des Kassenfortbestands, die aus den empirischen Ergebnissen hervorgeht, lässt daher vermuten, dass viele Kassen zum Zeitpunkt der Befragung ihre Stellung im Markt nicht als gefestigt ansahen. Der Rückgang der Krankenkassen in Deutschland liefert hierfür eine mögliche Erklärung: Von 1994 bis zur Befragung im Jahr 2000 war die Zahl der Krankenkassen von mehr als 1.000 auf etwa 400 gesunken. Anfang 2011 wurden nur noch 156 Kassen gezählt.[107]

Folgt man den Prinzipien des Wettbewerbs, dann scheiden ineffiziente Anbieter früher oder später aus dem Markt aus. Dies gilt dem Grundsatz nach auch in der GKV: Eine Krankenkasse ist von der zuständigen Aufsichtsbehörde zu schließen, wenn ihre Leistungsfähigkeit auf Dauer nicht mehr gesichert ist.[108] Auch die Insolvenz ist seit dem 1. Januar 2010 für fast alle Krankenkassen möglich.[109] Die Schließung einer Kasse zieht allerdings hohe Kosten für die übrigen Kassen einer Kassenart nach sich: Kredite müssen getilgt und Sozialpläne finanziert werden. Aus diesem Grund kam es in der Vergangenheit nur zu wenigen Kassenschließungen; zahlungsunfähige Akteure wurden stattdessen saniert oder mit einer anderen Krankenkasse vereint.[110] Nicht alle Fusionen in der gesetzlichen Krankenversicherung sind jedoch auf die Zahlungsunfähigkeit einzelner Marktteilnehmer zurückzuführen. Ein Großteil der fusionierten Kassen schloss sich in den letzten Jahren mit dem Ziel zusammen, Synergie-Effekte zu nutzen und ihre Wettbewerbsposition zu stärken.

Darüber hinaus ist anzunehmen, dass der Vorstand einer Krankenkassen daran interessiert ist, die Wettbewerbsposition der eigenen Kasse zu stärken und zukunftsfähig auszubauen, um seine Stellung (und die damit verbundene Vergütung und das Prestige) nicht zu gefährden.

[107] Vgl. Abbildung 2.1.

[108] Vgl. §§ 146a, 153, 163, 170 SGB V.

[109] Zur Insolvenz von Krankenkassen siehe z.B. Lambertin (2008), Minn (2008), Steinmeyer (2008), Polaszek/Zellmann (2009).

[110] Vgl. Laschet (2004).

Als Maßstab für den Erhalt der Marktstellung kann die *Größe einer Krankenkasse*, gemessen an der Anzahl ihrer Mitglieder bzw. Versicherten, herangezogen werden. Ob der Erhalt der aktuellen Kassengröße jedoch ausreicht, um das langfristige Überleben einer Krankenkasse zu sichern, ist mit Blick auf die vielen kleinen Krankenkassen, die nur wenige Tausend Menschen versichern, zu hinterfragen.

Mögliche Vorteile von mitgliederstarken Krankenkassen sind:[111]

- eine bessere Verteilung von Fixkosten,
- eine bessere personelle Aufstellung,
- ein besserer Ausgleich von Risiken,
- eine höhere finanzielle Liquidität und
- eine größere Markt- bzw. Einkaufsmacht.

Trotz dieser Vorteile, konnte die Anzahl der Mitglieder bislang nicht als notwendige Voraussetzung für den Fortbestand einer Kasse bestätigt werden. Die Einführung des Wettbewerbs hat einerseits nicht zu einem kategorischen Ausschluss aller kleinen Krankenkassen geführt; für viele dieser Kassen war und ist es auch weiterhin möglich, sich im Markt zu behaupten. Große Krankenkassen arbeiten zudem nicht zwingend kostengünstiger als kleine Kassen wie mehrere Untersuchungen zeigen.[112]

Bei einer Ausweitung des Vertragswettbewerbs gewinnt die Anzahl der Versicherten und die damit verbundene Verhandlungsmacht einer Krankenkasse allerdings an Bedeutung. Kleine Krankenkassen müssen jedoch nicht zwangsläufig mit einer schlechteren Verhandlungsposition rechnen, wenn sie es verstehen, ihre Kräfte zu bündeln. In einer im Frühjahr 2007 durchgeführten Befragung zur Entwicklung des

[111] Vgl. z.B. Curtius (1999), S.2; Haenecke (2001a), S.168 ff.; Stapf-Finé (2009); Kartte/ Neumann (2008), S.16.

[112] Vgl. Stoschek (2003); Brennenstuhl/Schulz (2007), S.299 f.; Unterhuber/Zacher (2009). Schon Mühlenkamp stellt im Jahr 1995 fest, dass „bisher alle empirischen Untersuchungen den Hoffnungen auf eine Steigerung der Verwaltungseffizienz in der GKV durch die Vereinigung von Kassen“ (Mühlenkamp (1995), S.302) widersprechen. Auch in einer von der BKK Mittelstandsoffensive initiierten Studie zur Analyse der optimalen Kassengröße aus dem Jahr 2004 wurden nur vereinzelte Größenvorteile, z.B. bei IT-Lösungen, beobachtet (vgl. Fritz Beske Institut für Gesundheits-System-Forschung (2004)). Die Vorteilhaftigkeit kleiner Kassen zeigte sich dagegen in flexibleren Angebots- und Servicestrukturen und einer höheren Innovationsrate. Ähnliche Ergebnisse gehen aus einer im Jahr 2006 von Rürup durchgeführten Untersuchung zur Entwicklung der Verwaltungskosten von Orts- und Innungskrankenkassen hervor. Ein Vergleich der Verwaltungskosten vor und nach dem Zusammenschluss der untersuchten Kassen ergab, dass große Krankenkassen sogar eher kostenungünstiger arbeiten. Eine Senkung der Verwaltungskosten war nach der Fusion der Kassen nicht festzustellen (vgl. Rürup (2006); Hoffmann (2006)).

gesetzlichen Krankenversicherungsmarktes gingen die meisten der teilnehmenden Manager zumindest davon aus, „dass kleine Kassen durch Kooperationen bundesweite Größe „simulieren“ könnten“.[113] Die Betriebskrankenkassen haben hierauf z.B. mit der Gründung eines Gemeinschaftsunternehmens, einer Service AG und einer Vertragsgemeinschaft reagiert.[114]

Für den Zusammenschluss von Krankenkassen spielen jedoch nicht nur die Anzahl der Versicherten, sondern auch die finanzielle Liquidität, die Nutzung von Synergieffekten und die Erweiterung der internen Kompetenzen eine Rolle. Sofern der Wandel vom „Payer zum Player“ weiter voranschreitet, werden Krankenkassen zukünftig wesentlich mehr Aufgaben übernehmen müssen als in den Jahren zuvor. Die personelle Aufstellung einer Kasse muss diesen Anforderungen dann nicht nur quantitativ sondern auch qualitativ gewachsen sein.[115] Personelle Kapazitätsengpässe lassen sich zwar durch Kooperationen mit anderen Krankenkassen oder durch die Auslagerung von Aufgaben an externe Dienstleister und Verbände zum Teil überwinden; es können aber nicht alle Aufgaben an Dritte vergeben werden. Zumindest die Schlüsselkompetenzen müssen innerhalb einer Krankenkasse zur Verfügung stehen. Kassen, die nicht aus eigener Kraft wachsen, bleibt bei steigendem Personalbedarf nur die Möglichkeit einer Fusion.[116]

Aus den vorangegangenen Überlegungen lässt sich schließen, dass sämtliche Aktivitäten von Krankenkassen darauf ausgerichtet sind (bzw. sein sollten), die aktuelle *Größe der Kasse* zu sichern und ggf. zu erhöhen. Um dieses Ziel zu erreichen, müssen Krankenkassen versuchen, ihre bestehenden Kunden zu halten und Neukunden zu gewinnen. Dies wirft die Frage auf, welche Wechseldynamik in der GKV zu beobachten ist, d.h. wie viele Versicherte von ihrem Wechselrecht Gebrauch machen.

[113] Krummaker et al. (2008), S.34; vgl. auch Stapf-Finé (2009).

[114] Vgl. Schlingensiepen (2007); o.V. (2008b); Unterhuber/Zacher (2009), S.430.

[115] So ist zum Beispiel im Rahmen von Ausschreibungen ein umfangreiches Ausschreibungs-Know-how aufzubauen, das die Zusammenarbeit intersiziplinärer Teams voraussetzt. Kleine Krankenkassen werden derartige Teams (bestehend aus Juristen, Empirikern, Ausschreibungsexperten etc.) schon aus Kostengründen vermutlich nicht allein vorhalten halten können (Vgl. Kötter/Maßing (2007).

[116] Als Teil der Verwaltungskosten sind die Personalausgaben an die Einnahmenentwicklung einer Krankenkasse und somit an deren Mitgliederzahl gekoppelt. Die Einstellung neuer Mitarbeiter ist aufgrund dieser Regelung nicht uneingeschränkt möglich. Das heißt: Auch wenn die Leistungsfähigkeit einer kleinen Kasse finanziell gesichert ist, kann die Personalplanung an Grenzen stoßen.

3.2.2.2 Wechseldynamik im Verdrängungswettbewerb der Krankenkassen

Die gesetzliche Krankenversicherung ist ein gesättigter Markt. Durch das Prinzip der Pflichtversicherung bedeutet der Neuzugang eines Kunden bei einer Krankenkasse den Abgang eines Kunden bei einer anderen Kasse. Zwischen den Krankenkassen herrscht somit ein *Verdrängungswettbewerb.*

Zur Intensität dieses Wettbewerbs stehen in den Statistiken der Krankenkassen keine Daten zur Verfügung. Die Anzahl der Versicherten bzw. Mitglieder, die bereits einen oder mehrere Kassenwechsel vollzogen haben, lässt sich daher nur über Befragungen ermitteln:[117]

- Aus den Studien des Wissenschaftlichen Instituts der AOK (WIdO) geht hervor, dass bis zum Jahr 2003 knapp die Hälfte der GKV-Mitglieder (44,8 Prozent) schon mindestens einmal in ihrem Leben die Krankenkasse gewechselt hat;[118] drei Jahre später (2006) lag die vom WIdO festgestellte Quote etwas höher (49,2 Prozent).[119]

- Der Gesundheitsmonitor 2004 der Bertelsmann-Stiftung kommt zu ähnlichen Ergebnissen: 40 Prozent der GKV-Mitglieder gaben in der Befragung mindestens einen zurückliegenden Kassenwechsel an.[120]

- In einer Untersuchung der MSR Consulting Group aus dem Jahr 2003 machten 32 Prozent der befragten Versicherten eine entsprechende Angabe.[121]

- Zwei neuere Erhebungen der Betriebskrankenkassen aus dem Jahr 2008 identifizieren 44 bzw. 45 Prozent der GKV-Mitglieder als frühere Kassenwechsler.[122] Zwischen den Kassenarten bestehen deutliche Unterschiede.[123]

Ein Wechsel der Krankenkasse war für einen Teil der GKV-Mitglieder auch schon vor der Einführung der freien Kassenwahl im Jahr 1996 möglich. Der Anteil der

[117] Vgl. Greß et al. (2008b), S.22; die nachfolgenden Abschnitte wurden in Auszügen bereits veröffentlicht in Weber (2009), S.32 f.

[118] Vgl. Zok (2003), S.39.

[119] Hiervon geben 34,2 Prozent der Befragten einen und 15,0 Prozent der Befragten mehrere Kassenwechsel an. Vgl. Zok (2006), S.2.

[120] Vgl. Höppner et al. (2004), S.25.

[121] Vgl. MSR Consulting Group (2003), S.10.

[122] Vgl. Paquet/Stein (2008), S.275; Meyer (2008), S.558.

[123] Während nur 17 Prozent der AOK-Mitglieder mindestens einen zurückliegenden Kassenwechsel angeben, sind es bei den Mitgliedern der BKKn und der Innungskrankenkassen 61 bzw. 71 Prozent. Vgl. Paquet/Stein (2008), S.275.

Mitglieder, die seither von ihrem Wahlrecht Gebrauch machten, liegt daher deutlich unter den oben angegebenen Werten, die sich auch auf Wechselbewegungen vor dem Jahr 1996 beziehen können. Für den Zeitraum von 1997-2006 ermitteln Andersen/Grabka (2007) eine kumulierte Wechselquote von ca. 21 Prozent.[124] Etwa 55 Prozent dieser Versicherten haben in dieser Zeit einmal, 45 Prozent zwei- oder mehrmals die Kasse gewechselt. Greß et al. (2008b) geben für die Zeitspanne 1996-2005 einen Wert von etwa 27 bis 28 Prozent an.[125] Vergleicht man diese Quoten mit anderen Versicherungsmärkten oder dem Bankensektor, so zeigen sich keine Besonderheiten: Der Anteil der Kassenwechsler ist etwa gleich hoch wie die Wechselquoten bei KFZ-Versicherungen oder bei Bankkonten.[126] Im Vergleich zu anderen marktliberalisierten Branchen (z.B. der Telekommunikationsbranche oder dem Energiemarkt) fällt der Anteil der Kassenwechsler dagegen eher gering aus.[127]

Pro Jahr entscheiden sich etwa fünf Prozent der GKV-Mitglieder für einen Wechsel ihrer Krankenkasse. Diese Quote ist über die Jahre nahezu stabil. Ein Trend zu einem häufigeren Kassenwechsel ist kaum erkennbar: Zwar zeigen Andersen/Grabka (2006) über eine Auswertung des Sozio-oekonomischen Panels (SOEP), dass die Anzahl der jährlichen Kassenwechsler seit der Einführung der freien Kassenwahl vorübergehend zugenommen hat. Im Jahr 1997 lag die Wechselquote bei 4,0 Prozent, dieser Wert ist bis zum Jahr 2004 auf 5,9 Prozent gestiegen.[128] Zwei Jahre später (2006) lag die Quote jedoch wieder bei 4,1 Prozent.[129] Laut dem BKK Imagemonitor waren 85 Prozent aller GKV-Kunden im Jahr 2008 bereits mehr als fünf Jahre bei ihrer derzeitigen Krankenkasse versichert.[130] Dieser Wert stellte einen Höchststand im laufenden Jahrzehnt dar. Innerhalb der vorangegangenen drei Jahre hatte sogar nur etwa jeder zehnte Kunde seine Kasse gewechselt. Von immer kürzeren Mitgliedschaften und einer zunehmenden Wechseldynamik in der gesetzlichen Krankenversicherung kann bislang also keine Rede sein. Der Abgang in die private Krankenversicherung fällt ebenfalls kaum ins Gewicht. Nur etwa 0,1 Prozent der GKV-Mitglieder haben sich in den Jahren 2009 und 2010 für einen Wechsel in das PKV-System entschieden.[131]

[124] Vgl. Andersen/Grabka (2007), S.243 f.

[125] Vgl. Greß et al. (2008b), S.23.

[126] Vgl. Greß et al. (2008b), S.23 f.

[127] Vgl. Reile (2006), S.101.

[128] Vgl. Andersen/Grabka (2006), S.150.

[129] Vgl. Andersen/Grabka (2007), S.238.

[130] Vgl. Meyer (2008), S.557.

[131] Die Anzahl der Versichertenabgänge in die PKV können der GKV-Statistik KM1 des BMG entnommen werden.

Trotz der geringen Wechselquoten mussten vor allem die Allgemeinen Ortskrankenkassen und die Ersatzkassen seit der Einführung des Kassenwettbewerbs die Abwanderung vieler Kunden hinnehmen; die BKKn konnten die Anzahl ihrer Versicherten dagegen fast verdoppeln.[132] Die Entwicklung der Marktanteile nach Kassenarten bis zum Jahr 2006 zeigt Abbildung 3.2.

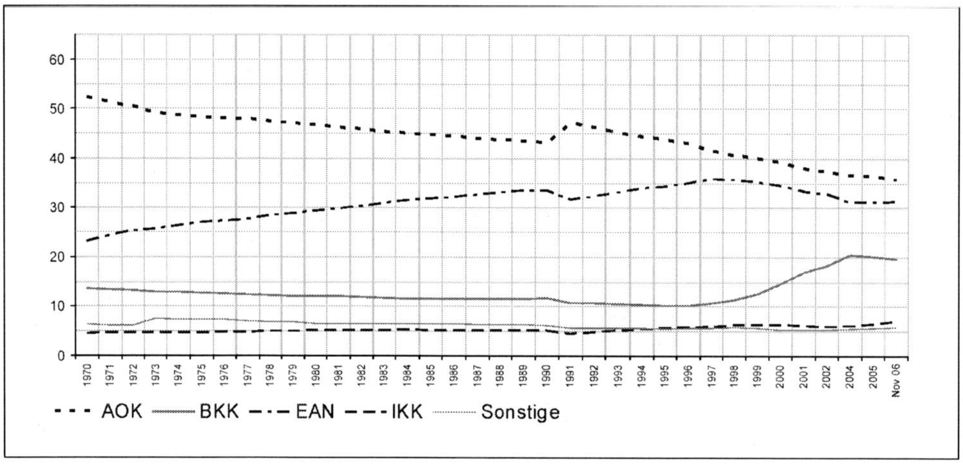

Abbildung 3.2: Entwicklung der Marktanteile in der GKV von 1970-2006 (Quelle: BKK Bundesverband (2004))

In einem Verdrängungswettbewerb, wie er in der gesetzlichen Krankenversicherung besteht, sehen sich die Anbieter im Vorteil, denen es gelingt, ihre Kunden möglichst eng an sich zu binden und vor den Abwerbungsversuchen der Konkurrenz zu immunisieren. Der Stammkundenpflege wird in diesen Fällen eine höhere Bedeutung zugesprochen, als der Neukundengewinnung.[133]

Nicht alle Kunden, die eine hohe Wechselbereitschaft aufweisen oder einen Anbieterwechsel planen, setzen dies jedoch tatsächlich um. Auch in der gesetzlichen Krankenversicherung stammen die 4-6 Prozent der jährlichen Kassenwechsler aus einer wesentlich größeren Gruppe wechsel*gefährdeter* Mitglieder.

[132] In diesem Zusammenhang ist zu beachten, dass es auch innerhalb der Kassenarten Wechselbewegungen gibt, die bei einer saldierten Betrachtung ausgeblendet werden. Vgl. dazu auch Jacobs (2002), S.502.

[133] Vgl. Diller (1996), S.81.

3.2.2.3 Untersuchungen zur Anzahl wechselgefährdeter Mitglieder

Die Auseinandersetzung mit der Kundenbindung ist für Unternehmen vor allem dann von Interesse, wenn ein Großteil der Kunden als wechselgefährdet einzustufen ist. Für wie viele GKV-Mitglieder dies zutrifft, lässt sich (wie die Anzahl der tatsächlichen Kassenwechsler) nur über Befragungen herausfinden. Auch hierzu liegen mehrere Untersuchungen vor:[134]

- Aus Befragungen des Wissenschaftlichen Instituts der AOK (WIdO) geht hervor, dass die Quote der GKV-Mitglieder, die über einen Wechsel zu einer anderen Krankenkasse nachdenken, seit der Einführung der freien Kassenwahl tendenziell gestiegen ist. Gaben in den Jahren 1998/99 nur 8-9 Prozent der Versicherten an, sich über einen Kassenwechsel Gedanken zu machen, so hatte sich diese Quote bis zum Jahr 2003 nahezu verdreifacht (23,4 Prozent).[135] In den Folgejahren ging die Wechselbereitschaft wieder leicht zurück: Im Jahr 2006 räumte noch fast jedes fünfte Mitglied (18 Prozent) ein, über einen Wechsel der Krankenkasse nachzudenken.[136] Im April 2009 gaben nur noch 13 Prozent der Befragten an, ihre Kasse wechseln zu wollen.[137]

- In einer Untersuchung der MSR Consulting Group aus dem Jahr 2003 konnten sich 20 Prozent der gesetzlich Versicherten vorstellen, ihre Krankenkasse zu wechseln. Auf der Ebene der Kassenarten schwankte dieser Wert zwischen 17 Prozent bei den AOK-Versicherten und 24 Prozent bei den Versicherten der Betriebskrankenkassen.[138]

- In einer Umfrage des stern aus dem Jahr 2007 stimmten acht Prozent der Befragten zu, dass sie mit Sicherheit oder vielleicht vorhaben, ihre Krankenkasse in den nächsten zwei Jahren zu wechseln. In einer früheren Befragung aus dem Jahr 1999 traf dies für 13 Prozent der Befragten zu.[139]

- Laut einer Umfrage des Marktforschungsinstituts Ipsos wollten im Jahr 2009 nur vier Prozent der Deutschen ihre private oder gesetzliche Krankenversicherung verlassen und sich einen neuen Anbieter suchen.[140]

[134] Die nachfolgenden Abschnitte wurden in Auszügen bereits veröffentlicht in Weber (2009), S.33 ff.
[135] Vgl. Zok (2003), S.39.
[136] Vgl. Zok (2006), S.2.
[137] Vgl. Zok (2009), S.4.
[138] Vgl. MSR Consulting Group (2003), S.11.
[139] Vgl. Gruner + Jahr AG & Co KG (2007), S.24 f.
[140] Vgl. Ipsos GmbH (2009).

In den oben aufgeführten Untersuchungen wurde die Wechselbereitschaft der Versicherten direkt abgefragt. Um den Anteil der wechselgefährdeten Kunden zu bestimmen, können auch andere Indikatoren, wie z.B. die Wiederwahlabsicht, herangezogen werden:

- In einer Studie der Terra Consulting Partners GmbH wurde Ende 2007 nach der Wiederwahl der Krankenversicherung gefragt.[141] 34 Prozent der gesetzlich Versicherten konnten dabei als hochgebundene „Stammkunden“ identifiziert werden (Antwort zur Wiederwahl: „ja, mit Sicherheit“), 43 Prozent der Versicherten waren sich über die Wiederwahl ihrer Kasse nicht ganz sicher (Antwort: „ja, vielleicht“), für 23 Prozent der befragten GKV-Kunden kam eine Wiederwahl tendenziell nicht infrage (Antwort: „nein, eher nicht/ auf gar keinen Fall/ weiß nicht“). 43 Prozent der GKV-Versicherten gelten demnach als latent wechselgefährdet, weitere 23 Prozent sind akut gefährdet. Auf der Ebene der Kassenarten variieren diese Werte: Den höchsten Anteil latent und akut wechselgefährdeter Versicherter weisen die AOKn auf (latent wechselgefährdet: 45 Prozent; akut wechselgefährdet: 30 Prozent), die niedrigsten Werte haben die IKKn (latent wechselgefährdet: 40 Prozent; akut wechselgefährdet: 15 Prozent).

- Im Rahmen des M+M Versichertenbarometer werden seit 2005 jährlich mehrere Indikatoren der Kundenbindung von gesetzlich und privat Versicherten erhoben. Im Jahr 2009 stimmten den Aussagen „Ich würde meine Krankenkasse/ -versicherung nicht bei nächster Gelegenheit wechseln und zu einer anderen gehen“ sowie „Ich werde gerne auch weiterhin bei meiner Krankenkasse/ -versicherung versichert bleiben“ lediglich acht bzw. neun Prozent der Befragten überhaupt nicht, nicht oder nur teilweise zu.[142] Im Vergleich zu den Vorjahren sind die Werte leicht zurückgegangen.[143] Nicht alle Versicherten, die bei ihrer Krankenversicherung bleiben wollen, tun dies jedoch aus voller Überzeugung: Nur 70 Prozent der Befragten zeigten eine hohe Weiterempfehlungsbereitschaft[144] und nur 69 Prozent der Versicherten gaben an, weitere Versicherungen vorzugsweise über ihre derzeitige Krankenkasse/-versicherung

[141] Vgl. Schaaf/Sander (2008), S.9; Sander/Kade-Lamprecht (2008), Folie 13.

[142] Vgl. Töpfer/Opitz (2009), S.23.

[143] Leitet man den Anteil der wechselgefährdeten Versicherten aus den beiden aufgeführten Fragen ab, dann waren im Jahr 2007 etwa 11-15 Prozent der GKV- und PKV-Versicherten wechselgefährdet (vgl. Töpfer/Opitz (2007), S.23). Im Jahr 2005 lagen die Werte der GKV-Versicherten bei 11-13 Prozent (vgl. Töpfer/Opitz (2005), S.390).

[144] Der Frage „Ich würde meine Krankenkasse/ -versicherung meinen Freunden und Bekannten uneingeschränkt weiterempfehlen“ stimmten 70 Prozent der Befragten zu bzw. völlig zu.

abschließen zu wollen (Cross Buying).[145] Folgt man dem „M+M Kunden-Bindungs-Index“, dann besteht nur bei etwa jedem zweiten Versicherten eine ausgeprägte oder sehr ausgeprägte Kundenbindung (56,8 Prozent), 37,2 Prozent der Versicherten weisen eine eingeschränkte Bindung auf, sechs Prozent der Versicherten zählen zu den gering gebundenen und den nahezu verlorenen Kunden.[146]

- Ähnliche Ergebnisse gehen aus einer Studie der Ratingagentur ASSEKURATA hervor.[147] Für die Studie wurden im Frühjahr 2009 knapp 3.000 gesetzlich Versicherte zu ihrer Zufriedenheit, der Wiederwahlabsicht, der Weiterempfehlungsbereitschaft und weiteren Kriterien ihrer Krankenkasse befragt. Die daraus entstandene Kundenzufriedenheits-Kundenbindungs-Matrix zeigt Abbildung 3.3. Demnach sind nur 18 Prozent der Versicherten von ihrer Krankenkasse überzeugt. Hierzu zählen alle Versicherten, die eine hohe Zufriedenheit (Index größer 75) und eine hohe Bindung (Index größer 50) aufweisen. 46 Prozent der Versicherten werden den „traditionellen“ Kunden zugeordnet (hohe Bindung und geringe Zufriedenheit). Den „wechselgefährdeten“ Kunden gehören 28 Prozent der Befragten an (geringe Bindung und geringe Zufriedenheit). Als „wechselbereit“ werden acht Prozent der gesetzlich Versicherten eingestuft (hohe Zufriedenheit und geringe Bindung).

Aus den vorliegenden Untersuchungen lässt sich nicht eindeutig entnehmen, bei wie vielen GKV-Kunden die Gefahr eines Kassenwechsels besteht. Dies liegt zum einen an den unterschiedlichen Fragestellungen: Inhaltlich macht es einen Unterschied, ob sich die Versicherten einen Kassenwechsel nur *vorstellen* können (MSR Consulting Group), ob sie über einen Wechsel der Krankenkasse *nachdenken* (WIdO) oder ob sie zu einer anderen Kasse innerhalb der nächsten ein bis zwei Jahre wechseln *wollen* (WIdO, stern, Ipsos). Auch die Aussagen zur Wiederwahl (Terra Consulting Partners), zur Absicht eines Kassenverbleibs (M+M Versichertenbarometer) und zur Kundenbindung (ASSEKURATA) lassen sich nur eingeschränkt miteinander vergleichen. Darüber hinaus wird in den Studien nicht immer klar zwischen GKV- und PKV-Versicherten unterschieden.

Zum anderen fehlt es an einer Definition, wann ein Versicherter als wechselgefährdet einzustufen ist. Die Wechselabsicht allein spiegelt die Bindung eines Kunden

[145] Der Frage „Wenn ich eine neue, zusätzliche Versicherung abschließen würde, käme dafür vorzugsweise meine jetzige Krankenkasse/-versicherung in Betracht“ stimmten 69 Prozent der Befragten zu bzw. völlig zu.

[146] Vgl. Töpfer/Opitz (2009), S.14.

[147] Vgl. ASSEKURATA Assekuranz Rating Agentur GmbH (2009).

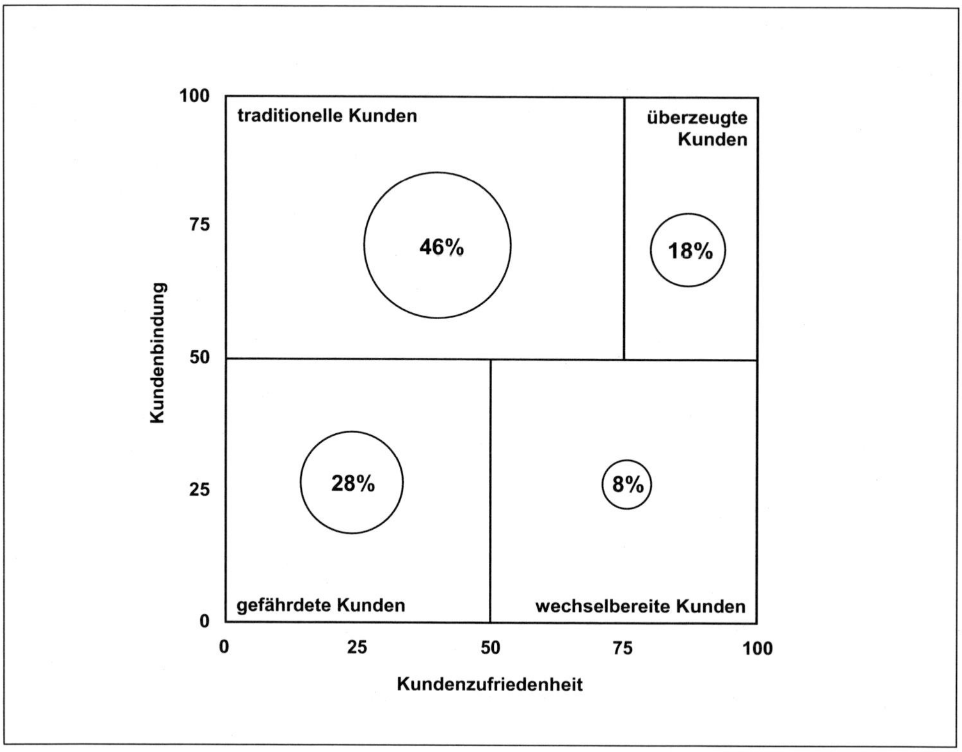

Abbildung 3.3: Kundenzufriedenheit und Kundenbindung in der GKV (Quelle: ASSEKURATA Assekuranz Rating Agentur GmbH (2009), S.135)

vermutlich nur zum Teil wider; zieht man ausschließlich diesen Indikator heran, so besteht die Gefahr, die Quote der wechselgefährdeten Kunden zu unterschätzen. Folgt man den Ergebnissen des M+M Versichertenbarometer 2009, dann ist nur etwa jede zweite Kundenbeziehung in der gesetzlichen und privaten Krankenversicherung gefestigt. Zu den wirklich überzeugten Kunden zählt nach der Studie von ASSEKURATA sogar nur jeder fünfte gesetzlich Versicherte. Für das Kundenbindungsmanagement der Krankenkassen besteht demnach ein großer Handlungsbedarf.

3.2.2.4 Vorteile der Kundenbindung für Krankenkassen

In der Literatur nimmt die Bindung von Kunden als zentraler Erfolgsfaktor und als Zielgröße im Rahmen des Marketing einen wichtigen Platz ein.[148] In der Fähigkeit, Kunden langfristig zu binden, sehen Unternehmen mehrere Vorteile:[149]

- Langfristige Kundenbeziehungen sind zum einen *kostengünstiger*. Die Akquise bzw. Abwerbung von Kunden ist in stagnierenden Märkten und bei einer zunehmenden Austauschbarkeit von Produkten und Leistungen nicht nur äußerst schwer, sondern in vielen Fällen auch ökonomisch nicht sinnvoll. Es wird argumentiert, dass die Kosten der Neukundengewinnung im Durchschnitt das fünf- bis siebenfache dessen betragen, was für die Pflege bestehender Kundenbeziehungen aufzubringen ist. Auch die Betreuungskosten sind bei gebundenen Kunden in der Regel niedriger.

- Zum anderen geht man davon aus, dass sich mit langfristigen Kundenbeziehungen die *Umsätze und Gewinne* eines Unternehmens steigern lassen. Nicht nur die Preisbereitschaft, sondern auch das Potenzial für Zusatzkäufe (Cross-Buying) und die Kauffrequenz ist bei Stammkunden höher. Mit langfristigen Kundenbeziehungen wird zudem der positive „Multiplikator-Effekt" der Weiterempfehlung verbunden.

Die genannten Vorteile lassen sich nur mit Einschränkungen auf die gesetzliche Krankenversicherung übertragen. Trotz Risikostrukturausgleich „erwirtschaftet" eine Kasse mit einem Teil der Versicherten weiterhin negative Deckungsbeiträge; die Bindung *dieser* Kunden ist also nicht mit einem Kostenvorteil verbunden. Die positiven Effekte von Zusatzkäufen und einer Erhöhung der Kauffrequenz hat für Krankenkassen ebenfalls nur eine geringe Bedeutung: Cross-Buying-Potenziale sind begrenzt und betreffen ggf. das Angebot privater Zusatzversicherungen; die Kauffrequenz spielt im Rahmen der dauerhaften Mitgliedschaft keine Rolle.

Die Notwendigkeit eines Kundenbindungsmanagements bei Krankenkassen ist dennoch gegeben. Wie Untersuchungen zeigen verlassen etwa vier bis sechs Prozent der gesetzlich Versicherten pro Jahr ihre Krankenkasse. Mit der Einführung eines Zusatzbeitrag kann diese Quote bei einzelnen Kassen auch deutlich höher liegen

[148] Vgl. Meffert (1995), S.458; Diller (1996); Meffert/Bruhn (2003), S.202.

[149] Vgl. Meffert (2003), S.128; Meffert/Bruhn (2003), S.245; Homburg/Bruhn (2003), S.17; Bayón/ von Wangenheim (2005), S.169; Homburg/Stock (2005), S.301; Becker (2006), S.631.

und bis zu 40 Prozent betragen.[150] Fast jedes zweite GKV-Mitglied hat schon mindestens einmal die Kasse gewechselt, seit der Einführung der freien Kassenwahl im Jahr 1996 trifft dies für etwa jedes dritte bis vierte Mitglied zu. Die Hälfte der Mitglieder gilt als latent wechselgefährdet.

Viele Krankenkassen mussten in den letzten Jahren einen erheblichen Verlust ihres Kundenstamms hinnehmen. Profitiert haben von den bisherigen Wechselbewegungen nur wenige Marktteilnehmer. Zwar konnten einige der so genannten „Wachstumskassen“ seit der Einführung der Wahlfreiheit auch ohne Fusion die Anzahl ihrer Versicherten um das 50- bis 100fache steigern,[151] für den Großteil der Krankenkassen ist die Gewinnung von Neukunden jedoch schwer.

Geht man davon aus, dass es auch in der gesetzlichen Krankenversicherung einfacher ist, bestehende Kunden zu halten, als neue Kunden zu gewinnen, dann rückt das Thema Kundenbindung zwangsläufig in den Mittelpunkt des Marketing von Krankenkassen. Kundenbindung kann allerdings die Gewinnung von Neukunden nicht vollständig ersetzen.[152] Aufgrund einer mehr oder weniger natürlichen Fluktuation gehen ständig Kunden verloren. Wenn eine Krankenkasse die Anzahl ihrer Versicherten halten will, dann muss sie zumindest diesen Verlust durch die Gewinnung neuer Kunden ausgleichen. Bei knappen Ressourcen ist aus Sicht einer Kasse darüber zu entscheiden, welche Mittel in die Kundenbindung und welche Mittel in die Gewinnung von Neukunden fließen. Dabei schließen sich Maßnahmen der Kundenbindung und der Kundenakquise nicht gegenseitig aus. Im Gegenteil: Die Bindung von Kunden umfasst auch (Teil-)Aspekte der Neukundengewinnung; was bestehende Kunden hält, kann neue Kunden anlocken.

Unter der Annahme, dass Krankenkassen das *Halten bestehender Kunden* priorisieren, führt dies zu der Frage, welche Determinanten die Kundenbindung in der gesetzlichen Krankenversicherung bestimmen.

---

[150] Vgl. Göpffarth (2010), S.345 sowie o.V. (2010b); die Deutsche Angestellten-Krankenkasse verlor nach der Einführung eines Zusatzbeitrags innerhalb von zwölf Monaten rund 460.000 Versicherte, bei der KKH-Allianz waren es knapp 190.000 (vgl. o.V. (2011)).

[151] Die BKK MOBIL OIL konnte z.B. von 1999 bis 2003 die Anzahl ihrer Versicherten von etwa 10.000 auf über eine Millionen Versicherte erhöhen (siehe www.bkk-mobil-oil.de). Die erst im Jahr 2003 gegründete IKK-Direkt zählte bis zu ihrer Fusion mit der Techniker Krankenkasse Anfang 2009 über 800.000 Versicherte.

[152] Vgl. Meyer/Oevermann (1995), Sp.1341; Tomczak/Dittrich/Reinecke (2004), S. 124.

3.3 Stand der Forschung zur Kundenbindung bei Krankenkassen

Hinweise zu den Determinanten der Kundenbindung in der gesetzlichen Krankenversicherung können zum einen aus den Untersuchungen über die Unterschiede zwischen Wechslern und Nicht-Wechslern gewonnen werden. Ausgangspunkt dieser Studien ist die Frage, inwiefern *soziodemographische* Merkmale das Wechselverhalten der Versicherten beeinflussen. Zum anderen leiten sich aus den konkreten Gründen, die Versicherte für den Verbleib bei ihrer Krankenkassen angeben, Erkenntnisse über die *psychischen* Determinanten der Versichertenbindung ab. Zu beiden Fragestellungen liegen mehrere Untersuchungen vor.

3.3.1 Soziodemographische Determinanten der Versichertenbindung

Schon zu Beginn der freien Kassenwahl kam die Frage auf, inwieweit sich Wechsler von Nicht-Wechslern unterscheiden.[153] Diese Frage ist zum einen von Bedeutung, da sehr früh vermutet wurde, dass vor allem gesunde Versicherte von ihrem Wahlrecht Gebrauch machen. Ein solcher Selbstselektionseffekt würde die historisch bedingte Risikoentmischung zwischen den Krankenkassen weiter vorantreiben und bei einem demographischen Risikostrukturausgleich den Kassenwettbewerb verzerren. Zum anderen können Unterschiede zwischen Wechslern und Nicht-Wechslern Anhaltspunkte geben, auf welche Zielgruppen sich Krankenkassen im Rahmen der Kundenbindung und der Neukundengewinnung konzentrieren sollten und welche soziodemographischen Determinanten die Kundenbindung in der gesetzlichen Krankenversicherung beeinflussen.

Auf die Unterschiede zwischen Wechslern und Nicht-Wechslern gehen mehrere Untersuchungen ein. Ein Teil dieser Arbeiten beschränkt sich auf Gruppenvergleiche, in denen die relativen Verteilungen der interessierenden Merkmale für die Gruppe der Wechsler, der Nicht-Wechsler oder für alle GKV-Kunden erhoben und gegenübergestellt werden. Weiterhin liegen Studien vor, die den Einfluss soziodemographischer Merkmale auf einen früheren Kassenwechsel oder auf die subjektiv geäußerte Wechselabsicht mithilfe statistischer Methoden (v.a. Regressionen) ana-

[153] Die nachfolgenden Abschnitte wurden in Auszügen bereits veröffentlicht in Weber (2009), S.35 f.

lysieren. Hervorzuheben sind die Arbeiten von Andersen, Grabka und Schwarze, die auf Daten des Sozio-oekonomischen Panels (SOEP) zurückgreifen.[154]

Zu den soziodemographischen Merkmalen, die für den Vergleich von Wechslern und Nicht-Wechslern herangezogen werden, gehören i.d.R. das Alter, das Geschlecht, die Bildung, das Einkommen, der Berufsstatus, der Familienstand und der Gesundheitszustand. Aus den Ergebnissen von insgesamt 19 Publikationen, die sich mit diesem Thema auseinandersetzen, können zu den meisten dieser Merkmale klare Aussagen getroffen werden:

- *Alter*: Kassenwechsler sind tendenziell jünger, d.h. ihr Durchschnittsalter liegt unter dem der Nicht-Wechsler bzw. unter dem Gesamtdurchschnitt aller gesetzlich Versicherten. Mit zunehmendem Alter sinken sowohl die Bereitschaft zu einem Kassenwechsel wie auch die Wahrscheinlichkeit, zur Gruppe der tatsächlichen Kassenwechsler zu gehören.[155] Auf mögliche Einschränkungen weisen Andersen/Grabka/Schwarze (2007) hin: In ihrer Analyse der Wechselbewegungen der Jahre 2000-2004 stellen sie nur in den höheren Altersgruppen einen signifikanten Alterseffekt fest.[156] Auch Greß et al. (2008b) zeigen, dass das Lebensalter erst in der Gruppe der über 60-Jährigen die Wechselabsicht der Versicherten signifikant verringert.[157]

- *Geschlecht*: Das Geschlecht spielt für einen Wechsel der Krankenkasse keine Rolle. Lediglich in den ersten Jahren der Wahlfreiheit wurde ein geringerer Frauenanteil unter den Wechslern festgestellt.[158] In den darauffolgenden Jahren sind die Wechselquoten von Männern und Frauen nahezu gleich.[159]

---

[154] Vgl. Andersen/Schwarze (1998), Andersen/Schwarze (1999a), Schwarze/Andersen (2001), Andersen/Grabka/Schwarze (2002), Andersen/Grabka (2006), Andersen/Grabka (2007), Andersen/Grabka/Schwarze (2007).

[155] Vgl. Andersen/Schwarze (1998), S.16 ff.; Andersen/Schwarze (1999a), S.15; Schwarze/Andersen (2001), S.594 ff.; Andersen/Grabka/Schwarze (2002), S.20; Continentale Krankenversicherung a.G. (2002), S.23; Zok (2003), S.39; MSR Consulting Group (2003), S.14; Höppner et al. (2004), S.26; Werner/Reitmeir/John (2005), S.164; Zok (2006), S.2; Andersen/Grabka (2006), S.154; Andersen/Grabka/Schwarze (2007), S.440; Andersen/Grabka (2007), S.239; Paquet/Stein (2008), S.278; Greß et al. (2008b), S.33 f.; Korehnke Kommunikation (2009), S.6; Zok (2009), S.4.

[156] Vgl. Andersen/Grabka/Schwarze (2007), S.440.

[157] Vgl. Greß et al. (2008b), S.53.

[158] Vgl. Andersen/Schwarze (1998), S.16 ff.; Andersen/Grabka/Schwarze (2002), S.21; Andersen/Grabka (2006), S.154; Andersen/Grabka (2007), S.239.

[159] Vgl. Andersen/Schwarze (1999a), S.15; Schwarze/Andersen (2001), S.594 ff.; Zok (2003), S.39; Höppner et al. (2004), S.27; Zok (2006), S.3; Andersen/Grabka/Schwarze (2007), S.440; Greß et al. (2008b), S.34; Zok (2009), S.4.

- *Bildung*: Kassenwechsler weisen tendenziell einen höheren Schulabschluss und somit ein höheres (formales) Bildungsniveau auf.[160] Ob die Schul- und Berufsausbildung das Wechselverhalten der Versicherten tatsächlich beeinflusst, ist jedoch umstritten. In den Arbeiten von Andersen/Schwarze (1999a) und Schwarze/Andersen (2001) wird dieser Einfluss statistisch nicht bestätigt.[161] Unterschiede in den Schulabschlüssen sind möglicherweise auch auf Altersunterschiede zwischen Wechslern und Nicht-Wechslern zurückzuführen.[162]

- *Einkommen*: Das Einkommensniveau der Wechsler ist im Durchschnitt höher als das der Nicht-Wechsler.[163] Auch die Wechselbereitschaft nimmt mit steigendem Bruttoerwerbseinkommen tendenziell zu.[164] Dieser monetäre Unterschied bestand nach Andersen/Grabka (2007) jedoch nur bis zum Jahr 2004; mittlerweile haben sich die Einkommensdifferenzen zwischen Wechslern und Nicht-Wechslern weitgehend angeglichen.[165] Ein statistisch signifikanter Zusammenhang zwischen der Höhe des Einkommens und einem zurückliegenden Kassenwechsel konnte in einer frühen Analyse der Wechselbewegungen für die Jahre 1997/98 nicht festgestellt werden.[166] Erst einige Jahre später weisen Greß et al. (2008b) einen solchen Zusammenhang in der Gruppe der unter 40-Jährigen nach.[167] Auf einen neuen Trend deutet eine empirische Untersuchung des BKK Bundesverbands aus dem Jahr 2008 hin: Folgt man den Befragungsergebnissen, dann ist der Wunsch nach einem Wechsel der Krankenkasse in der Gruppe der Geringverdiener neuerdings stärker ausgeprägt als in der Gruppe der Besserverdiener.[168] Dieser Wandel könnte mit der Einführung des einheitlichen Beitragssatzes im Jahr 2009 zusammenhängen.

[160] Vgl. Andersen/Schwarze (1998), S.16 ff.; Andersen/Grabka/Schwarze (2002), S.21; Continentale Krankenversicherung a.G. (2002), S.23; Zok (2003), S.39; Höppner et al. (2004), S.27 f.; Zok (2006), S.3; Andersen/Grabka/Schwarze (2007), S.440; Andersen/Grabka (2007), S.239; Greß et al. (2008b), S.34; Zok (2009), S.4.

[161] Vgl. Andersen/Schwarze (1999a), S.15 f.; Schwarze/Andersen (2001), S.594 ff.

[162] Vgl. Andersen/Grabka/Schwarze (2002), S.21; Andersen/Grabka (2007), S.239.

[163] Vgl. Schwarze/Andersen (2001), S.594 ff.; Andersen/Grabka/Schwarze (2002), S.21 f.; Knaus/Nuscheler (2002), S.17; Andersen/Grabka (2006), S.154; Andersen/Grabka (2007), S.239; Andersen/Grabka/Schwarze (2007), S.440.

[164] Vgl. Zok (2003), S.39; MSR Consulting Group (2003), S.15; Zok (2006), S.2 f.; Zok (2009), S.4.

[165] Vgl. Andersen/Grabka (2007), S.239.

[166] Vgl. Andersen/Schwarze (1999a), S.15 f.

[167] Vgl. Greß et al. (2008b), S.34 f.

[168] Vgl. Paquet/Stein (2008), S.278.

- *Berufsstatus*: Erwerbstätige sind in der Gruppe der Wechsler überproportional vertreten.[169] Die Wahrscheinlichkeit, dass ein Versicherter zu den Wechslern gehört, wird von diesem Merkmal signifikant beeinflusst.[170] Eine Erklärung hierfür liefert das Alter: Wechsler sind tendenziell jünger und stehen somit eher im Berufsleben als Nicht-Wechsler.[171]

- *Familienstand und Kinder*: Zum Familienstand und der Anzahl der Kinder liegen widersprüchliche Ergebnisse vor. Während in einigen Untersuchungen kein Zusammenhang zwischen dem Familienstand und dem Wechsel der Krankenkasse festzustellen ist,[172] kommen andere Untersuchungen zu gegensätzlichen Resultaten: Aus der Studie von Andersen/Grabka/Schwarze (2002) geht hervor, dass Verheiratete unterproportional in der Gruppe der Wechsler vertreten sind;[173] Befragungen des Wissenschaftlichen Instituts der AOK (WIdO) und der Bertelsmann Stiftung zeigen genau das Gegenteil.[174] Auch über den Zusammenhang zwischen der Anzahl der Kinder und der Entscheidung für einen Kassenwechsel liegen keine klaren Ergebnisse vor. Tendenziell scheinen jedoch Angehörige von Mehrkinderhaushalten eine geringere Wechselbereitschaft aufzuweisen; dieser Effekt lässt sich vermutlich auf die höheren Transaktionskosten zurückführen.[175]

- *Gesundheitszustand*: Im Gegensatz zu den anderen soziodemographischen Merkmalen kann die Gesundheit von Wechslern und Nicht-Wechslern nicht unmittelbar gemessen und miteinander verglichen werden. Hierzu bedarf es Indikatoren, die den Gesundheitszustand eines Versicherten widerspiegeln. Infrage kommen z.B. die subjektive Einschätzung des Gesundheitszustands, die Ausgabenprofile, zurückliegende Arztbesuche und Krankenhausaufenthalte oder das Vorliegen einer chronischen Erkrankung. Mit Ausnahme der früheren Erhebungen des Wissenschaftlichen Instituts der AOK (WIdO)[176] zeigen alle vorliegenden Gruppenvergleiche, dass Wechsler ihren Gesundheitszustand

[169] Vgl. Andersen/Grabka/Schwarze (2002), S.21; Andersen/Grabka (2006), S.154; Andersen/Grabka (2007), S.239.

[170] Vgl. Andersen/Grabka/Schwarze (2007), S.440.

[171] Vgl. Andersen/Grabka/Schwarze (2002), S.21; Andersen/Grabka (2006), S.154.

[172] Vgl. Andersen/Schwarze (1999a), S.15 f.; Schwarze/Andersen (2001), S.594 ff; Andersen/Grabka/Schwarze (2007), S.440; Greß et al. (2008b), S.440.

[173] Vgl. Andersen/Grabka/Schwarze (2002), S.21.

[174] Vgl. Zok (2003), S.39; Zok (2006), S.3; Höppner et al. (2004), S.27 f.

[175] Vgl. Andersen/Schwarze (1999a), S.15; Schwarze/Andersen (2001), S.594 ff.; Andersen/Grabka/Schwarze (2007), S.440.

[176] Vgl. Zok (2003), S.39; Zok (2006), S.3.

tendenziell besser einschätzen als Nicht-Wechsler.[177] Einen signifikanten Effekt können Greß et al. (2008b) allerdings nicht feststellen, „da Alter und Gesundheitszustand sehr hoch miteinander korrelieren".[178] Werner/Reitmeir/John (2005) weisen einen statistisch signifikanten Einfluss der chronischen Morbidität und der Inanspruchnahme stationärer Versorgung auf die Wahrscheinlichkeit eines Kassenwechsels nach.[179] Auch eine neuere Befragung des WIdO kommt zu dem Ergebnis, dass chronisch kranke Mitglieder deutlich seltener die Krankenkasse wechseln als Mitglieder ohne chronische Erkrankungen.[180] Dass stationäre Aufenthalte und häufige Arztbesuche die Wahrscheinlichkeit eines Kassenwechsels signifikant verringern und ein Arztbesuch im letzten Quartal die Wechselwahrscheinlichkeit erhöht, geht zudem aus einer neueren Untersuchung von Andersen/Grabka/Schwarze (2007) hervor.[181] Die These, dass vor allem gesunde Mitglieder von ihrem Wahlrecht Gebrauch machen, wurde durch das von Lauterbach/Wille (2001) vorgelegte Gutachten zum Risikostrukturausgleich maßgeblich geprägt: Nach ihren Berechnungen betrugen die Leistungsausgaben der Wechsler in den Jahren 1998/99 im Vergleich zu allen Versicherten der untersuchten Krankenkassen nur etwa 55 Prozent der durchschnittlichen Ausgaben in den Hauptleistungsbereichen Arzneimittel, Krankengeld und stationärer Behandlung.[182] Spätere Untersuchungen von Andersen/Grabka/Schwarze auf Basis des Sozio-oekonomischen Panels (SOEP) können diese Ergebnisse allerdings nur zum Teil bestätigen. Lediglich bei den Wechslern aus den neuen Bundesländern handelt es sich nach ihren Auswertungen um durchschnittlich gute Risiken; für die Wechsler aus den alten Bundesländern trifft dies dagegen nicht zu.[183] Darüber hinaus stellen Andersen/Grabka (2006) fest, dass Krankenkassen mit günstigen Beitragssätzen in den vergangenen Jahren eher Mitglieder mit unterdurchschnittlichen Leistungsausgaben gewinnen konnten und Kassen mit überdurchschnittlichen Beitragssätzen vorrangig überdurchschnittlich teure Mitglieder anzogen.[184] Eine pauschale Aussage, dass Kassenwechsler tendenziell gute Risiken darstellen, kann vor diesem Hintergrund nicht (mehr) getroffen werden.

[177] Vgl. Andersen/Grabka/Schwarze (2002), S.22; Höppner et al. (2004), S.27; Andersen/Grabka (2006), S.154; Andersen/Grabka (2007), S.239; Greß et al. (2008b), S.34.

[178] Greß et al. (2008b), S.34.

[179] Vgl. Werner/Reitmeir/John (2005), S.164.

[180] Vgl. Zok (2009), S.4.

[181] Vgl. Andersen/Grabka/Schwarze (2007), S.440 f.

[182] Vgl. Lauterbach/Wille (2001), S.45.

[183] Vgl. Andersen/Grabka/Schwarze (2002), S.25; Andersen/Grabka (2006), S.157 f.

[184] Vgl. Andersen/Grabka (2006), S.178 f.

Auch wenn sich Wechsler von Nicht-Wechslern in einzelnen Merkmalen tendenziell unterscheiden, lassen sich die beiden Gruppen nicht scharf voneinander abgrenzen. Die in den Gruppenvergleichen gefundenen Unterschiede sind meist gering und somit nur sehr eingeschränkt geeignet, das Wechselverhalten oder die Kundenbindung in der gesetzlichen Krankenversicherung zu erklären.[185] Die Gründe, warum ein Mitglied die Kasse wechselt oder bei seiner Kasse bleibt, gehen aus den untersuchten Merkmalen nicht hervor. So ist es z.B. denkbar, dass ältere Mitglieder im Durchschnitt seltener die Krankenkasse wechseln, weil sich die Kassenangebote für Ältere nicht unterscheiden, sie sich aufgrund der längeren Mitgliedschaftsdauer mit ihrer Kasse stärker verbunden fühlen oder ihnen die Suche und Auswertung von Informationen für einen Kassenwechsel schwerer fällt als Jüngeren.

Um die Kundenbindung der Versicherten zu erklären, reicht ein Vergleich der soziodemographischen Merkmale nicht aus. Hierfür sind weitere Analysen notwendig.

3.3.2 Psychische Determinanten der Versichertenbindung

Die Frage, warum Versicherte ihre Krankenkasse *nicht* wechseln, wurde erstmals von Höppner et al. (2004) im Rahmen des Bertelsmann-Gesundheitsmonitors untersucht. In der Befragung sollten die Teilnehmer angeben, was sie bei ihrer derzeitigen Krankenkasse hält, welche Bedenken sie gegenüber einer neuen Krankenkasse haben und was sie grundsätzlich an einem Kassenwechsel hindert:[186]

- *Gründe für einen Nicht-Wechsel bezogen auf die aktuelle Krankenkasse*:[187] GKV-Mitglieder bleiben ihrer Krankenkasse vor allem treu, weil sie sich an ihre Kasse gewöhnt haben (58 Prozent), die Kasse ihnen ein Gefühl von Sicherheit und Verlässlichkeit vermittelt (55 Prozent) oder sie „schon immer" bei ihrer Krankenkasse versichert sind und damit eine gewisse Tradition verbinden (52 Prozent). Eine untergeordnete Rolle spielen die Solidarität gegenüber den Mitversicherten (13 Prozent) oder die persönliche Bindung zu einem oder mehreren Kassenmitarbeitern (7 Prozent).

- *Gründe für einen Nicht-Wechsel bezogen auf eine neue Krankenkasse*:[188] Der Gedanke an eine neue Krankenkasse löst bei einem Großteil der Nicht-Wechsler (60 Prozent) Ängste und Unsicherheiten aus („man kann nie wissen,

[185] Vgl. auch Greß et al. (2008b), S.27.

[186] Die nachfolgenden Abschnitte wurden in Auszügen bereits veröffentlicht in Weber (2010), S.43 ff.

[187] Vgl. Höppner et al. (2004), S.31.

[188] Vgl. Höppner et al. (2004), S.32.

ob die neue Krankenkasse nicht doch schlechter ist als die alte"). Schlechte Erfahrungen Dritter (15 Prozent) oder ein fehlendes Vertrauen in eine neue Kasse (14 Prozent) sind für einen Teil der Nicht-Wechsler relevant. Unkenntnis in Bezug auf den Kontrahierungszwang der Kassen („ich kann mir nicht vorstellen, dass mich eine neue Krankenkasse aufnehmen würde") hält nur wenige Mitglieder (9 Prozent) von einem Wechsel ab. Ein Prozent der Nicht-Wechsler wurde von einem Kassenmitarbeiter vor einem Wechsel gewarnt.

- *Grundsätzliche Hindernisse für einen Wechsel der Krankenkasse:*[189] Fast jeder zweite Nicht-Wechsler (46 Prozent) ist an einem Kassenwechsel prinzipiell nicht interessiert. Jeder Vierte (24 Prozent) nimmt keine Unterschiede zwischen den Krankenkassen wahr. Administrative Wechselkosten (25 Prozent), Zeitmangel (22 Prozent) und die Unkenntnis von Informationsquellen (11 Prozent) stellen weitere Hindernisse für einen Kassenwechsel dar. Auch einen Vergleich der verschiedenen Krankenkassen empfindet ein Viertel (24 Prozent) der Nicht-Wechsler als zu schwierig.

Folgt man den Befragungsergebnissen, dann sind die wesentlichen Motive für einen Kassenverbleib die Gewöhnung und positive Erfahrungen („Sicherheit und Verlässlichkeit") sowie ein Traditionsbewusstsein der Mitglieder. Darüber hinaus spielen Ängste und Unsicherheiten gegenüber neuen Anbietern sowie administrative und psychische Wechselkosten eine Rolle. Unklar ist, welche Motive hinter dem prinzipiellen Desinteresse vieler Nicht-Wechsler stehen. Nur 24 Prozent der Befragten gaben an, dass sich Krankenkassen aus ihrer Sicht nicht wesentlich voneinander unterscheiden. Im Umkehrschluss nehmen Dreiviertel der Nicht-Wechsler Unterschiede wahr. Ob diese jedoch im Vergleich zur bisherigen Krankenkasse positiv oder negativ sind, bleibt offen. Die Wahrnehmung von Unterschieden zugunsten der aktuellen Krankenkasse könnte das Desinteresse an einem Kassenwechsel erklären. Auch zu geringe Unterschiede, die den Aufwand für einen Wechsel nicht rechtfertigen oder eine Toleranzschwelle der Versicherte nicht überschreiten, sind als Erklärung denkbar.

Braun et al. (2006) nehmen eine tiefergehende Analyse der Wechselbarrieren in der gesetzlichen Krankenversicherung vor. Die Daten stammen aus einer im Winter 2005/2006 durchgeführten Zusatzbefragung von Teilnehmern des Gesundheitsmonitors. In ihrer Studie unterscheiden sie sechs Faktoren, die sowohl emotionale als auch faktische Barrieren eines Kassenwechsels darstellen.[190] Neben den Ergebnis-

[189] Vgl. Höppner et al. (2004), S.33.
[190] Vgl. Braun et al. (2006), S.16 ff.

sen von Braun et al. (2006) können auch die Erkenntnisse aus anderen Studien diesen Faktoren zugeordnet werden:

- *Zufriedenheit mit der Krankenkasse*: Wie in anderen Märkten so zeigen auch Untersuchungen in der GKV, dass überdurchschnittlich zufriedene Kunden eine deutlich geringere Wechselabsicht in Umfragen angeben als weniger zufriedene Kunden.[191] Auch in der Studie von Braun et al. (2006) erweist sich die Zufriedenheit „als ein ganz zentraler Einflussfaktor auf alle Indikatoren der Wechselneigung".[192] Je nach Erhebung werden unterschiedliche Zufriedenheitswerte ermittelt: Bei Braun et al. (2006) geben gut 80 Prozent der Versicherten an, mit ihrer Krankenkasse (eher, sehr oder vollkommen) zufrieden zu sein. Schaaf/Sander (2008) identifizieren 56 Prozent „überdurchschnittlich zufriedene" Versicherte.[193] Im BKK Imagemonitor 2008 sind 63 Prozent der Befragten „allgemein zufrieden".[194] Im WIdO-monitor 2009 liegt der Anteil der „zufriedenen" und „sehr zufriedenen" Versicherten bei 69 Prozent,[195] im M+M Versichertenbarometer 2009 fallen 92 Prozent der Befragten in diese Kategorien.[196] Aus einer Erhebung der Ratingagentur ASSEKURATA vom Februar 2009 gehen etwa 50 Prozent „zufriedene", 30 Prozent „sehr zufriedene" und 12 Prozent „vollkommen zufriedene" Versicherte hervor.[197] Meyer (2008) stellt darüber hinaus fest, dass „die allgemeine Zufriedenheit bei den Mitgliedern aller Kassen in den letzten Jahren mehr oder weniger konstant gesunken" ist und mittlerweile „keine Kasse mehr einen Wert von zwei Dritteln oder mehr allgemein zufriedener Mitglieder" erreicht.[198] Die Zufriedenheit kann in vielen Fällen eine Wechselbarriere für GKV-Kunden darstellen, sie ist aber auch in diesem Markt weder eine notwendige noch eine hinreichende Bedingung dafür, dass Versicherte bei ihrer Krankenkasse bleiben. Auch sehr zufriedene Mitglieder weisen zum Teil eine hohe Wechselbereitschaft auf; in der Studie der ASSEKURATA trifft dies für acht Prozent der befragten GKV-Kunden zu.[199] Schaaf/Sander (2008) stufen sogar jeden

[191] Vgl. Andersen/Schwarze (1999b), S.29 f.; MSR Consulting Group (2003), S.13; Töpfer/Opitz (2008); Sander/Kade-Lamprecht (2008), S.11 f.

[192] Braun et al. (2006), S.19.

[193] Vgl. Schaaf/Sander (2008), S.11.

[194] Vgl. Meyer (2008), S.560.

[195] Vgl. Zok (2009), S.2.

[196] Vgl. Töpfer/Opitz (2009), S.21.

[197] Vgl. ASSEKURATA Assekuranz Rating Agentur GmbH (2009), S.17.

[198] Meyer (2008), S.560.

[199] Vgl. ASSEKURATA Assekuranz Rating Agentur GmbH (2009), S.135.

zweiten überdurchschnittlich zufriedenen Versicherten als latent oder akut wechselgefährdet ein.[200]

- *Fehlende Verbesserungschancen aufgrund geringer Kassenunterschiede*: In der Untersuchung von Braun et al. (2006) bewertet jeder vierte Befragte (23 Prozent) die Angebote von Krankenkassen als uniform, der Rest nimmt Unterschiede zwischen den Kassen wahr.[201] Hierzu zählen vor allem die Kulanz bei Leistungsbewilligungen (64 Prozent), der Beitragssatz (45 Prozent) sowie generelle Leistungsdifferenzen (36 Prozent). Versicherte, die Unterschiede zwischen den Kassen wahrnehmen, neigen eher zu einem Kassenwechsel. Braun et al. (2006) stellen diesen Zusammenhang mithilfe einer logistischen Regression fest. Versicherte, die Unterschiede zwischen den Kassen wahrnehmen, neigen demnach eher zu einem Kassenwechsel. Auch im WIdO-monitor 2006 wurde das Desinteresse an einem Kassenwechsel von den Befragten u.a. damit begründet, dass sich die Krankenkassen „in ihren Leistungen und Beiträgen letztendlich nicht unterscheiden".[202] Nach einer Studie der dostal & partner management-beratung gmbh konnten im Winter 2007/2008 tatsächlich nur etwa 60 Prozent der Befragten Unterschiede zwischen den Krankenkassen erkennen. Ein Jahr später (bei der Einführung des Gesundheitsfonds und des einheitlichen Beitragssatzes) waren es nur noch rund 40 Prozent. Mehr als einen Unterschied nahm nur etwa jeder sechste Versicherte wahr.[203] Zu den angegebenen Unterscheidungsmerkmalen gehören v.a. der Beitragssatz bzw. die Kosten (56 Prozent in beiden Erhebungswellen) sowie die Leistungen der Krankenkassen (2007/2008: 28 Prozent; 2008/2009: 59 Prozent). Andere Aspekte (wie z.B. die Kompetenz, der Service oder das Image) wurden deutlich seltener genannt.[204] Auch im Gesundheitsmonitor 2009 sagten knapp 60 Prozent der Befragungsteilnehmer, dass sich Krankenkassen nicht oder nur gering beim Service und Leistungsumfang unterscheiden.[205] Neben fehlenden Verbesserungschancen kann auch die Angst vor einer Verschlechterung die Wechselbereitschaft verringern. So befürchten nach einer Erhebung von Korehnke Kommunikation (2009) 38 Prozent der Nicht-

[200] Vgl. Schaaf/Sander (2008), S.11.

[201] Vgl. Braun et al. (2006), S.17 f.; Greß et al. (2008b), S.40 f.

[202] Zok (2006), S.5.

[203] Im Winter 2007/2008 wurden von knapp 21 Prozent der Befragten zwei oder mehr Unterschiede genannt; im Winter 2008/2009 lag die Quote nur noch bei etwa dreizehn Prozent. Vgl. dostal & partner management-beratung gmbh (2009), S.27 f.

[204] Vgl. dostal & partner management-beratung gmbh (2009), S.30 f.

[205] Vgl. Meyer (2010), S.17.

Wechsler, dass sich ein Kassenwechsel negativ auf ihre medizinische Versorgung auswirkt.[206]

- *Unterschätzung von Einsparmöglichkeiten*: Über die Hälfte der Versicherten hat nach Braun et al. (2006) keine Vorstellung davon, ob sich ein Kassenwechsel finanziell lohnt bzw. schätzt die Einsparmöglichkeiten als gering (unter 10 Euro pro Monat) ein.[207] Zwischen der Höhe der vermuteten Einsparungen und der Wechselneigung der Versicherten besteht ein signifikanter Zusammenhang, d.h. GKV-Kunden, die sich von einem Kassenwechsel einen finanziellen Vorteil versprechen, weisen eine höhere Wechselbereitschaft auf. Die Unkenntnis von Einsparmöglichkeiten stellt dagegen eine Wechselbarriere dar. Ähnliche Ergebnisse gehen auch aus der Continentale-Studie aus dem Jahr 2002 hervor:[208] In der Befragung konnte die eine Hälfte der Versicherten überhaupt keine Angaben über das Einsparungspotenzial bei einem Kassenwechsel machen. Von der anderen Hälfte gaben immerhin 35 Prozent (also rund 18 Prozent der Versicherten, die insgesamt befragt wurden) eine realistische Einsparung von unter 40 Euro pro Monat an; ein Wechsel der Krankenkasse kam bei den Befragten allerdings erst ab einer durchschnittlichen Einsparung von 47 Euro pro Monat infrage. Die Verfasser der Studie halten daher fest: „Die Menschen glauben zwar, sie würden durch einen Wechsel der Krankenkasse Geld sparen. Die Ersparnis wird aber nicht für hoch genug gehalten, um einen Anreiz zum Wechsel der Krankenkasse zu bieten.“[209] Felder (2007) weist darauf hin, dass der Beitragssatz für ein Drittel der etwa 70 Millionen GKV-Versicherten überhaupt keine Rolle spielt, da fast 19 Millionen Versicherte eine kostenfreie Familienversicherung in Anspruch nehmen und die Beiträge für die rund fünf Millionen Bezieher von Arbeitslosengeld II der Bund übernimmt.[210] Darüber hinaus zeigt Felder (2007), dass die Opportunitätskosten eines Nicht-Wechsels für viele Versicherte vor der Einführung des einheitlichen Beitragssatzes gering waren: Bei einem Beitragssatzunterschied von zwei bzw. drei Prozentpunkten hätten im Jahr 2003 etwa 17 bzw. 11 Millionen Versicherte einen finanziellen Nachteil von maximal zehn Euro pro Monat erlitten. Zählt man die Familienversicherten und die Bezieher von Arbeitslosengeld II hinzu, dann verzichtete etwa die Hälfte der GKV-Versicherten bei einem Nicht-Wechsel ihrer Krankenkasse auf einen

[206] Vgl. Korehnke Kommunikation (2009), S.7 f.
[207] Vgl. Braun et al. (2006), S.22 ff.
[208] Vgl. Continentale Krankenversicherung a.G. (2002), S.24 ff.
[209] Continentale Krankenversicherung a.G. (2002), S.26.
[210] Vgl. Felder (2007), S.218 f.

monatlichen Betrag von höchstens zehn Euro.[211] Inzwischen gelten neue Regeln. Unter dem einheitlichen Beitragssatz spielt sich der Preiswettbewerb der Krankenkassen zukünftig auf der Ebene der Zusatzbeiträge und Ausschüttungen ab. In einer Untersuchung des BKK Bundesverbands vom Frühjahr 2008 gaben 35 Prozent der Befragten an, bei der Erhebung eines Zusatzbeitrags ihre Krankenkasse wahrscheinlich bzw. sicher wechseln zu wollen.[212] Korehnke Kommunikation (2009) kommen ein Jahr später auf eine Quote von 42 Prozent.[213] Bei einer Ausschüttung von 10 Euro im Monat durch eine andere Krankenkasse zogen 27 Prozent der Befragten in der BKK-Studie sicher oder wahrscheinlich einen Kassenwechsel in Betracht, bei einem Betrag von 20 Euro traf dies bereits für jeden zweiten Befragten zu. Sowohl bei Zusatzbeiträgen als auch bei Ausschüttungen zeigten Versicherte, die schon länger bei ihrer Kasse versichert waren und eine hohe Zufriedenheit mit dem Leistungsangebot und dem Service äußerten, eine deutlich geringere Wechselbereitschaft als unzufriedene Versicherte und Versicherte mit einer Mitgliedschaftsdauer von nur ein bis zwei Jahren. Die tatsächlichen Auswirkungen von Zusatzbeiträgen bekamen die ersten Krankenkassen im Frühjahr 2010 zu spüren. Während nur etwa 6-7 Prozent der Versicherten auf einen zusätzlichen Beitrag von acht Euro pro Monat mit einem Kassenwechsel reagierten, verlor die BKK für Heilberufe, die einen monatlichen Zusatzbeitrag von einem Prozent des Bruttoeinkommens erheben musste, innerhalb weniger Wochen ein Drittel ihrer Mitglieder.[214] Da die Mehrheit der Krankenkassen zu diesem Zeitpunkt noch ohne Zusatzbeiträge auskam, ließen sich durch einen Kassenwechsel Einsparungen von bis zu 450 Euro pro Jahr erzielen; die Toleranzgrenze vieler Versicherter war damit überschritten.

- *Loyalität zur Krankenkasse*: Jeder fünfte Befragte gibt bei Braun et al. (2006) eine persönliche Bindung zu einem oder mehreren Kassenmitarbeitern an.[215] Die Wechselneigung wird hiervon jedoch nicht beeinflusst, ein entsprechender Effekt lässt sich aus den Ergebnissen einer multivariaten Analyse nicht ableiten. Gesetzlich Versicherte treten auch eher selten in Kontakt mit ihrer Krankenkasse. Laut dem M+M Versichertenbarometer 2009 hatte nur etwas mehr als die Hälfte der GKV-Kunden innerhalb des vorangegangenen Jahres mindestens einmal Kontakt zu ihrer Kasse, bei jedem vierten Versicherten

[211] Vgl. Felder (2007), S.219.
[212] Vgl. Paquet/Stein (2008), S.276 ff.
[213] Vgl. Korehnke Kommunikation (2009), S.5.
[214] Vgl. o.V. (2010b).
[215] Vgl. Braun et al. (2006), S.18; Greß et al. (2008b), S.41 f.

waren es drei oder mehr Kontakte.[216] Ein persönlicher Kontakt über die Geschäftsstelle ist nur 28 Prozent der Versicherten wichtig. Der Rest der Versicherten bevorzugt dagegen das Telefon (45,6 Prozent), Briefe und Telefax (22,6 Prozent) oder das Internet und E-Mail (2,8 Prozent).[217] Die Möglichkeiten für den Aufbau von persönlichen Beziehungen zu den Versicherten sind für Krankenkassen folglich begrenzt.

- *Scheu vor dem Wechsel-Aufwand*: Etwa die Hälfte der GKV-Kunden empfindet einen Kassenwechsel als sehr „anstrengend und lästig", für 70 Prozent der Versicherten ist es zudem „sehr mühsam und zeitaufwendig", „sich vor einem Kassenwechsel zu informieren".[218] Trotz dieser hohen Werte können Braun et al. (2006) keinen signifikanten Zusammenhang mit der Wechselneigung feststellen. Administrative und psychische Wechselkosten stellen demnach keine Barrieren für einen Kassenwechsel dar.

- *Wahrgenommenes Risiko von Wechsel-Sanktionen*: Irrtümer über die rechtlichen Rahmenbedingungen eines Kassenwechsels (z.B. der Verlust angesparter Beiträge, höhere Prämien für Ältere oder die Ablehnung einer Kassenmitgliedschaft) liegen bei vielen Versicherten vor und stellen nach der Untersuchung von Braun et al. (2006) eine überaus bedeutsame Wechselbarriere dar.[219] Bei Versicherten, die eher unzufrieden mit ihrer Krankenkasse sind, schwankt die Wechselneigung um bis zu 40 Prozentpunkte. Der Wert hängt davon ab, ob bzw. wie viele Irrtümer vorliegen.[220]

Wie die vorliegenden Studien zeigen sind die meisten GKV-Kunden mit ihrem Anbieter grundsätzlich zufrieden, d.h. die Erwartungen der Versicherten werden von den Kassen weitgehend erfüllt. Nur wenige Mitglieder verspüren den Drang, ihre Krankenkasse aufgrund von Unzufriedenheit wechseln zu wollen, allerdings nehmen auch erst wenige Versicherte relevante Unterschiede zwischen den Krankenkassen wahr. Dies kann unter den eingeschränkten Handlungsspielräumen und den unausgereiften Anreizstrukturen, die über viele Jahre den Wettbewerb der Krankenkassen prägten und behinderten, nicht verwundern.

Mit einem Kassenwechsel ließ sich in den ersten Jahren der Wahlfreiheit vor allem Geld sparen. Die Höhe der möglichen Ersparnis war für einen Großteil der Versi-

[216] Vgl. Töpfer/Opitz (2009), S.8; zu ähnlichen Ergebnissen vgl. auch Braun/Streich (2003), S.74.
[217] Vgl. Töpfer/Opitz (2009), S.9.
[218] Vgl. Braun et al. (2006), S.19; Greß et al. (2008a), S.15.
[219] Vgl. Höppner et al. (2004), S.28 ff.; Braun et al. (2006), S.20 ff.; Greß et al. (2008a), S.13 ff.
[220] Vgl. Braun et al. (2006), S.22.

cherten allerdings gering und reichte in vielen Fällen als Wechselanreiz vermutlich nicht aus. Nur Gutverdiener konnten vor der Einführung des einheitlichen Beitragssatzes im Jahr 2009 von einem Kassenwechsel spürbar finanziell profitieren. Eine Verbesserung der medizinischen Versorgung oder die Befriedigung individueller Bedürfnisse durch entsprechende Zusatzangebote waren über einen Wechsel der Kasse dagegen kaum möglich. Viele Versicherte empfinden einen Wechsel zudem als anstrengend und mühsam. Auch Irrtümer über Wechsel-Sanktionen können GKV-Kunden von einem Wechsel abhalten.

4 Aufstellung und empirische Überprüfung eines Kausalmodells der Kundenbindung in der gesetzlichen Krankenversicherung

Die vorliegenden Untersuchungen zu den Wechselbarrieren bei Krankenkassen geben Hinweise darauf, welche Faktoren die Kundenbindung in der gesetzlichen Krankenversicherung beeinflussen. Ein Modell, das die wesentlichen Determinanten der Kundenbindung bei Krankenkassen und deren Beziehungen untereinander darstellt, liegt bislang allerdings nicht vor. Um diese Forschungslücke zu schließen, wird das Phänomen der Kundenbindung in den nachfolgenden Abschnitten eingehend untersucht und ein Erklärungsmodell aufgestellt. Das Modell wird anschließend einem empirischen Test unterzogen.

4.1 Kundenbindung als wissenschaftliches Erkenntnisobjekt

In der Forschung werden vier Wissenschaftsziele unterschieden:[221]

- das deskriptive Wissenschaftsziel,
- das theoretische Wissenschaftsziel,
- das pragmatische Wissenschaftsziel und
- das normative Wissenschaftsziel.

[221] Vgl. Schweitzer (1997), S.67; Fülbier (2004), S.267.

Die Suche nach neuen Erkenntnissen setzt zunächst eine möglichst genaue Beschreibung des Untersuchungsgegenstands voraus (*deskriptives Wissenschaftsziel*). Hierzu gehören z.B. die Präzisierung von Begriffen und die Aufstellung von Definitionen.[222] Ausgehend von dieser Beschreibung bezieht sich das *theoretische Wissenschaftsziel* auf die Erklärung und die Prognose des interessierenden Sachverhalts. Als Erkenntnisfortschritt gilt dabei die Entdeckung von Ursache-Wirkungs-Zusammenhängen (Kausalanalyse), die sich im Rahmen des *pragmatischen Wissenschaftsziels* in gestaltende Ziel-Mittel-Systeme überführen lassen. Das *normative Wissenschaftsziel* beschreibt schließlich einen Sollzustand, d.h. es wird nicht mehr danach gefragt, wie und warum etwas so ist, sondern wie etwas sein sollte.

Aussagen zu Ursache-Wirkungs-Zusammenhängen werden im Rahmen von *Erklärungsmodellen* getroffen. Der Wert dieser Modelle liegt nicht nur in der Erklärung eines Sachverhalts, sondern auch in der Möglichkeit, Vorhersagen aus den Erklärungen abzuleiten.[223]

Die Untersuchung der Kundenbindung in der gesetzlichen Krankenversicherung entspricht einem Teilbereich der betriebswirtschaftlichen Forschung. Ziel ist es, die aus der theoretischen Forschung gewonnenen Erkenntnisse auf eine konkrete praktische Problemstellung zu übertragen. Der Frage, wie sich Versicherte an eine Krankenkasse binden lassen, liegt somit ein theoretisches und ein pragmatisches Wissenschaftsziel zugrunde.

Sofern eine Krankenkasse die Bindung bestehender Kunden priorisiert und erkenntnisorientiert gestalten möchte, benötigt sie Informationen, welche Faktoren die Bindung eines Kunden in welchem Maß beeinflussen und wie diese Faktoren auf den Einsatz bestimmter Marketing-Instrumente reagieren. Auf Basis dieser Erkenntnisse sind Empfehlungen für die Gestaltung des Marketing einer Krankenkasse möglich. Hierzu bedarf es eines Erklärungs- bzw. Kausalmodells, das die relevanten Ursache-Wirkungs-Zusammenhänge der Kundenbindung widerspiegelt.

Zur Aufstellung und Überprüfung eines solchen Modells werden in der Regel acht Schritte durchlaufen:[224]

1. Hypothesen- und Modellbildung

2. Konzeptualisierung der Konstrukte

[222] Vgl. Schweitzer (1997), S.68 ff.; Im Rahmen der „Begriffslehre“ wird auch von einem „essenzialistischen“ Wissenschaftsziel gesprochen. Vgl. dazu Fülbier (2004), S.267.

[223] Vgl. Wöhe (1990), S.40; Bea (1997), S.390.

[224] Vgl. im Folgenden Weiber/Mühlhaus (2010), S.73 ff.

3. Operationalisierung der Konstrukte
4. Güteprüfung der Messmodelle
5. Modellschätzung
6. Evaluation des Gesamtmodells
7. Interpretation der Ergebnisse
8. Modifikation der Modellstruktur

Zu Beginn einer Kausalanalyse steht ein *Hypothesensystem bzw. Modell*, das auf eingehenden theoretischen und/oder sachlogischen Überlegungen beruht. Da sich die Kausalanalyse auf Modelle mit hypothetischen Konstrukten bezieht, sind in einem zweiten Schritt die Konstrukte inhaltlich zu beschreiben und deren Facetten oder Komponenten zu bestimmen (*Konzeptualisierung*). Der dritte Schritt bezieht sich auf die *Operationalisierung* der Konstrukte, d.h. der Bestimmung von Indikatoren und der Festlegung von Messvorschriften, um die Konstrukte (z.B. im Rahmen einer Befragung) erfassen zu können. Im vierten Schritt wird zunächst auf Basis der empirisch erhobenen Daten die *Güte der Messmodelle* für die einzelnen Konstrukte überprüft. Dies ist notwendig, um die Daten möglichst fehlerfrei in die Modellschätzung einfließen zu lassen. Die eigentliche *Schätzung des Modells* erfolgt im fünften Schritt. Dabei wird das Zusammenwirken zwischen den Konstrukten mithilfe der zur Verfügung stehenden Daten bestimmt. Die *Evaluation des Modells* in seiner Gesamtheit findet im sechsten Schritt statt, d.h. es wird überprüft, inwiefern die empirischen Daten das vorab aufgestellte Modell stützen. Im siebten Schritt sind die *Ergebnisse* zu *interpretieren*. Sollte die Kausalanalyse nicht zu einem zufriedenstellenden Ergebnis gelangen, kann in einem achten Schritt eine *Modifikation der Modellstruktur* vorgenommen werden. Die Prüfung eines modifizierten bzw. neuen Hypothesensystems setzt allerdings streng genommen die Erhebung bzw. Verwendung eines neuen Datensatzes voraus.

Grundlage der nachfolgenden Untersuchung ist der wissenschaftliche Realismus[225], der die vorläufige Bestätigung eines Modell zulässt und mit quasi-nomologischen

[225]Nach dem Ansatz des *kritischen Rationalismus* von Karl W. Popper ist nur die *Falsifikation* wissenschaftlicher Aussagen möglich (vgl. Popper (1994), S.15). Ein Modell gilt demnach immer nur solange, bis eine der darin enthaltenen Hypothesen widerlegt wurde. Die empirische Bestätigung einer Hypothese oder eines Modells führt folglich nicht zu universeller Wahrheit; sie entspricht vielmehr einem „Herantasten an die Wirklichkeit" (vgl. Wöhe (1990), S.37; Töpfer (2009), S.95 ff.). In den Wirtschafts- und Sozialwissenschaften erweisen sich die Annahmen des kritischen Rationalismus jedoch als schwierig. Zum einen ist es kaum möglich, alle Einflussfaktoren bei einem Hypothesentest zu kontrollieren. Zum anderen schließt die Berücksichtigung von Messfehlern eine

Hypothesen[226] arbeitet. Gerade bei der Kundenbindung ist mit einer räumlich und zeitlich eingeschränkten Gültigkeit der formulierten Ursache-Wirkungs-Beziehungen zu rechnen. Kundengruppen und Märkte weisen oftmals spezifische Charakteristika auf, die sich mit der Zeit verändern. Vor diesem Hintergrund ist eine differenzierte und fortwährende Prüfung der aufgestellten Hypothesen notwendig.

4.2 Theoretische Erklärungsansätze der Kundenbindung

Um marketingrelevante Phänomene zu erklären, werden in der Regel mehrere theoretische Ansätze herangezogen.[227] Auch die Bindung eines Kunden lässt sich vermutlich nicht auf eine einzelne Theorie zurückführen. Die Frage nach den Determinanten, die den Verbleib oder den Wechsel eines Kunden beeinflussen, erfordert daher einen *theoretischen Pluralismus*.[228] Um sich dem Phänomen der Kundenbindung zu nähern, wird im Folgenden auf eine Reihe ökonomisch und verhaltenswissenschaftlich orientierter Ansätze eingegangen, die in der Literatur im Zusammenhang mit der Kundenbindung diskutiert werden.[229]

---

sichere Falsifizierung von Hypothesen aus (vgl. Töpfer (2009), S.108 f.). Der *wissenschaftliche Realismus* versucht diese Probleme zu überwinden, indem er neben der Falsifizierung auch die Bestätigung von Hypothesen zulässt. Eine Bestätigung entspricht dabei nicht einer Verifizierung. Auch beim wissenschaftlichen Realismus geht es um eine „schrittweise Annäherung an die Wahrheit", die „durch die wiederholte Bestätigung einer Theorie in Konfrontation mit der empirischen Wirklichkeit möglich" (Töpfer (2009), S.109) ist.

[226] *Nomologische Hypothesen* beziehen sich auf Ursache-Wirkungs-Zusammenhänge, die unabhängig von Raum und Zeit sind. Es handelt sich um Aussagen auf höchstem Niveau mit Gesetzescharakter, die vor allem in den Naturwissenschaften realisiert werden können (vgl. Töpfer (2009), S.158 ff.). *Quasi-nomologische Hypothesen* lassen dagegen eine räumliche-zeitliche Abgrenzung zu, d.h. die aufgestellten Ursache-Wirkungs-Beziehungen gelten nur für spezielle Gruppen in einem bestimmten Zeitraum und werden somit den Anforderungen der Sozial- und Wirtschaftswissenschaften eher gerecht (vgl. Töpfer (2009), S.160 ff.). Während nomologische Hypothesen den Grundanforderungen des kritischen Rationalismus entsprechen (vgl. Töpfer (2009), S.158), werden im wissenschaftlichen Realismus auch quasi-nomologische Hypothesen akzeptiert (vgl. Töpfer (2009), S.109).

[227] Vgl. Homburg/Bruhn (2003), S.12.

[228] Vgl. Werani (2003), S.114.

[229] Eine Auseinandersetzung mit unterschiedlichen theoretischen Bezugspunkten der Kundenbindung findet sich z.B. bei: Werani (2003), S.114 ff.; Homburg/Becker/Hentschel (2003); Homburg/Bruhn (2003); Plinke/Söllner (2005).

4.2.1 Ökonomische Ansätze

Den ökonomischen Erklärungsansätzen der Kundenbindung liegt die Idee zugrunde, dass der Nutzen und die Kosten eines Angebots sowie ein daraus abgeleiteter Nettonutzen das Verhalten der Nachfrager beeinflusst. Der Nettonutzen-Ansatz und die Theorie des Preis-Leistungsverhältnisses beziehen dabei nur den Nutzen und die Kosten in den Entscheidungsprozess eines Kunden ein. Andere Theorien berücksichtigen zusätzliche Faktoren, insbesondere die mit einem Anbieterwechsel verbundenen Wechselkosten. Um die Frage nach den Determinanten der Kundenbindung zu beantworten, wird auf mehrere dieser Ansätze eingegangen.

4.2.1.1 Der Nettonutzen und das Preis-Leistungsverhältnis

Im Mittelpunkt des Marketing stehen Austauschprozesse zwischen Anbietern und Nachfragern.[230] Um in den Genuss eines Gutes oder einer Dienstleistung zu kommen, müssen Nachfrager in der Regel ein „Opfer“ in Form eines Kaufpreises oder Beitrags erbringen.[231] Dabei gilt: Ein Kunde entscheidet sich nur dann für den Kauf eines Produktes, wenn der

$$\text{Nettonutzen} = \text{Nutzen} - \text{Preis} \tag{4.1}$$

positiv ist.

Die *Gegenleistung* ist allerdings nicht nur mit dem *Kaufpreis* eines Angebots gleichzusetzen. Neben monetären Kosten fallen für die Kunden häufig weitere Aufwände an, wie z.B. ein Zeitaufwand sowie psychische und physische Anstrengungen.[232] Auch der *Nutzen eines Austauschs* setzt sich in der Regel aus mehreren Komponenten zusammen. Zu den geläufigsten wertprägenden Angebotsmerkmalen zählen die Produktleistung, produktbegleitende Services, Leistungen von Mitarbeitern und Leistungen des Markenimages.[233]

Die Differenz aus dem Nutzen und den Kosten entspricht dem Nettonutzen. Bliemel/Adolphs (2003) schlagen in diesem Zusammenhang vor, die *Gesamtleistung*

[230] Vgl. Kuß (2003), S.287; Bliemel/Adolphs (2003), S.143.

[231] Vgl. Simon (1992), S.3.

[232] Vgl. Kuß (2003), S.288 und S.299; Bliemel/Adolphs (2003), S.144 f.

[233] Vgl. Bliemel/Adolphs (2003), S.144 f.

mit dem dazugehörigen *Gesamtaufwand* (mit Ausnahme des Kaufpreises) zu bilanzieren und daraus den *Wert eines Austauschobjektes* abzuleiten (vgl. Abbildung 4.1).[234]

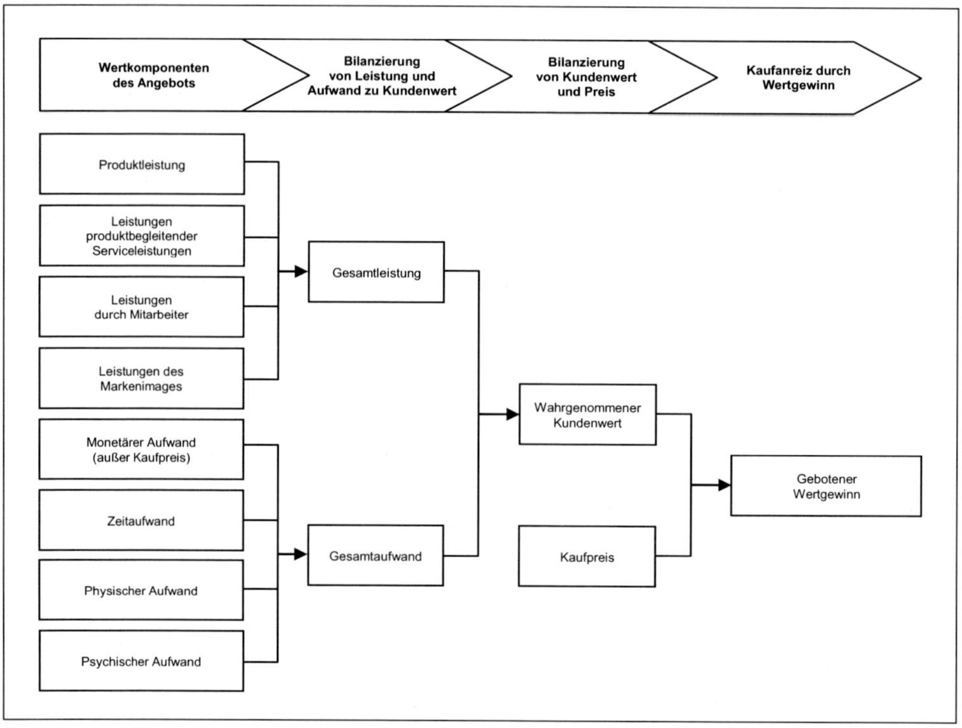

Abbildung 4.1: Der Weg zum Austauschangebot für den Kunden (Quelle: Bliemel/ Adolphs (2003), S.145)

Die Voraussetzung für das Zustandekommen eines Austauschs ist ein Wertgewinn bzw. ein positiver Nettonutzen für die am Austausch beteiligten Akteure. Bei mehreren Alternativen zieht ein Kunde immer das Angebot mit dem größten Nettonutzen vor.[235] Für die Entscheidung zugunsten einer Alternative ist jedoch nicht die *absolute* Höhe des jeweiligen Nettonutzens relevant, sondern die im Vergleich zu allen anderen Anbietern positive *Nettonutzendifferenz*.[236]

Die vorangegangenen Überlegungen gehen davon aus, dass der Nettonutzen eines Angebots die Konsumentscheidung der Nachfrager lenkt. Um die Attraktivität eines Angebots zu bestimmen, wurde der Preis dem Nutzen gegenübergestellt. Bei

234 Vgl. Bliemel/Adolphs (2003), S.145.
235 Vgl. Simon (1992), S.3.
236 Vgl. Weiber/Adler (2003), S.79 f.

dieser *impliziten* Betrachtung der Preiskomponente wird der negative Teilnutzen des Preises mit den positiven Teilnutzenwerten eines Angebots verrechnet. Der Preis entspricht folglich einem „negativen" Qualitätsmerkmal.[237]

Alternativ lässt sich aus dem Preis und dem Nutzen eine *Verhältniszahl* bilden. Die Preiskomponente eines Angebots wird dabei als eigenständiges Gegenstück zum Nutzen aufgefasst. Das *Preis-Leistungsverhältnis*[238] drückt aus, wieviele Geldeinheiten ein Nachfrager für eine Leistungs- oder Nutzeneinheit bezahlen muss:[239]

$$\mathrm{PLV}_i = \frac{P_i}{L_i} = \mathrm{PLV}_i\left(P_i, L_i\right) \tag{4.2}$$

mit

PLV_i:	Preis-Leistungsverhältnis von Angebot i;
P_i:	Preis von Angebot i;
L_i:	Leistungsindex von Angebot i.

Fließen mehrere Merkmale in die Leistungsbewertung eines Kunden ein, so lässt sich dies über ein Punktebewertungsmodell (Scoring-Modell) abbilden. Hierbei werden die entscheidungsrelevanten Leistungsmerkmale erfasst und entsprechend ihrer Bedeutung einzeln gewichtet. Den Ausprägungen eines Merkmals werden Punktwerte zugewiesen. Für den Leistungsindex eines Produktes oder einer Dienstleistung gilt:[240]

$$L_i = \sum_{j=1}^{J} g_j \times l_{ij} \tag{4.3}$$

mit

[237] Vgl. Simon (1992), S.543; Diller (2000b), S.159.

[238] In der Praxis können sich Preis-Leistungsverhältnisse auf ein oder mehrere Leistungsmerkmale beziehen. Preis-Leistungsverhältnisse mit nur einem Leistungsmerkmal sind üblich z.B. bei Motoren (Euro/PS), bei Mieträumen (Euro/qm) oder bei Lastkraftwagen (Euro/t Nutzlast) (vgl. Simon (1992), S.543; Berndt (1992b), S.146).

[239] Vgl. Simon (1992), S.543; Berndt (1992b), S.145 ff.; Diller (2000b), S.159; Kroeber-Riel/ Weinberg (2003), S.314.

[240] Vgl. Simon (1992), S.544; Berndt (1992b), S.146.

L_i: Leistungsindex von Angebot i;
l_{ij}: Ausprägung des Leistungsmerkmals j von Angebot i;
g_j: Gewichtungsfaktor des Leistungsmerkmals j.

Die Marktposition eines Angebots hinsichtlich Preis und Leistung lässt sich mithilfe der *Customer Value Map* darstellen. Alle Anbieter mit einem gleich hohen Preis-Leistungsverhältnis liegen in der Customer Value Map auf einer Gleichgewichtslinie (siehe Abbildung 4.2). Qualitätsführer befinden sich am oberen Ende und Preisführer am unteren Ende. Angebote, die sich links der Geraden positionieren, bieten ein schlechtes Preis-Leistungsverhältnis, Angebote rechts der Geraden weisen ein gutes Preis-Leistungsverhältnis auf.[241] Die Erfassung von Preis und Leistung kann qualitativ oder quantitativ erfolgen. Voraussetzung ist nur, dass beide Komponenten *relativ* zur Konkurrenz bzw. zu einem Referenzwert bestimmt werden.[242]

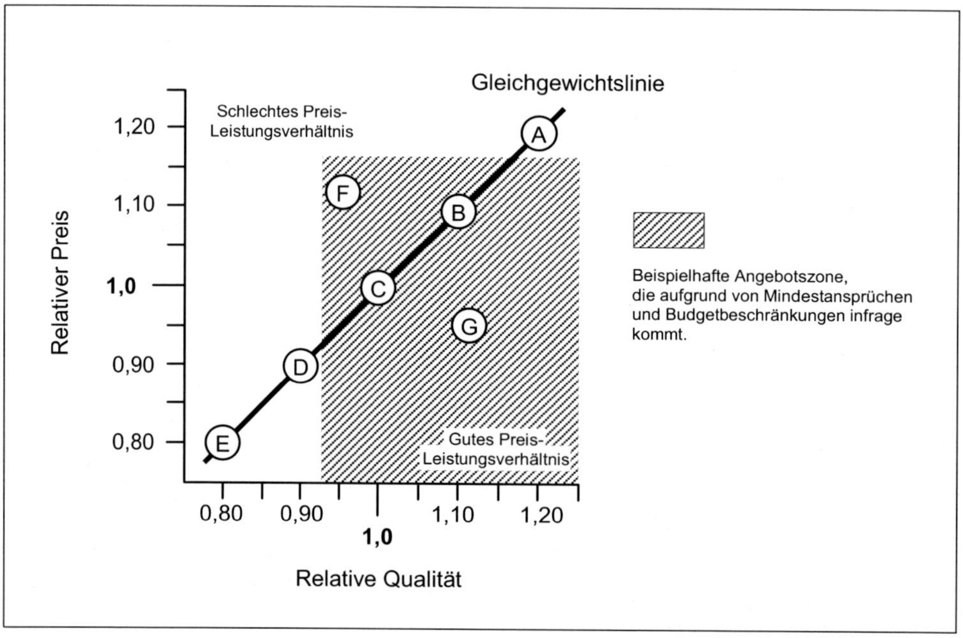

Abbildung 4.2: Customer Value Map (Quelle: in Anlehnung an Matzler (2003), S.312; Matzler/Stahl/Hinterhuber (2004), S.16)

241 Vgl. Matzler (2003), S.311 f.; Matzler/Stahl/Hinterhuber (2004), S.16 ff.
242 Vgl. Simon (1992), S.64.

Problematisch an den Annahmen des Preis-Leistungsverhältnisses ist die unbegrenzte gegenseitige Kompensierbarkeit von Qualität und Preis.[243] Gleiches gilt für den Leistungsindex. Gemäß Gleichung (4.3) kann das schlechte Abschneiden eines Merkmals durch ein besseres Abschneiden eines anderen Merkmals beliebig ausgeglichen werden.[244] Diese unbeschränkte Kompensationsmöglichkeit entspricht oftmals nicht dem tatsächlichen Urteilsverhalten. Wie empirische Untersuchungen zeigen stellen viele Verbraucher häufig Mindestansprüche an die Qualität und an den Preis.[245] Außerdem unterliegt die Höhe des Preises häufig der Budgetbeschränkung des Kunden. Nur Angebote, die diesen Ansprüchen und Restriktionen genügen, werden in den Entscheidungsprozess einbezogen. In Abbildung 4.2 trifft dies für alle Angebote innerhalb der beispielhaft hervorgehobenen Angebotszone zu.[246]

Der Dynamik des Wettbewerbs folgend, werden Unternehmen versuchen, die Attraktivität ihrer Angebote durch die Steigerung des Preis-Leistungsverhältnisses ständig zu erhöhen. Hierzu können sie entweder die Qualität verbessern oder die Preise ihrer Angebote senken. Auch eine Kombination dieser beiden Strategien ist denkbar. Sobald ein Anbieter aus einer Gleichgewichtslinie ausbricht, müssen die anderen Anbieter nachziehen, um ihre Kunden nicht zu verlieren. Längerfristig führt dies dazu, dass alle Anbieter in der Customer Value Map sich sukzessive nach rechts bewegen.[247] Anbieter, die diesem Prozess nicht standhalten können, scheiden aus dem Markt aus. Gewinner dieses *Customer-Value-Wettbewerbs* sind die Nachfrager; sie erhalten im Zeitablauf immer bessere Angebote.

Der Nettonutzen-Ansatz und das Preis-Leistungsverhältnis beschreiben mit dem *Preis* und dem *Nutzen* eines Angebots zwei zentrale Faktoren, die das Verhalten der Nachfrager beeinflussen. Folgt man den vorangegangenen Überlegungen, so wird das Entstehen langfristiger Geschäftsbeziehungen über die subjektiv wahrgenommene Vorteilhaftigkeit bzw. *Attraktivität eines Anbieters* erklärt. Dieser Gedanke stößt im realen Wirtschaftsleben jedoch an Grenzen. Fälle, in denen ein Kunde trotz besserer Alternative den bisherigen Anbieter nicht wechselt, lassen sich in die

[243] Vgl. Diller (2000b), S.160.

[244] Vgl. Simon (1992), S.544; Kroeber-Riel/Weinberg (2003), S.312.

[245] Vgl. Diller (2000b), S.161.

[246] Alle Angebote, die innerhalb der hervorgehobenen Angebotszone liegen, werden in die Entscheidung des Konsumenten einbezogen. Angebot A überschreitet die Budgetbeschränkung, die Angebote D und E liegen unterhalb der gewünschten Qualitätsanforderungen. Diese drei Angebote werden daher nicht berücksichtigt. Aus den verbleibenden Angeboten wird sich der Konsument für das Angebot mit dem besten Preis-Leistungsverhältnis entscheiden. In dem vorliegenden Beispiel ist dies Angebot G.

[247] Vgl. Matzler (2003), S.311 f.; Matzler/Stahl/Hinterhuber (2004), S.17 f.

oben diskutierten Modelle nicht einordnen. Hierzu ist eine Erweiterung des Modellrahmens um die Wechselkosten notwendig. Tomczak/Dittrich/Reinecke (2004) stellen hierfür die folgende Gleichung auf:[248]

$$P_{K/A} = (N_A - K_A) - \left[(N_B - K_B) - WK_{A/B}\right] \tag{4.4}$$

mit

$P_{K/A}$:	Präferenz des Kunden K gegenüber Anbieter A
$N_A - K_A$:	Nettonutzen bei Anbieter A
$N_B - K_B$:	Nettonutzen bei Anbieter B
$WK_{A/B}$:	Kosten bei einem Wechsel von Anbieter A zu Anbieter B

Die Bedeutung von Wechselkosten innerhalb des strategischen Dreiecks zeigt Abbildung 4.3: Je höher ein Kunde die Kosten eines Anbieterwechsels empfindet, desto stärker ist er an seinen bisherigen Anbieter gebunden. Selbst wenn der Nettonutzen eines alternativen Angebots über dem Nettonutzen der aktuellen Geschäftsbeziehung liegt, so ist dies noch keine hinreichende Bedingung für einen Wechsel des Kunden. Die Herausforderung der Konkurrenten liegt vielmehr darin, das eigene Angebot so attraktiv zu gestalten, dass die Nettonutzendifferenz aus Sicht des Kunden die Wechselkosten übersteigt. Durch Umformung von Gleichung 4.4 lässt sich die folgende Bedingung für einen Verbleib eines Kunden bei Anbieter A ableiten:

$$(N_B - K_B) - (N_A - K_A) < WK_{A/B} \tag{4.5}$$

4.2.1.2 Die Theorie des sozialen Austauschs

Die auf Thibaut/Kelley (1959) zurückgeführte *Theorie des sozialen Austauschs* wird in der Literatur den sozialwissenschaftlichen Erklärungsansätzen der Kundenbindung zugeordnet.[249] Ausgangspunkt des Modells ist die Annahme, dass das

[248] Vgl. Tomczak/Dittrich/Reinecke (2004), S.130.

[249] Vgl. Werani (2003), S.126 ff.; Homburg/Bruhn (2003), S.12 f.; Plinke/Söllner (2005), S.71 ff.

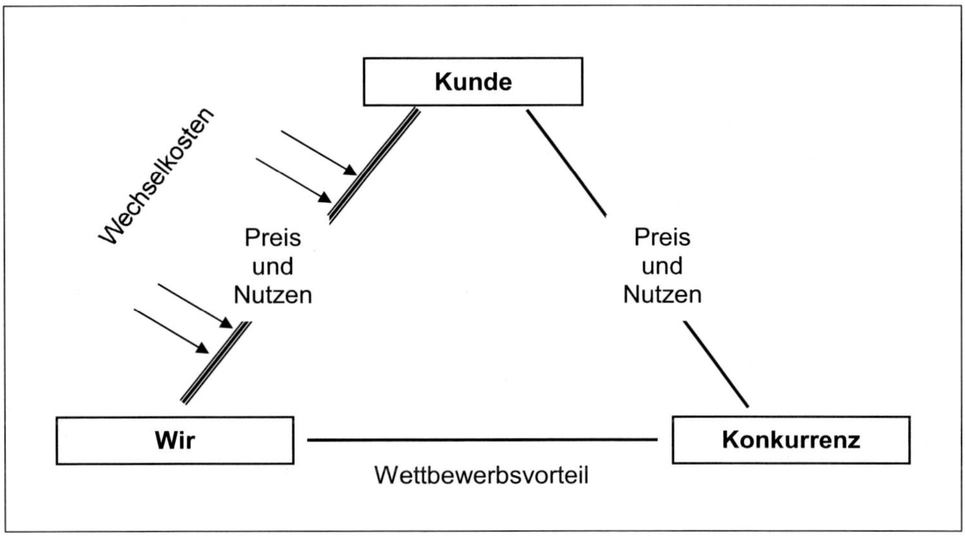

Abbildung 4.3: Das strategische Dreieck (Quelle: in Anlehnung an Tomczak/ Dittrich/Reinecke (2004), S.130)

Verhalten eines Akteurs über die positiven und negativen Reize eines Interaktionsprozesses erklärt wird. Die positiven Reize entsprechen dem Nutzen, die negativen Reize den Kosten einer Interaktion. In der sozialen Austauschtheorie geht die Bedeutung der Begriffe „Nutzen" und „Kosten" allerdings über die enge wirtschaftliche Sicht hinaus. Dennoch liegt auch dieser Theorie das Basismodell des ökonomischen Austauschs zugrunde.[250]

Die Theorie des sozialen Austauschs führt die Bindung eines Kunden ebenfalls auf den Nutzen und die Kosten einer Geschäftsbeziehung zurück. Die Differenz der beiden Parameter entspricht (wie in den zuvor diskutierten Ansätzen) dem Nettonutzen bzw. dem Beziehungsergebnis. Zu den Kosten zählen alle Aufwendungen, die in der Geschäftsbeziehung anfallen, sowie alle Kosten, die mit einem Anbieterwechsel verbunden sind.[251]

Die *Attraktivität* einer Beziehung und die *Abhängigkeit* eines Kunden hängen in dem Modell von zwei Vergleichsmaßstäben ab: Der erste Maßstab wird als *Comparison Level* (CL) bezeichnet. Der CL drückt aus, wie die Geschäftsbeziehung aus Sicht eines Kunden sein *sollte*. Diese Erwartungshaltung wird vom Wissen des Kunden über andere Geschäftsbeziehungen bestimmt und beruht auf eigenen Er-

[250] Vgl. Werani (2003), S.127.
[251] Vgl. Plinke/Söllner (2005), S.72.

fahrungen und Beobachtungen sowie auf den Erzählungen anderer Kunden und weiterer externer Informationsquellen. Je positiver die Erfahrungen eines Kunden sind, desto höher ist der CL. Jüngere Erfahrungen werden im CL stärker gewichtet als ältere. Werden die Erwartungen des Kunden übertroffen, d.h. liegt das Ergebnis einer Geschäftsbeziehung (W) über dem Comparison Level, entsteht Zufriedenheit. Liegt das Beziehungsergebnis unter dem CL, führt dies zu Unzufriedenheit. Mit zunehmendem Abstand zwischen W und CL steigt bzw. sinkt die Zufriedenheit und Attraktivität einer Beziehung. Übertragen auf den Nettonutzen-Ansatz entspricht der CL einem Mindest- oder Referenznutzen, den ein Kunde in einer Geschäftsbeziehung erwartet.

Die Frage, ob ein Kunde in der Geschäftsbeziehung bleibt oder den Anbieter wechselt, lässt sich über die Zufriedenheit eines Kunden und die Attraktivität der Beziehung aber noch nicht beantworten. Hierzu ist ein zweiter Vergleichsmaßstab heranzuziehen. Der *Comparison Level for Alternatives* (CL_{ALT}) bzw. das *alternativenbezogene Vergleichsniveau* drückt das Verhältnis von Nutzen und Kosten der besten verfügbaren Alternative zur aktuellen Beziehung aus. Vergleicht man das Nettoergebnis der aktuellen Geschäftsbeziehung mit den Erwartungen eines Kunden (CL) und dem alternativenbezogenen Vergleichsniveau (CL_{ALT}), so lassen sich vier Fälle unterscheiden (vgl. Abbildung 4.4):[252]

- In Fall 1 liegt das Nettoergebnis W über dem allgemeinen Vergleichsniveau CL und dem alternativenbezogenen Vergleichsniveau CL_{ALT}. Der Kunde ist in dieser Situation zufrieden und unabhängig. Selbst bei einem Wechsel zu der Beziehungsalternative CL_{ALT} liegt das Nettoergebnis immer noch über dem Erwartungsniveau.

- In Fall 2 liegt das Nettoergebnis W ebenfalls über dem allgemeinen Vergleichsniveau. Allerdings existiert keine zufriedenstellende Alternative. CL_{ALT} liegt unter CL. Der Kunde ist in einer solchen Beziehung abhängig, da die beste Alternative die Mindestansprüche nicht erfüllt. Ein Wechsel des Kunden würde nur zu Unzufriedenheit führen.

- In Fall 3 befindet sich der Kunde in einer nicht zufriedenstellenden Beziehung. Da das Niveau der besten Alternative aber noch unter dem aktuellen Beziehungsergebnis liegt, würde sich der Kunde bei einem Wechsel weiter verschlechtern. Trotz Unzufriedenheit wechselt ein Kunden in dieser Situation den Anbieter nicht. Der Kunde ist abhängig.

[252] Vgl. zu den ersten drei Fällen Werani (2003), S.128 ff. sowie Plinke/Söllner (2005), S.72.

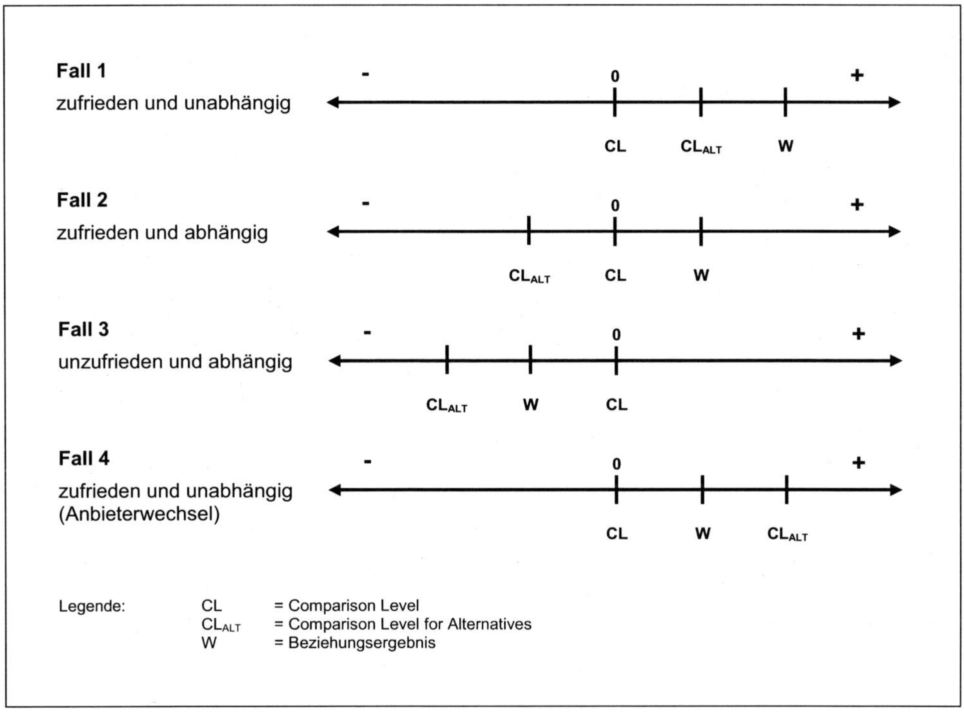

Abbildung 4.4: Zufriedenheit und Abhängigkeit in Beziehungen (Quelle: in Anlehnung an Werani (2003), S.129 und Plinke/Söllner (2005), S.73)

- Neben den drei in der Literatur beschriebenen Szenarien, wird an dieser Stelle noch ein weiterer Fall betrachtet. In Fall 4 stellt das aktuelle Beziehungsergebnis den Kunden zufrieden. Dennoch wird der Kunde den Anbieter wechseln. Das alternativenbezogene Vergleichsniveau CL_{ALT} liegt über W. Das Angebot des besten Konkurrenten ist somit attraktiver als die bisherige Beziehung. Der Kunde ist unabhängig und wird die Gelegenheit nutzen, um sich durch einen Anbieterwechsel weiter zu verbessern.

Die Theorie des sozialen Austauschs unterstellt, dass die Zufriedenheit mit einer Geschäftsbeziehung weder eine hinreichende noch eine notwendige Bedingung für den Fortbestand einer Beziehung ist. Zufriedene Kunden werden einen Anbieter wechseln, falls die beste Alternative einen höheren Nettonutzen gegenüber der aktuellen Beziehung aufweist. Unzufriedene Kunden werden in einer Geschäftsbeziehung bleiben, sofern die beste Alternative mit den Erwartungen des Kunden noch weniger übereinstimmt.

Die Kritik an dem Modell bezieht sich auf Situationen, in denen ein unzufriedener Kunde eine Beziehung fortführt, obwohl eine besserer Alternative zur Verfügung steht.[253] Ein solches Verhalten lässt sich mit der Theorie des sozialen Austauschs zunächst nicht erklären. Um dieses „Paradoxon des Fortbestands nicht zufrieden stellender Beziehungen“[254] aufzulösen, kann auf die Erkenntnisse der Beziehungslehre zurückgegriffen werden.

Die *Beziehungslehre* baut auf der Theorie des sozialen Austauschs auf. Im Mittelpunkt steht nicht die *zeitpunktbezogene* Analyse des sozialen Austauschs, sondern die in einem *Zeitraum* realisierte Aneinanderreihung von Interaktionen. In dem so genannten „Investment Model“ der Beziehungslehre wird die Theorie des sozialen Austauschs um das Commitment und die beziehungsspezifischen Investitionen des Kunden erweitert.[255] Das *Commitment* interpretiert Werani als eine „längerfristige stabile Prädisposition, sich an eine Beziehung zu binden“.[256] Gegenüber der Abhängigkeit des Kunden, die in der Theorie des sozialen Austauschs eher einen temporären Charakter hat, geht das Commitment über diese zeitpunktorientierte Abhängigkeit hinaus und hängt nicht nur von der Zufriedenheit und den verfügbaren Alternativen ab, sondern wird durch die *beziehungsspezifischen Investitionen* des Kunden zusätzlich beeinflusst. Hierzu gehören alle Investitionen, die ein Kunde in eine Beziehung einbringt (z.B. Zeit, materieller Besitz etc.) und die bei einer Auflösung der Beziehung unwiederbringlich verloren gehen. Je höher diese Investionen sind, desto stärker gleichen sie die negativen Effekte von Unzufriedenheit und attraktiven Alternativen aus.

Der Ansatz der Beziehungslehre lässt sich in die Theorie des sozialen Austauschs überführen, wenn man die beziehungsspezifischen Investitionen zu den Wechselkosten zählt. Dabei ist nicht die Höhe der bisherigen Investitionen relevant, sondern die mit einem Anbieterwechsel verbundenen Neuinvestitionen. Werden diese Kosten mit dem Beziehungsergebnis der besten Alternative „verrechnet“, so lässt sich das oben beschriebene Paradoxon auflösen. Eine Alternative, die *ohne* Berücksichtigung der Wechselkosten attraktiver ist, kann *mit* Wechselkosten unter das Niveau der bisherigen Beziehung fallen. Ein unzufriedener Kunde bleibt in diesem Fall trotz (scheinbar) besserer Alternative seinem bisherigen Anbieter treu.

Aus der sozialen Austauschtheorie und der Beziehungslehre lässt sich das alternativenbezogene Vergleichsniveau bzw. die *Attraktivität von Alternativen* als erste

[253] Vgl. Werani (2003), S.130.
[254] Werani (2003), S.132.
[255] Vgl. Werani (2003), S.130 f. und die dort genannten Quellen.
[256] Werani (2003), S.133.

Determinante der Kundenbindung ableiten. Unter der Annahme, dass Kunden nur attraktive Beziehungen fortführen, wird die *Zufriedenheit* eines Kunden als zweite Determinante der Kundenbindung ermittelt. Im Fall 3 in Abbildung 4.4 müsste der Kunde die Beziehung dann allerdings beenden, da weder das Ergebnis der aktuellen noch das der alternativen Beziehung seinen Erwartungen entspricht. Alternativ kann der Kunde sein allgemeines Vergleichsniveau an die Gegebenheiten des Marktes anpassen. Im Grenzfall stimmen CL und W nach dieser Anpassung überein. Beeinflussen die Kosten eines Anbieterwechsels das Nettoergebnis der besten Alternative, so sind die *Wechselkosten* als dritte Determinante der Kundenbindung aus den sozialpsychologischen Ansätzen zu entnehmen. Weiterhin sind die *beziehungsspezifischen (Neu-)Investitionen*, die mit dem Wechsel eines Anbieters verbunden sind, entweder als eigenständige vierte Determinante oder als Bestandteil der Wechselkosten zu interpretieren.

4.2.1.3 Das Exit-Voice-Modell von Hirschman

Das Verhalten unzufriedener Kunden steht im Mittelpunkt des Modells von Hirschman.[257] Ausgangspunkt ist eine Situation, in der sich die Qualität einer Ware oder einer Dienstleistung verschlechtert und Unzufriedenheit bei den Kunden entsteht. Nach Hirschman gibt es zwei Möglichkeiten, um auf diese Unzufriedenheit zu reagieren: Kunden können entweder den Anbieter wechseln (*Abwanderung* bzw. „Exit“) oder sich über die Qualität der Leistung beschweren (*Widerspruch* bzw. „Voice“). Die in der Theorie von Hirschman identifizierten Determinanten und deren Einfluss auf die Abwanderung und den Widerspruch zeigt Abbildung 4.5.

Der Widerspruch eines Kunden hängt im Exit-Voice-Modell zum einen davon ab, wie erfolgsversprechend ihm dieses Verhalten erscheint. Je offener sich ein Anbieter gegenüber Beschwerden zeigt und je mehr der Kunde dem Anbieter zutraut, dass dieser die gewünschten Nachbesserungen erbringt bzw. überhaupt erbringen kann, desto eher ist mit einem Widerspruch zu rechnen. Weitere Faktoren, die mit dem Widerspruch positiv zusammenhängen, sind die Wechselkosten, der Wert der Leistung, das wahrgenommene Risiko eines Anbieterwechsels und die Loyalität des Kunden.[258]

Ist der Wechsel eines Anbieters mit hohen Kosten verbunden, so wird ein Kunde tendenziell versuchen, zunächst über den Widerspruch die Zufriedenheit mit der

[257] Zu den folgenden Ausführungen vgl. Werani (2003), S.135 ff. mit Verweis auf Hirschman (1974).
[258] Vgl. Werani (2003), S.137 f.

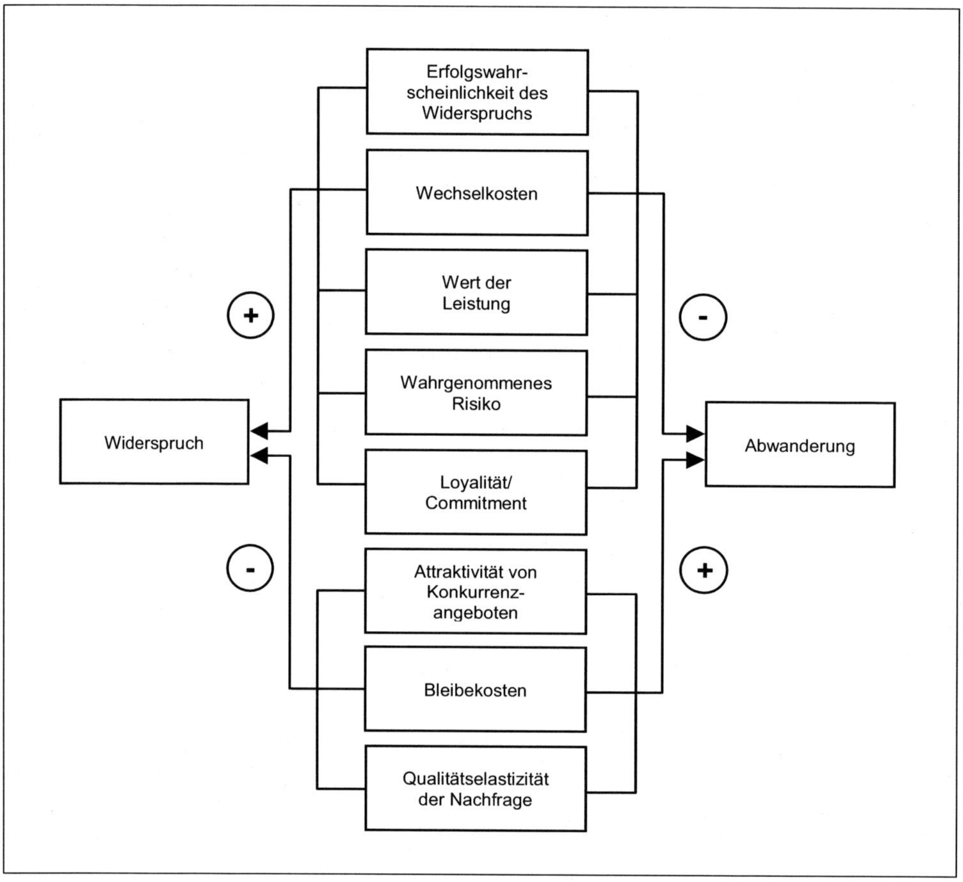

Abbildung 4.5: Determinanten der Entscheidung „Abwanderung und Widerspruch“ (Quelle: Werani (2003), S.136)

aktuellen Geschäftsbeziehung wieder herzustellen. Gleiches gilt für den Wert der Leistung. Während bei billigen Verbrauchsgüter ein Kunde i.d.R. ohne vorherige Beschwerde den Anbieter wechselt, ist bei teuren Gütern eher ein Widerspruch zu erwarten.

In dem Konstrukt der Loyalität sieht Hirschman eine weitere Determinante, die den Widerspruch eines Kunden fördert und ihn von einem Anbieterwechsel abhält. Der Interpretation von Werani folgend,[259] entspricht die Loyalität bei Hirschman dem zuvor diskutierten Commitment.[260] Loyalität bzw. Commitment führt zu einem im Zeitablauf relativ stabilen Verhalten. Es lässt sich über das Vertrauen bzw.

[259] Vgl. Werani (2003), S.138.

[260] Vgl. Kapitel 4.2.1.2.

die Erwartungshaltung eines Kunden begründen. Loyale Kunden gehen davon aus, dass ihre Unzufriedenheit nur vorübergehend auftritt und sich eine nicht zufriedenstellende Situation mit der Zeit wieder verbessert.

Neben den Determinanten, die positiv auf den Widerspruch und negativ auf die Abwanderung wirken, bringt Hirschman drei weitere Faktoren in das Exit-Voice-Modell ein. Wie Abbildung 4.5 zeigt korrelieren die Attraktivität von Konkurrenzangeboten, die Bleibekosten und die Qualitätselastizität der Nachfrage positiv mit der Abwanderung und negativ mit dem Widerspruch eines Kunden.[261]

Steht der nicht zufriedenstellenden Beziehung ein attraktives Konkurrenzangebot gegenüber, so wird dies die Wechselwahrscheinlichkeit eines Kunden erhöhen. Mit der Attraktivität der besten Alternative steigen aber auch die Bleibekosten eines Kunden an. Hierzu zählen die Opportunitätskosten des Nicht-Wechsels und die direkten Kosten eines Widerspruchs. Je höher diese Kosten sind, desto eher wird ein Kunde geneigt sein, ein alternatives Angebot anzunehmen. Die Qualitätselastizität der Nachfrage beschreibt die Empfindlichkeit eines Nachfragers gegenüber Qualitätsmängeln. Bei einem hohen Elastizitätswert nimmt der Kunde bei einer Verschlechterung der Qualität einen besonders starken Nutzenentgang wahr; der Wechsel des Anbieters wird dadurch wahrscheinlicher.

4.2.1.4 Die Transaktionskostentheorie

Folgt man den Annahmen der Transaktionskostentheorie, dann ist jeder Austausch mit monetären und nicht-monetären Transaktionskosten verbunden:[262]

- Zu den Ex-ante-Kosten, die *vor* einer Transaktion entstehen, zählen Anbahnungskosten und Vereinbarungskosten.
- Zu den Ex-post-Kosten, die *nach* einer Transaktion anfallen, gehören Kontrollkosten, Durchsetzungskosten, Anpassungskosten und Auflösungskosten.

Im Mittelpunkt der Transaktionskostentheorie steht die Gestaltung von Institutionen unter Kostenaspekten.[263] Zwei Annahmen sind dabei von Bedeutung: Zum einen geht die Transaktionskostentheorie von einer *eingeschränkten Rationalität* der Wirtschaftssubjekte aus. Einfache Vertrags- und Kooperationsformen werden

[261] Vgl. Werani (2003), S.140.
[262] Vgl. Werani (2003), S.145; Homburg/Bruhn (2003), S.15; Neus (2003), S.91 f.
[263] Vgl. Meffert/Bruhn (2003), S.86.

ausgefeilten Detailregelungen daher tendenziell vorgezogen.[264] Zum anderen wird ein *opportunistisches Verhalten* der Vertragspartner unterstellt. Individuen verhalten sich demnach nicht immer verständigungsorientiert, sondern eigennützig.

Eine Unterscheidung von Transaktionen ist über die Merkmale „Häufigkeit", „Unsicherheit" und „Spezifität" möglich. Zur Erklärung der Kundenbindung ist vor allem die *Spezifität* von Transaktionen relevant. Setzt das Zustandekommen eines Austauschs hohe spezifische Investionen des Nachfragers voraus, so wird dies zu einer Abhängigkeit („Lock-in"-Situation) des Nachfragers führen.[265] Für spezifische Investitionen ist charakteristisch, dass diese nur in ihrer ursprünglichen Verwendung einen Wert haben bzw. ihr Wert bei einer alternativen Verwendung niedriger ist. Mit der Auflösung einer Beziehung gehen diese Investitionen verloren. Unter der Annahme opportunistischen Verhaltens und unvollständiger Verträge, kann ein Anbieter diese Abhängigkeit ausnutzen.

Die Annahme, dass Nachfrager dennoch zu beziehungsspezifischen Investitionen bereit sind, basiert auf dem Abschluss relationaler Verträge sowie glaubhafter Zusicherungen.[266] Relationale Verträge zeichnen sich dadurch aus, dass sie nicht alle Punkte einer Zusammenarbeit eindeutig fixieren. Vielmehr werden Details innerhalb eines vorgeschriebenen Rahmens durch implizite Vereinbarungen bzw. beziehungsspezifische Normen, wie Solidarität und Wechselseitigkeit, geregelt.[267] Darüber hinaus sind die Investitionen der Nachfrager durch glaubhafte Zusicherungen der Anbieter geschützt. Die Sicherheit des Nachfragers besteht in der Bereitstellung von „Geiseln", die Anbieter davon abhalten, die Investitionen eines Kunden auszubeuten. Hierzu zählen z.B. Garantiezusagen und die Bereitschaft wechselseitiger beziehungsspezifischer Investitionen. Auch die Reputation eines Anbieters, die im Fall der Ausbeutung durch negative Mund-zu-Mund-Kommunikation geschädigt werden kann, ist in diesem Zusammenhang zu nennen.[268]

Die Transaktionskostentheorie liefert eine Erklärung dafür, warum Geschäftsbeziehungen existieren. Gleichzeitig lassen sich aus dem Ansatz mehrere Determinanten der Kundenbindung ableiten. Dies sind zum einen die *Wechselkosten.* Unabhängig von den Investitionen, die ein Nachfrager in einer Beziehung tätigt, ist der Wechsel eines Anbieters immer mit Anbahnungs- und Vereinbarungskosten (Ex-ante-

[264] Vgl. Neus (2003), S.126; Werani (2003), S.149.
[265] Vgl. Werani (2003), S.150 f.; Neus (2003), S.127; Plinke/Söllner (2005), S.74.
[266] Vgl. Werani (2003), S.153.
[267] Vgl. Werani (2003), S.147 f.
[268] Vgl. Werani (2003), S.153.

Transaktionskosten) verbunden. Je höher diese Kosten sind, desto eher wird ein Kunde bei seinem bisherigen Anbieter bleiben.

Als zweite Determinante können die *beziehungsspezifischen Investionen* der Transaktionskostentheorie entnommen werden. Mit der Höhe dieser Investitionen steigt die Bindung eines Kunden. Der vorangegangenen Argumentation folgend,[269] lassen sich die beziehungsspezifischen Investitionen auch als Teil der Wechselkosten interpretieren.[270]

Weiterhin spielt das *Vertrauen* innerhalb der Transaktionskostenökonomik eine Rolle.[271] Vertrauen reduziert die Unsicherheit einer Transaktion und damit die subjektiv empfundene Wahrscheinlichkeit opportunistischen Anbieterverhaltens. Die Kontrollkosten von Transaktionen lassen sich auf diese Weise verringern. Gleichzeitig ist der Nachfrager in einer von Vertrauen geprägten Beziehung eher zu spezifischen Investitionen bereit. Diese Investitionen binden ihn wiederum stärker an einen Anbieter. Schließlich ist Vertrauen auch als Ressource einer Beziehung zu verstehen. Im Fall eines Anbieterwechsels ist die Beschaffung von Informationen, aus denen die Vertrauenwürdigkeit eines anderen Anbieters hervorgeht, mit (Wechsel-)Kosten verbunden. Je höher diese Kosten sind, desto stärker ist ein Kunde an seinen bisherigen Anbieter gebunden.

4.2.2 Verhaltensorientierte Ansätze

Neben den ökonomischen Ansätzen liefern auch die verhaltenswissenschaftlichen Theorien einen Beitrag zur Erklärung langfristiger Geschäftsbeziehungen. Zusätzliche Determinanten der Kundenbindung lassen sich insbesondere aus den Lerntheorien, der Theorie der kognitiven Dissonanz und der Risikotheorie ableiten.

4.2.2.1 Lerntheorien

Kroeber-Riel/Weinberg (2003) definieren Lernen als „eine relativ überdauernde Änderung einer Verhaltensmöglichkeit aufgrund von Erfahrung oder Beobachtung."[272] Lernen muss demnach nicht zu einer tatsächlichen Verhaltensänderung führen, es

[269] Vgl. Kapitel 4.2.1.2.

[270] Vgl. dazu auch Plinke/Söllner (2005), S.77.

[271] Vgl. Meffert/Bruhn (2003), S.88; Werani (2003), S.154 f.; Walgenbach (2006), S.21.

[272] Vgl. Kroeber-Riel/Weinberg (2003), S.322.

erweitert vielmehr die *Möglichkeiten* des Verhaltens im Sinne eines individuellen „Verhaltensrepertoires".

In der Literatur werden mehrere Arten des Lernens beschrieben.[273] Zur Erklärung der Kundenbindung tragen insbesondere

- das Lernen nach dem Verstärkerprinzip und
- das soziale Lernen

bei.

Dem *Lernen nach dem Verstärkerprinzip*, das auch als instrumentelles bzw. operantes Konditionieren bezeichnet wird, liegt die Idee zugrunde, dass Lernen durch eine Bewertung der Konsequenzen des Verhaltens erfolgt. Die Konsequenzen werden als Belohnung oder Strafe empfunden;[274] man spricht in diesem Zusammenhang auch von positiven und negativen Verstärkern. Wurde eine Verhaltensweise in der Vergangenheit belohnt, so wird dieses Verhalten tendenziell beibehalten. Verhaltensweisen, von denen nur ein geringer Nutzen oder eine Bestrafung ausging, führen dagegen zu einer Verhaltensänderung.[275] Die Zufriedenheit eines Kunden lässt sich in diesem Kontext als „Belohnung" früherer Transaktionen auffassen, die sich positiv auf die Wiederkaufbereitschaft bzw. die Bindung eines Kunden auswirkt.[276]

Nach der *sozialen Lerntheorie* können Personen Einstellungen und Verhaltensweisen auch durch die Beobachtung des Verhaltens anderer Personen erlernen.[277] Sind die Konsequenzen des beobachteten Verhaltens positiv, so wird das eigene Verhalten in ähnlichen Situationen an das Verhalten der jeweiligen Referenzperson angepasst. Bei negativen Konsequenzen werden Individuen das bei anderen Personen beobachtete Verhalten dagegen eher vermeiden. Die auf diese Weise übernommenen Verhaltens*möglichkeiten* werden jedoch erst dann real ausgeführt, wenn eine für die Umsetzung des Modellverhaltens geeignete Situation eintritt.[278] Anhand

[273] Vgl. Homburg/Becker/Hentschel (2003), S.100 f.; Kroeber-Riel/Weinberg (2003), S.330 ff. und S. 648 ff.; Homburg/Stock-Homburg (2006), S.39.

[274] Vgl. Kroeber-Riel/Weinberg (2003), S.337.

[275] Vgl. Homburg/Bruhn (2003), S.14.

[276] Vgl. Homburg/Krohmer (2003), S.50.

[277] Vgl. Kroeber-Riel/Weinberg (2003), S.648 ff.; Homburg/Stock-Homburg (2006), S.42 f.; Homburg/Krohmer (2003), S.50 f.

[278] Vgl. Kroeber-Riel/Weinberg (2003), S.650.

positiver Umfrageergebnisse können Kunden zum Beispiel lernen, dass die Beziehung zu einem Anbieter mit Zufriedenheit „belohnt“ wird, was zur Beibehaltung der Geschäftsbeziehung animiert.

Aus den Lerntheorien lässt sich die *Kundenzufriedenheit* als Determinante der Kundenbindung ableiten.

4.2.2.2 Theorie der kognitiven Dissonanz

Die Theorie der kognitiven Dissonanz zählt zu den gleichgewichtstheoretischen Ansätzen des Konsumentenverhaltens. Grundlage der auf Festinger[279] zurückgehenden Theorie sind die Beziehungen im kognitiven System eines Individuums. Zu den kognitiven Elementen zählen psychische Prozesse, die bewusst und dauerhaft wahrgenommen werden, wie z.B. Wissenselemente, Meinungen, Erfahrungen und Einstellungen.[280] Sind zwei füreinander relevante kognitive Elemente miteinander vereinbar, dann befinden sie sich in einem Gleichgewicht (Konsonanz). Stehen zwei kognitive Elemente im Widerspruch zueinander, so führt dies zu einem Ungleichgewicht (Dissonanz).[281]

Der Theorie der kognitiven Dissonanz liegt die Annahme zugrunde, dass Individuen nach einem dauerhaften Gleichgewicht ihres kognitiven Systems streben. Mit anderen Worten: Individuen haben das Bedürfnis, kognitive Widersprüche zu beseitigen oder von vornherein zu umgehen.[282]

Wird die Beziehung zwischen zwei kognitiven Elementen infrage gestellt, so führt dies zu einer als unangenehm empfundenen psychischen Spannung. Bei Kaufentscheidungen können solche Spannungen vor und nach der Wahl eines Produktes bzw. eines Dienstleisters auftreten.[283] Mit *Vorkaufdissonanzen* ist beispielsweise zu rechnen, wenn ein Konsument vor einer Kaufentscheidung einen Testbericht liest, der auf erhebliche Qualitätsmängel eines bislang präferierten Produktes hinweist. *Nachkaufdissonanzen* können ebenfalls aus der Aufnahme neuer Informationen resultieren sowie aus dem Wissen, dass man mit der Entscheidung für ein bestimmtes

[279] Vgl. Festinger (1957); Festinger (1978).
[280] Vgl. Kroeber-Riel/Weinberg (2003), S.184 f.
[281] Vgl. Homburg/Krohmer (2003), S.74.
[282] Vgl. Kroeber-Riel/Weinberg (2003), S.182.
[283] Vgl. Homburg/Krohmer (2003), S.74.

Angebot die damit verbundenen Nachteile hinnimmt und auf die Vorteile der ausgeschlagenen Alternativen verzichtet.[284]

Die Stärke von kognitiven Dissonanzen bei Kaufentscheidungen wird von mehreren Faktoren beeinflusst. Dazu gehören die Wichtigkeit der Entscheidung, die Ähnlichkeit der Alternativen, die Vorhersehbarkeit der Entscheidungskonsequenzen, die Dringlichkeit der Entscheidung und das Ausmaß der verwendeten Informationen.[285]

Übersteigen die Dissonanzen eine individuelle Toleranzschwelle, so wird ein Individuum versuchen, die aufgetretenen psychischen Spannungen abzubauen und ein Gleichgewicht der relevanten Kognitionen wiederherzustellen.[286] Dies ist möglich durch[287]

- den Umgang mit Informationen in dissonanzvermeidender Weise,
- die Veränderung von kognitiven Einheiten sowie
- aktives Handeln.

Individuen können zum einen gezielt nach konsonanten Informationen suchen (z.B. Ansprache von Freunden, die dasselbe Produkt gekauft haben) und dissonante Informationen vermeiden (z.B. durch die Nichtbeachtung von negativen Testberichten). Auch die Interpretation dissonanter Informationen bietet Spielräume, um die Stärke der damit verbundenen psychischen Spannungen zu verringern (z.B. durch das Infragestellen der Objektivität und die Zuverlässigkeit einer Informationsquelle). Neben dem aktiven Umgang mit Informationen, können Individuen auch bestehende Inkonsistenzen aus ihrem Bewusstsein verdrängen (z.B. indem ein Konsument über die negativen Erlebnisse mit einem Anbieter nicht mehr nachdenkt). Darüber hinaus gibt es die Möglichkeit, bestehende Kognitionen zu verändern, um Widersprüche aufzulösen oder zu umgehen (z.B. durch die Einstellungsänderung gegenüber einer Marke oder die Ergänzung von Wissenselementen). Schließlich können Individuen auch geeignete Aktivitäten unternehmen, um dissonante Kognitionen in ein Gleichgewicht zu bringen und zukünftige Dissonanzen zu vermeiden (z.B. durch die Beschwerde bei einem Anbieter, den Wechsel einer nicht zufriedenstellenden Marke oder der erneuten Beauftragung eines Dienstleisters, mit dem bereits positive Erfahrungen gemacht wurden).

---

[284] Vgl. Kroeber-Riel/Weinberg (2003), S.185.

[285] Vgl. Berndt (1992a), S.53; Herrmann/Huber/Wricke (1999), S.679.

[286] Vgl. Homburg/Becker/Hentschel (2003), S.100; Kroeber-Riel/Weinberg (2003), S.183.

[287] Vgl. im Folgenden Kroeber-Riel/Weinberg (2003), S.184; Homburg/Krohmer (2003), S.74; Stahl (2004), S.116.

Die Erkenntnisse der kognitiven Dissonanz werden im Marketing vor allem in der Image- und Nachkaufwerbung eingesetzt.[288] Ziel einer dissonanzorientierten Absatzstrategie ist es, die für ein Angebot relevanten Kognitionen eines Konsumenten im Gleichgewicht zu halten. Auf diese Weise soll die Abwanderung bestehender Kunden verhindert und der Aufbau neuer Geschäftsbeziehungen gefördert werden.

Aus Sicht der Dissonanztheorie wird die Bindung eines Kunden durch die Umbewertung, Ergänzung oder Verdrängung von Informationen beeinflusst.[289] Die kognitiven Anpassungsmechanismen, die sich nach dem Kauf eines Produktes abspielen, können zu einer nachträglichen Höherschätzung des gekauften Produktes führen. Das Wiederkaufverhalten und die Markentreue werden auf diese Weise gestärkt.[290] Dazu muss die erneute Kaufentscheidung jedoch auf einem Alternativenvergleich beruhen. Werden keine Alternativen in die Entscheidung eines Konsumenten einbezogen (z.B. bei häufigen und routinemäßigen Käufen), so ist nicht mit den oben beschriebenen Nachkaufdissonanzen zu rechnen. In diesen Fällen liefert die Dissonanztheorie keinen Erklärungsbeitrag für das Entstehen langfristiger Geschäftsbeziehungen.[291] Darüber hinaus ist anzumerken, dass die Bindung eines Kunden sich durch den kognitiven Anpassungsprozess nur indirekt erklärt lässt. Nicht der Anpassungsprozess selbst, sondern das Ergebnis dieses Prozesses kann die Stärke der Kundenbindung beeinflussen.

Auf Basis der vorangegangenen Überlegungen lassen sich aus der Dissonanztheorie vier Determinanten der Kundenbindung ableiten: Als erste Determinante ist die *Attraktivität von Alternativen* zu nennen. Im Rahmen der Nachkaufdissonanzen wurde unterstellt, dass die mit einem Kauf verbundene psychische Spannung mit zunehmender Ähnlichkeit der Alternativen steigt. Ist das Angebot eines alternativen Anbieters dem ausgewählten Angebot sehr ähnlich oder überlegen, so ist mit starken kognitiven Dissonanzen zu rechnen. Lässt sich die Stärke der empfundenen Dissonanz durch die selektive Aufnahme von Informationen oder durch eine Veränderung der kognitiven Einheiten nur geringfügig ändern, so bleibt dem Konsumenten die Möglichkeit aktiv zu handeln. Ist die Option einer Beschwerde wenig erfolgsversprechend, so wird ein Kunde die aktuelle Geschäftsbeziehung beenden und zu einem (aus seiner Sicht) besseren Anbieter wechseln. Je deutlicher das aktuelle Angebot jedoch alle anderen Angebote dominiert, desto stärker ist ein Kunde an seinen bisherigen Anbieter gebunden.

[288] Vgl. Berndt (1992a), S.54 f.; Kroeber-Riel/Weinberg (2003), S.186 ff.; Homburg/Krohmer (2003), S.74.

[289] Vgl. Meffert/Bruhn (2003), S.95.

[290] Vgl. Kroeber-Riel/Weinberg (2003), S.187.

[291] Vgl. Meffert/Bruhn (2003), S.95; Kroeber-Riel/Weinberg (2003), S.187.

Die Bindung eines Kunden kann auch über die *Zufriedenheit* begründet werden. Ein zufriedener Kunde befindet sich in einem psychischen Gleichgewicht. Gemäß den Annahmen der Dissonanztheorie wird er versuchen, dieses Gleichgewicht zu erhalten. Zu den Strategien, die dabei zum Einsatz kommen können, gehören wiederum die selektive Aufnahme von Informationen, die Anpassung bestehender Kognitionen oder aber die Fortführung der zufriedenstellenden Geschäftsbeziehung („Rückgriff auf Bewährtes").[292] Das Risiko kognitiver Dissonanzen (z.B. Zweifel, ob man sich für den richtigen Anbieter entschieden hat), das häufig mit einem Anbieterwechsel verbunden ist, lässt sich durch ein loyales Verhalten des Kunden umgehen. Ein zufriedener Kunde wird einem Anbieter jedoch nur dann treu bleiben, wenn er der zukünftigen Leistungsfähigkeit des Anbieters vertraut. Aus diesen Überlegungen heraus lassen sich dem Ansatz der kognitiven Dissonanz das *Wechselrisiko* und das *Vertrauen* eines Kunden gegenüber dem aktuellen Anbieter als weitere Bindungsdeterminanten entnehmen.

4.2.2.3 Risikotheorie

Die Risikotheorie zählt wie die Theorie der kognitiven Dissonanz zu den Theorien des intrapersonellen Gleichgewichts.[293] Ausgangspunkt ist das Handeln von Wirtschaftssubjekten unter Unsicherheit.[294]

Kaufentscheidungen beruhen in der Regel auf unvollständigen Informationen; die Konsequenzen einer Entscheidung sind für einen Kunden nicht sicher vorhersehbar. Ob ein Produkt oder ein Dienstleister die Erwartungen eines Kunden tatsächlich erfüllt, ist oftmals ungewiss. Das Kaufverhalten von Kunden wird durch dieses subjektiv wahrgenommene Kaufrisiko beeinflusst. Wie hoch dieses Risiko aus Sicht eines Kunden ist, hängt davon ab, wie unangenehm ein Kunde die negativen Konsequenzen einer Entscheidung empfindet und wie sicher ein Kunde mit dem Eintreten dieser Konsequenzen rechnet.[295]

Die Risikotheorie ist mit der Theorie der kognitiven Dissonanz eng verbunden. Interpretiert man das subjektiv wahrgenommene Kaufrisiko als einen kognitiven Konflikt, so entspricht dies nichts anderem, als einer Form der zuvor diskutier-

[292] Vgl. Homburg/Becker/Hentschel (2003), S.100; Werani (2003), S.124 ff.
[293] Vgl. Homburg/Krohmer (2006), S.73.
[294] Vgl. Berndt (1992a), S.50; Homburg/Stock-Homburg (2006), S.43; Kuhlmann (2006), S.168.
[295] Vgl. Kroeber-Riel/Weinberg (2003), S.398; Werani (2003), S.120; Homburg/Stock-Homburg (2006), S.43; Kuhlmann (2006), S.169 f.

ten Vorkauf- bzw. Vorentscheidungsdissonanz.[296] Übersteigt das subjektiv wahrgenommene Kaufrisiko eine individuelle Toleranzschwelle, so wird ein Konsument versuchen, das Risiko der Kaufentscheidung zu reduzieren.[297] Wie jede andere kognitive Inkonsistenz motiviert somit auch das Kaufrisiko einen Konsumenten zu Aktivitäten, die darauf ausgerichtet sind, das „innere Gleichgewicht“ wieder herzustellen oder zu erhalten.[298]

Um das Risiko einer Kaufentscheidung zu vermeiden oder auf ein akzeptables Niveau zu begrenzen, sind aus Kundensicht mehrere Strategien denkbar. Dazu gehören[299]

- die Beschaffung risikovermindernder Informationen,
- die Vermeidung oder Uminterpretation risikoerhöhender Informationen,
- die Nachahmung von Referenzpersonen oder Meinungsführern,
- loyales Verhalten gegenüber einer Marke bzw. einem Unternehmen,
- die Einforderung von Rückgaberechten und Garantien sowie
- die Senkung des persönlichen Anspruchsniveaus.

Hinsichtlich des wahrgenommenen Risikos ist zwischen dem Erstkauf und dem Wiederkauf eines Kunden zu unterscheiden. Der maßgebliche Unterschied liegt in den persönlichen Erfahrungen, auf die ein Kunde bei einer wiederholten Kaufentscheidung zurückgreifen kann. Wie schon in der Dissonanztheorie unterstellt lässt sich im Fall einer zufriedenstellenden Beziehung das psychische Risiko der Unzufriedenheit durch einen „Rückgriff auf Bewährtes“ gering halten.[300] Die Produkt- bzw. Anbietertreue spielt im Rahmen der Risikoreduktionsstrategien daher die vermutlich wichtigste Rolle. Empirische Befunde stützen diese These. Der Zusammenhang zwischen Kaufrisiko und Produkttreue wurde mehrfach empirisch bestätigt.[301]

Um die Frage zu beantworten, welche Determinanten der Kundenbindung sich aus dem Ansatz der Risikotheorie ergeben, bedarf es einer Vorüberlegung: Das Risiko spiegelt die Unsicherheit wider, die ein Kunde in Bezug auf das Ergebnis einer

[296] Vgl. Kroeber-Riel/Weinberg (2003), S.398; Homburg/Becker/Hentschel (2003), S.101.

[297] Vgl. Kroeber-Riel/Weinberg (2003), S.399.

[298] Vgl. Kroeber-Riel/Weinberg (2003), S.251.

[299] Vgl. Berndt (1992a), S.51 f.; Homburg/Becker/Hentschel (2003), S.102; Homburg/Krohmer (2006), S.76.

[300] Vgl. Homburg/Becker/Hentschel (2003), S.102.

[301] Vgl. Kroeber-Riel/Weinberg (2003), S.400; Werani (2003), S.122.

Kaufentscheidung empfindet. Diese Unsicherheit kann sich sowohl auf das Ergebnis eines neuen als auch auf das Ergebnis eines bekannten Anbieters beziehen. Aufgrund der Erfahrungen, die ein Kunde in einer bestehenden Geschäftsbeziehung sammeln konnte, ist die Unsicherheit über das Ergebnis einer neuen Geschäftsbeziehung in der Regel höher als bei einer bestehenden; bekannte Anbieter haben also oftmals einen „Vertrauensvorsprung". Je nach Sichtweise können somit das Risiko einer neuen oder einer bestehenden Geschäftsbeziehung sowie das Vertrauen gegenüber einem neuen oder gegenüber einem bestehenden Anbieter als Determinanten der Kundenbindung identifiziert werden. In Anlehnung an die bereits vorliegenden Konstrukte sollen auf Basis der Risikotheorie das *Vertrauen gegenüber einem bestehenden Anbieter* und das *Risiko eines Anbieterwechsels* in die weitere Analyse eingehen.

4.2.3 Übersicht der identifizierten Determinanten der Kundenbindung

Im Rahmen der theoretischen Analyse wurden sechs Einflussfaktoren der Kundenbindung identifiziert:

- die Attraktivität von Alternativen,
- die Wechselkosten,
- die Zufriedenheit,
- das Commitment,
- das Vertrauen und
- das Wechselrisiko.

Abbildung 4.6[302] zeigt, welche Determinanten der Kundenbindung dem jeweiligen Theoriekonzept zugrunde liegen. Es wird angenommen, dass jede dieser Determinanten die Bindung eines Kunden beeinflusst. Welche Relationen zwischen den Determinanten existieren, ist allerdings unklar. Um ein Erklärungsmodell der Kundenbindung aufzustellen, ist in einem nächsten Schritt auf die Facetten und Bestandteile der einzelnen Determinanten einzugehen.

[302] Darstellung in Anlehnung an Werani (2003), S.157.

Theoretische Erklärungsansätze		Determinanten der Kundenbindung	Attraktivität von Alternativen	Wechselkosten	Zufriedenheit	Commitment	Vertrauen	Wechselrisiko
Ökonomische Ansätze	ohne Wechsel-kosten	Nettonutzen-Ansatz	X					
		Preis-Leistungsverhältnis	X					
	mit Wechselkosten	Nettonutzen-Ansatz mit Wechselkosten	X	X				
		Theorie des sozialen Austauschs	X	X	X			
		Exit-Voice-Modell von Hirschman	X	X	X	X		X
		Transaktionskostentheorie		X			X	
Verhaltens-orientierte Ansätze		Lerntheorien			X			
		Theorie der kognitiven Dissonanz	X		X		X	X
		Risikotheorie					X	X

Abbildung 4.6: Zusammenfassung der Determinanten der Kundenbindung

4.3 Konzeptualisierung der Konstrukte und Aufstellung eines Hypothesensystems der Kundenbindung

Die Aufstellung und Prüfung eines Kausalmodells der Kundenbindung setzen ein Verständnis der Einflussgrößen voraus. Da es sich bei der Kundenbindung und den dazugehörigen Determinanten um *hypothetische Konstrukte* handelt, ist im Rahmen der *Konzeptbildung* zunächst begrifflich und inhaltlich abzugrenzen, was unter dem jeweiligen Phänomen bzw. Konstrukt verstanden wird.[303] Im Anschluss daran sind Hypothesen über die Ursache-Wirkungsbeziehungen aufzustellen und in ein Modell der Kundenbindung zu überführen.

[303] Vgl. Hildebrandt (1999), S.38.

4.3.1 Kundenzufriedenheit

Die Zufriedenheit eines Kunden ist das Ergebnis eines komplexen psychischen Vergleichsprozesses. Zur Erklärung wird in der Regel das *Confirmation/Disconfirmation-Paradigm* (C/D-Paradigma) herangezogen.[304] Im Kern des C/D-Paradigmas steht die Aussage, dass die Zufriedenheit eines Kunden aus der nachträglichen Bewertung einer Kaufsituation entsteht. Ein Kunde vergleicht demnach seine tatsächliche Erfahrung bei der Inanspruchnahme einer Leistung (Ist-Leistung) mit seinen Erwartungen bzw. mit einem Vergleichsstandard (Soll-Leistung). Werden die Erwartungen des Kunden erfüllt (Konfirmation) oder übertroffen (positive Diskonfirmation), so führt dies zu Kundenzufriedenheit. Unzufriedenheit tritt hingegen auf, wenn die vom Kunden wahrgenommene Ist-Leistung unter dem Vergleichsstandard (negative Diskonfirmation) liegt. Abbildung 4.7 verdeutlicht dieses Prinzip.

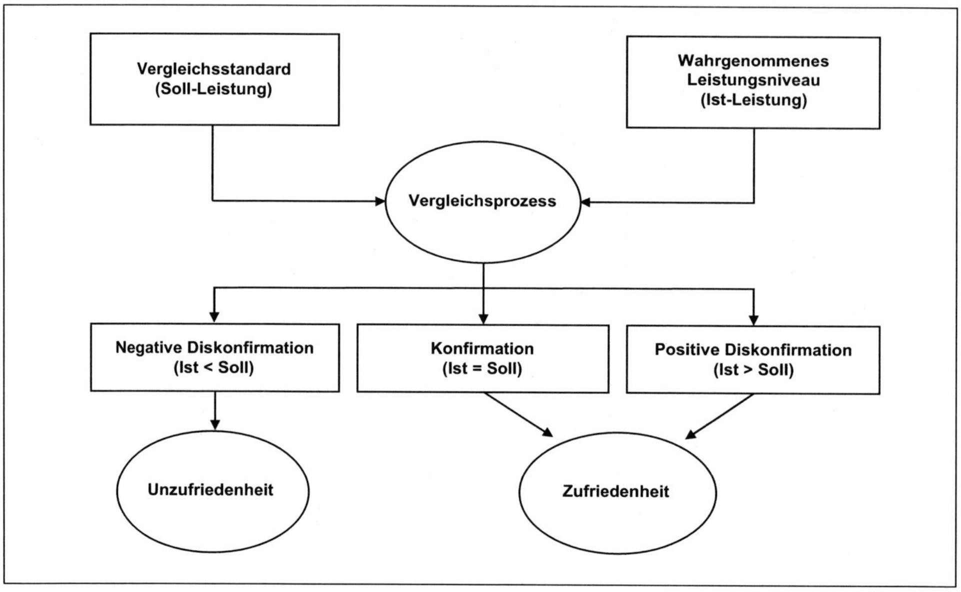

Abbildung 4.7: Das Confirmation/Disconfirmation-Paradigm (Quelle: Homburg/Becker/Hentschel (2003), S.95)

Der Vergleich zwischen den Erwartungen eines Kunden und dem tatsächlich wahrgenommenen Leistungsniveau kann sich auf eine *einzelne* Transaktion oder auf die *gesamte* Geschäftsbeziehung zu einem Anbieter beziehen. In neueren Arbeiten wird vor allem die kumulative Sicht vertreten. Kundenzufriedenheit ist demnach

[304] Vgl. Stauss (1999), S.6 ff.; Homburg/Becker/Hentschel (2003), S.94 f.; Weinberg/Terlutter (2005), S.51 f.; Krafft/Götz (2006), S.334 f.; Homburg/Stock-Homburg (2006), S.22 ff.

das Ergebnis aller Kauf- und Konsumerfahrungen in Bezug auf einen bestimmten Anbieter.[305] Die Ablösung der transaktionsspezifischen Perspektive der Kundenzufriedenheit lässt sich über den Zusammenhang zwischen der Zufriedenheit und der Bindung eines Kunden erklären.[306] Betrachtet man die Kundenzufriedenheit als einen Einflussfaktor der Kundenbindung, so ist es fraglich, ob bereits die Zufriedenheit einer *einzelnen* Transaktion die Treue eines Kunden bestimmt. Plausibler erscheint es, die *Summe* der bisherigen Konsumerfahrungen als Determinante der Kundenbindung heranzuziehen.

Folgt man dem multiattributiven Ansatz der Kundenzufriedenheit, dann setzt sich die *Gesamtzufriedenheit* eines Kunden aus mehreren *Teilzufriedenheiten* zusammen. Grundlage ist ein hierarchisches Modell, das sich auch innerhalb der jeweiligen Teilzufriedenheit fortführen lässt, d.h. jede Teilzufriedenheit kann in weitere Teilzufriedenheiten aufgegliedert werden.[307] Darüber hinaus nimmt man an, dass jede Teilzufriedenheit auf einem eigenständigen Soll-/Ist-Vergleich beruht und mit unterschiedlicher Gewichtung die Gesamtzufriedenheit eines Kunden bestimmt.

Herrmann/Huber/Wricke (1999) erweitern diesen Modellrahmen um die erwartete Qualität der zurückgewiesenen Alternative. Sie stellen die These auf, dass Kundenzufriedenheit nicht nur davon abhängt, ob ein Anbieter die Erwartungen eines Kunden erfüllt, sondern auch von den *Erwartungen an die Alternative* beeinflusst wird. Demnach ist mit steigenden Erwartungen an die Alternative bei unveränderter Produktqualität die Zufriedenheit mit dem erlebten Produkt geringer. Darüber hinaus wird ein asymmetrischer Effekt unterstellt: Werden die Erwartungen eines Kunden erfüllt oder übertroffen, so haben die Erwartungen an die Alternative nur einen mäßig starken Einfluss auf die Kundenzufriedenheit. Liegt die Qualität der in Anspruch genommen Leistung hingegen unter dem Vergleichsstandard, so üben die Erwartungen an die Alternative einen sehr starken Einfluss auf die Kundenzufriedenheit aus. Beide Hypothesen wurden empirisch bestätigt.

Der Zusammenhang zwischen der Zufriedenheit und der Bindung eines Kunden wurde vielfach wissenschaftlich untersucht. Eine Zusammenstellung der wichtigsten Beiträge findet sich z.B. bei Homburg/Becker/Hentschel (2003), Homburg/Stock (2005) und Homburg/Bucerius (2006). Mit Blick auf das jeweilige Untersuchungsziel lassen sich drei Gruppen von Arbeiten unterscheiden:[308]

[305] Vgl. Homburg/Krohmer (2003), S.102; Homburg/Becker/Hentschel (2003), S.95; Weinberg/Terlutter (2005), S.51.

[306] Vgl. Homburg/Becker/Hentschel (2003), S.95 f.

[307] Vgl. Diller (2000b), S.575.

[308] Vgl. Homburg/Bucerius (2006), S.56 f.

- Untersuchungen, die sich auf den *positiven Zusammenhang* zwischen der Kundenzufriedenheit und der Kundenbindung beziehen,
- Untersuchungen, die auf die *funktionale Form* des Zusammenhanges zwischen der Kundenzufriedenheit und der Kundenbindung eingehen sowie
- Untersuchungen, die den *Einfluss moderierender Effekte* auf den Zusammenhang zwischen der Kundenzufriedenheit und der Kundenbindung analysieren.

Der *positive Zusammenhang* zwischen der Kundenzufriedenheit und der Kundenbindung wurde mehrfach empirisch belegt. Trotzdem mehren sich die Zweifel daran, ob die Zufriedenheit eines Kunden tatsächlich ausreicht, um einen Kunden zu binden. Eine Reihe von Autoren weisen darauf hin, dass die Zufriedenheit eines Kunden weder eine hinreichende noch eine notwendige Bedingung für die Bindung eines Kunden darstellt.[309] Mehrere Untersuchungen kommen zu dem Ergebnis, dass ein Großteil der abgewanderten Kunden zufrieden oder sogar sehr zufrieden mit ihrem bisherigen Anbieter war.[310] Auch Zufriedenheitsbefragungen von Unternehmen zeigen in der Regel hohe Zufriedenheitswerte; trotz dieser hohen Zufriedenheit von Kunden finden dennoch Abwanderungen und Markenwechsel statt.[311] In Abbildung 4.8 wird dies an der ExBa-Studie 2005 verdeutlicht: Im Rahmen einer Untersuchung von zehn Produkten und Dienstleistungen wurde festgestellt, dass der Anteil der hochzufriedenen aber nicht gebundenen Kunden in einzelnen Branchen bei über 40 Prozent liegt.[312] Die Hypothese, dass Kundenzufriedenheit stets zu Kundenbindung führt, ist somit keinesfalls als gegeben anzusehen. Offenkundig gibt es neben der Zufriedenheit weitere Determinanten, die die Bindung eines Kunden bestimmen.

Ausgehend von der Erkenntnis, dass die Zufriedenheit eines Kunden nur eine von mehreren Determinanten der Kundenbindung darstellt, wächst das Interesse an dem *funktionalen Zusammenhang* zwischen der Kundenzufriedenheit und der Kundenbindung. Unter der Annahme knapper Ressourcen müssen Unternehmen entscheiden, welche Mittel sie für die Steigerung der Kundenzufriedenheit einsetzen. Im Mittelpunkt steht die Frage, wie sich eine Veränderung der Kundenzufriedenheit auf die Bindung eines Kunden auswirkt. Die Forschung steht in diesem Bereich noch am

[309] Vgl. z.B. Homburg/Becker/Hentschel (2003), S.106; Stauss/Neuhaus (2004), S.87 ff.; Stahl et al. (2004), S.245 f.; Tomczak/Dittrich/Reinecke (2004), S.136; Weinberg/Terlutter (2005), S.51.

[310] Einige Beispiele findet sich u.a. bei Stauss/Neuhaus (2004), S.88 f.

[311] Vgl. Stauss/Neuhaus (2004), S.87.

[312] Vgl. Becker/Sommerhoff (2006).

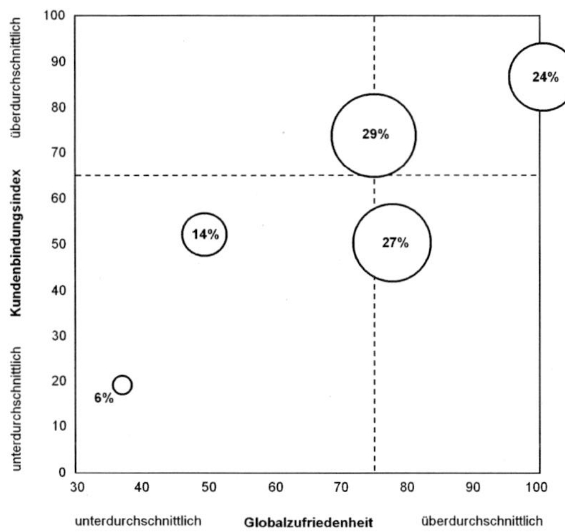

Abbildung 4.8: Kundenzufriedenheit und Kundenbindung in der ExBa-Studie 2005 (Quelle: Becker/Sommerhoff (2006), S.23)

Anfang. Während sich die theoretische Diskussion vor allem auf einen progressiven und einen sattelförmigen Zusammenhang der beiden Größen konzentriert,[313] zeigen empirische Untersuchungen häufig einen S-förmigen Verlauf.[314] Einige Autoren konnten auch einen degressiver Zusammenhang feststellen.[315] Wie Abbildung 4.9 verdeutlicht liegt allen vier Ansätzen ein nicht-linearer Zusammenhang zugrunde. Jeder dieser Zusammenhänge hat eine gewisse empirische Fundierung.[316] Die Frage, warum sich in empirischen Untersuchungen unterschiedliche Funktionsverläufe ergeben, lässt sich erst ansatzweise beantworten. Man vermutet, dass die Heterogenität der aufgezeigten Zusammenhänge aus unterschiedlichen Marktgegebenheiten, Leistungsmerkmalen und Kundencharakteristika resultiert.[317]

Während bei drei der genannten Zusammenhänge eine Erhöhung der Kundenzufriedenheit zu einer Steigerung der Kundenbindung führt, ist beim sattelförmigen Verlauf eine Indifferenzzone zu beachten. Innerhalb dieser Zone führt eine Steigerung der Zufriedenheit nicht zwingend zu einer Erhöhung der Bindung. Dazu muss erst ein bestimmter Schwellenwert überschritten werden. Bei der Evaluie-

313 Vgl. Homburg/Becker/Hentschel (2003), S.107 f.

314 Vgl. Krafft/Götz (2006), S.341.

315 Vgl. Homburg/Bucerius (2006), S.59 ff.; Krafft/Götz (2006), S.341 f.

316 Eine Übersicht der zentralen Arbeiten zu den einzelnen Verläufen findet sich bei Homburg/ Bucerius (2006), S.60.

317 Vgl. Homburg/Bucerius (2006), S.60.

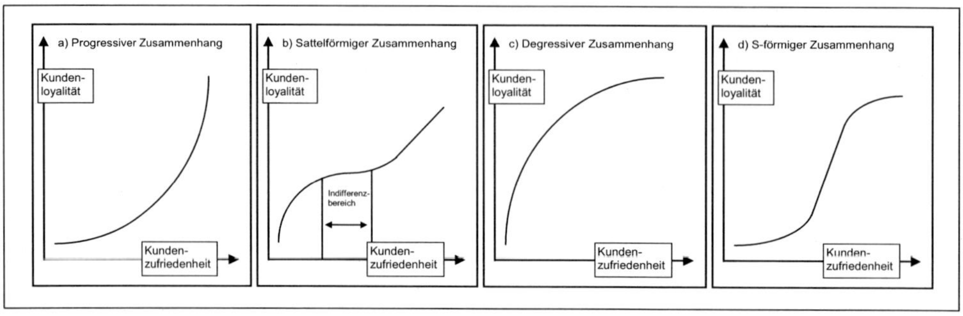

Abbildung 4.9: Funktionaler Zusammenhang zwischen Kundenzufriedenheit und Kundenloyalität (Quelle: Homburg/Bucerius (2006), S.60)

rung von Kundenzufriedenheitsprogrammen ist dieses Phänomen zu berücksichtigen. Sollte sich trotz einer Steigerung der Zufriedenheit die Bindung der Kunden nicht erhöhen, so darf daraus nicht der Schluss gezogen werden, dass zwischen der Zufriedenheit und der Kundenbindung kein Zusammenhang besteht. Eine solche Fehlinterpretation birgt die Gefahr, dass Unternehmen ihre auf die Kundenzufriedenheit ausgerichteten Aktivitäten einstellen oder verlagern und die Kunden in eine „Abwanderungszone" abrutschen.[318]

Schließlich wird in der Literatur noch der *Einfluss von Moderatorvariablen* auf den Zusammenhang zwischen der Zufriedenheit und der Bindung eines Kunden diskutiert. Unter einer Moderatorvariable versteht man eine Größe, die den Zusammenhang zwischen zwei Variablen verstärkt oder abschwächt.[319] Empirisch wurden moderierende Variablen für den Zusammenhang zwischen der Kundenzufriedenheit und der Kundenbindung in fünf Kategorien nachgewiesen. Dazu gehören:

- „Merkmale der Geschäftsbeziehung (z.B. Dauer der Geschäftsbeziehung),
- Merkmale des Kunden (z.B. Risikofreudigkeit des Kunden),
- Merkmale des Produktes (z.B. Produktkomplexität),
- Merkmale des Anbieters (z.B. Angebot von Zusatznutzen durch den Anbieter) sowie
- Merkmale des Marktumfeldes (z.B. Wettbewerbsintensität)."[320]

[318] Vgl. Homburg/Becker/Hentschel (2003), S.107; Homburg/Krohmer (2003), S.107; Huber/Herrmann/Braunstein (2004), S.75 f.

[319] Vgl. Homburg/Becker/Hentschel (2003), S.108 ff.; Homburg/Krohmer (2003), S.107 f.; Homburg/Bucerius (2006), S.61.

[320] Homburg/Krohmer (2003), S.107.

Einen weiteren Aspekt, der sich auf den Zusammenhang zwischen der Zufriedenheit und der Bindung eines Kunden bezieht, bringen Stauss/Neuhaus (2004) ein. Im Rahmen ihres *Qualitativen Zufriedenheitsmodells* (QZM) gehen sie davon aus, dass die Zufriedenheit bzw. Unzufriedenheit eines Kunden immer mit Emotionen, Erwartungen und Verhaltensbereitschaften verbunden ist, die in unterschiedlichen Kombinationen auftreten. Das Qualitative Zufriedenheitsmodell unterscheidet fünf Zufriedenheitstypen. Jeder dieser Typen weist eine unterschiedlich hohe Wechselabsicht auf. Beispielsweise ist es möglich, dass Kunden in Befragungen zwar eine hohe Globalzufriedenheit angeben, jedoch in Bezug auf ihre Emotionen, Erwartungen und Intentionen Einschränkungen machen. Stauss/ Neuhaus (2004) liefern mit ihrem Modell eine Erklärung, warum zufriedene Kunden nicht zwangsläufig gebundene Kunden sind. Sie unterscheiden hierzu zwischen einem emotionalen und einem erwartungsbezogenen Gefährdungspotenzial.[321] Das *emotionale Gefährdungspotenzial* bezieht sich auf die emotionale Bindung eines Kunden. Ist diese gering, so ist mit einer höheren Wechselbereitschaft zu rechnen. Ein *erwartungsbezogenes Gefährdungspotenzial* liegt vor, wenn ein bislang zufriedener Kunde die zukünftige Leistungsfähigkeit eines Anbieters infrage stellt. Nach dem Confirmation-Disconfirmation-Paradigma bezieht sich die Zufriedenheit eines Kunden auf die bisherigen Erfahrungen mit einem Anbieter und somit auf die Vergangenheit. Aus diesem Grund ist die Aussagekraft hoher Zufriedenheitswerte in Bezug auf die zukünftige Loyalität eines Kunden kritisch zu hinterfragen.[322] Stauss/Neuhaus (2004) gehen zwar davon aus, dass zufriedene Kunden mehrheitlich von der zukünftigen Leistungsfähigkeit eines Anbieters überzeugt sind,[323] bei steigenden Erwartungen und attraktiven Alternativen ist dies jedoch nicht immer der Fall. Neben der Zufriedenheit kommt es vielmehr auch auf das Vertrauen des Kunden an, d.h. auf dessen Einschätzung, ob ein Anbieter weiterhin in der Lage ist, die an die ihn gestellten Anforderungen zu erfüllen.

Aus der Diskussion über die Kundenzufriedenheit lassen sich somit mehrere Erkenntnisse für ein Kausalmodell der Kundenbindung ableiten. Zum einen wurde mehrfach empirisch bestätigt, dass zwischen der Kundenzufriedenheit und der Kundenbindung ein positiver Zusammenhang besteht.

H_1: Je höher die aktuelle Zufriedenheit eines Kunden mit einem Anbieter ist, desto stärker ist er an diesen gebunden.

[321] Vgl. Stauss/Neuhaus (2004), S.95 ff.
[322] Vgl. Stauss/Neuhaus (2004), S.98; Töpfer (2008), S.364.
[323] Vgl. Stauss/Neuhaus (2004), S.96.

Zum anderen deutet die Tatsache, dass auch zufriedene Kunden einen Anbieter wechseln, darauf hin, dass die Kundenzufriedenheit nur eine von mehreren Determinanten der Kundenbindung darstellt. Diese Annahme stimmt mit den Ergebnissen der theoretischen Analyse überein. Aus dem von Stauss und Neuhaus aufgestellten Qualitativen Zufriedenheitsmodell gehen z.B. das Vertrauen in die zukünftige Leistungsfähigkeit eines Anbieters sowie die Attraktivität von Alternativen als Bindungsdeterminanten hervor.

Weiterhin sind Aussagen über den Zusammenhang zwischen der Kundenzufriedenheit und der Attraktivität von Alternativen möglich. So lässt die Untersuchung von Herrmann/Huber/Wricke (1999) darauf schließen, dass die Zufriedenheit eines Kunden nicht nur von den Merkmalen eines Angebots, sondern auch von der Qualität der zurückgewiesenen Alternative abhängt. Die Höhe des alternativenbezogenen Vergleichsniveaus hat demnach einen negativen Einfluss auf die Kundenzufriedenheit.

H_2: Je größer die Attraktivität von Alternativen für einen Kunden ist, desto geringer ist seine Zufriedenheit mit seinem derzeitigen Anbieter.

4.3.2 Attraktivität von Alternativen

Die Attraktivität von Alternativen drückt aus, wie ein Kunde die beste verfügbare Alternative in Relation zu seiner aktuellen Geschäftsbeziehung bewertet.[324] Ein Kunde vergleicht demnach seine gegenwärtige Geschäftsbeziehung mit dem aus seiner Sicht besten Konkurrenzangebot. Das Ergebnis dieses Vergleichs ist ein subjektives Urteil über die Vorteilhaftigkeit bzw. Attraktivität dieser Alternative.

Welche Angebote in den Bewertungsprozess eines Kunden eingehen, hängt vom Alternativenbewusstsein des Kunden ab. Als konzeptioneller Rahmen für die Auswahl und Bewertung alternativer Angebote dient die Theorie des evoked set.[325] Das *evoked set* umfasst eine „begrenzte, klar profilierte Zahl von kaufrelevanten Alternativen“.[326] In der Regel handelt es sich dabei um eine relativ kleine Anzahl von Angeboten, die ein Kunde spontan erinnert. Das *awareness set* repräsentiert dagegen alle bekannten Alternativen. Unter der Anwendung von Entscheidungsregeln

[324] Vgl. Peter (1999), S.123 f.; Weiber/Adler (2003), S.79 f.; Werani (2003), S.164; Kindermann (2006), S.162 f.

[325] Vgl. Diller (2000b), S.115 ff.; Kroeber-Riel/Weinberg (2003), S.245, 385 f. und 393 f.

[326] Kroeber-Riel/Weinberg (2003), S.385.

werden aus dem awareness set nur die Angebote in das evoked set übernommen, die für einen Kunden infrage kommen. Bei der Auswahl der relevanten Angebote spielen zum Beispiel die Mindestansprüche oder die Budgetbeschränkung des Kunden eine Rolle.

Für den Vergleich von alternativen Angeboten kann auf den Nettonutzen-Ansatz und das Preis-Leistungsverhältnis zurückgegriffen werden. In beiden Ansätzen wird die Attraktivität einer Geschäftsbeziehung durch den Nutzen und die Kosten eines Angebots bestimmt. Während Weiber/Adler (2003) vorschlagen, die *Nettonutzendifferenz* als Maßstab für die Attraktivität einer Alternative heranzuziehen,[327] wird in der *Customer Value Map*[328] eine relative Bewertung des Preises und der Leistung eines Angebotes vorgenommen.

Die Attraktivität der besten Alternative wird von der Leistung bzw. der Qualität eines Angebots beeinflusst. Dabei interessiert nicht, wie ein Kunde die Leistung eines Konkurrenzangebots insgesamt bewertet. Entscheidend ist, wie er diese Leistung im Vergleich zu seiner gegenwärtigen Geschäftsbeziehung beurteilt. Produkte und Dienstleistungen bestehen in der Regel aus mehreren Leistungskomponenten. Wie bei der Kundenzufriedenheit wird daher auch für das alternativenbezogene Leistungsniveau ein multiattributiver Ansatz unterstellt. Das Gesamturteil eines Kunden setzt sich demnach aus mehreren Teilurteilen zusammen.

Die Teilurteile eines Kunden sind das Ergebnis eines systematischen Vergleichs von einzelnen Leistungsattributen: Ein Kunde prüft, ob die Merkmale eines Konkurrenzangebots eine höhere oder geringere Ausprägung aufweisen als die Merkmale seiner gegenwärtigen Geschäftsbeziehung. Die aus dem Vergleich hervorgegangenen Teilurteile gehen schließlich in die subjektiv empfundene Attraktivität der Alternative ein. Wie viele Eindrücke bei der Beurteilung eines Angebots berücksichtigt werden, hängt von der Wahrnehmungssituation des Kunden ab. Meist handelt es sich nur um wenige Merkmale (unter fünf), bei extensiven Kaufentscheidungen kann die Anzahl der Einzeleindrücke auch höher sein.[329]

Die „kognitive Algebra“ der Multiattributmodelle wurde bereits im Rahmen des Preis-Leistungsverhältnisses diskutiert. In Anlehnung an den Leistungsindex einer Geschäftsbeziehung lässt sich das alternativenbezogene Leistungsniveau formal darstellen als:

327 Vgl. Weiber/Adler (2003), S.78 ff.

328 Vgl. Abbildung 4.2.

329 Vgl. Kroeber-Riel/Weinberg (2003), S.316.

$$\mathrm{AVN}^L = \sum_{j=1}^{J} g_j \times v_j \tag{4.6}$$

mit

AVN^L:	Alternativenbezogenes Leistungsniveau;
v_j:	Attraktivität des Leistungsmerkmals j der besten Alternative im Vergleich zur gegenwärtigen Geschäftsbeziehung;
g_j:	Gewichtungsfaktor des Leistungsmerkmals j.

In diesem *linear-additiven* Modell wird der als wertender Eindruck erfasste Unterschied eines Merkmals mit dessen subjektiv empfundener Wichtigkeit multipliziert. Anschließend werden die gewichteten Eindrücke addiert und das Gesamturteil eines Kunden abgeleitet. Die Attraktivität einer Alternative ist in diesem Fall ein lineares Konstrukt: Je attraktiver ein Leistungsmerkmal eines Konkurrenzangebots im Vergleich zu einer bestehenden Geschäftsbeziehung ist, desto größer ist die Gesamtattraktivität der Alternative. Der linear-additive Ansatz wird zum Beispiel in den Arbeiten von Peter (1999) und Kindermann (2006) herangezogen, um die Attraktivität eines Konkurrenzangebots zu bestimmen.[330]

Neben den Leistungsmerkmalen bestimmt der *Preis* die Attraktivität einer Alternative. Wie beim alternativenbezogenen Leistungsniveau ist nicht der absolute Preis eines Konkurrenzangebots relevant, sondern das relative Preisurteil eines Kunden im Vergleich zu seiner aktuellen Geschäftsbeziehung. Das Preisurteil eines Kunden wird dabei häufig als eindimensionales Konstrukt verstanden; Untersuchung von Kaufentscheidungen berücksichtigen oftmals nur die Preishöhe oder das Verhältnis zwischen der Preishöhe und der Qualität eines Angebots.[331] Diese eindimensionale Sicht wird in der neueren Zufriedenheitsforschung allerdings kritisiert. Ähnlich wie bei der Zufriedenheit mit der Produkt- oder Dienstleistungsqualität geht z.B. Diller davon aus, dass auch die Preiszufriedenheit ein mehrdimensionales Konstrukt darstellt.[332] Ob ein Kunde mit dem Preis einer Geschäftsbeziehung zufrieden ist, hängt von mehreren Preisattributen ab. Hierzu gehören z.B. die Preistransparenz,

[330] Vgl. Peter (1999), S.194 bzw. Kindermann (2006), S.162 f.
[331] Vgl. Diller (2000b), S.571; Matzler (2003), S.305; Matzler/Pramhas (2004), S.184.
[332] Vgl. Diller (2000a), S. 173 ff.; Diller (2000b).

die Preiswürdigkeit, die Preisgünstigkeit, die Preissicherheit, die Preiszuverlässigkeit und die Preisfairness.[333] Der multiattributive Charakter der Preiszufriedenheit wird in den Arbeiten von Diller (2000b) und Matzler (2003) empirisch bestätigt.

Sofern sich die Preiszufriedenheit aus mehreren Teilzufriedenheiten zusammensetzt, lässt sich die These aufstellen, dass auch dem alternativenbezogenen Preisurteil ein multiattributiver Ansatz zugrunde liegt. Wie ein Kunde den Preis eines Konkurrenzangebots im Vergleich zu seiner gegenwärtigen Geschäftsbeziehung bewertet, hängt somit nicht nur von der Höhe des Preises ab. Es ist anzunehmen, dass neben der Preiswürdigkeit und der Preisgünstigkeit auch die begleitenden Preisleistungen eine mehr oder weniger große Rolle spielen.

Das alternativenbezogene Leistungsniveau und das alternativenbezogenen Preisurteil fließen gemeinsam in die Attraktivität von Alternativen ein. Für die Kundenbindung ist festzuhalten:

H_3: Je größer die Attraktivität von Alternativen für einen Kunden ist, desto schwächer ist er an seinen derzeitigen Anbieter gebunden.

4.3.3 Kundenvertrauen und Wechselrisiko

Die Absicht eines Kunden, bei einem Anbieter zu bleiben oder diesen zu wechseln, beruht auf Annahmen über zukünftige Ereignisse. Ob die von einem Kunden erwarteten Ausprägungen tatsächlich eintreten, ist in den meisten Fällen allerdings unsicher. Die Unsicherheit resultiert aus dem Fehlen von Informationen und stellt für den Kunden ein Risiko dar. Wie stark ein Kunde das mit einem Kauf oder Vertragsschluss verbundene Risiko wahrnimmt, hängt von der Art und dem Ausmaß der nachteiligen Konsequenzen sowie von der Unsicherheit über deren Eintrittswahrscheinlichkeiten ab.[334] Überschreitet das wahrgenommene Risiko eine subjektiv akzeptierte Toleranzschwelle, so wird ein Kunde versuchen, das mit einer Transaktion verbundene Risiko einzudämmen.[335] Dies ist möglich über

- eine Verringerung des subjektiven Informationsmangels,
- die vertragliche Absicherung des Angebots und

[333] Vgl. Diller (2000a), S. 173 ff.; Diller (2000b); Matzler (2003), S. 309 ff.

[334] Vgl. Kuhlmann (2006), S.170; Müller-Hagedorn/Preißner/Wilke (2006), S.158; Huber/Regier/Vollhardt (2006), S.240.

[335] Vgl. Plötner (1995), S.11.

- Vertrauen gegenüber dem betreffenden Anbieter.

Um ihren subjektiven Informationsmangel zu beheben, können Kunden entweder auf eigene Erfahrungen und Informationen oder auf externe Informationsquellen zurückgreifen.[336] Die Menge der verfügbaren Informationen hängt dabei von der Art bzw. den Eigenschaften eines Gutes oder einer Dienstleistung ab. In der Informationsökonomik wird in diesem Zusammenhang zwischen Such-, Erfahrungs- und Vertrauenseigenschaften unterschieden.[337] *Sucheigenschaften* können bereits vor einem Kauf oder Vertragsabschluss von einem Kunden durch Inspektion oder eine entsprechende Informationssuche vollständig beurteilt werden (z.B. beim Kauf von Gemüse). Die Bewertung von *Erfahrungseigenschaften* ist dagegen erst nach der Leistungserstellung möglich (z.B. das Ergebnis eines Friseurbesuchs). Eine Aussage über die Qualität von *Vertrauenseigenschaften* können Kunden in der Regel weder vor noch nach der Leistungserstellung mit Sicherheit treffen (z.B. hinsichtlich der Qualität und der Angemessenheit einer ärztliche Behandlung).

Die Unsicherheit eines Kunden nimmt mit steigendem Anteil an Erfahrungs- und Vertrauenseigenschaften zu. Daher ist bei Dienstleistungen, die eher Erfahrungs- und Vertrauenseigenschaften und weniger Sucheigenschaften aufweisen, mit einer höheren Unsicherheit als bei Sachgütern zu rechnen.[338] Daneben spielt die Dauer der Vertragsbeziehung eine Rolle. Je weiter das Ergebnis einer Geschäftsbeziehung in der Zukunft liegt, desto unsicherer ist dieses Ergebnis vorhersagbar. Langfristige Geschäftsbeziehungen sind aus diesem Grund tendenziell mit höheren Risiken verbunden als kurzfristige Konsumentscheidungen.

Die Suche und Auswertung von Informationen sowie die vertragliche Absicherung und Kontrolle einer Transaktion kann dazu beitragen, das wahrgenommene Risiko eines Kunden zu verringern. Beides benötigt jedoch Zeit, verursacht Kosten und stößt je nach Art der Transaktion an Grenzen. Die Beschaffung aller verfügbaren Informationen sowie deren adäquate und rationale Prüfung ist in vielen Fällen nicht möglich. Verträge können zudem oftmals nicht alle Eventualitäten regeln und sind mit zusätzlichen Kontrollkosten verbunden. Aus diesem Grund nimmt das Vertrauen eine wichtige Stellung im Rahmen der Risikoreduktionsstrategien ein. Durch Vertrauen werden Entscheidungsträger auf der Wissens-, Informations- und Kontrollseite entlastet und die Transaktionskosten gesenkt.[339] Vertrauen ist

[336] Vgl. Kuhlmann (2006), S.169.

[337] Vgl. Meffert/Bruhn (2003), S.80 ff.; Weiber/Adler (2003), S.83; Petermann/Winkel (2006), S.88 f.

[338] Vgl. Homburg/Stock (2005); Becker (2006), S.710.

[339] Vgl. Walgenbach (2006), S.19.

in vielen Entscheidungssituationen die Voraussetzung, dass Menschen trotz eines Mangels an Informationen überhaupt handlungsfähig sind.[340] „Ohne das Konzept des Vertrauens ließe sich in vielen Fällen nicht erklären, warum sich Konsumenten angesichts schwer kalkulierbarer Risiken auf manche Geschäfte einlassen.“[341]

In der Literatur existiert bislang keine einheitliche Definition für Vertrauen.[342] Eine Analyse mehrerer Vertrauenskonzepte findet sich zum Beispiel bei Zanger/ Deckow (2006). Im Rahmen ihrer Analyse identifizieren die Autoren fünf Grundzüge des Vertrauensbegriffes und übertragen diese in eine eigene Vertrauensdefinition:

> *„Unter Vertrauen wird die plurale Erwartungshaltung eines Nachfragers gegenüber einem ... Anbieter verstanden, dass dieser Willens und in der Lage ist, die an ihn gerichteten Vertrauenserwartungen zu erfüllen. Der Vertrauende erbringt hierbei eine einseitige riskante Vorleistung, indem er auf vollständige Sicherungs- und Kontrollmaßnahmen des vertrauensrelevanten Ereignisses verzichtet und im negativen Fall einen Verlust erleidet. In Abhängigkeit davon, ob sich das vertrauensrelevante Ereignis auf die Kundenkontaktperson(en) oder auf das Unternehmen sowie dessen Leistungsangebot(e) richtet, besitzt Vertrauen im Zuge der Nachfragerentscheidung einen personen- oder systembezogenen Charakter.“*[343]

Das Vertrauen eines Kunden ist demnach ein auf die Zukunft gerichtetes Konstrukt, das die

- Handlungsfähigkeit und
- Handlungsabsicht

eines Anbieters umfasst.[344] Die Handlungsfähigkeit bezieht sich auf die Kompetenzen und Ressourcen und somit auf die Frage, ob ein Anbieter die Erwartungen eines Kunden erfüllen *kann*. Die Handlungsabsicht drückt hingegen aus, ob ein Anbieter die Erwartungen eines Kunden erfüllen *will* oder ob er sich opportunistisch verhält, indem er zum Beispiel einen Informationsvorsprung gegenüber dem

---

[340] Vgl. Esch/Rutenberg (2006), S.198.

[341] Petermann/Winkel (2006), S.82.

[342] Vgl. Georgi/Hadwich/Bruhn (2006), S.312; Kenning/Blut (2006), S.6; Kirchgeorg/Lorbeer (2006), S.440; Trommsdorff/Götze/Herm (2006), S.1266; Zanger/Deckow (2006), S.41 f.

[343] Zanger/Deckow (2006), S.41.

[344] Vgl. Zanger/Deckow (2006), S.42; Huber/Regier/Vollhardt (2006), S.237.

Kunden ausnutzt. Durch Vertrauen findet in gewisser Weise eine Antizipation der Zukunft statt, da sich Kunden so verhalten, als ob die Zukunft, und somit die Handlungsfähigkeit und Handlungsabsicht eines Anbieters, bekannt wäre.[345]

In der Vertrauensforschung wird zwischen interpersonellem Vertrauen und Systemvertrauen unterschieden.[346] Unter *interpersonellem Vertrauen* versteht man das Vertrauen in Einzelpersonen. *Systemvertrauen* beschreibt das Vertrauen in Personengruppen, Organisationen oder Institutionen. Beim *Kundenvertrauen* vermischen sich diese beiden Konzepte. Für das Vertrauen zwischen einem Kunden und einem Unternehmen spielt sowohl das Vertrauen in das Produkt, die Marke oder die Fertigungswege als auch das Vertrauen in die Verlässlichkeit der Mitarbeiter eine Rolle.[347]

Unternehmen, die ihre Marketing-Aktivitäten auf das Kundenvertrauen ausrichten wollen, sollten im Vorfeld prüfen, welche branchen- und produktspezifischen Faktoren das Vertrauen der Kunden in welchem Maß beeinflussen. Auch das Kundenvertrauen kann dabei wie die Kundenzufriedenheit und die Attraktivität von Alternativen als multiattributives Konstrukt verstanden werden. Wie stark ein Kunde einem Anbieter vertraut, hängt demnach von mehreren Faktoren ab.

In der Literatur werden neben einem generalisierten, affektiven Vertrauen, das bereits in der Kindheit geprägt wird, vor allem die Reputation, das Erscheinungsbild sowie die Erfahrungen des Kunden als Einflussfaktoren des Kundenvertrauens diskutiert:[348]

- Die *Reputation* bezieht sich auf den Ruf eines Unternehmens oder einer Branche und ist relevant, wenn einem Kunden spezifische, eigene Erfahrungen mit einem Anbieter fehlen. Ist der Ruf eines Unternehmens gut, so wird das Vertrauen eines Kunden davon positiv beeinflusst (Vertrauenstransfer). Bei einem schlechten Ruf reagiert ein Kunde hingegen eher vorsichtig und skeptisch.

- Das *Erscheinungsbild* bezieht sich auf beobachtbare Merkmale, aus denen ein Kunde Vertrauen schöpfen kann. Dazu zählen zum Beispiel ein gepflegtes Äußeres der Mitarbeiter und der Räumlichkeiten oder die professionelle Gestaltung von Informationsunterlagen.

[345] Vgl. Luhmann (2000), S.9; Decker/Neuhaus (2006), S.185; Esch/Rutenberg (2006), S.195.

[346] Vgl. Petermann/Winkel (2006), S.79 f.

[347] Vgl. Petermann/Winkel (2006), S.88.

[348] Vgl. Huber/Regier/Vollhardt (2006), S.237 f.; Petermann/Winkel (2006), S.88; Kenning/Blut (2006), S.8 f.; Müller-Hagedorn/Preißner/Wilke (2006), S.160 f.

- Von besonderer Bedeutung für das Vertrauen sind die *Erfahrungen* eines Kunden mit einem Anbieter. Erfahrungen sind das Ergebnis wiederholter Interaktionen und erweitern die Informationsgrundlage des Kunden. Liegen bei der erstmaligen Entscheidung für ein Produkt oder eine Dienstleistung häufig nur Informationen zu den Sucheigenschaften vor, so sammeln Kunden bei der Inanspruchnahme einer Leistung auch Informationen über die Erfahrungsmerkmale (siehe Abbildung 4.10). Ist es einem Anbieter gelungen, die Erwartungen eines Kunden stets zu erfüllen und verzichtete der Anbieter auf die Möglichkeit eines opportunistischen Handelns, so wird das Vertrauen eines Kunden im Zeitablauf zunehmen. Je mehr positive Transaktionen durchlaufen wurden, desto eher wird ein Kunde auch auf die zukünftige Leistungsfähigkeit und Ehrlichkeit eines Anbieters vertrauen und auf die Suche und Auswertung von Informationen sowie auf den Abschluss umfangreicher Verträge und deren Kontrolle verzichten.

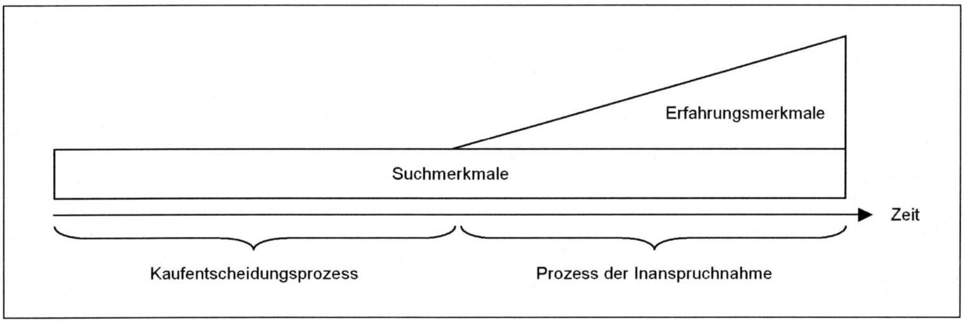

Abbildung 4.10: Informationsgrundlage eines Kunden im Zeitablauf (Quelle: Decker/Neuhaus (2006), S.188)

Neumann (2007) stellt fest, dass neben der Reputation auch die wahrgenommene Selbstähnlichkeit[349] und die Problemlösungsorientierung eines Anbieters das Vertrauen eines Kunden bestimmen. Während von der Reputation und der wahrgenommenen Selbstähnlichkeit ein eher moderater Effekt auf das Kundenvertrauen ausgeht, zeigt die Untersuchung einen vergleichsweise starken Effekt der Problemlösungsorientierung. Unternehmen, die sich bemühen, die Probleme ihrer Kunden zu lösen, können demnach mit einem hohen Kundenvertrauen rechnen.

[349]Die wahrgenommene Selbstähnlichkeit bezieht sich auf die Ähnlichkeit zwischen dem Kunden und dem Anbieter. Die vom Kunden wahrgenommene Ähnlichkeit hängt beispielsweise davon ab, inwieweit die Interessen, das Wertesystem und die Persönlichkeitseigenschaften eines Anbieters denen des Kunden entsprechen (vgl. Neumann (2007), S.153 ff. und S. 172).

Der positive Zusammenhang zwischen dem Vertrauen und der Bindung eines Kunden beruht auf mehreren Annahmen:

- Kunden, die einem Anbieter vertrauen, haben geringere Informations-, Auswertungs- und Kontrollkosten. Vertrauen senkt somit die Transaktionskosten und erhöht den erwarteten Nutzen einer Geschäftsbeziehung.
- Vertrauen führt zu einer wohlwollenden Prognose von Erfahrungs- und Vertrauenseigenschaften und steigert auch auf diese Weise den erwarteten Nutzen eines Produkts oder einer Dienstleistung.
- Der Aufbau von Vertrauen benötigt Zeit und setzt in der Regel mehrere Transaktionen voraus. Vertrauen ist zudem mit der Beschaffung und Auswertung von Informationen verbunden, aus denen die Vertrauenswürdigkeit eines Anbieters hervorgeht. Vertrauen hat somit einen Wert an sich, der bei einem Anbieterwechsel verloren geht.
- Vertrauen führt zu einer kognitiven Entlastung des Kunden und trägt dazu bei, kognitive Dissonanzen zu vermeiden. Vertrauen erzeugt somit „Mental Convenience“[350] und ist mit einem positiven Gefühl gegenüber einem Produkt oder einem Anbieter verbunden, das die Bindung des Kunden stärkt.

Für die Kundenbindung kann allgemein festgehalten werden:

H_4: Je größer das Vertrauen eines Kunden gegenüber einem bestehenden Anbieter ist, desto stärker ist er an diesen gebunden.

Vertrauen beruht außerdem auf den positiven Erfahrungen aus früheren Transaktionen. Die Kundenzufriedenheit hat demnach einen positiven Einfluss auf das Kundenvertrauen.

H_5: Je höher die Zufriedenheit eines Kunden mit einem Anbieter ist, desto größer ist auch sein Vertrauen gegenüber diesem Anbieter.

Das Vertrauen in eine neue Geschäftsbeziehung spiegelt sich in dem wahrgenommenen Wechselrisiko wider. Ist der Wechsel zu einem neuen Anbieter aus Kundensicht

[350] Vgl. Decker/Neuhaus (2006), S.198 f.

sehr risikant, so heißt das nichts anderes, als dass der Kunden dem neuen Anbieter nur wenig Vertrauen entgegen bringt. Vor allem bei Angeboten, die einen hohen Anteil an Vertrauens- und Erfahrungseigenschaften aufweisen, ist mit einem hohen Wechselrisiko zu rechnen. Je größer dieses Risiko ist, desto eher wird ein Kunde geneigt sein, bei seinem bisherigen Anbieter zu bleiben.

H_6: Je größer das wahrgenommene Wechselrisiko eines Kunden ist, desto stärker ist er an seinen bisherigen Anbieter gebunden.

4.3.4 Wechselkosten

In der Literatur bestehen unterschiedliche Auffassungen darüber, was unter dem Begriff der Wechselkosten zu verstehen ist. Die Begriffe „Wechselkosten“ und „Wechselbarrieren“ werden dabei zum Teil synonym verwendet:[351]

- Nach einer Definition von Peter (1999) sind Wechselbarrieren „Hemmnisse jedweder Art ..., welche aus Sicht eines Kunden die Abwanderung zu einem anderen Anbieter erschweren oder gar unmöglich machen“.[352] Peter unterscheidet zwischen ökonomischen, psychologischen und sozialen Wechselbarrieren:[353] Zu den *ökonomischen* Wechselbarrieren zählen die beziehungsspezifischen Investitionen eines Kunden, die mit einem Anbieterwechsel verbundenen Transaktionskosten sowie Treue- oder Stammkundenrabatte. *Psychische* Wechselbarrieren umfassen das Kundenvertrauen, gewachsene Werte, die moralische Verpflichtung oder eine vom Kunden gepflegte Tradition. *Soziale* Wechselbarrieren können zwischenmenschliche Kontakte oder Freundschaften sein.

- Eine ähnliche Einteilung nimmt Stahl (2004) vor. Demnach wird die Beweglichkeit eines Kunden vor allem durch materielle, wissensmäßige, emotionale und rechtliche Wechselbarrieren eingeschränkt.[354] Zu den *materiellen* Wechselbarrieren zählen wiederum die beziehungsspezifischen Investitionen. Unter *wissensmäßigen* Wechselbarrieren wird die bevorzugte Position eines Anbieters im Gedächtnis des Kunden verstanden. *Emotionale* Wechselbarrieren lassen sich z.B. durch Sympathie, Dankbarkeit, Anerkennung und Bewunderung

[351] Vgl. Peter (1999), S.115.
[352] Peter (1999), S.117.
[353] Vgl. Peter (1999), S.118 ff.
[354] Vgl. Stahl (2004), S.110 f.

charakterisieren. Den *rechtlichen* Wechselbarrieren liegt ein Vertragsverhältnis zwischen dem Anbieter und dem Kunden zugrunde, das den Wechsel eines Kunden nur unter hohen Kosten zulässt (z.B. durch die Zahlung einer Vertragsstrafe).

- Auch bei Klemperer (1987) werden mit den direkten Wechselkosten, den Lernkosten, den „künstlichen" oder vertraglichen Wechselkosten sowie den psychologischen Wechselkosten mehrere Arten von Wechselbarrieren bzw. Wechselkosten unterschieden.[355] Die *direkten Wechselkosten* beziehen sich dabei auf die Suche und Beurteilung eines alternativen Angebots, was in der Regel mit einem Zeitaufwand sowie weiteren Ausgaben, wie z.B. Fahrtkosten, verbunden ist. *Lernkosten* sind auf die Erfahrungen und das Wissen eines Kunden über den Umgang mit einem Produkt oder einer Dienstleistung ausgerichtet und können den beziehungsspezifischen Investitionen zugeordnet werden. Zu den *„künstlichen" und vertraglichen Wechselkosten* zählen zum Beispiel Bonus- und Rabattprogramme oder Vertragsstrafen. *Psychische Wechselkosten* werden bei Klemperer auf die Gewohnheit und die Zufriedenheit eines Kunden zurückgeführt.

- Andere Autoren greifen auf eine von Plinke vorgeschlagene Einteilung der Wechselkosten zurück.[356] Die Kosten eines Anbieterwechsels setzen sich nach Plinke aus direkten Kosten, Opportunitätskosten und versunkenen Kosten zusammen. *Direkte Kosten* sind sämtliche „Kosten der Suche, der Anbahnung und Vereinbarung einer neuen Geschäftsbeziehung"[357]; dazu gehören auch die ggf. notwendigen beziehungsspezifischen Neuinvestitionen eines Kunden. *Opportunitätskosten* stellen den Nettonutzen der bisherigen Geschäftsbeziehung dar, auf welche ein Kunde bei einem Wechsel des Anbieters verzichtet. Zu den *versunkenen Kosten* (sunk costs) gehören alle beziehungsspezifischen Investitionen, die für die aktuelle Geschäftsbeziehung getätigt wurden und die bei einem Anbieterwechsel unwiederbringlich verloren gehen.

- Jones/Mothersbaugh/Beatty (2002) unterscheiden sechs Dimensionen von Wechselkosten: lost performance costs, uncertainty costs, pre-switching search and evaluation costs, post-switching behavioral and cognitive costs, setup costs und sunk costs. Burnham/Frels/Mahajan (2003) führen acht verschiedene Wechselkosten auf, die sie in procedural switching costs (economic risk

[355] Vgl. Klemperer (1987); Tomczak/Dittrich/Reinecke (2004), S.126 f.

[356] Vgl. Plinke (1997), S. 35 ff.; Weiber/Adler (2003), S.76 ff.; Plinke/Söllner (2005), S.85 f.; Kleinaltenkamp (2005), S.370 f.

[357] Plinke (1997), S.35.

costs, evaluation costs, setup costs, learning costs), financial switching costs (benefit loss costs, monetary costs) und relational switching costs (personal relationship loss costs, brand relationship loss costs) einteilen.

Folgt man den in der Literatur diskutierten Ansätzen, so lässt sich der Begriff der Wechselkosten sehr weit auslegen. Auffällig ist, dass sich einige der dem Begriff der Wechselkosten oder -barrieren zugeordneten Faktoren mit den zuvor untersuchten Determinanten der Kundenbindung überschneiden: Das Vertrauen, das Wechselrisiko und die Zufriedenheit stellen nach der vorangegangenen Analyse eigenständige Determinanten dar. Boni und Stammkundenrabatte werden im alternativenbezogenen Preisurteil berücksichtigt, die Opportunitätskosten eines Anbieterwechsels spiegeln sich in dem vom Kunden wahrgenommenen alternativenbezogenen Leistungsniveau wider.

Um die Wechselkosten in ein Kausalmodell der Kundenbindung zu integrieren, ist festzulegen, welche Faktoren den Wechselkosten zugerechnet werden, und welche nicht. Fasst man die oben aufgeführten Ansätze zusammen und grenzt die zuvor diskutierten Bindungsdeterminanten davon ab, dann lassen sich die verbleibenden Faktoren drei Dimensionen zuordnen:

- den direkten Wechselkosten,
- den psychischen Wechselkosten und
- den versunkenen Kosten.

Zu den *direkten Wechselkosten* zählen alle Aufwendungen für die Suche, die Anbahnung und die Vereinbarung einer neuen Geschäftsbeziehung. Hierunter fallen auch Kosten, die bei der Auflösung von bestehenden Verträgen anfallen (z.B. Gerichtskosten oder Vertragsstrafen). Sind beim Wechsel eines Geschäftspartners neue beziehungsspezifische Investitionen notwendig (z.B. das Erlernen einer neuen Software oder die Umstellung interner Prozesse), so sind auch diese Aufwendungen den direkten Wechselkosten zuzurechnen.

Unter dem Begriff der *psychischen Wechselkosten* sollen alle als unangenehm empfundenen psychischen Spannungen eines Kunden verstanden werden, die sich aus einem Anbieterwechsel ergeben. Psychische Spannungen können zum Beispiel aufgrund einer moralischen Verpflichtung gegenüber einem Anbieter oder aus dem Traditionsbewusstsein eines Kunden heraus entstehen. Daneben spielen auch soziale Komponenten eine Rolle: Gibt ein Kunde beispielsweise mit dem Wechsel einer Geschäftsbeziehung die Zugehörigkeit zu einer bestimmten Gruppe auf oder wird mit einem Anbieterwechsel eine persönliche Freundschaft gefährdet, so kann dies die psychischen Spannungen erhöhen und die Bindung eines Kunden stärken. Ebenso kann der Wechsel einer Geschäftsbeziehung zu negativen Reaktionen des sozialen Umfeld führen, die ein Kunde als unangenehm empfindet. Auch mögliche Nachkaufdissonanzen können die psychischen Wechselkosten beeinflussen. Das wahrgenommene Risiko eines Anbieterwechsels ließe sich somit ebenfalls dieser Kategorie zuordnen.

Versunkene Kosten sind früher getätigte Investitionen in eine Geschäftsbeziehung, die bei einem Anbieterwechsel komplett oder zumindest teilweise an Wert verlieren. In der ökonomischen Theorie geht man zwar üblicherweise davon aus, dass für die Entscheidung eines Konsumenten nur die Kosten und der Nutzen relevant sind und früher getätigte Investitionen keine Rolle spielen. Experimentelle Untersuchungen belegen allerdings, dass Nachfrager bei einem Anbieterwechsel das Ausmaß der beziehungsspezifischen Investitionen durchaus berücksichtigen.[358] Nach Weiber/Adler (2003) findet jedoch eine Amortisation dieser Investitionen statt, d.h. die subjektiv wahrgenommene Höhe der versunkenen Kosten nimmt im Zeitablauf ab.[359] Darüber hinaus gibt es Fälle, in denen sich die beziehungsspezifischen Investitionen nicht amortisieren und sogar zunehmen; ein Beispiel sind die Altersrückstellungen in der privaten Krankenversicherung, die bis zum Jahr 2009 bei einem Anbieterwechsel verloren gingen.

Für die Aufstellung eines Kausalmodell der Kundenbindung lässt sich festhalten, dass zwischen den subjektiv wahrgenommenen Wechselkosten und der Bindung eines Kunden ein positiver Zusammenhang besteht.

H_7: Je höher die wahrgenommenen Wechselkosten eines Kunden sind, desto stärker ist er an seinen derzeitigen Anbieter gebunden.

4.3.5 Commitment

Die Bindung eines Kunden wird von ökonomischen und nicht-ökonomischen Faktoren beeinflusst. Im Zusammenhang mit den psychischen Wechselkosten wurde zum Beispiel auf die moralische Verpflichtung gegenüber einem Anbieter und auf

[358] Vgl. Weiber/Adler (2003), S.81.
[359] Vgl. Weiber/Adler (2003), S.81 f.

die sozialen Komponenten einer Geschäftsbeziehung eingegangen. Diese immateriellen Wechselbarrieren können dazu führen, dass ein Kunde trotz eines attraktiveren Konkurrenzangebots einem Anbieter treu bleibt. Das in einigen Arbeiten zum Beziehungs- und Kundenmanagement diskutierte Commitment-Konstrukt weist einen engen Bezug zu den oben genannten Wechselbarrieren auf. Der Commitment-Begriff wird allerdings sehr unterschiedlich definiert und konzeptualisiert.

Folgt man der Definition von Diller (1996), dann umfasst das Commitment die „innere Verpflichtung einer Person gegenüber einem Bezugsobjekt“.[360] Diller unterscheidet zwischen einem niedrigen, einem „erkauften“ und einem hohen Commitment.[361] Ein *niedriges* Commitment liegt vor, wenn die Bindung eines Kunden unfreiwillig ist. Diese als „Fesselung“ bezeichnete Bindung kann entweder situativ bedingt oder aufgrund der Alleinstellungsmerkmale eines Anbierers erzwungen sein. Ein *„erkauftes“* Commitment liegt vor, wenn die Bindung eines Kunden auf dem bewussten Abwägen der Vor- und Nachteile einer Geschäftsbeziehung beruht, die Entscheidung des Kunden jedoch frei ist. Diese „Zweckbindung“ lässt sich zum Beispiel über beziehungsspezifische Investitionen begründen, die bei einem Wechsel des Anbieters verloren gehen (versunkene Kosten). Eine *hohes* Commitment liegt schließlich vor, wenn das Risiko eines Anbieterwechsels aus Sicht des Kunden entweder sehr hoch ist oder eine moralisch-ethische Dankbarkeitsbeziehung gegenüber dem bisherigen Anbieter besteht. Diller bezeichnet diesen Zustand als echte Loyalität bzw. „Anhängerschaft“, bei der ein Kunde auch kurzfristige Nachteile in Kauf nimmt, um eine Geschäftsbeziehung aufrecht zu erhalten.

Neben Diller setzen sich auch andere Autoren mit dem Commitment und dessen Rolle innerhalb des Kundenbindungsmanagements auseinander. Stahl (2004) beschreibt Commitment zum Beispiel als „das *bewusste* Verhalten des Kunden, die Abwanderung aus einer Beziehung hinauszuschieben“.[362] Das Hinausschieben kann aus unterschiedlichen Motiven heraus erfolgen, wobei Stahl die Selbstkontrolle, die Reputation, die geringere Diskontierung zukünftiger Gewinne und den Abbau kognitiver Dissonanzen hervorhebt.[363] Fasst man die Argumentation von Stahl zusammen, dann sind für das Commitment eines Kunden die psychischen Kosten, die beziehungsspezifischen Investitionen, das Vertrauen sowie die Störung des kognitiven Gleichgewichts von Bedeutung.

---

[360] Diller (1996), S.88.
[361] Vgl. Diller (1996), S.88 f.
[362] Stahl (2004), S.114.
[363] Vgl. Stahl (2004), S.114 ff.

Das Commitment-Modell von Söllner unterscheidet dagegen zwischen zwei Inputkategorien und zwei Outputdimensionen, die sich auf das Commitment auswirken können.[364] Söllner definiert Commitment als die von einem Wirtschaftssubjekt empfundene Bindung gegenüber einem anderen. Zu den Inputkategorien zählen die zweckgebundenen spezifischen Investionen und der spezifische Einsatz in eine Geschäftsbeziehung. Letzteres umfasst zum Beispiel die Loyalität des Kunden oder die Motivation zur Erreichung gemeinsamer Ziele, die jeweils zu einer psychologischen Bindung führen. Zu den Outputdimensionen gehören der Beziehungserfolg und die in einer Beziehung empfundene Gerechtigkeit. Beide Outputdimensionen weisen einen engen Bezug zu dem Konstrukt der Kundenzufriedenheit auf.

Werani (2003) versteht unter Commitment „eine als Einstellung interpretierbare innere Verpflichtung des Kunden gegenüber der Geschäftsbeziehung mit einem Lieferanten“[365], die sowohl affektive als auch konative Aspekte umfasst. Die affektive Komponente bezieht sich auf ein positives Gefühl der Zusammengehörigkeit mit dem Geschäftspartner, das eng mit dem Wunsch nach Fortführung der Beziehung verbunden ist. Demgegenüber bringt die konative bzw. verhaltensorientierte Komponente zum Ausdruck, „dass ein der Geschäftsbeziehung verpflichteter Partner bereit ist, Beiträge zu deren nachhaltiger Sicherung zu leisten, mit Blick auf den langfristigen Beziehungserfolg vorübergehend Nachteile in Kauf zu nehmen und auch in kritischen Zeiten zur Beziehung zu stehen“[366]. Werani sieht Commitment als eine Mediator-Variable, die von der Kundenzufriedenheit, dem alternativenbezogenen Vergleichsniveau und den beziehungsspezifischen Investionen beeinflusst wird und einem der Kundenbindung vorgelagerten Konstrukt entspricht.

Aus den in der Literatur diskutierten Commitment-Konzepten wird deutlich, wie schwierig es ist, die Facetten und Dimensionen dieses Konstrukts zu erfassen und zu operationalisieren. Gleichzeitig stellt sich die Frage, ob mit der Berücksichtigung des Commitments ein Erkenntnisgewinn verbunden ist, der über die zuvor analysierten Determinanten der Kundenbindung hinaus geht. Folgt man den oben diskutierten Ansätzen, dann lassen sich aus dem Commitment und den dahinterstehenden Einflussfaktoren keine zusätzlichen Determinanten ableiten, die zur Erklärung der Kundenbindung beitragen. Mit der Kundenzufriedenheit, dem Kundenvertrauen und den Wechselkosten werden die dem Commitment zugeordneten Faktoren bereits abgedeckt. Aus diesem Grund erscheint es nicht sinnvoll, das Commitment als zusätzliches Konstrukt in das Kausalmodell der Kundenbindung aufzunehmen.

[364] Vgl. Plinke/Söllner (2005), S.77 ff.
[365] Werani (2003), S.165.
[366] Werani (2003), S.165.

In der nachfolgenden Untersuchung wird das Commmitment daher nicht berücksichtigt.

4.3.6 Aufstellung eines Kausalmodells

Im Rahmen der *theoretischen* Analyse wurden mit der Kundenzufriedenheit, der Attraktivität von Alternativen, dem Kundenvertrauen, den Wechselkosten, dem Wechselrisiko und dem Commitment sechs Determinanten identifiziert, von denen anzunehmen war, dass sie zur Erklärung der Kundenbindung beitragen. In der anschließenden *konzeptionellen* Analyse konnten wichtige Anhaltspunkte darüber gewonnen werden, was unter den einzelnen Determinanten zu verstehen ist und welchen Einfluss diese auf das Zielphänomen der Kundenbindung ausüben. Gleichzeitig wurde überprüft, welche Abhängigkeiten zwischen den Determinanten bestehen und von welchen Unterfaktoren die Determinanten ihrerseits beeinflusst werden.

Aus der konzeptionellen Analyse lassen sich sieben Hypothesen (H_1-H_7) ableiten und zu einem allgemeinen Kausalmodell der Kundenbindung verknüpfen. Außer dem Commitment werden alle der zuvor identifizierten Determinanten berücksichtigt. Abbildung 4.11 gibt das empirisch zu prüfende Basismodell der Kundenbindung wieder.

Aus der vorangegangenen Diskussion wurde deutlich, dass ein Kunde einem Anbieter treu bleibt, weil er entweder nicht wechseln kann, oder weil er nicht wechseln will. Eggert (1999) verwendet in diesem Zusammenhang die Begriffe „*Gebundenheit*" und „*Verbundenheit*".[367]

Gebundenheit beschreibt einen Zustand, in welchem die Wahlfreiheit eines Kunden eingeschränkt ist. Verantwortlich für diese faktische Bindung sind in der Regel ökonomische, technisch-funktionale und vertragliche Wechselbarrieren, die dazu führen, dass ein Kunde seinen bisherigen Anbieter nicht ohne weiteres wechseln kann. Dagegen beschreibt *Verbundenheit* einen Zustand des Nicht-Wechseln-Wollens. Diese emotionale Bindung lässt sich auf psychologische Ursachen, wie die wahrgenommene Vorteilhaftigkeit oder die Zufriedenheit eines Kunden, zurückführen.

Die Position, die ein Kunde innerhalb einer Geschäftsbeziehung einnimmt, kann über die in Abbildung 4.12 dargestellte Matrix beschrieben werden.[368] Kunden,

[367] Vgl. Eggert (1999), S.129 ff.
[368] Vgl. Tomczak/Dittrich/Reinecke (2004), S.126 ff.

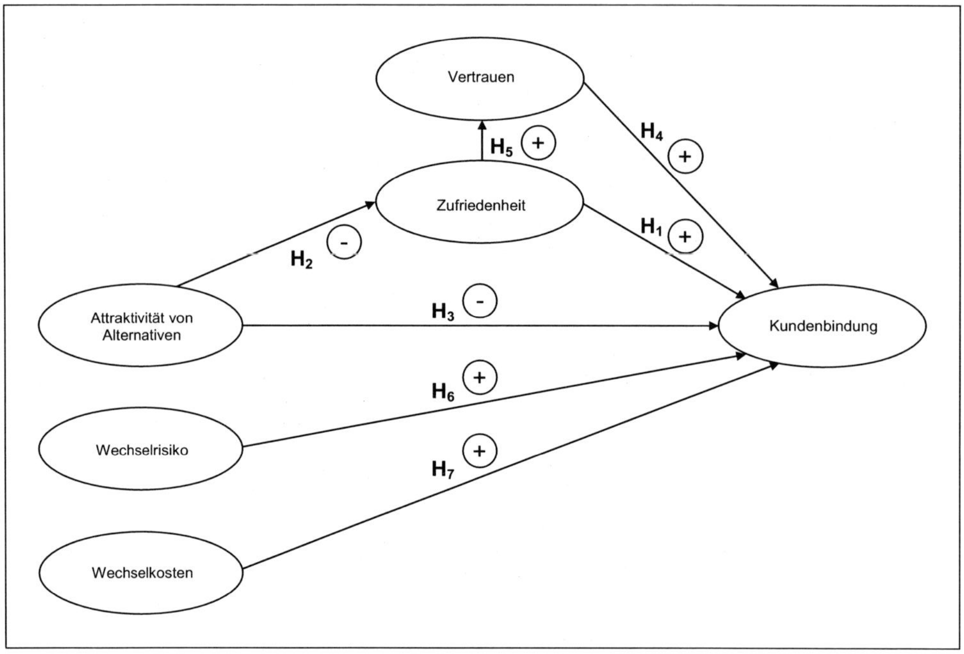

Abbildung 4.11: Basismodell der Kundenbindung

die einen Wiederkauf weder tätigen wollen noch müssen, werden keine Geschäftsbeziehung eingehen (*Transaction Buying*). Die *„Fan"-Position* hingegen ist mit der Verbundenheit gleichzusetzen, d.h. Kunden in dieser Position wollen ihren Anbieter nicht wechseln, könnten dies aber jederzeit tun. In der *„Ausbeutungs"-Position* bleibt ein Kunde bei einem Anbieter nicht weil er es will, sondern weil er muss.

Ziel des Kundenbindungsmanagements sollte es sein, die freiwillige Bindung eines Kunden zu erhöhen und diese durch Muss-Komponenten zu festigen. Erst durch die Kombination dieser beiden Zustände wird eine *ausgeglichene Position* des Kunden erreicht. Die emotionale Kundenbindung ist dabei nicht unbedingt von der faktischen Kundenbindung zu trennen. Oftmals sind die psychologischen und emotionalen Komponenten einer Geschäftsbeziehung die Voraussetzung, dass sich ein Kunde überhaupt in einen Zustand der Gebundenheit begibt. Ein zufriedener Kunde wird vermutlich eher dem Abschluss langfristiger Verträge zustimmen und beziehungsspezifische Investitionen tätigen, als ein Kunde, der mit der Leistung eines Anbieters unzufrieden ist.

Die emotionale Bindung ist gegenüber der faktischen Bindung zudem als stabiler einzustufen. Führt ein Kunde eine Geschäftsbeziehung nur deshalb fort, weil er sie

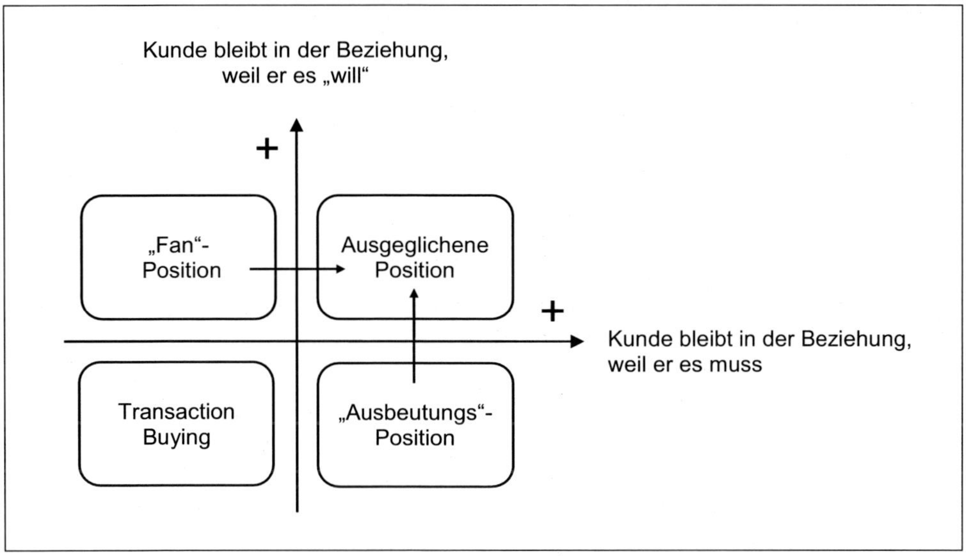

Abbildung 4.12: Kundenpositionen nach der Art der Bindung (Quelle: Tomczak/ Dittrich/Reinecke (2004), S.128)

fortführen muss, so ist beim Wegfall der Bindungsursachen (z.B. dem Auslaufen von Verträgen) mit der Abwanderung des Kunden zu rechnen. Eine Geschäftsbeziehung, die nur auf der faktischen Bindung eines Kunden beruht, birgt außerdem die Gefahr der *Reaktanz*. Hierunter ist ein erregter und in Agressionen mündender Gefühlszustand zu verstehen, der auftreten kann, wenn sich ein Kunde in seiner Entscheidungsfreiheit blockiert fühlt. Man geht davon aus, dass diese „gefesselten“ Kunden nicht nur zu negativer Mundwerbung und zu der Aufwertung von Alternativen neigen, sie werden sich auch bei der erstbesten Gelegenheit aus dem Zustand der unfreiwilligen Bindung befreien. Ein von Anbietern initiiertes Kundenbindungsmanagement, das darauf ausgerichtet ist, die Wiederkaufabsicht nur über die faktische Bindung der Kunden zu erhöhen, kann somit leicht zum Bumerang werden.[369]

Von Interesse ist daher ein Zustand, in dem ein Kunde aufgrund der wahrgenommenen Vorteilhaftigkeit bei einem Anbieter bleiben *will*. Zur Stabilisierung einer solchen Geschäftsbeziehung können und werden in der Regel auch faktische Bindungskomponenten beitragen, die ein Kunde jedoch aufgrund seiner Verbundenheit mehr oder weniger freiwillig akzeptiert.

[369] Vgl. Kroeber-Riel/Weinberg (2003), S.208 ff.; Stahl (2004), S.111 f.

„Echte“ Kundenbindung geht somit über die Absicht zur Beibehaltung einer Geschäftsbeziehung hinaus. Es stellt sich daher die Frage, in welchen zusätzlichen Indikatoren sich der Grad und die Qualität der Kundenbindung widerspiegeln bzw. welcher Erklärungsgehalt von der Weiterempfehlungsabsicht, der Zusatzkaufabsicht und der Preiserhöhungstoleranz ausgeht:

- Der Anreiz zur *Weiterempfehlung* wird auf einen altruistischen und psychologischen Nutzen zurückgeführt.[370] Kunden lassen demnach andere (potenzielle) Kunden an ihren Erfahrungen teilhaben, um diesen hilfreich zur Seite zu stehen oder um einen Expertenstatus auszukosten. Eine Weiterempfehlung kann entweder aktiv durch den Kunden selbst, oder passiv durch einen anderen Kunden oder einen Anbieter initiiert werden.[371] Die Weiterempfehlung birgt allerdings gewisse Gefahren: Sollte sich die Empfehlung aus Sicht des „Empfängers“ als falsch erweisen, so kann dies die Glaubwürdigkeit und Verlässlichkeit des „Senders“ infrage stellen und dessen soziale Position beschädigen. Aus diesem Grund werden nur wirklich überzeugte Kunden zu einer Weiterempfehlung eines Anbieters bereit sein. Insofern kann die *Bereitschaft zur Weiterempfehlung* als Indikator der Kundenbindung herangezogen werden.

- Die *Zusatzkaufabsicht* (Cross-Buying) drückt aus, ob ein Kunde grundsätzlich bereit ist, andere Produkte oder Dienstleistungen eines Anbieters in Anspruch zu nehmen. Sofern die Beauftragung weiterer Leistungen freiwillig erfolgt und der Verhaltensintention des Kunden keine vertragliche oder technisch-funktionale Bindung zugrunde liegt, werden nur überzeugte Kunden eine derartige Bereitschaft aufweisen. Die Zusatzkaufabsicht beruht dabei auf einem Vertrauens- und Imagetransfer, d.h. ein Kunde überträgt seine bisherigen Erfahrungen mit einem Anbieter auf dessen zusätzliche Leistungen. Die *Bereitschaft zu Zusatzkäufen* kann somit ebenfalls zu den Indikatoren der Kundenbindung gezählt werden.

- Die *Preiserhöhungstoleranz* sagt aus, ob ein Kunde bereit ist, für die Leistung eines Anbieters einen höheren Preis zu bezahlen. Dieser Indikator bezieht sich auf die hypothetische Veränderung eines der zuvor diskutierten Einflussfaktoren, der in die Kundenzufriedenheit und die Attraktivität von Alternativen eingeht. Aus der Preiserhöhungstoleranz lässt sich ableiten, welchen Einfluss der Preis auf die Bindung eines Kunden ausübt; über den Grad oder die Qua-

[370] Vgl. Helm (2005), S.135.
[371] Vgl. Helm (2005), S.129.

lität der Kundenbindung sagt dies jedoch nichts aus. Aus diesem Grund wird die Preiserhöhungstoleranz im Folgenden nicht als geeigneter Indikator der Kundenbindung eingestuft.

Kundenbindung drückt demnach die Absicht bzw. Bereitschaft eines Nachfragers aus,

- auch zukünftig Transaktionen mit einem bestimmten Anbieter durchzuführen,
- den Anbieter weiterzuempfehlen und
- Zusatzkäufe bei diesem zu tätigen.

Ob das in Abbildung 4.11 dargestellte Kausalmodell tatsächlich geeignet ist, die Kundenbindung in der gesetzlichen Krankenversicherung zu erklären, ist empirisch zu prüfen.

4.4 Empirische Überprüfung des Kausalmodells der Kundenbindung auf Basis einer Versichertenstichprobe

Um Handlungsempfehlungen für das Marketing von Krankenkassen abzuleiten, wurden mehrere Einflussgrößen der Kundenbindung identifiziert und zu einem Modell zusammengefasst. Auf Basis einer Versichertenbefragung ist nun zu prüfen, inwiefern dieses Hypothesensystem zur Erklärung der Kundenbindung in der gesetzlichen Krankenversicherung beitragen kann. Zu diesem Zweck wird eine Kausalanalyse durchgeführt.

4.4.1 Auswahl der Befragungsteilnehmer, Repräsentativität und Charakteristika der Stichprobe

Zu Beginn einer Marktforschungsstudie ist festzulegen, auf welche Zielgruppe (in der Regel Personen oder Organisationen) sich die gewonnenen Ergebnisse beziehen sollen. Diese als *Grundgesamtheit* bezeichnete Menge von Objekten bzw. Personen ist anhand der untersuchungsrelevanten Merkmale (z.B. Geschlecht, Alter, Beruf,

Einkommen, Gesundheitszustand) und in ihrem Volumen möglichst genau zu definieren.[372] Um Aussagen über die Grundgesamtheit treffen zu können, sind entweder alle oder ausgewählte Elemente zu untersuchen (*Vollerhebung* vs. *Teilerhebung*). Gegen eine Vollerhebung sprechen häufig wirtschaftliche, organisatorische, technische oder zeitliche Gründe. In der Praxis werden daher vor allem Teilerhebungen durchgeführt.

Die Auswahl einer Teilmenge kann über zufällige, bewusste oder willkürliche Auswahlverfahren erfolgen:[373]

- Bei den *zufälligen Auswahlverfahren* kommt ein Zufallsmechanismus zum Einsatz. Jedes Element der Grundgesamtheit hat dabei eine Wahrscheinlichkeit größer Null, um in die Stichprobe zu gelangen. Zu den gängigen Zufallsverfahren gehören die einfache Zufallsauswahl, die geschichtete Zufallsauswahl und die Klumpenauswahl.

- Bei den *bewussten Auswahlverfahren* werden die Untersuchungseinheiten gezielt und nach sachrelevanten Merkmalen ausgewählt. Gängige Verfahren sind die Quotenauswahl, die Auswahl nach dem Konzentrationsprinzip und die typische Auswahl.

- Bei der *willkürlichen Auswahl* bzw. der „Auswahl aufs Geratewohl" werden Untersuchungseinheiten ausgesucht, die besonders leicht zu erreichen sind. Stichproben dieser Art werden daher auch als „convenience samples" bezeichnet. Typische Beispiele sind Befragungen in Fußgängerzonen oder offene Online-Befragungen.

Um im Rahmen von Teilerhebungen möglichst exakte und sichere Aussagen über die Grundgesamtheit treffen zu können, müssen die untersuchten Elemente *repräsentativ* für die Grundgesamtheit sein. Repräsentativität liegt vor, wenn die Teilmenge einem verkleinerten, wirklichkeitsgetreuen Abbild der Grundgesamtheit entspricht. Bei den zufälligen und den bewussten Auswahlverfahren wird versucht, diese Bedingung bestmöglich zu erfüllen. Bei der willkürlichen Auswahl besteht dagegen kein Anspruch auf Repräsentativität; Schlussfolgerungen auf die Grundgesamtheit sind bei diesem Verfahren aufgrund der zu erwartenden Verzerrungen nicht oder nur mit Einschränkungen möglich.[374]

[372] Vgl. Schnell/Hill/Esser (2005), S.265 ff.; Berekoven/Eckert/Ellenrieder (2006), S.49 ff.
[373] Vgl. Schnell/Hill/Esser (2005), S.267 ff.; Berekoven/Eckert/Ellenrieder (2006), S.52 ff.
[374] Vgl. Sander (2004), S.156; Berekoven/Eckert/Ellenrieder (2006), S.63.

Die Forschungsfrage zur Kundenbindung von gesetzlich Versicherten bezieht sich auf alle volljährigen Kunden der gesetzlichen Krankenversicherung. Die Grundgesamtheit besteht demnach aus rund 60 Millionen Menschen in Deutschland,[375] die bei einer der etwa 160 Krankenkassen versichert sind. Von einer repräsentativen Befragung dieser Zielgruppe musste aufgrund von finanziellen und organisatorischen Restriktionen allerdings abgesehen werden.

Für die Durchführung der empirischen Untersuchung bestand jedoch die Möglichkeit, mehrere Tausend gesetzlich Versicherte von unterschiedlichen Krankenkassen per E-Mail anzuschreiben und für die Teilnahme an einer Online-Befragung zu gewinnen. Bei der ausgewählten Gruppe handelte es sich um Nutzer einer persönlichen elektronischen Gesundheitsakte nach § 68 SGB V, die von Krankenkassen als Zusatzleistung über den jeweiligen Internetauftritt angeboten wird. Die Vorteile dieses „convenience samples“ bestanden in der Vorselektion zwischen privat und gesetzlich Versicherten, die z.B. im Rahmen einer Fußgängerbefragung nicht gegeben ist. Darüber hinaus konnte die Befragung schnell und zu geringen Kosten durchgeführt werden. Als besonders vorteilhaft erwies sich zudem die einfache Übertragung der über das Internet erhobenen Daten in die verwendete Auswertungssoftware.

Nachteilig an der Befragungsgruppe ist die fehlende Repräsentativität in Bezug auf die Grundgesamtheit. Verzerrungen sind insbesondere durch den *Undercoverage Error* und den *Nonresponse Error* zu erwarten:

- Der *Undercoverage Error* beschreibt die fehlende Chance von Elementen aus der Grundgesamtheit in die Gruppe der Befragungsteilnehmer zu gelangen.[376] Zum Zeitpunkt der Befragung nutzen etwa 72 Prozent der deutschen Bevölkerung das Internet.[377] Unter der Annahme, dass diese Quote auch auf die Versicherten der gesetzlichen Krankenversicherung zutrifft, wurden 28 Prozent der Grundgesamtheit schon im Vorfeld von der Befragung ausgeschlossen. Versicherte mit Internetzugang können aufgrund von soziodemographischen Unterschieden, die zwischen Internet-Nutzern und Nicht-Nutzern bestehen,[378] nicht mehr als repräsentativ für alle gesetzlich Versicherten angesehen werden. Der zweite Ausschluss von Elementen ist dem Umstand geschuldet, dass die an der Befragung teilnehmenden Krankenkassen weniger als ein Prozent

[375] Im Juli 2010 zählte die GKV etwa 60,6 Mio. Versicherte über 15 Jahre und etwa 57 Mio. Versicherte über 20 Jahre, vgl. Bundesministerium für Gesundheit (2010b).

[376] Vgl. Schnell/Hill/Esser (2005), S.271; Bandilla et al. (2009); Baur/Florian (2009).

[377] Vgl. TNS Infratest (2010).

[378] Vgl. Lütters (2004), S.124 ff.; Baur/Florian (2009); Bandilla et al. (2009); Maurer/Jandura (2009).

der gesetzlich Versicherten in Deutschland repräsentierten und ausschließlich dem System der Betriebskrankenkassen angehörten. Da sich die Versichertenstrukturen zwischen den Krankenkassen und den Kassenarten unterscheiden,[379] muss auch hier von einer weiteren Verzerrung ausgegangen werden. Hinzu kommt, dass laut einer repräsentativen Befragung aus dem Jahr 2007 nur knapp jeder zweite gesetzlich versicherte Internet-Nutzer ab 16 Jahren schon einmal die Internetseite seiner Krankenkasse besucht hat.[380] Inwiefern sich die Besucher von Nicht-Besuchern unterscheiden ist unklar, weitere Verzerrungen sind jedoch auch in diesem Punkt denkbar. Ein weiterer Ausschluss ergibt sich aus der Anmeldung bzw. Nicht-Anmeldung für die elektronische Gesundheitsakte. Versicherte, die die Internetseite ihrer Krankenkasse besuchen, registrieren sich nicht zwangsläufig für diesen Service. Auch hier ist es möglich, dass sich Besucher der Kassenseite mit anschließender Registrierung für die Gesundheitsakte von Besuchern ohne Registrierung unterscheiden.

- Verzerrungen sind zudem durch die Nichtteilnahme bzw. den *Nonresponse Error* zu erwarten.[381] Ein Nonresponse Error liegt vor, wenn ein Teil der angesprochenen Zielpersonen die Teilnahme an der kompletten Befragung (Unit-Nonresponse) oder an Teilen davon (Item-Nonresponse) verweigert oder aus anderen Gründen ausfällt. Geringe Ausschöpfungsquoten gehen oftmals mit systematischen Fehlern einher[382] und stellen bereits die Repräsentativität einer Nettostichprobe im Bezug auf die Brutto-Stichprobe infrage. Neben der Verweigerung bzw. der Selbstselektion der Befragungsteilnehmer können weitere Ausfallursachen, wie z.B. technische Probleme, ein Wechsel der E-Mail-Adresse oder der Nichtabruf von E-Mails aufgrund von Urlaub oder Krankheit den Nonresponse Error bei Online- bzw. E-Mail-Befragungen erhöhen.[383]

Aufgrund der möglichen Verzerrungen wäre es ein methodischer Fehler, die Ergebnisse der Online-Befragung auf alle volljährigen Kunden der gesetzlichen Krankenversicherung zu übertragen. Vor allem bei der Stärke der ermittelten Zusammenhänge ist bei einer nicht-repräsentativen Befragungsgruppe mit Abweichungen zu rechnen.

Allerdings können auch nicht-repräsentative Daten die Wissenschaft voranbringen und praktische Handlungsempfehlungen unterstützen. Geht man davon aus, dass

[379] Vgl. Kapitel 2.2.2.3.
[380] Vgl. psychonomics AG (2007).
[381] Vgl. Theobald (2000), S.125 ff.; Schnell/Hill/Esser (2005), S.306 ff.
[382] Vgl. Lütters (2004), S.129 ff.; Baur/Florian (2009), S.119; Maurer/Jandura (2009), S.66 f.
[383] Vgl. Bosnjak (2003); Schnell/Hill/Esser (2005), S.307 ff.

auf Basis einer empirischen Untersuchungen keine Verifizierung, sondern nur eine vorläufige Bestätigung oder Falsifizierung (d.h. Widerlegung) eines Modells möglich ist,[384] dann kann auch eine willkürlich ausgewählte Befragungsgruppe zur Prüfung herangezogen werden.

Folgt man dem Gesetz der großen Zahl, dann lässt sich die Genauigkeit einer Stichprobe mit zunehmender Stichprobengröße verbessern. Je mehr Einheiten in eine Erhebung einfließen, desto höher ist die Wahrscheinlichkeit, dass die Merkmalsverteilung in der Stichprobe der tatsächlichen Zusammensetzung der Grundgesamtheit entspricht.[385] Dies gilt allerdings nur für Stichproben, denen ein zufallsgesteuertes Auswahlverfahren zugrunde liegt. Bei einer nicht-zufallsgesteuerten oder willkürlichen Auswahl steigt die Aussagekraft der Ergebnisse nicht zwangsläufig mit einer höheren Anzahl der untersuchten Elemente an.[386] Die Frage nach der optimalen Stichprobengröße[387] stellte sich in der vorliegenden Untersuchung daher nicht.

Für die Parameterschätzungen einer Kausalanalyse muss allerdings sichergestellt werden, dass genügend Informationen vorliegen. Backhaus et al. (2009a) empfehlen hierzu „dass der Stichprobenumfang (N) dem Fünffachen der Anzahl der zu schätzenden Parameter (t) entspricht bzw. dass $N - t > 50$ gilt“[388].

Um das Kundenbindungsmodell in der gesetzlichen Krankenversicherung empirisch zu prüfen, wurden im November 2010 insgesamt 7.005 Versicherte per E-Mail angeschrieben und zu einer Online-Befragung eingeladen. Bei den Versicherten handelte es sich um Kunden einer kleinen, geschlossenen Betriebskrankenkasse und einer mittelgroßen, bundesweit geöffneten BKK. Beide Kassen repräsentierten zum Zeitpunkt der Befragung zusammen rund 200.000 Versicherte. Von den angeschriebenen Kunden nahmen 1.128 an der Befragung teil, was einer Rücklaufquote von 16,1 Prozent entspricht. 1.059 Fragebögen konnten für die Auswertung verwendet werden;[389] davon entstammten 311 Fälle aus der Stichprobe der ersten BKK und 748 Fälle aus der Stichprobe der zweiten BKK. Der Online-Fragebogen kann im Anhang eingesehen werden (Fragebogen 1).

In Abbildung 4.13 werden die Verteilungen einiger ausgewählter Merkmale der beiden Stichproben mit aktuellen Statistiken des Bundesministeriums für Gesund-

[384] Vgl. Kapitel 4.1.

[385] Vgl. z.B. Berndt (1992a), S.124 f.; Berekoven/Eckert/Ellenrieder (2006), S.52.

[386] Vgl. Theobald (2000), S.90.

[387] Vgl. z.B. Berndt (1992a), S.124 ff.; Berekoven/Eckert/Ellenrieder (2006), S.64 ff.

[388] Backhaus et al. (2009a), S.49; siehe auch Weiber/Mühlhaus (2010), S.56.

[389] Zur Aufbereitung des Datensatzes siehe Kapitel 4.4.4.3.

heit[390] und des Robert Koch-Instituts[391] verglichen. Wie die Gegenüberstellung zeigt weichen die Verteilungen beim Geschlecht und des Versichertenstatus nur unwesentlich von der Grundgesamtheit ab. Frauen und mitversicherte Familienangehörige sind in beiden Stichproben etwas unterrepräsentiert; gleiches gilt für die Gruppen der 20 bis unter 30 Jahre alten Versicherten und der über 60-Jährigen. Die dazwischen liegenden Altersklassen weisen im Vergleich zu allen GKV-Versicherten höhere Quoten auf.

Bei der Selbsteinschätzung der eigenen Gesundheit, die als geeigneter Indikator für den objektiven Gesundheitszustand gilt,[392] zeigen sich in den ersten beiden Kategorien („sehr gut" und „gut") Unterschiede. Auch bei den Arztbesuchen, den Krankenhausaufenthalten und dem Vorliegen einer chronischen Erkrankung sind Abweichungen festzustellen. Die Befragungsteilnehmer der BKK 1 sind demnach etwas gesünder als der Bevölkerungsdurchschnitt, die Teilnehmer der BKK 2 etwas kränker. In diesem Zusammenhang ist anzumerken, dass sich die Bevölkerung nicht nur aus gesetzlich, sondern auch aus privat Versicherten zusammensetzt. Wie ein systematischer Review von Huber/Mielck (2010) zeigt sind GKV-Versicherte tendenziell kränker als PKV-Versicherte und suchen häufiger einen Arzt auf. Ein schlechterer Gesundheitszustand, wie er bei den Teilnehmern der BKK 2 im Vergleich zur Gesamtbevölkerung festzustellen ist, wäre demnach normal.

Insgesamt sind die Unterschiede moderat. Hinsichtlich des Alters, des Geschlechts und des Gesundheitszustands der Befragungsteilnehmer können keine größeren Abweichungen gegenüber der Grundgesamtheit festgestellt werden.

Aussagen zum Vorsorgeverhalten, zum Bildungsstand und zum Haushaltseinkommen der Befragungsteilnehmer gibt Abbildung 4.14 wieder. Die Antworten zur Teilnahme an Vorsorgeuntersuchungen lassen den Schluss zu, dass es sich bei den Teilnehmern um Versicherte mit einem überdurchschnittlich hohen Gesundheitsbewusstsein handelt.[393]

[390] Vgl. Bundesministerium für Gesundheit (2010b).

[391] Vgl. Robert Koch-Institut (2009).

[392] Vgl. Robert Koch-Institut (2009), S.25.

[393] Nach § 25 SGB V gehören Gesundheits- und Krebsfrüherkennungsuntersuchungen zum Angebot der gesetzlichen Krankenversicherung. In den Jahren 2007-2008 nahmen allerdings nur etwas mehr als 40 Prozent der Berechtigten an einer empfohlenen Gesundheitsuntersuchung (Check-Up) teil. Knapp die Hälfte der anspruchsberechtigten Frauen und rund jeder fünfte anspruchsberechtigte Mann ließ die alters- und geschlechtspezifischen Krebsfrüherkennungsuntersuchungen durchführen (vgl. Zentralinstitut für die kassenärztliche Versorgung (2010)).

Merkmale der Befragungsteilnehmer			
	GKV *) (ab 20 Jahre)	BKK 1 (Explorationssample) n = 311	BKK 2 (Validierungssample) n = 748
Geschlecht			
Männer	46,1 %	46,9 %	48,4 %
Frauen	53,9 %	52,4 %	51,1 %
Versichertentyp			
Mitglied	88,5 %	93,2 %	94, 0 %
Familienangehöriger	11,5 %	5,8 %	5,2 %
Alter			
20 bis unter 30 Jahre	14,9 %	7,1 %	14,1 %
30 bis unter 40 Jahre	14,3 %	21,1 %	20,0 %
40 bis unter 50 Jahre	19,9 %	28,2 %	25,8 %
50 bis unter 60 Jahre	17,2 %	20,5 %	22,4 %
60 und mehr Jahre	33,7 %	22,7 %	17,5 %
Altersdurchschnitt		48,2 Jahre	45,9 Jahre
	Bevölkerung **) (ab 18 Jahre)	BKK 1 (Explorationssample) n = 311	BKK 2 (Validierungssample) n = 748
Subjektive Gesundheit			
Sehr gut	21,6 %	20,9 %	13,1 %
Gut	48,8 %	52,7 %	54,9 %
Mittelmäßig	23,0 %	22,2 %	22,5 %
Schlecht	5,2 %	2,3 %	5,1 %
Sehr schlecht	1,4 %	0,6 %	0,5 %
Weitere Angaben zur Gesundheit			
Chronische Erkrankung	39,1 %	34,1 %	40,1 %
Arztbesuch in den letzten 12 Monaten	87,8 %	94,2 %	92,5 %
Krankenhausaufenthalt in den letzten 12 Monaten	15,1 %	13,9 %	20,1 %
Verschreibungspflichtiges Arzneimittel in den letzten 12 Monaten	k.A.	81,4 %	84,2 %

*) Quelle: Bundesministerium für Gesundheit, Statistik über Versicherte gegliedert nach Status, Alter, Wohnort und Kassenart (Stichtag: 1.Juli 2010), http://www.bundesgesundheitsministerium.de

**) Quelle: Robert Koch-Institut (2009), Daten und Fakten: Ergebnisse der Studie „Gesundheit in Deutschland aktuell 2009“, Beiträge zur Gesundheitsberichterstattung des Bundes

Aufgrund fehlender Werte kann die Summe der angegebenen Prozentwerte weniger als 100 Prozent betragen.

Abbildung 4.13: Merkmale der Befragungsteilnehmer (1)

Merkmale der Befragungsteilnehmer		
	BKK 1 (Explorationssample) n = 311	**BKK 2** (Validierungssample) n = 748
Teilnahme an Vorsorgeuntersuchungen		
nie	1,0 %	1,1 %
eher unregelmäßig	8,4 %	8,0 %
eher regelmäßig	27,3 %	24,1 %
sehr regelmäßig	63,3 %	66,4 %
Bildung		
Ich bin noch Schüler	0,3 %	0,4 %
Hauptschule mit abgeschlossener Berufsausbildung	7,1 %	21,5 %
Hauptschule ohne abgeschlossene Berufsausbildung	1,3 %	2,9 %
Mittlere Reife	19,9 %	34,6 %
Abitur	12,2 %	13,1 %
Abgeschlossenes Studium	50,8 %	21,0 %
Promotion	3,9 %	1,1 %
Sonstiger Abschluss	3,9 %	4,8 %
Monatliches Netto-Haushaltseinkommen		
unter 1.000 Euro	1,9 %	6,0 %
1.000 Euro bis unter 2.000 Euro	11,3 %	25,1 %
2.000 Euro bis unter 3.000 Euro	23,2 %	27,8 %
3.000 Euro bis unter 4.000 Euro	16,7 %	15,8 %
4.000 Euro bis unter 5.000 Euro	13,5 %	6,8 %
5.000 Euro und mehr	15,1 %	2,7 %
Aufgrund fehlender Werte kann die Summe der angegebenen Prozentwerte weniger als 100 Prozent betragen.		

Abbildung 4.14: Merkmale der Befragungsteilnehmer (2)

Beide Stichproben wurden für die Prüfung des Kundenbindungsmodells verwendet. Die Stichprobe der BKK 1 diente als *Explorationssample*, die Stichprobe der BKK 2 als *Validierungssample*.

4.4.2 Grundlagen der Strukturgleichungsmodellierung

Die Kausalanalyse bzw. Strukturgleichungsmodellierung gehört zu den *strukturprüfenden* multivariaten Analysemethoden und gilt als das Standardinstrument, um komplexe Hypothesensysteme mit hypothetischen Konstrukten empirisch zu testen.[394] Eine umfassende und anwendungsorientierte Einführung in die Kausalanalyse geben z.B. Backhaus et al. (2009a) und Weiber/Mühlhaus (2010).[395] Die Darstellung des Verfahrens soll sich an dieser Stelle auf die wesentlichen Eckpunkte beschränken.

Ausgangspunkt der Kausalanalyse sind die vermuteten kausalen Zusammenhänge zwischen zwei oder mehreren Variablen. Von *Kausalität* spricht man, wenn die Veränderung einer unabhängigen Variablen U die Veränderung einer abhängigen Variablen A hervorruft ($U \rightarrow A$) während alle anderen Variablen, die nicht von U abhängen, konstant gehalten werden.[396] Um ein Kausalmodell mit hypothetischen Konstrukten zu prüfen, ist das theoretische Beziehungsgefüge der Variablen in ein Gleichungssystem zu überführen. Hierzu wird ein so genanntes *Strukturgleichungsmodell* aufgestellt, das aus drei Teilmodellen besteht (siehe Abbildung 4.15 sowie die dazugehörige Notation in Tabelle 4.1):[397]

- Das *Strukturmodell* bildet die Beziehungen zwischen den hypothetischen Konstrukten ab. Die abhängigen Variablen werden dabei als latente endogene Größen bezeichnet und formal mit dem griechischen Buchstaben η (Eta) dargestellt. Die unabhängigen Variablen bezeichnet man als latente exogene Größen; für die formale Darstellung wird der griechische Buchstabe ξ (Ksi) verwendet.

- Das *Messmodell der latenten exogenen Variablen* definiert, mit welchen beobachtbaren Indikatoren (manifeste Variablen) die nicht beobachtbaren un-

[394] Vgl. Weiber/Mühlhaus (2010), S.XVII.

[395] Für einen kürzeren Überblick siehe z.B. Homburg/Pflesser (2000b) oder Homburg/Krohmer (2006), S.391 ff.

[396] Vgl. Backhaus et al. (2009a), S.7; Weiber/Mühlhaus (2010), S.8.

[397] Vgl. Backhaus et al. (2009a), S.14 f.; Weiber/Mühlhaus (2010), S.31 ff.

abhängigen Variablen des Strukturmodells gemessen werden sollen. Formal werden diese Indikatorvariablen mit dem Buchstaben X dargestellt.

- Das *Messmodell der latenten endogenen Variablen* definiert, welche beobachtbaren Indikatoren für die Messung der nicht beobachtbaren abhängigen Variablen des Strukturmodells herangezogen werden. Die formale Darstellung dieser Indikatorvariablen erfolgt über den Buchstaben Y.

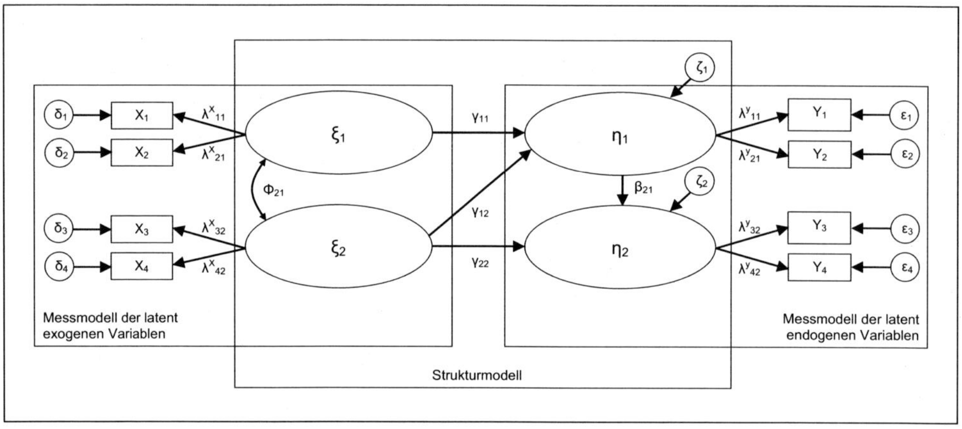

Abbildung 4.15: Beispiel für ein Strukturgleichungsmodell

Abk.	Sprechw.	Bedeutung
η	Eta	latente endogene Variable, die im Modell erklärt wird
ξ	Ksi	latente exogene Variable, die im Modell nicht erklärt wird
Y	–	manifeste Messvariable für eine latente endogene Variable
X	–	manifeste Messvariable für eine latente exogene Variable
ϵ	Epsilon	Störvariable für eine Messvariable y
δ	Delta	Störvariable für eine Messvariable x
ζ	Zeta	Störvariable für eine latente endogene Variable η
γ	Gamma	Koeffizient (Regression) von exogenen auf endogene Variablen
β	Beta	Koeffizient (Regression) von endogenen auf endogene Variablen
λ	Lambda	Koeffizient (Regression) von lantenten auf manifeste Variablen
ϕ	Phi	Kovarianz zwischen exogenen latenten Variablen

Tabelle 4.1: Notation in einem Strukturgleichungsmodell (in Anlehnung an Weiber/Mühlhaus (2010), S.33)

Folgt man dem kovarianzanalytischen Ansatz,[398] dann lassen sich die Parameter in dem Modell mithilfe der Kovarianzen oder Korrelationen zwischen den Indikatorva-

[398] Alternativ kann auch ein varianzanalytischer Ansatz gewählt werden. Vgl. hierzu beispielsweise die Ausführungen bei Weiber/Mühlhaus (2010), S.58 ff.

riablen der latenten exogenen und endogenen Größen schätzen. Man spricht in diesem Fall auch von einer Kovarianzstrukturanalyse.[399] Allgemein beschreibt die empirische Kovarianz den Zusammenhang zwischen zwei Variablen, wobei der absolute Wert der Kovarianz noch nichts über die Stärke des Zusammenhangs aussagt. Um diese zu bestimmen, sind die Beobachtungswerte zu standardisieren. Man erhält anschließend die Korrelationen, welche einen Wert zwischen -1 und +1 annehmen können.[400] Je höher der Wert des Korrelationskoeffizienten ist, desto stärker ist auch der Zusammenhang der untersuchten Variablen. Eine Unterscheidung von abhängigen und unabhängigen Variablen ist über den Korrelationskoeffizienten allerdings nicht möglich.[401]

Die Grundidee der Kovarianzstrukturanalyse besteht darin, aus den Korrelationen zwischen den empirisch beobachtbaren Größen (Indikatoren) die Beziehungen innerhalb des Strukturmodells zu ermitteln. Zu diesem Zweck werden die Korrelationen zwischen den X- und den Y-Variablen berechnet und eine Brücke zwischen den Messmodellen der exogenen und der endogenen Variablen geschlagen.[402] Anschließend sind die Parameter des Modells so zu schätzen, dass sich die vom Modell generierte (theoretische) Kovarianz- bzw. Korrelationsmatrix bestmöglich an die empirisch ermittelte Kovarianz- bzw. Korrelationsmatrix anpasst.[403] Hierzu muss ein komplexes lineares Gleichungssystem gelöst werden, wofür entsprechende Softwarepakete (z.B. AMOS) zur Verfügung stehen.

4.4.3 Operationalisierung der Konstrukte

Bei der Zufriedenheit, dem Vertrauen, der Attraktivität von Alternativen, den Wechselkosten, dem Wechselrisiko und der Kundenbindung handelt es sich um hypothetische Konstrukte, die sich einer direkten Beobachtung entziehen. Um diese Konstrukte messen zu können, müssen beobachtbare Sachverhalte (Indikatoren) herangezogen werden, die Aufschluss über die Ausprägungen der Konstrukte geben. Die Formulierung von derartigen Messmodellen bezeichnet man als *Operationalisierung.*[404]

---

[399] Vgl. Backhaus et al. (2009a), S.5.

[400] Zur Berechnung der empirischen Kovarianz und des Korrelationskoeffizienten vgl. z.B. Backhaus et al. (2009a), S.7 f. oder Weiber/Mühlhaus (2010), S.10 ff.

[401] Vgl. Weiber/Mühlhaus (2010), S.13.

[402] Vgl. Backhaus et al. (2009a), S.14.

[403] Vgl. Backhaus et al. (2009a), S.22.

[404] Vgl. Homburg/Giering (1996); Weiber/Mühlhaus (2010), S.85 ff.

Für die Operationalisierung von hypothetischen Konstrukten sind zunächst *potenzielle Messindikatoren* bzw. Fragen zu generieren, die das jeweilige Konstrukt inhaltlich widerspiegeln. Darüber hinaus ist die Entscheidung zu treffen, ob ein formatives oder reflektives Messmodell verwendet wird (siehe Abbildung 4.16). *Bei formativen Messmodellen* stellen die Indikatoren die Ursache eines Konstruktes dar, d.h. die Indikatoren wirken auf das Konstrukt ein. Bei *reflektiven Messmodellen* werden die Ausprägungen der Indikatoren dagegen von dem Konstrukt „verursacht" und sind somit als „Folgen" eines Konstruktes anzusehen.[405] Ziel der anschließenden *Skalierung* ist es, geeignete Messvorschriften (Skalen) zu konstruieren, die den Ausprägungen der Indikatoren Zahlenwerte zuweisen.[406]

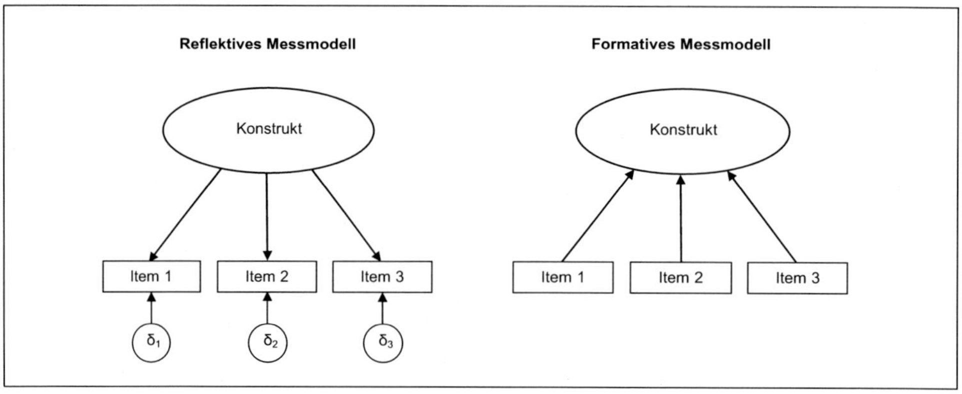

Abbildung 4.16: Reflektives vs. formatives Messmodell

Zur Operationalisierung der in Abbildung 4.11 dargestellten Konstrukte wurde auf Skalenhandbücher[407] und frühere Studien zurückgegriffen; außerdem wurden neue Items gebildet. Die Messung der Konstrukte erfolgte über eine Multiple-Item-Messung auf Basis von reflektiven Indikatoren, die als Statements mit Extremaussagen zu formulieren waren;[408] jedes Konstrukt wurde also über mehrere Items erfasst, um mögliche Verzerrungen auszugleichen.[409] Bei der Auswahl der Items und der Formulierung der entsprechenden Statements wurde darauf geachtet, dass diese eine „Konsequenz" der Konstrukte darstellen. Die Entscheidung für ein reflektives Messmodell folgte dem Leitfaden von Homburg/Giering (1996). Demnach werden reflektive Indikatoren „aufgrund der Berücksichtigung von Meßfehlern den

[405] Vgl. z.B. Salzberger (2007); Kuß/Eisend (2010), S.92 ff.

[406] Vgl. z.B. Herrmann/Homburg (1999), S.21 ff.

[407] Verwendet wurden die Skalenhandbücher von Bearden/Netemeyer (1999) und Bruner/Hensel/James (2005).

[408] Vgl. Weiber/Mühlhaus (2010), S.97.

[409] Vgl. Weiber/Mühlhaus (2010), S.92; Kuß/Eisend (2010), S.85 ff.

Bedürfnissen der Marktforschung besser gerecht“ und sind „daher auch bei weitem gebräuchlicher als formative Indikatoren“.[410] Eine valide formative Messung setzt voraus, dass die wesentlichen Komponenten eines Konstruktes bekannt sind; der Verzicht auf einen Indikator kann das Konstrukt inhaltlich verändern. Bei einer reflektiven Messung sind die Indikatoren dagegen austauschbar, d.h. es können die am besten geeigneten Indikatoren ausgewählt werden.[411]

Bei der Messvorschrift ist über die Zahl der Abstufungen, die Wahl einer geraden oder ungeraden Skala, die Beschriftung der einzelnen Ausprägungen und die Aufnahme einer Ausweichkategorie zu entscheiden. Um eine ausreichende Differenzierung der Antworten zu ermöglichen, werden in der Literatur vier- bis neunstufige Skalen empfohlen.[412] Bei der Wahl einer geraden oder ungeraden Skala sind die Vor- und Nachteile abzuwägen: Während bei ungeraden Skalen die Gefahr besteht, dass die mittlere Kategorie als „Fluchtkategorie“ genutzt wird, werden bei geraden Skalen die Befragungsteilnehmer gezwungen, sich für eine Richtung zu entscheiden, auch wenn sie sich bewusst in der mittleren Kategorie einordnen würden.[413] Eine Verbalisierung der Skalenpunkte kann die Auswahl der richtigen Ausprägung unterstützen; gleichzeitig ist zu bedenken, dass die Beschriftung die Art der Skala möglicherweise beeinflusst. Auch in Bezug auf eine Ausweichkategorie (z.B. „weiß nicht“) bestehen unterschiedliche Meinungen: Die Aufnahme einer derartigen Kategorie ist einerseits sinnvoll, um die Befragungsteilnehmer nicht zu einer Antwort zu zwingen, die sie unter Umständen aufgrund von Verständnisschwierigkeiten oder Unkenntnis nicht geben können. Andererseits kann eine Ausweichkategorie den Anteil fehlender Werte erhöhen.[414]

Für die Messung der o.g. Konstrukte wurde eine siebenstufige endpunktbenannte Zustimmungsskala (Likert-Skala) ohne Ausweichkategorie herangezogen.[415] Die Wahl einer ungeraden Skala sollte den potenziellen Informationsverlust durch das Fehlen einer Mittelkategorie vermeiden. Auf eine Ausweichkategorie wurde verzich-

[410] Homburg/Giering (1996), S.6.

[411] Vgl. Kuß/Eisend (2010), S.92 ff.

[412] Zur Anzahl der Antwortkategorien vgl. z.B. Faulbaum/Prüfer/Rexroth (2009), S.65 f.; Porst (2009), S.92; Weiber/Mühlhaus (2010), S.96.

[413] Vgl. Porst (2009), S.81 f.; Weiber/Mühlhaus (2010), S.96 f.

[414] Zu Ausweichkategorien vgl. z.B. Faulbaum/Prüfer/Rexroth (2009), S.179 ff.; Weiber/Mühlhaus (2010), S.96.

[415] Zustimmungsskalen sind bei der Konstruktmessung im Rahmen von Strukturgleichungsmodell weit verbreitet. Alternativ können Intensitätsskalen (z.B. sehr niedrig – sehr hoch) oder Bewertungsskalen (z.B. Schulnoten) herangezogen werden. Zur Problematik von Zustimmungsskalen und einer Bewertung von Intensitäts- und Bewertungsskalen vgl. z.B. Weiber/Mühlhaus (2010), S.97 f.

tet, da die Beantwortung der Fragen kein spezielles Wissen voraussetzte und daher kaum mit Verständnisschwierigkeiten zu rechnen war.[416]

Zustimmungsskalen weisen streng genommen nur ein Ordinalskalenniveau auf, d.h. die einzelnen Ausprägungen der Zustimmung spiegeln lediglich Rangfolgen wider. Erst bei der Annahme, dass die Befragten die Abstufungen zwischen den Ausprägungen als gleich groß wahrnehmen, liegt das für Strukturgleichungsanalysen geforderte Intervallskalenniveau vor.[417] Die Zustimmungsskala wurde daher nur an den Endpunkten verbalisiert („stimme gar nicht zu“ bzw. „stimme voll und ganz zu“). Eine weitere Benennung der einzelnen Skalenpunkte (z.B. “stimme eher nicht zu“ oder „stimme eher zu“) fand nicht statt, da die Gleichabständigkeit bei einer durchgängigen Verbalisierung nicht mehr unterstellt werden kann.[418] Die Abstufungen der Skala wurden stattdessen mit den Ziffern 1 bis 7 versehen.

Bei Mehr-Konstrukt-Modellen ist jedes Konstrukt mit mindestens zwei Indikatoren zu messen.[419] Um diese Bedingung zu erfüllen, wurden pro Konstrukt zunächst vier bis acht Items formuliert:

- Die *Zufriedenheit* spiegelt die bisherigen Erfahrungen und die Erwartungserfüllung aus Sicht eines Versicherten wider. Es handelt sich somit um eine retrospektive Beurteilung der gesamten Geschäftsbeziehung mit der derzeitigen Krankenkassen. Abbildung 4.17 zeigt, welche Items zur Messung dieses Konstruktes verwendet wurden.[420]

- Das *Vertrauen* bezieht sich auf die Einschätzung eines Versicherten, ob seine Krankenkasse auch in Zukunft alle seine Anforderungen erfüllen kann. Da sich die Anforderungen der Kunden und die Marktgegebenheiten (z.B. rechtliche Rahmenbedingungen, Aktivitäten von Wettbewerbern) ändern können, stellt das Vertrauen einen „Frühwarnradar“ für notwendige Anpassungen eines Unternehmens dar und kann eine Erklärung dafür liefern, warum (bislang) zu-

[416] Der Verzicht auf eine Ausweichkategorie wird z.B. durch eine Untersuchung von Krosnick et al. (2002) gestützt. Demnach lässt sich die Datenqualität mithilfe von Ausweichkategorien nicht steigern; stattdessen können aber wichtige Informationen verloren gehen.

[417] Vgl. Weiber/Mühlhaus (2010), S.98; zur „quasi-metrischen“ Behandlung von ordinalskalierten Daten in der Marktforschung vgl. z.B. auch Homburg/Krohmer (2006), S.309.

[418] Vgl. Porst (2009), S.78 ff.

[419] Vgl. Weiber/Mühlhaus (2010), S.93.

[420] Zu den Items vgl. Homburg/Fürst (2005) und die im Skalenhandbuch von Bruner/Hensel/James (2005) aufgeführten Statements.

friedene Kunden u. U. einen Anbieterwechsel in Erwägung ziehen. Abbildung 4.18 führt die ausgesuchten Items zur Messung dieses Konstruktes auf.[421]

- Die *Attraktivität von Alternativen* bezieht sich auf die Vorteilhaftigkeit bzw. den „Gewinn“, den ein Versicherter bei einer anderen Krankenversicherung erwartet. Abbildung 4.19 gibt die zur Messung des Konstruktes verwendeten Items wieder.[422]

- Zu den *Wechselkosten* gehören die direkten, die versunkenen und die psychischen Kosten eines Anbieterwechsels. Die in Abbildung 4.20 dargestellten Indikatoren bilden diese unterschiedliche Facetten ab.[423]

- Das *Wechselrisiko* beschreibt die mit einem (hypothetischen) Wechsel verbundenen psychischen Spannungen. Die verwendeten Items zur Messung dieses Konstruktes können der Abbildung 4.21 entnommen werden.[424]

- *Kundenbindung* ist ein Zustand der Gebundenheit und Verbundenheit. Dieser drückt sich u.a. in einer hohen Wiederwahlabsicht, der Bereitschaft zur Beibehaltung der Geschäftsbeziehung und der Weiterempfehlungsbereitschaft aus. Gebundene Kunden sind überzeugte Kunden. Die zur Messung der Kundenbindung verwendeten Items zeigt Abbildung 4.22.[425]

Die Messmodelle dieser Items wurden anschließend einer Güteprüfung unterzogen.

4.4.4 Güteprüfung der Messmodelle

Für die Schätzung eines Strukturgleichungsmodells spielt die Güte der verwendeten Messmodelle eine wichtige Rolle. Um die Beziehungen zwischen den Konstrukten möglichst fehlerfrei bestimmen zu können, müssen die Konstrukte genau gemessen werden. Die *Reliabilität* spiegelt dabei die Zuverlässigkeit, d.h. die formale Genauigkeit, eines Messinstruments wider. Die *Validität* drückt dagegen aus, ob ein

[421] Zu den Items vgl. die in den Skalenhandbüchern von Bearden/Netemeyer (1999) und Bruner/Hensel/James (2005) aufgeführten Statements.

[422] Zu den Items vgl. Ping (1993), Sharma/Patterson (2000) sowie Pick (2008), S.132.

[423] Zu den Items vgl. Ping (1993), Sharma/Patterson (2000), Jones/Mothersbaugh/Beatty (2002) und die im Skalenhandbuch von Bruner/Hensel/James (2005) aufgeführten Statements.

[424] Zu den Items vgl. Jones/Mothersbaugh/Beatty (2002), Burnham/Frels/Mahajan (2003) sowie Höppner et al. (2004).

[425] Zu den Items vgl. Homburg/Fürst (2005), Kindermann (2006) und das im Skalenhandbuch von Bruner/Hensel/James (2005) aufgeführte Statement.

Statement	Kodierung	in Anlehnung an
Mit meiner Krankenkasse bin ich in hohem Maße zufrieden.	ZUFR_allgemein	Homburg/Fürst (2005)
Die Mitgliedschaft bei meiner Krankenkasse habe ich bislang immer als sehr vorteilhaft empfunden.	ZUFR_Vorteilhaftigkeit	Homburg/Fürst (2005)
Meine Krankenkasse hat bis zum heutigen Tage alle meine Erwartungen bestens erfüllt.	ZUFR_Erwartungen	Homburg/Fürst (2005)
Die Wahl meiner Krankenkasse war eine überaus gute Entscheidung.	ZUFR_gute_Entsch	Bruner/Hensel/James (2005), p.500
Von meiner Krankenkasse bin ich alles in allem sehr enttäuscht. (reverse)	ZUFR_Enttaeuschung	Bruner/Hensel/James (2005), p.511
Als Mitglied meiner Krankenkasse fühle ich mich hervorragend.	ZUFR_Gefuehl	Bruner/Hensel/James (2005), p.505

Abbildung 4.17: Indikatoren „Zufriedenheit“

Statement	Kodierung	in Anlehnung an
Auf meine Krankenkasse kann ich mich immer voll und ganz verlassen.	VERTR_Verlaesslichkeit	Bearden/Netemeyer (1999), p.234 f.
Ich habe in jeder Hinsicht sehr großes Vertrauen in meine Krankenkasse.	VERTR_allgemein	Bruner/Hensel/James (2005), p.609
Meine Krankenkasse ist den zukünftigen Herausforderungen im Gesundheitswesen voll und ganz gewachsen.	VERTR_Herausforderungen	neu erstelltes Item
Meine Krankenkasse ist ein starker Partner im Gesundheitswesen.	VERTR_Staerke	neu erstelltes Item
Ich habe keinerlei Bedenken, dass meine Krankenkasse auch in den nächsten Jahren in der Lage ist, das beste Preis-Leistungsverhältnis für mich zu bieten.	VERTR_PLV	neu erstelltes Item
Meine Krankenkasse ist im Wettbewerb mit anderen Krankenversicherungen sehr gut aufgestellt.	VERTR_Wettbewerb	neu erstelltes Item
Wenn es um Innovationen im Gesundheitswesen geht, dann ist meine Krankenkasse immer vorne dabei.	VERTR_Innovationen	neu erstelltes Item
Meine Krankenkasse hat einen guten Ruf.	VERTR_Ruf	neu erstelltes Item

Abbildung 4.18: Indikatoren „Vertrauen“

Statement	Kodierung	in Anlehnung an
Mit einer anderen Krankenversicherung wäre ich vermutlich alles in allem deutlich zufriedener als mit meiner derzeitigen Krankenkasse.	ALTERN_Zufriedenheit	Ping (1993), Sharma/Patterson (2000)
Die Mitgliedschaft in meiner aktuellen Krankenkasse hat im Vergleich zu der Mitgliedschaft bei einer anderen Krankenversicherung sehr viele Vorteile für mich. (reverse)	ALTERN_Vorteile	Ping (1993)
Das Preis-Leistungsverhältnis einer oder mehrerer anderer Krankenversicherungen halte ich für überaus interessant.	ALTERN_PLV	Pick (2008)
Wenn ich mich morgen für eine andere Krankenkasse entscheiden müsste, dann wäre das (abgesehen von dem Aufwand für einen Wechsel) sehr nachteilig für mich. (reverse)	ALTERN_Nachteile	neu erstelltes Item
Es gibt deutlich bessere Krankenversicherungen als meine derzeitige Krankenkasse.	ALTERN_bessere	neu erstelltes Item

Abbildung 4.19: Indikatoren „Attraktivität von Alternativen“

Statement	Kodierung	in Anlehnung an
Die Auswahl und der Wechsel zu einer neuen Krankenversicherung kostet sehr viel Zeit und Mühe.	WK_Zeit_Muehe	Bruner/Hensel/James (2005), p.600
Es würde einige Zeit dauern, bis ich eine neue passende Krankenversicherung gefunden und mich an deren Abläufe gewöhnt hätte.	WK_Suche_Gewoehnung	Jones et al. (2002)
Der Wechsel zu einer neuen Krankenversicherung wäre für mich überaus lästig.	WK_laestig	Bruner/Hensel/James (2005), p.600
Die Aufwände für die Kündigung einer Krankenkasse und den Beitritt zu einer neuen Krankenversicherung halte ich für vernachlässigbar gering. (reverse)	WK_Aufwand	Ping (1993), Sharma/Patterson (2000)
Es wäre einiges zu tun, bis ich bei einer neuen Krankenversicherung wieder alles so geregelt hätte wie bei einer derzeitigen Krankenkasse.	WK_setup	neues Item
In die Beziehung zu meiner derzeitigen Krankenkasse habe ich schon sehr viel Zeit und Mühe investiert.	WK_Investment	neues Item

Abbildung 4.20: Indikatoren „Wechselkosten“

Statement	Kodierung	in Anlehnung an
Man kann nie wissen, ob eine neue Krankenversicherung nicht doch schlechter ist als die alte.	RISIKO_schlechter	Jones et al. (2002), Höppner et al. (2004)
Trotz sorgfältiger Auswahl könnte sich der Wechsel zu einer neuen Krankenversicherung im Nachhinein als großer Fehler herausstellen.	RISIKO_Fehler	neu erstelltes Item
Ich hätte keinerlei Bedenken, zu einer anderen Krankenversicherung zu wechseln. (reverse)	RISIKO_Bedenken	neu erstelltes Item
Der Wechsel zu einer neuen Krankenversicherung könnte zu nicht vorhergesehenen Schwierigkeiten führen.	RISIKO_Schwierigkeiten	Burnham, Frels, Mahajan (2003)

Abbildung 4.21: Indikatoren „Wechselrisiko"

Statement	Kodierung	in Anlehnung an
Wenn ich mich in nächster Zeit für eine neue Krankenversicherung entscheiden müsste, dann würde ich meine derzeitige Krankenkasse auf alle Fälle wieder wählen.	KB_Wiederwahl	Homburg/Fürst (2005)
Ich habe vor, noch viele Jahre Kunde meiner Krankenkasse zu bleiben.	KB_Verbleib	Homburg/Fürst (2005)
Meine aktuelle Krankenkasse würde ich guten Freunden völlig uneingeschränkt als erste Wahl weiterempfehlen.	KB_Weiterempfehlung	Homburg/Fürst (2005)
Ich kann mir sehr gut vorstellen, meine Krankenkasse innerhalb der nächsten 2-3 Jahre zu wechseln. (reverse)	KB_Wechselabsicht	neu erstelltes Item
Mit meiner derzeitigen Krankenkasse fühle ich mich sehr stark verbunden.	KB_Verbundenheit	Kindermann (2006)
Ich habe in letzter Zeit sehr oft über den Wechsel zu einer neuen Krankenversicherung nachgedacht. (reverse)	KB_Nachdenken_Wechsel	Kindermann (2006)
Manchmal bin ich mir sehr unsicher, ob ich bei meiner Krankenkasse bleiben soll. (reverse)	KB_Unsicherheit	Bruner/Hensel/James (2005), p.505

Abbildung 4.22: Indikatoren „Kundenbindung"

Messinstrument das interessierende Konstrukt tatsächlich erfasst, d.h. ob es das misst, was es messen soll.[426]

Im Rahmen der Kausalanalyse wird zwischen Gütekriterien der *ersten* Generation und Gütekriterien der *zweiten* Generation unterschieden.

4.4.4.1 Gütekriterien der ersten Generation

Zu den Gütekriterien der ersten Generation, die zur Prüfung von Messmodellen üblicherweise herangezogen werden,[427] gehören

- Cronbachs Alpha,
- die (korrigierte) Item-to-Total-Korrelation,
- die Prüfung auf Eindimensionalität sowie
- die Ergebnisse einer explorativen Faktorenanalyse über alle Indikatoren.

Für die Reliabilitätsprüfung auf Konstruktebene wird am häufigsten *Cronbachs Alpha* herangezogen, das die interne Konsistenz eines Indikatorensets angibt.[428] Die Indikatoren werden dabei als unabhängige Messwiederholungen eines Konstruktes aufgefasst und sollten untereinander positiv korreliert sein, sofern sie tatsächlich ein gemeinsames Konstrukt abbilden. Cronbachs Alpha stellt „den Mittelwert aller Korrelationen dar, die sich ergeben, wenn die dem Faktor zugeordneten Indikatoren auf alle möglichen Arten in zwei Hälften geteilt und die Summen der jeweils resultierenden Variablenhälften anschließend miteinander korreliert werden.“[429]

Cronbachs Alpha ist definiert als:[430]

$$\alpha = \frac{n}{n-1}\left(1 - \frac{\sum \sigma_i^2}{\sigma_x^2}\right) \tag{4.7}$$

[426] Zu den Gütekriterien einer Messung vgl. z.B. Homburg/Giering (1996), S.6 ff.; Schnell/Hill/Esser (2005), S.149 ff.; Weiber/Mühlhaus (2010), S.103 ff.; Kuß/Eisend (2010), S.98 ff.

[427] Vgl. hierzu die Empfehlungen bei Homburg/Giering (1996), S.8 und Weiber/Mühlhaus (2010), S.105 ff.

[428] Vgl. z.B. Homburg/Giering (1996), S.8; Eckstein (2008), S.293 ff.; Schnell/Hill/Esser (2005), S.153; Weiber/Mühlhaus (2010), S.110 f.

[429] Homburg/Giering (1996), S.8.

[430] Vgl. Weiber/Mühlhaus (2010), S.111.

mit

n:	Anzahl der Indikatoren (Items) eines Konstruktes;
σ_i^2:	Varianz des Indikators i;
σ_x^2:	Varianz der Summe aller Indikatoren eines Konstruktes.

Der Wertebereich für Cronbachs Alpha liegt zwischen Null und Eins. Eine gute Reliabilität wird ab einem Mindestwert von 0,7 erreicht.[431]

Für eine Reliabilitätsprüfung auf Indikatorebene kann ebenfalls Cronbachs Alpha herangezogen werden. Von Interesse ist der Alpha-Wert, der sich bei Ausschluss eines Items i ergibt. Liegt der Alpha-Wert *ohne* i über dem Alpha-Wert *mit* i, wird die Streichung des Items i empfohlen.[432]

Auch über die (korrigierte) *Item-to-Total-Korrelation* (ITK) lässt sich die Reliabilität eines Items untersuchen. Das Kriterium gibt an, welchen Beitrag ein Item zur Konstruktmessung leistet. Hierzu wird die „Korrelation eines Indikators i mit der Summe der Indikatoren eines Konstruktes berechnet“[433]. Um Verzerrungen aufgrund einer partiellen Selbstkorrelation zu vermeiden, schließt die *korrigierte* Item-To-Total-Korrelation (KITK) das betrachtete Item aus der Summenbildung aus.

Die Formel für die korrigierte Item-to-Total-Korrelation lautet:[434]

$$\text{KITK}\,(x_i, x_s) = \frac{\text{cov}\,(x_i, x_{s^*})}{\sigma_{xi}\sigma_{xs^*}} \tag{4.8}$$

mit

x_{s^*}:	Summenvariable, die aus den Werten der Indikatoren j=1,...I für $i{\neq}j$ gebildet wird: $\sum x_i$;
σ_{xi}:	Standardabweichung des Indikators x_i;

[431] Zum Schwellenwert von 0,7 vgl. Homburg/Giering (1996) und Weiber/Mühlhaus (2010). Eckstein (2008) gibt einen Wert von 0,6 an. Nach Schnell/Hill/Esser (2005) sind empirische Werte über 0,8 „akzeptabel“.

[432] Vgl. Weiber/Mühlhaus (2010), S.113.

[433] Vgl. Weiber/Mühlhaus (2010), S.112.

[434] Vgl. Weiber/Mühlhaus (2010), S.112.

σ_{xs^*}: Standardabweichung der Skala x_{s^*};
$\operatorname{cov}(x_i, x_s)$: Kovarianz zwischen Indikator x_i und der Skala x_{s^*}.

Eine gute Reliabilität liegt bei einem Schwellenwert von KITK $\geq 0,5$ vor.[435]

Sowohl Cronbachs Alpha, das sich beim Ausschluss eines Items ergibt, als auch die korrigierte Item-to-Total-Korrelation geben Hinweise darauf, welche Items aus der weiteren Analyse entfernt werden sollten, um die interne Konsistenz eines Konstruktes zu erhöhen. In die Entscheidung für den Ausschluss oder die Beibehaltung eines Items sollten allerdings auch theoretische und/oder sachlogische Überlegungen einfließen.[436]

Reflektiven Messmodellen liegt die Annahme zugrunde, dass die Ausprägungen der gemessenen Indikatoren von einem dahinter stehenden Konstrukt verursacht werden und somit unterschiedliche Folgen oder Konsequenzen eines *einzelnen* Konstruktes darstellen. Um die Reliabilität der Messmodelle zu untersuchen, ist daher sicherzustellen, dass es sich um eindimensionale Konstrukte handelt. Die Prüfung auf Eindimensionalität kann mithilfe der explorativen Faktorenanalyse (getrennt nach einzelnen Konstrukten) erfolgen. Empfohlen wird dieser Schritt bei Konstrukten mit mehr als vier Messindikatoren.[437] Zum Ablauf einer explorativen Faktorenanalysen sei auf die einschlägige Fachliteratur verwiesen.[438]

Um die Validität der verwendeten Messmodelle zu prüfen, ist abschließend eine weitere *explorative Faktorenanalyse* (EFA) über alle verbliebenen Indikatoren durchzuführen. Dabei wird versucht, „die Beziehungszusammenhänge in einem großen Variablenset .. zu strukturieren," indem man „Gruppen von Variablen identifiziert, die hoch miteinander korreliert sind und diese von weniger korrelierten Gruppen trennt."[439] Gruppen von hoch korrelierten Variablen bezeichnet man in diesem Zusammenhang als Faktoren. Ziel der Analyse ist es, eine Gesamtschau auf die verwendeten Messindikatoren zu erhalten und zu untersuchen, ob die extrahierten Faktoren die aufgestellten Konstrukt-Indikator-Beziehungen widerspiegeln.[440] Die Anzahl der extrahierten Faktoren sollte hierzu mit der Anzahl der zu messenden Konstrukte übereinstimmen.[441] Jedes Item sollte zudem einem einzelnen

[435] Vgl. Weiber/Mühlhaus (2010), S.112.
[436] Vgl. Weiber/Mühlhaus (2010), S.113 f.
[437] Vgl. Weiber/Mühlhaus (2010), S.139.
[438] Vgl. z.B. Hüttner/Schwarting (2000); Backhaus et al. (2008), S.323 ff.; Bühner (2010), S.295 ff.
[439] Backhaus et al. (2008), S.324.
[440] Vgl. Weiber/Mühlhaus (2010), S.117.
[441] Das Vorgehen ist somit nur „quasi" explorativ, da die Faktorenstruktur vorab festgelegt wurde.

Faktor klar zugeordnet werden können. Faktoren, bei denen keine klare Zuordnung möglich ist, sind aus der weiteren Analyse auszuschließen.

Die Gütekriterien der ersten Generation werden für die Überprüfung von Messmodellen zwar empfohlen, sie weisen jedoch Schwachstellen auf. Zum einen erlauben sie keine Schätzung von Messfehlern. Zum anderen basieren die Kriterien auf Faustregeln; eine inferenzstatistische Prüfung der Modellparameter ist nicht möglich.[442] Für die Prüfung der Validität und der Reliabilität von Messmodellen sollten daher zusätzlich die Gütekriterien der zweiten Generation herangezogen werden.

4.4.4.2 Gütekriterien der zweiten Generation

Die konfirmatorische Faktorenanalyse (KFA)[443] stellt die Basis für die Gütekriterien der zweiten Generation dar. Zu den gängigen Kriterien, die aus der KFA für Strukturgleichungsanalysen abgeleitet werden, gehören[444]

- die Indikatorreliabilität,
- die Faktorreliabilität,
- die durchschnittlich extrahierte Varianz (DEV) sowie
- die Diskriminanzvalidität nach dem Kriterium von Fornell-Larcker.

„Die Indikatorreliabilität gibt an, welcher Anteil der Varianz des Indikators (x_i) durch den zugrundeliegenden Faktor (ξ_j) erklärt wird“[445].

Die Formel für die Berechnung der *Indikatorreliabilität* lautet:[446]

$$\text{Rel}\,(x_i) = \frac{\lambda_{ij}^2 \Phi_{jj}}{\lambda_{ij}^2 \Phi_{jj} + \Theta_{ii}} \tag{4.9}$$

mit

[442] Vgl. Homburg/Giering (1996), S.9; Weiber/Mühlhaus (2010), S.114 f.

[443] Zum Ablauf einer konfirmatorischen Faktorenanalyse vgl. z.B. Homburg/Pflesser (2000a), Backhaus et al. (2009b) oder Bühner (2010), S.379 ff.

[444] Vgl. im Folgenden Homburg/Giering (1996), S.10 f.; Homburg/Pflesser (2000a), S.428 f.; Weiber/Mühlhaus (2010), S.116 ff.

[445] Homburg/Pflesser (2000a), S.428.

[446] Vgl. z.B. Homburg/Giering (1996), S.10 f.; Weiber/Mühlhaus (2010), S.122 f.

λ_{ij}: geschätzte Faktorladung;
Φ_{jj}: geschätzte Varianz der latenten Variable ξ_i;
Θ_{ii}: geschätzte Varianz der zugehörigen Fehlervariablen.

Der Schwellenwert für eine gute Reliabilität liegt bei $\text{Rel}\,(x_i) \geq 0,4$. Die Faktorladungen λ_{ij} sollten zudem signifikant von Null verschieden sein.[447]

Für eine Beurteilung der Faktoren werden die Faktorreliabilität und die durchschnittlich erfasste Varianz eines Faktors (DEV) untersucht. Beide Kriterien zeigen, „wie gut der Faktor durch alle ihm zugeordneten Indikatoren gemeinsam gemessen wird“[448]. Während die Faktorreliabilität der „Indikatorreliabilität“ auf Konstruktebene entspricht,[449] gibt die durchschnittlich erfasste Varianz eines Faktors an, „wie viel Prozent der Streuung des latenten Konstruktes über die Indikatoren durchschnittlich erklärt wird“[450].

Für die Faktorreliabilität gilt:[451]

$$\text{Rel}\,(\xi_j) = \frac{\left(\sum \lambda_{ij}\right)^2 \Phi_{jj}}{\left(\sum \lambda_{ij}\right)^2 + \sum \Theta_{ii}} \tag{4.10}$$

Die durchschnittlich extrahierte Varianz (DEV) bestimmt sich über:[452]

$$\text{DEV}\,(\xi_j) = \frac{\left(\sum \lambda_{ij}^2\right) \Phi_{jj}}{\left(\sum \lambda_{ij}^2\right) + \sum \Theta_{ii}} \tag{4.11}$$

jeweils mit

λ_{ij}: geschätzte Faktorladung;
Φ_{jj}: geschätzte Varianz der latenten Variable ξ_i;

[447] Vgl. Homburg/Giering (1996), S.13 Tab.1; Weiber/Mühlhaus (2010), S.122.
[448] Homburg/Giering (1996), S.10.
[449] Vgl. Weiber/Mühlhaus (2010), S.122.
[450] Weiber/Mühlhaus (2010), S.123.
[451] Vgl. z.B. Homburg/Giering (1996), S.10 f.; Weiber/Mühlhaus (2010), S.123.
[452] Vgl. z.B. Homburg/Giering (1996), S.11; Weiber/Mühlhaus (2010), S.123.

Θ_{ii}: geschätzte Varianz der zugehörigen Fehlervariablen.

Die Schwellenwerte für eine gute Reliabilität liegen bei $\text{Rel}\,(\xi_j) \geq 0,6$ und $\text{DEV}\,(\xi_j) \geq 0,5$.[453]

Als Kriterium für die Konstruktvalidität kann bei reflektiven Messmodellen auf die Diskriminanzvalidität zurückgegriffen werden. Diese liegt vor, „wenn Messungen unterschiedlicher Konstrukte nicht oder nur gering miteinander korrelieren“[454]. Eine Prüfung ist über das sogenannte *Fornell/Larcker-Kriterium* möglich. „Dieses fordert, daß die durchschnittlich erfasste Varianz eines Faktors ... größer ist als jede quadrierte Korrelation dieses Faktors mit einem anderen Faktor“[455]:

$$\text{DEV}\,(\xi_j) \geq \Phi_{ij}^2; \text{für alle } i \neq j \tag{4.12}$$

mit[456]

$\text{DEV}\,(\xi_j)$: DEV des Faktors ξ_i gemäß Gleichung (4.11);
Φ_{ij}^2: quadrierte Korrelation zwischen ξ_i und ξ_j.

4.4.4.3 Datenaufbereitung und Auswahl des Schätzverfahrens

Vor der Güteprüfung der einzelnen Messmodelle ist der verwendete Datensatz auf Ausreißer und fehlende Werte zu überprüfen.[457] Für die Durchführung der konfirmatorischen Faktorenanalyse und der späteren Schätzung des Kausalmodells ist zudem ein Schätzverfahren auszuwählen.

Ausreißer konnten in dem Datensatz nicht festgestellt werden. Für den Umgang mit fehlenden Werten gab es die Möglichkeit, eine *Full Information Maximum Likelihood (FIML)-Schätzung* durchzuführen. Bei dieser im Softwarepaket AMOS

[453]Vgl. Homburg/Giering (1996), S.13 Tab.1; Weiber/Mühlhaus (2010), S.123.
[454]Balderjahn (2003), S.132.
[455]Homburg/Giering (1996), S.11.
[456]Vgl. Weiber/Mühlhaus (2010), S.135.
[457]Vgl. Weiber/Mühlhaus (2010), S.141.

verfügbaren Technik werden fehlende Werte im Rahmen der Parameterschätzung direkt ersetzt.[458] Auch wenn diese Technik durch „hervorragende Eigenschaften"[459] gekennzeichnet ist und bei der Analyse von Kausalmodellen empfohlen wird, hat sie zwei Nachteile: Zum einen kann sie nur bei der Schätzung von Strukturgleichungsmodellen eingesetzt werden. Zum anderen gibt die Software AMOS nicht mehr alle interessierenden Fit-Indizes eines Modells aus, sobald die FIML-Technik gewählt wurde – für die Beurteilung eines Modells stehen also weniger Informationen zur Verfügung. Letzteres führte zu der Entscheidung, auf die FIML-Technik zu verzichten und fehlende Werte *vor* der Schätzung zu ersetzen. Im ersten Schritt wurden hierzu alle Fälle aus dem Datensatz entfernt, die bei mindestens einem Konstrukt keine oder nur eine Antwort enthielten. Dies traf für 69 Fälle zu. Im zweiten Schritt wurden bei den verbliebenen 1.059 Fällen alle fehlenden Werte mit dem persönlichen Mittelwert der vorhandenen Item-Werte des jeweiligen Konstruktes fallweise ersetzt.[460] Zur Prüfung dieses Vorgehens können im Anschluss an die jeweilige Schätzung eine zweite Schätzung mit dem ursprünglichen Datensatz und der FIML-Technik durchgeführt und die Schätzergebnisse miteinander verglichen werden. Sollten sich hierbei größere Abweichungen zeigen, ist das gewählte Verfahren der Datenaufbereitung zu überdenken.

Für die Parameterschätzungen im Rahmen von Strukturgleichungsmodellen stehen unterschiedliche Algorithmen zur Auswahl.[461] Abbildung 4.23 zeigt die vom Softwarepaket AMOS in der Version 18 zur Verfügung gestellten Schätzverfahren mit den dazugehörigen Anforderungen und Eigenschaften. Will man auf Inferenzstatistiken nicht verzichten, so kommen nur der ML-, der GLS- und der ADF-Schätzer infrage. Während der ML- und der GLS-Schätzer eine Multinormalverteilung der Ausgangsvariablen voraussetzen, führen beim ADF-Verfahren auch nicht normalverteilte Daten zu effizienten Parameterschätzungen. Allerdings liefert der ADF-Schätzer nur bei einem sehr großen Stichprobenumfang zuverlässige Ergebnisse. Würde man beim Kundenbindungsmodell in Abbildung 4.11 z.B. jedes Konstrukt lediglich über zwei Items messen, dann müsste die Stichprobe bereits aus mindes-

[458] Vgl. Weiber/Mühlhaus (2010), S.143.

[459] Weiber/Mühlhaus (2010), S.143.

[460] Lagen in einem Fragebogen von fünf Items eines Konstruktes z.B. nur drei Items mit den Werten [3,2,3] vor, so wurden die fehlenden zwei Werte mit dem gerundeten Mittelwert dieser drei Items ersetzt – in dem Beispiel also mit dem Wert 2,7.

[461] Vgl. z.B. Weiber/Mühlhaus (2010), S.55 f.

tens 1.785 Fällen bestehen.[462] Der ADF-Schätzer schied somit ebenso aus, da die verfügbare Stichprobe deutlich kleiner war.

Kriterium	ML	GLS	ULS	SLS	ADF
Annahme einer Multinormalverteilung	ja	ja	nein	nein	nein
Skalenvarianz	ja	ja	nein	ja	ja
Stichprobengröße (N) (t = Parameterzahl)	≥ 5 t oder N-T > 50	≥ 5 t oder N-T > 50	≥ 5 t oder N-T > 50	≥ 5 t oder N-T > 50	≥ 1,5 * t(t+1)
Inferenzstatistiken	ja	ja	nein	nein	ja
Abkürzungen: ML = Maximum Likelihood; GLS = Generalized Least Squares, ULS = Unweighted Least Squares; SLS = Scale-free Least Squares; ADF = Asymptotically Distribution Free					

Abbildung 4.23: Anforderungen und Eigenschaften iterativer Schätzverfahren (Quelle: Weiber/Mühlhaus (2010), S.56)

Von den verbliebenen zwei Optionen stellt die Maximum Likelihood-Methode (ML) das am häufigsten angewendete Verfahren für die Schätzung von Strukturgleichungsmodellen dar.[463] Wie eine Untersuchung von Olsson et al. (2000) zeigt ist der ML-Schätzer im Vergleich zum GLS-Schätzer deutlich robuster und liefert genauere Ergebnisse, so dass nach Möglichkeit dieses Verfahren gewählt werden sollte – vorausgesetzt es liegt eine Multinormalverteilung der Daten vor.

Die *Prüfung auf Multinormalverteilung* beginnt mit dem Test auf univariate Normalverteilung, d.h. es werden die Schiefe (Skewness) und Wölbung (Kurtosis) der *einzelnen* manifesten Variablen untersucht. Bei einer exakten Normalverteilung weisen beide Variablen einen Wert von Null auf. Schiefekoffizienten im Betrag kleiner als zwei und Wölbungskoeffizienten im Betrag kleiner als sieben gelten im Rahmen von Strukturgleichgleichsmodellen als akzeptabel, d.h. erst beim Überschreiten dieser Werte liegt eine bedeutsame Abweichung von der Normalverteilung vor.[464] Im zweiten Schritt ist die Variablen*gesamtheit* auf multivariable Normalverteilung zu testen. *Mardias Koeffizient der multivariaten Wölbung* ist hierfür ein geeignetes Maß. Auch dieser Koeffizient nimmt bei einer perfekten Normalverteilung einen

[462] In dem Beispiel sind 6 Faktorladungen (λ) der Indikatorvariablen, 12 Messfehler (δ bzw. ϵ) der Indikatorvariablen, 3 Messfehler der latenten endogenen Variablen, 6 Korrelationen und Varianzen (Φ) der latenten exogenen Variablen sowie 7 Pfadkoeffizenten (γ bzw. β) des Strukturmodells zu schätzen, was einer Gesamtparameterzahl (t) von 34 entspricht. Die Stichprobe sollte demnach mindestens $1,5 \cdot 34\,(34+1) = 1.785$ Fälle umfassen.

[463] Vgl. Backhaus et al. (2009b), S.41; Bühner (2010), S.408.

[464] Vgl. Weiber/Mühlhaus (2010), S.146 und Byrne (2010), S.103 jeweils mit Verweis auf West/ Finch/Curran (1995).

Wert von Null an; bei Werten deutlich über Null, wird die Normalverteilungsannahme verletzt.[465]

Da bei Rating- und Zustimmungsskalen mit nicht normalverteilten Items zu rechnen ist, stellt sich die Frage, welche Auswirkungen dies auf die Parameterschätzungen hat. Antworten hierzu finden sich z.B. bei Byrne (2010):[466] Bei einer Verletzung der Multinormalverteilungsannahme sind demnach überhöhte χ^2-Werte und zu gering geschätzte Standardfehler zu erwarten. Auch einzelne Fit-Indizes können zu niedrig ausfallen. „Ingesamt bedeutet dies, dass ein in der Population passendes Modell durch den Modelltest zu häufig abgelehnt wird. Darüber hinaus werden Pfade und Korrelationen zwischen Variablen im Modell aufgrund der fälschlicherweise zu geringen Standardfehler signifikant, obwohl dies in der Population nicht zutrifft“[467]. Die Punktschätzungen der einzelnen Faktorladungen, Kovarianzen und Varianzen werden dagegen nicht beeinflusst.

Eine Möglichkeit, mit nicht normalverteilten Daten umzugehen, ist das *Bootstrapping-Verfahren.*[468] Bei dieser Resampling-Methode nimmt man an, dass die Stichprobe die Grundgesamtheit repräsentiert. Um die Stabilität der Schätzung zu prüfen, werden aus der ursprünglichen Stichprobe eine Vielzahl (z.B. 500) gleich großer Unterstichproben mit Zurücklegen entnommen und die Schätzungen auf Basis dieser Daten erneut durchgeführt. Die Mittelwerte der Schätzungen werden anschließend mit den ursprünglichen Schätzergebnissen verglichen. Auf diese Weise lässt sich die Genauigkeit der Parameterschätzungen erhöhen.[469] Die Methode ist in der Software AMOS integriert.

4.4.4.4 Ergebnisse der Güteprüfung

Für die Prüfung eines Kausalmodells ist eine möglichst genaue und valide Messung der hypothetischen Konstrukte anzustreben. Die Herausforderung besteht in der Auswahl von mindestens zwei Indikatoren pro Konstrukt,[470] die dessen Ausprägung zuverlässig wiedergeben.

[465] Vgl. Weiber/Mühlhaus (2010), S.147 f.
[466] Vgl. Byrne (2010), S.353 ff.; Bühner (2010), S.408.
[467] Bühner (2010), S.408 mit Verweis auf West/Finch/Curran (1995), S.73.
[468] Vgl. Byrne (2010), S.329 ff.
[469] Zu den Einschränkungen der Methode vgl. Byrne (2010), S.332 f.
[470] Vgl. Weiber/Mühlhaus (2010), S.93.

Mit den Befragungsergebnissen der BKK 1 und der BKK 2 standen zwei unabhängige Stichproben zur Verfügung, die als Explorations- und Validierungssample verwendet werden konnten. Die Auswahl der Indikatoren und die Modellschätzung erfolgten zunächst auf Basis des Explorationssamples (BKK 1, n = 311). Eine Bestätigung oder Widerlegung des Modells war anschließend über das Validierungssample (BKK 2, n = 748) möglich; dabei wurde überprüft, ob das Modell auch einer zweiten unabhängigen Stichprobe standhält.

Die Prüfung der Messmodelle begann mit den Gütekriterien der ersten Generation. Die Berechnungen wurden mit der Software PASW Statistics (ehem. SPSS) in der Version 18 durchgeführt. Wie die Ergebnisse in Abbildung 4.24 zeigen konnten nach Ausschluss einzelner Items bei nahezu allen Konstrukten die geforderten Mindestwerte für Cronbachs Alpha und die korrigierte Item-to-Total-Korrelation erreicht werden. Problematisch erwies sich nur die Messung der „Attraktivität von Alternativen". Cronbachs Alpha lag bei diesem Konstrukt knapp unter dem geforderten Mindestwert von 0,7; die Korrigierte-Item-to-Total-Korrelation erreichte nur bei einem Item den Grenzwert von 0,5.

Die Eindimensionalität konnte bei jedem Konstrukt bestätigt werden. Eine simultane Betrachtung aller verbliebenen Items mithilfe der explorativen Faktorenanalyse kam zu den in Abbildung 4.25 dargestellten Ergebnissen.[471] Mit Ausnahme der Items, die zur Messung der „Attraktivität von Alternativen" herangezogen wurden, konnte jedes Item einem einzelnen Faktor zugeordnet werden. Eine Abgrenzung zwischen den Konstrukten „Zufriedenheit" und „Vertrauen" war nach diesem Analyseschritt allerdings noch nicht möglich.

Die Gütekriterien der zweiten Generation basieren auf den Ergebnissen der konfirmatorischen Faktorenanalyse, die mit der Software AMOS in der Version 18 durchgeführt wurde. In die Analyse gingen zunächst alle Variablen ein, die nach den Gütekriterien der ersten Generation geeignete Messindikatoren darstellten. Für die Schätzung kam die Maximum-Likelihood-Methode zum Einsatz. Um den zu schätzenden Variablen eine Skala zuzuweisen, wurden die Varianzen der Konstrukte auf den Wert 1 fixiert.[472]

Die Mindestwerte für die Indikatorreliabilität, die Faktorreliabilität und die durchschnittlich extrahierte Varianz (DEV) wurden schon im ersten Durchlauf bei allen

[471] Mit einem KMO-Wert (Kaiser-Meyer-Olkin-Kriterium) von 0,938 war die Stichprobe zur Anwendung einer Faktorenanalyse sehr gut geeignet. Der Bartlett-Test wurde ebenfalls abgelehnt. Zu diesen zwei Kriterien siehe z.B. Weiber/Mühlhaus (2010), S.107.

[472] Zu diesem Vorgehen siehe z.B. Backhaus et al. (2009b), S.16 oder Weiber/Mühlhaus (2010), S.124.

Faktor	Item	Cronbachs Alpha	Korrigierte Item-to-Total-Korrelation	Cronbachs Alpha, wenn Item weggelassen	Entfernte Items
Zufriedenheit	ZUFR_allgemein	0,949	0,905	0,927	ZUFR_Enttaeuschung ZUFR_Gefuehl
	ZUFR_Vorteilhaftigkeit		0,872	0,935	
	ZUFR_Erwartungen		0,843	0,949	
	ZUFR_gute_Entsch		0,910	0,923	
Vertrauen	VERTR_Verlaesslichkeit	0,914	0,769	0,900	VERTR_PLV
	VERTR_allgemein		0,807	0,894	
	VERTR_Herausforderungen		0,775	0,898	
	VERTR_Staerke		0,785	0,897	
	VERTR_Wettbewerb		0,683	0,907	
	VERTR_Innovationen		0,727	0,903	
	VERTR_Ruf		0,637	0,912	
Attraktivität von Alternativen	ALTERN_Zufriedenheit	0,682	0,452	0,632	ALTERN_PLV
	ALTERN_Vorteile		0,555	0,560	
	ALTERN_Nachteile		0,424	0,663	
	ALTERN_bessere		0,468	0,615	
Wechselkosten	WK_Zeit_Muehe	0,850	0,689	0,809	WK_Aufwand WK_Investment
	WK_Suche_Gewoehnung		0,732	0,790	
	WK_laestig		0,689	0,809	
	WK_setup		0,646	0,827	
Wechselrisiko	RISIKO_schlechter	0,826	0,704	k.A.	RISIKO_Bedenken RISIKO_Schwierigkeiten
	RISIKO_Fehler		0,704	k.A.	
Kundenbindung	KB_Wiederwahl	0,911	0,778	0,894	keine
	KB_Unsicherheit		0,753	0,896	
	KB_Weiterempfehlung		0,653	0,906	
	KB_Verbleib		0,825	0,890	
	KB_Verbundenheit		0,682	0,904	
	KB_Wechselabsicht		0,776	0,894	
	KB_Nachdenken_Wechsel		0,690	0,903	

Abbildung 4.24: Güteprüfung der Messmodelle auf Basis der Verfahren der ersten Generation (Explorationssample)

Item	Faktor			
	1	2	3	4
ZUFR_allgemein	**0,836**	0,132	0,040	-0,201
ZUFR_Vorteilhaftigkeit	**0,827**	0,088	0,075	-0,134
ZUFR_Erwartungen	**0,757**	0,139	0,036	-0,218
ZUFR_gute_Entsch	**0,879**	0,050	0,011	-0,123
VERTR_Verlaesslichkeit	**0,841**	0,040	0,022	-0,097
VERTR_allgemein	**0,869**	0,044	0,054	-0,124
VERTR_Herausforderungen	**0,860**	-0,107	-0,006	0,055
VERTR_Staerke	**0,838**	-0,049	-0,018	0,077
VERTR_Wettbewerb	**0,820**	-0,208	-0,181	0,287
VERTR_Innovationen	**0,816**	-0,104	-0,095	0,184
VERTR_Ruf	**0,678**	0,025	0,024	-0,045
ALTERN_Zufriedenheit	-0,019	-0,629	0,151	-0,046
ALTERN_Vorteile	-0,517	-0,106	-0,007	-0,307
ALTERN_Nachteile	-0,362	-0,041	-0,107	-0,270
ALTERN_bessere	0,027	-0,708	0,039	0,049
WK_Zeit_Muehe	0,047	-0,155	**0,846**	0,060
WK_Suche_Gewoehnung	-0,022	-0,061	**0,778**	0,181
WK_laestig	0,065	0,117	**0,684**	0,118
WK_Aufwand	-0,082	-0,009	**0,861**	-0,174
RISIKO_schlechter	-0,033	-0,009	0,008	**0,868**
RISIKO_Fehler	-0,109	0,079	0,066	**0,830**
KB_Wiederwahl	0,149	**0,682**	-0,026	0,147
KB_Unsicherheit	-0,078	**0,917**	-0,003	-0,053
KB_Weiterempfehlung	0,269	**0,566**	-0,107	-0,023
KB_Verbleib	0,092	**0,769**	0,002	0,101
KB_Verbundenheit	0,292	**0,456**	0,112	0,113
KB_Wechselabsicht	-0,020	**0,775**	0,025	0,157
KB_Nachdenken_Wechsel	-0,124	**0,888**	0,043	-0,121
Extraktionsmethode: Hauptachsen-Faktorenanalyse. Rotationsmethode: Promax mit Kaiser-Normalisierung.				

Abbildung 4.25: Ergebnisse der explorativen Faktorenanalyse über alle Items (Explorationssample)

Items und Konstrukten – mit Ausnahme der Items zur Messung der „Attraktivität von Alternativen“ – erreicht. Lediglich beim Fornell/Larcker-Kriterium stellten sich zunächst keine zufriedenstellenden Ergebnisse ein, was auf die z.T. niedrigen DEV-Werte zurückzuführen war. Um die durchschnittlich extrahierte Varianz (DEV) der Konstrukte zu erhöhen, wurden unter Berücksichtigung sachlogischer Überlegungen mehrere Items mit niedrigen Indikatorreliabilitäten sukzessive aus der Analyse ausgeschlossen, bis das Fornell/Larcker-Kriterium erfüllt war. Auf diese Weise konnte sichergestellt werden, dass nur sehr gute Messungen bei der anschließenden Prüfung des Kausalmodells verwendet wurden.

Problematisch blieb allerdings weiterhin die Messung der „Attraktivität von Alternativen“. Aus sachlogischen Gründen wurden nur die Items „ALTERN_bessere“ und „ALTERN_Zufriedenheit“ in der weiteren Analyse berücksichtigt, da anzunehmen war, dass diese das Konstrukt am besten widerspiegeln. Der Mindestwert für die durchschnittlich extrahierte Varianz wurde bei diesem Konstrukt jedoch verfehlt. Auch das Fornell/Larcker-Kriterium lag in einer Kombination unter dem geforderten Mindestwert.

Die für die Güteprüfung relevanten Ergebnisse der konfirmatorischen Faktorenanalyse können den Abbildungen 4.26 bis 4.29 entnommen werden.

Assessment of normality						
variable	min	max	skew (Schiefe)	c.r.	kurtosis (Wölbung)	c.r.
ZUFR_Vorteilhaftigkeit	2	7	-1,179	-8,486	1,167	4,202
ZUFR_gute_Entsch	2	7	-1,259	-9,067	1,487	5,354
ZUFR_Erwartungen	1	7	-1,292	-9,305	1,889	6,798
ZUFR_allgemein	2	7	-1,286	-9,258	2,024	7,287
WK_Zeit_Muehe	1	7	0,067	0,481	-1,216	-4,378
WK_Suche_Gewoehnung	1	7	-0,115	-0,827	-1,286	-4,628
VERTR_Staerke	2	7	-0,662	-4,764	-0,061	-0,220
VERTR_Herausforderungen	2	7	-0,710	-5,111	0,134	0,482
RISIKO_schlechter	1	7	-0,676	-4,868	-0,378	-1,362
RISIKO_Fehler	1	7	-0,751	-5,406	-0,174	-0,626
KB_Wiederwahl	1	7	-1,325	-9,541	1,613	5,805
KB_Weiterempfehlung	1	7	-1,595	-11,486	2,785	10,025
KB_Verbleib	1	7	-1,557	-11,209	2,444	8,798
ALTERN_Zufriedenheit	1	7	1,639	11,799	2,659	9,570
ALTERN_bessere	1	7	0,862	6,209	-0,058	-0,208
Multivariate (Mardias Koeffizient der multivariaten Wölbung)					107,369	41,922

Abbildung 4.26: Prüfung auf Multinormalverteilung (Explorationssample)

Abbildung 4.26 zeigt zunächst die Ergebnisse der Prüfung auf Multinormalverteilung. Während die Schiefe- und Wölbungskoeffizienten der einzelnen Variablen innerhalb der zuvor postulierten Grenzen liegen ($|2|$ für die Schiefe und $|7|$ für die

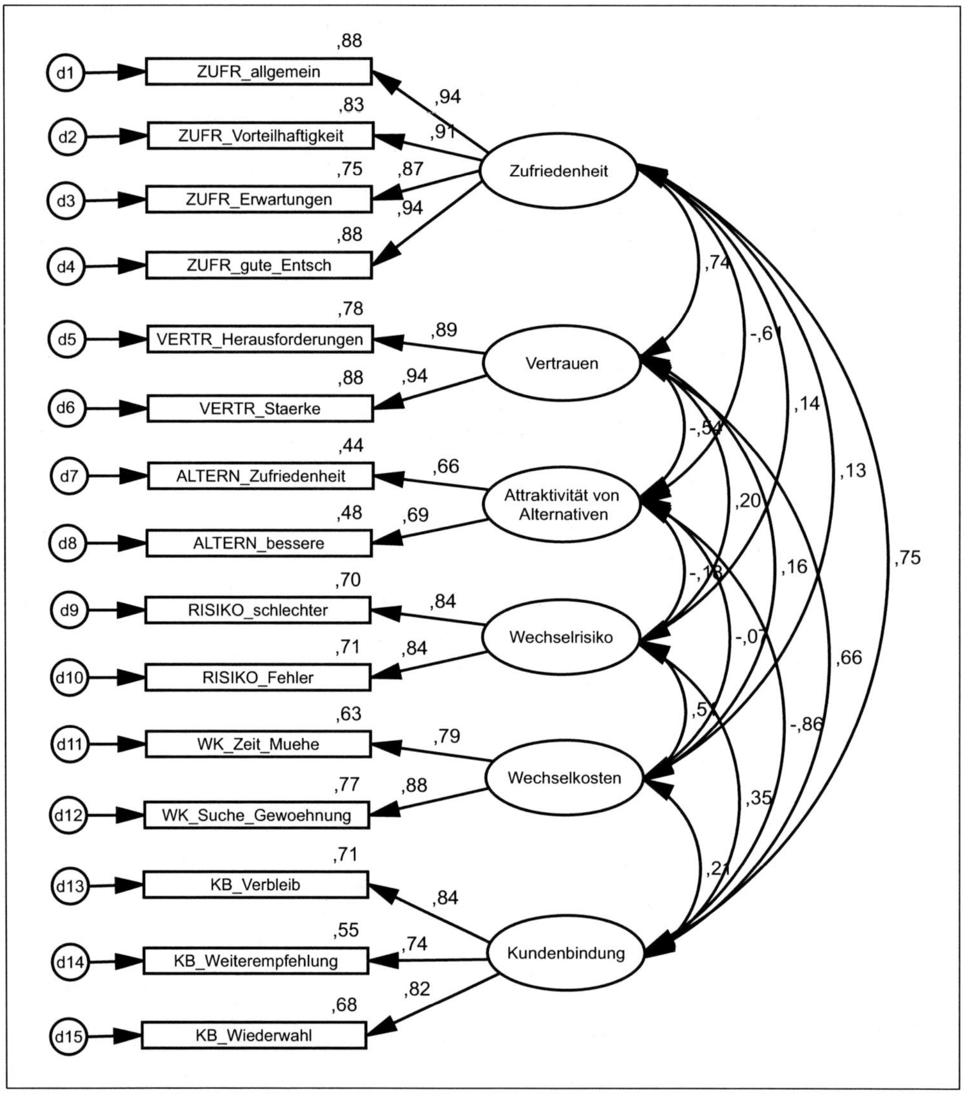

Abbildung 4.27: Pfaddiagramm der konfirmatorischen Faktorenanalyse mit standardisierten Parameterschätzungen (Explorationssample)

Variablen			(Unstandardized) Regression Weights (Default model)				Ergebnisse Bootstrapping (500 bootstrap samples)								
							Bootstrap standard errors					Bias-corrected percentile method			
			Est.	SE	C.R.	P	SE	SE-SE	Mean	Bias	SE-Bias	Est.	Lower	Upper	P
ZUFR_Vorteilhaftigkeit	<---	Zufriedenheit	0,910	0,044	20,679	***	0,053	0,002	0,906	-0,004	0,002	0,910	0,838	1,007	0,002
ZUFR_gute_Entsch	<---	Zufriedenheit	0,911	0,041	21,982	***	0,054	0,002	0,906	-0,005	0,002	0,911	0,831	1,010	0,002
ZUFR_Erwartungen	<---	Zufriedenheit	0,975	0,051	19,091	***	0,066	0,002	0,970	-0,005	0,003	0,975	0,875	1,094	0,002
ZUFR_allgemein	<---	Zufriedenheit	0,849	0,039	21,890	***	0,056	0,002	0,844	-0,005	0,003	0,849	0,761	0,953	0,002
WK_Zeit_Muehe	<---	Wechselkosten	1,577	0,128	12,281	***	0,159	0,005	1,585	0,008	0,007	1,577	1,306	1,817	0,006
WK_Suche_Gewoehnung	<---	Wechselkosten	1,724	0,130	13,238	***	0,169	0,005	1,723	-0,002	0,008	1,724	1,463	1,983	0,004
VERTR_Staerke	<---	Vertrauen	1,094	0,053	20,594	***	0,050	0,002	1,089	-0,005	0,002	1,094	1,018	1,180	0,002
VERTR_Herausforderungen	<---	Vertrauen	1,009	0,053	18,886	***	0,052	0,002	1,005	-0,003	0,002	1,009	0,925	1,103	0,002
RISIKO_schlechter	<---	Wechselrisiko	1,464	0,102	14,380	***	0,109	0,003	1,458	-0,006	0,005	1,464	1,291	1,648	0,003
RISIKO_Fehler	<---	Wechselrisiko	1,428	0,099	14,480	***	0,118	0,004	1,423	-0,005	0,005	1,428	1,223	1,619	0,004
KB_Wiederwahl	<---	Kundenbindung	1,041	0,061	17,015	***	0,063	0,002	1,038	-0,003	0,003	1,041	0,939	1,135	0,003
KB_Weiterempfehlung	<---	Kundenbindung	0,939	0,064	14,642	***	0,082	0,003	0,935	-0,004	0,004	0,939	0,801	1,071	0,003
KB_Verbleib	<---	Kundenbindung	1,070	0,061	17,545	***	0,079	0,002	1,070	-0,001	0,004	1,070	0,932	1,197	0,004
ALTERN_Zufriedenheit	<---	Attraktivität von Alternativen	0,820	0,073	11,257	***	0,083	0,003	0,825	0,006	0,004	0,820	0,672	0,946	0,007
ALTERN_bessere	<---	Attraktivität von Alternativen	1,023	0,088	11,658	***	0,092	0,003	1,024	0,001	0,004	1,023	0,871	1,170	0,004

Abkürzungen: Est. = Estimate; SE = Standard Error; C.R. = Critcial Ratio

Erläuterungen der Bootstrapping-Ergebnisse :
SE-SE = geschätzter Standard Error des durch die Bootstrapping-Methode ermittelten Standard Errors
Mean = durchschnittlich ermittelte Faktorladung über alle Bootstrapping samples
Bias = Differenz zwischen Mean und der ursprünglich berechneten Faktorladung
SE-Bias = geschätzter Standard Error des Bias-Wertes

Abbildung 4.28: Parameterschätzungen der konfirmatorischen Faktorenanalyse (Explorationssample)

		Gütekriterien der ersten Generation			Gütekriterien der zweiten Generation					
					Ergebnisse der KFA			Reliabilitätsberechnungen		
Faktor	Indikator	Cronbachs Alpha	Korrigierte Item-to-Total-Korrelation	Cronbachs Alpha, wenn Item weggelassen	Faktor-ladungen	Ladungs-quadrate	Fehler-varianz	Indikator-reliabilität	Faktor-reliabilität	DEV
Zufriedenheit (Varianz: 1,0)	ZUFR_Allgemein	0,949	0,905	0,927	0,938	0,880	0,120	0,880	0,953	0,835
	ZUFR_Erwartungen		0,872	0,935	0,866	0,750	0,250	0,750		
	ZUFR_gute_Entscheidung		0,843	0,949	0,940	0,884	0,116	0,884		
	ZUFR_Vorteilhaftigkeit		0,910	0,923	0,908	0,825	0,175	0,825		
	Summe				3,652	3,339	0,661			
	Quadrate				13,337					
Vertrauen (Varianz: 1,0)	VERTR_Herausforderungen	0,908	0,831	k.A.	0,886	0,785	0,215	0,785	0,909	0,833
	VERTR_Staerke		0,831	k.A.	0,938	0,880	0,120	0,880		
	Summe				1,824	1,665	0,335			
	Quadrate				3,327					
Attr. v. Alternativen (Varianz: 1,0)	ALTERN_bessere	0,622	0,459	k.A.	0,691	0,477	0,523	0,477	0,630	0,460
	ALTERN_Zufriedenheit		0,459	k.A.	0,665	0,442	0,558	0,442		
	Summe				1,356	0,919	1,081			
	Quadrate				1,839					
Wechselkosten (Varianz: 1,0)	WK_Suche_Gewoehnung	0,820	0,695	k.A.	0,876	0,767	0,233	0,767	0,822	0,698
	WK_Zeit_Muehe		0,695	k.A.	0,793	0,629	0,371	0,629		
	Summe				1,669	1,396	0,604			
	Quadrate				2,786					
Wechselrisiko (Varianz: 1,0)	RISIKO_Fehler	0,826	0,704	k.A.	0,842	0,709	0,291	0,709	0,826	0,704
	RISIKO_schlechter		0,704	k.A.	0,836	0,699	0,301	0,699		
	Summe				1,678	1,408	0,592			
	Quadrate				2,816					
Kundenbindung (Varianz: 1,0)	KB_Wiederwahl	0,845	0,731	0,765	0,841	0,707	0,293	0,707	0,845	0,646
	KB_Weiterempfehlung		0,679	0,815	0,743	0,552	0,448	0,552		
	KB_Verbleib		0,724	0,771	0,824	0,679	0,321	0,679		
	Summe				2,408	1,938	1,062			
	Quadrate				5,798					

Abbildung 4.29: Zusammenfassung der Gütekriterien der ersten und zweiten Generation (Explorationssample)

Faktorkorrelationen:					
	Vertrauen	Attr. von Alternativen	Wechselkosten	Wechselrisiko	Kundenbindung
Zufriedenheit	0,737	-0,607	0,130	0,140	0,751
Vertrauen		-0,539	0,157	0,198	0,661
Attr. von Alternativen			-0,068	-0,182	-0,856
Wechselkosten				0,511	0,208
Wechselrisiko					0,351

Quadrierte Faktorkorrelationen:					
	Vertrauen	Attr. von Alternativen	Wechselkosten	Wechselrisiko	Kundenbindung
Zufriedenheit	0,543	0,368	0,017	0,020	0,564
Vertrauen		0,291	0,025	0,039	0,437
Attr. von Alternativen			0,005	0,033	0,733
Wechselkosten				0,261	0,043
Wechselrisiko					0,123

Abbildung 4.30: Faktorkorrelationen der konfirmatorischen Faktorenanalyse (Explorationssample)

Wölbung), weist der Mardia-Koeffizient auf eine signifikante Verletzung der multivariaten Normalverteilung hin. Die Schätzergebnisse sollten daher mithilfe der Bootstrapping-Methode zusätzlich geprüft werden.

Das Pfaddiagramm der konfirmatorischen Faktorenanalyse mit den standardisierten Faktorladungen gibt Abbildung 4.27 wieder. Die unstandardisierten Schätzergebnisse und die Ergebnisse der Bootstrapping-Methode finden sich in Abbildung 4.28. Alle Faktorladungen sind sowohl in der ursprünglichen Schätzung als auch in den Bootstrap samples signifikant (Spalte „P"). Nennenswerte Abweichungen (Bias) zwischen den ursprünglich geschätzten Faktorladungen (Estimates) und den durchschnittlichen Faktorladungen des Bootstrapping (Mean) können nicht festgestellt werden. Beides deutet auf eine verlässliche Schätzung durch die Maximum-Likelihood-Methode hin.

Eine Zusammenfassung der Gütekriterien der ersten und zweiten Generation für alle übrig gebliebenen Items zeigt Abbildung 4.29. Alle grau hinterlegten Werte wurden von der Software PASW bzw. AMOS direkt ausgewiesen. Die Indikatorreliabilität, die Faktorreliabilität und die durchschnittlich extrahierte Varianz (DEV) wurden gemäß den Formeln (4.9) bis (4.11) manuell berechnet. Da die Varianzen der latenten Variablen auf 1 fixiert wurden, gilt $\Phi_{jj} = 1$ und $\Theta_{ii} = 1 - \lambda_{ij}^2$.[473] Die Indikatorreliabilitäten entsprechen in diesem Fall den Ladungsquadraten.

[473] Vgl. z.B. Backhaus et al. (2009b), S.25.

Die Korrelationen zwischen den einzelnen Faktoren finden sich in Abbildung 4.30. Von Bedeutung sind die quadrierten Korrelationen, die zur Prüfung des Fornell/Larcker-Kriteriums benötigt werden. Hierzu sind die DEV-Werte aus Abbildung 4.29 mit den quadrierten Korrelationen zu vergleichen. Das Fornell/Larcker-Kriterium wird dabei nur in einem Fall verfehlt (Kundenbindung vs. Attraktivität von Alternativen). Bei allen anderen latenten Variablen kann von einer ausreichend trennscharfen Messung ausgegangen werden.

Insgesamt lassen die Ergebnisse der Güteprüfung auf Basis des Explorationssamples auf eine hohe Reliabilität und Validität der 15 verbliebenen Messvariablen schließen, so dass diese für die Modellschätzung herangezogen werden können.

4.4.5 Modellschätzung und Evaluation des Modells

Für die Schätzung eines Strukturgleichungsmodells sind die Parametertypen und die Konstruktmetrik festzulegen sowie die Identifizierbarkeit des Modells zu prüfen. Im Anschluss an die Schätzung ist das Gesamtmodell zu evaluieren.

4.4.5.1 Festlegung der Parameter und Prüfung auf Identifizierbarkeit

Nach Ausschluss der für die Konstruktmessung nicht geeigneten Items konnte das in Abbildung 4.31 dargestellte Strukturgleichungsmodell geschätzt werden. Die Parameter wurden hierzu wie folgt festgelegt:[474]

- *Feste Parameter*: Um Konstrukten eine Skala zuzuweisen, ist für jede latente Größe ein Referenzindikator auszuwählen, der das Konstrukt besonders gut abbildet. Der dazugehörige Pfadkoeffizient ist auf 1 zu fixieren. Im vorliegenden Modell wurden hierfür die Indikatoren ZUFR_Allgemein, ALTERN_bessere, RISIKO_Fehler, WK_Zeit_Muehe, VERTR_Herausforderungen und KB_Wiederwahl ausgewählt. Darüber hinaus wurde angenommen, dass die Koeffizienten der Fehlerterme (δ_1 bis δ_6, ϵ_1 bis ϵ_{10} und ζ_1 bis ζ_3) ebenfalls den Wert 1 annehmen.

- *Restringente Parameter*: Im vorliegenden Modell konnte nicht unterstellt werden, dass der Wert eines Parameters genau dem Wert eines anderen Para-

[474] Zu den Parameterarten eines Strukturgleichungsmodells vgl. Backhaus et al. (2009a), S.20 und S.36 f.; Weiber/Mühlhaus (2010), S.46 und 153 f.

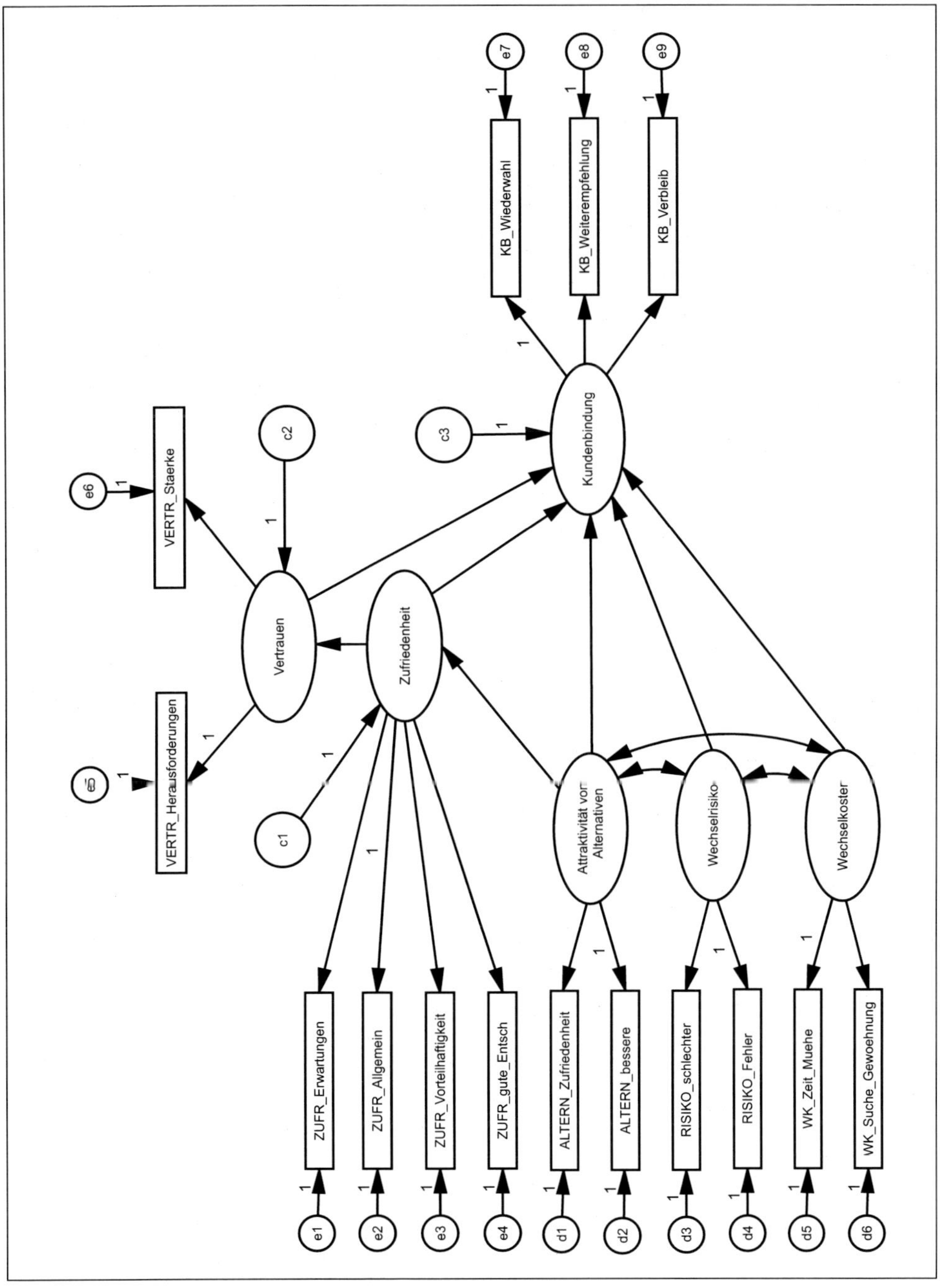

Abbildung 4.31: Pfaddiagramm des zu prüfenden Kausalmodells

meters entspricht. Die Zahl der zu schätzenden Parameter ließ sich durch die Festlegung von restringenten Parametern folglich nicht verringern.

- *Freie Parameter*: Die verbleibenden Parameter wurden in ihrer Form beibehalten und stellten die freien Parameter des Modells dar.

Voraussetzung für die Schätzung ist die Identifizierbarkeit des Modells. Die Anzahl der zu schätzenden Modellparameter muss hierzu kleiner sein als die Zahl der empirischen Varianzen und Kovarianzen, d.h. es müssen genügend empirische Daten für eine eindeutige Parameterschätzung vorliegen.

Die Bedingung hierfür lautet:[475]

$$t \leq \frac{1}{2}(p+q)(p+q+1) \tag{4.13}$$

mit

t:	Zahl der zu schätzenden Parameter;
p:	Zahl der beobachteten Indikatoren y der endogenen Variablen;
q:	Zahl der beobachteten Indikatoren x der exogenen Variablen.

Für das Modell der Kundenbindung lagen 9 y-Variablen und 6 x-Variablen vor, die $\frac{1}{2} \cdot (9+6) \cdot (9+6+1) = 120$ empirische Varianzen und Kovarianzen lieferten. Demgegenüber waren 9 Faktorladungen (λ) der Indikatorvariablen, 15 Messfehler (δ bzw. ϵ) der Indikatorvariablen, 3 Messfehler der latenten endogenen Variablen, 6 Korrelationen und Varianzen (Φ) der latenten exogenen Variablen sowie 7 Pfadkoeffizenten (γ bzw. β) des Strukturmodells zu schätzen. Die Anzahl der Freiheitsgrade lag somit bei $120-(9+15+3+6+7) = 80$, was die Indentifizierbarkeit des Modells bestätigt.

4.4.5.2 Gütekriterien zur Beurteilung des Gesamtmodells und Interpretation der Ergebnisse

Bei der Beurteilung des Gesamtmodells geht es um die Frage, wie gut das geschätzte Modell die Beziehungen zwischen den beobachteten Variablen wiedergibt. Hierzu

[475] Vgl. Backhaus et al. (2009a), S.21; Weiber/Mühlhaus (2010), S.52 f.

wird die empirische Kovarianzmatrix mit der vom Modell ermittelten Kovarianzmatrix verglichen. „Eine hohe Güte eines Kausalmodells (sog. Modell-Fit) ist allgemein dann gegeben, wenn die mit Hilfe der Parameterschätzer berechneten Varianzen und Kovarianzen möglichst gut mit den empirisch gewonnenen Varianzen und Kovarianzen übereinstimmen.“[476]

Als Basisgerüst zur Beurteilung der Anpassungsgüte des Gesamtmodells empfehlen Homburg/Pflesser (2000b) sechs Anpassungsmaße:[477]

- das Verhältnis zwischen dem Chi-Quadrat-Wert und den Freiheitsgraden (χ^2/df)[478],
- den Root-Mean-Square-Error of Approximation (RMSEA),
- den Goodness-of-Fit-Index (GFI),
- den Adjusted-Goodness-of-Fit-Index (AGFI),
- den Normed Fit Index (NFI) sowie
- den Comparative Fit Index (CFI).

Zu den Eigenschaften und der Berechnung der einzelnen Gütemaße sei z.B. auf die Ausführungen bei Homburg/Baumgartner (1995), Backhaus et al. (2009a) oder Weiber/Mühlhaus (2010) verwiesen.[479] Die Schwellenwerte für eine gute Reliabilität fasst Tabelle 4.2 zusammen.[480] Ein allgemein gültiges, globales Gütekriterium gibt es nicht. Bei der Beurteilung von Kausalmodellen müssen auch nicht alle Kriterien erfüllt sein.[481] „Vielmehr sollte auf Basis der verfügbaren Informationen ein positives Gesamturteil abgeleitet werden können.“[482]

Liegen reliable und valide Messmodelle vor und wurde ein zufriedenstellender Modell-Fit erreicht, können die Ergebnisse der Parameterschätzungen interpretiert

[476] Weiber/Mühlhaus (2010), S.160.

[477] Vgl. Homburg/Pflesser (2000b), S.650 f.

[478] Die Software AMOS gibt diesen Quotient unter der Bezeichnung „CMIN/DF“ aus.

[479] Vgl. Homburg/Baumgartner (1995), S.162 ff.; Backhaus et al. (2009a), S.28 ff.; Weiber/Mühlhaus (2010), S.160 ff.

[480] Der Grenzwert für das Kriterium $\chi^2/\mathrm{df} \leq 3,0$ wurde aus Homburg/Giering (1996), S.13 entnommen.

[481] Vgl. Homburg/Pflesser (2000b), S.655; Weiber/Mühlhaus (2010), S.176.

[482] Homburg/Pflesser (2000b), S.655.

Gütemaß	**Schwellenwert**
χ^2/df	$\leq 2,5 - 3,0$
RMSEA	$\leq 0,05 - 0,08$
GFI	$\geq 0,9$
AGFI	$\geq 0,9$
NFI	$\geq 0,9$
CFI	$\geq 0,9$

Tabelle 4.2: Basisgerüst zur Beurteilung des Gesamtmodells (in Anlehnung an Homburg/Pflesser (2000b), S.651)

werden. Die Interpretation sollte mit einer Plausibilitätsprüfung und einer Beurteilung der Parameter beginnen:[483]

- Im ersten Schritt ist zu kontrollieren, ob die *Vorzeichen der Modellparameter* plausibel sind und mit den anfangs aufgestellten Hypothesen übereinstimmen.

- Im zweiten Schritt sind die *Standardfehler der Schätzungen* (SE = Standard Error) zu betrachten. Diese geben die Streuung der Parameterschätzungen an. „Sind die Standardfehler sehr groß, so ist dies ein Indiz dafür, dass die Parameterschätzungen nicht sehr zuverlässig sind.“[484]

- Im dritten Schritt kann mithilfe der so genannten *Critical Ratio* (C.R.) überprüft werden, ob sich die geschätzten Werte signifikant von Null unterscheiden.[485] „Werte über 1,96 sind .. ein Indiz dafür, dass die entsprechenden Parameter einen gewichtigen Beitrag zur Bildung der Modellstruktur liefern.“[486]

- Im vierten Schritt lässt sich mithilfe der *quadrierten multiplen Korrelationen* (SMC = Squared multiple Correlations) bestimmen, wie gut die Varianzen der latenten endogenen Variablen durch die anderen latenten Variablen erklärt werden.

Die Prüfung der im Strukturmodell aufgestellten Kausalhypothesen und die Analyse der kausalen Effekte schließen die Ergebnisinterpretation ab. Von Interesse sind

[483]Vgl. Weiber/Mühlhaus (2010), S.179 ff.

[484]Weiber/Mühlhaus (2010), S.180.

[485]Die Formel für die Berechnung der Critical Ratio unter der Annahme einer Multinormalverteilung lautet: $C.R._{\cdot j} = \Pi_j / S.E._{\cdot j}$ mit Π_j = geschätzter unstandardisierter Parameterwert und $S.E._{\cdot j}$ = Standardfehler der Schätzung des Parameters j. Zur Critical Ratio vgl. z.B. Backhaus et al. (2009a), S.32 oder Weiber/Mühlhaus (2010), S.180.

[486]Weiber/Mühlhaus (2010), S.180.

die direkten kausalen Effekte sowie die indirekten und totalen kausalen Beziehungen zwischen den Konstrukten.

4.4.5.3 Ergebnisse der Modellschätzung

Der Argumentation aus Abschnitt 4.4.4.3 folgend, wurde die Modellschätzung mithilfe der Maximum-Likelihood-Methode in Verbindung mit dem Bootstrapping-Verfahren durchgeführt. Die Schätzergebnisse der standardisierten Lösung des Explorationssamples gibt Abbildung 4.32 wieder.

Wie die Fitmaße zeigen werden alle Schwellenwerte aus Tabelle 4.2 eingehalten. Der Modell-Fit kann insgesamt als „sehr gut“ bezeichnet werden.

Die Vorzeichen der Modellparameter stimmen mit den zuvor aufgestellten Hypothesen überein. Die unstandardisierten Parameterschätzungen fasst Abbildung 4.33 zusammen. Der obere Teil der Tabelle enthält die nicht-standardisierten Regressionskoeffizienten zwischen den latenten Konstrukten. Darunter befinden sich die Pfadkoeffizienten zwischen den Konstrukten und ihren Messindikatoren. Die Standardfehler (SE) liegen zwischen 0,033 und 0,139, was auf eine zuverlässige Schätzung schließen lässt. Mit Ausnahme des Pfadkoeffizienten zwischen den Wechselkosten und der Kundenbindung liegen alle C.R.-Werte (Critical Ratios) der Pfadkoeffizienten deutlich über 1,96 und sind damit hoch signifikant (von Null verschieden). Die P-Werte werden rechts daneben angegeben; bei drei Sternen (***) ist der P-Wert kleiner als 0,001.[487] Ein Vergleich mit den Bootstrapping-Ergebnissen lässt keine nennenswerten Abweichungen erkennen. Auch hier zeigen alle Pfadkoeffizienten mit Ausnahme des Koeffizienten zwischen den Wechselkosten und der Kundenbindung signifikante Ergebnisse, was auf eine zuverlässige Schätzung hindeutet.

Die „Squared multiple Correlations“ der latenten endogenen Variablen stehen rechts oberhalb der einzelnen Konstrukte in Abbildung 4.32. Demnach werden 86 Prozent der Varianz der „Kundenbindung“ in der gesetzlichen Krankenversicherung durch die „Zufriedenheit“, das „Vertrauen“, die wahrgenommene „Attraktivität von Alternativen“ und das „Wechselrisiko“ der Versicherten erklärt. Das Vertrauen hängt wiederum in hohem Maße von der aktuellen Zufriedenheit eines Kunden ab (erklärte Varianz = 55 Prozent); positive Erfahrungen aus der Vergangenheit stärken

[487] AMOS errechnet „die mit P *bezeichnete Wahrscheinlichkeit* eines *zweiseitigen Tests*, dass ein Modellparameter in der Population Null ist“ (Weiber/Mühlhaus (2010), S.180).

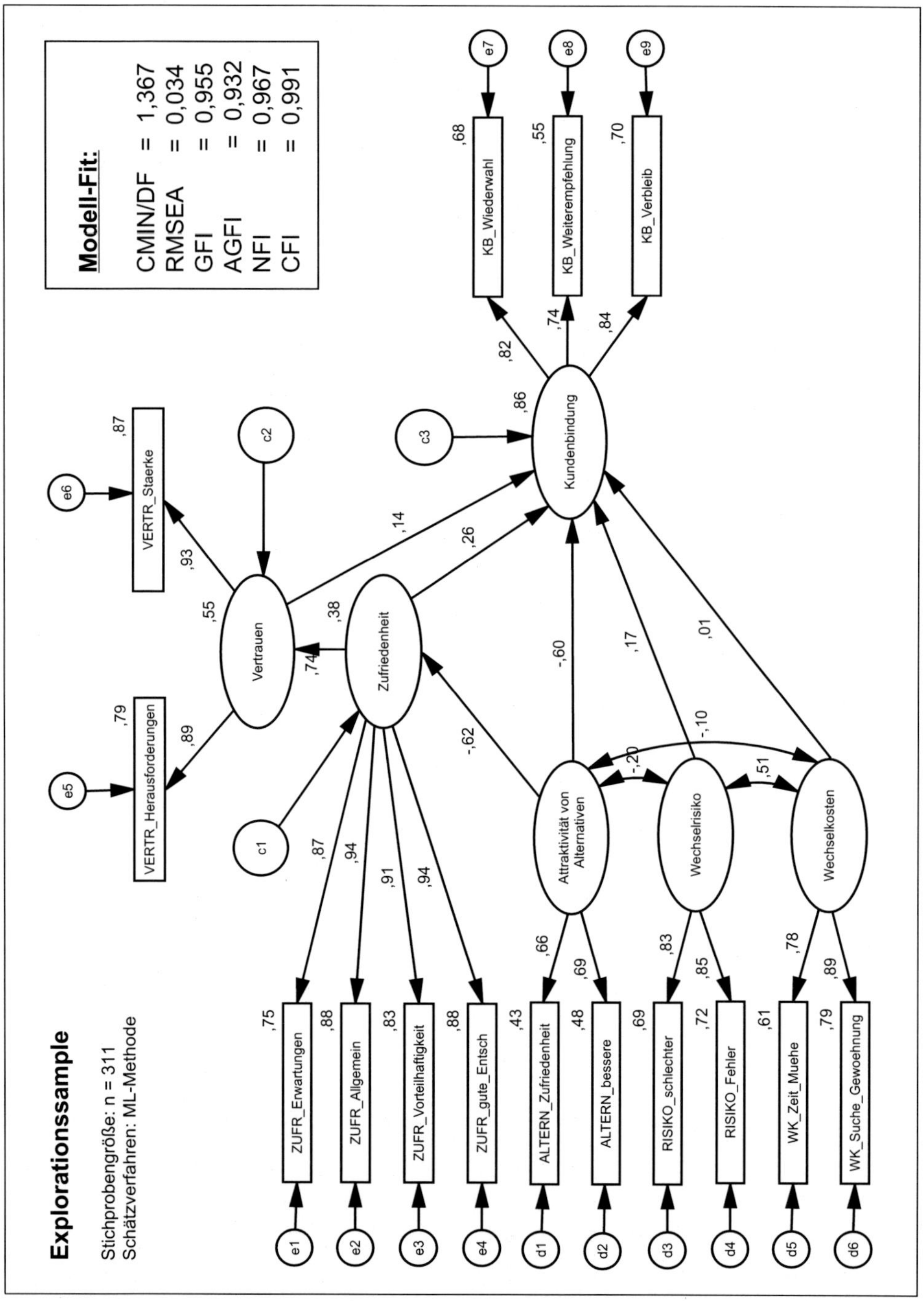

Abbildung 4.32: Pfaddiagramm mit standardisierten Schätzergebnissen (Explorationssample)

Regression Weights (Explorationssample)															
Variablen			(Unstandardized) Regression Weights (Default model)				Ergebnisse Bootstrapping (500 bootstrap samples)								
							Bootstrap standard errors					Bias-corrected percentile method			
			Est.	SE	C.R.	P	SE	SE-SE	Mean	Bias	SE-Bias	Est.	Lower	Upper	P
Zufriedenheit	<---	Attraktivität von_ Alternativen	-0,511	0,070	-7,278	***	0,082	0,003	-0,514	-0,003	0,004	-0,511	-0,723	-0,378	0,003
Vertrauen	<---	Zufriedenheit	0,884	0,061	14,382	***	0,068	0,002	0,888	0,004	0,003	0,884	0,756	1,020	0,005
Kundenbindung	<---	Attraktivität von_ Alternativen	-0,607	0,104	-5,837	***	0,145	0,005	-0,623	-0,016	0,006	-0,607	-0,976	-0,404	0,004
Kundenbindung	<---	Zufriedenheit	0,318	0,106	2,989	0,003	0,140	0,004	0,307	-0,011	0,006	0,318	0,013	0,570	0,041
Kundenbindung	<---	Vertrauen	0,139	0,066	2,121	0,034	0,069	0,002	0,143	0,003	0,003	0,139	0,030	0,297	0,021
Kundenbindung	<---	Wechselrisiko	0,121	0,043	2,839	0,005	0,042	0,001	0,119	-0,002	0,002	0,121	0,050	0,225	0,002
Kundenbindung	<---	Wechselkosten	0,006	0,039	0,161	0,872	0,043	0,001	0,004	-0,002	0,002	0,006	-0,075	0,096	0,902
ZUFR_Vorteilhaftigkeit	<---	Zufriedenheit	1,072	0,037	28,702	***	0,050	0,002	1,075	0,003	0,002	1,072	0,977	1,169	0,005
ZUFR_gute_Entsch	<---	Zufriedenheit	1,073	0,033	32,317	***	0,042	0,001	1,074	0,002	0,002	1,073	0,994	1,160	0,004
ZUFR_Erwartungen	<---	Zufriedenheit	1,148	0,046	24,847	***	0,058	0,002	1,150	0,002	0,003	1,148	1,024	1,258	0,005
ZUFR_Allgemein	<---	Zufriedenheit	1,000				0,000	0,000	1,000	0,000	0,000	1,000	1,000	1,000	...
WK_Zeit_Muehe	<---	Wechselkosten	1,000				0,000	0,000	1,000	0,000	0,000	1,000	1,000	1,000	...
WK_Suche_Gewoehnung	<---	Wechselkosten	1,122	0,139	8,057	***	0,215	0,007	1,129	0,008	0,010	1,122	0,822	1,640	0,003
VERTR_Staerke	<---	Vertrauen	1,074	0,053	20,205	***	0,052	0,002	1,075	0,001	0,002	1,074	0,981	1,192	0,003
VERTR_Herausforderungen	<---	Vertrauen	1,000				0,000	0,000	1,000	0,000	0,000	1,000	1,000	1,000	...
RISIKO_schlechter	<---	Wechselrisiko	1,011	0,099	10,190	***	0,122	0,004	1,017	0,007	0,005	1,011	0,792	1,308	0,003
RISIKO_Fehler	<---	Wechselrisiko	1,000				0,000	0,000	1,000	0,000	0,000	1,000	1,000	1,000	...
KB_Wiederwahl	<---	Kundenbindung	1,000				0,000	0,000	1,000	0,000	0,000	1,000	1,000	1,000	...
KB_Weiterempfehlung	<---	Kundenbindung	0,902	0,063	14,259	***	0,069	0,002	0,901	0,000	0,003	0,902	0,756	1,037	0,004
KB_Verbleib	<---	Kundenbindung	1,028	0,062	16,573	***	0,060	0,002	1,032	0,003	0,003	1,028	0,919	1,153	0,004
ALTERN_Zufriedenheit	<---	Attraktivität von_ Alternativen	0,793	0,087	9,112	***	0,098	0,003	0,802	0,009	0,004	0,793	0,616	0,982	0,006
ALTERN_bessere	<---	Attraktivität von_ Alternativen	1,000				0,000	0,000	1,000	0,000	0,000	1,000	1,000	1,000	...

Abbildung 4.33: Unstandardisierte Parameterschätzungen mit Bootstrapping-Vergleich (Explorationssample)

demnach das Vertrauen der Versicherten in die zukünftige Leistungsfähigkeit der Krankenkasse. Auch der vermutete Zusammenhang zwischen der „Attraktivität von Alternativen" und der „Zufriedenheit" wird bestätigt. Sind die Versicherten der Meinung, dass es bessere Anbieter gibt und sie mit einer anderen Krankenversicherung zufriedener wären, so wirkt sich dies negativ auf die Zufriedenheit mit ihrer derzeitigen Krankenkasse aus (erklärte Varianz = 38 Prozent).

Auch alle weiteren in Kapitel 4.3.6 aufgestellten Hypothesen stimmen mit den Vorzeichen der geschätzten Pfadkoeffizienten überein. Die Effekte sind hochsignifikant, so dass die Hypothesen nicht verworfen werden können. Lediglich die Hypothese 7, die einen positiven Einfluss der Wechselkosten auf die Kundenbindung unterstellt, lässt sich nicht aufrechterhalten: Die Schätzung des Pfadkoeffizienten ergibt einen nicht signifikanten Wert von knapp über Null und bestätigt die Ergebnisse einer vorangegangenen Untersuchung; schon Braun et al. (2006) konnten keinen signifikanten Zusammenhang zwischen den Wechselkosten und der Wechselneigung in der gesetzlichen Krankenversicherung feststellen.[488]

Die im Modell berücksichtigten Determinanten üben sowohl direkte als auch indirekte kausale Effekte auf die Kundenbindung aus. Für den *totalen Kausaleffekt* gilt:[489]

$$\text{Totaler Effekt} = \text{direkt kausaler Effekt} + \text{indirekt kausaler Effekt} \qquad (4.14)$$

Die direkten kausalen Effekte können den Kausalpfeilen in Abbildung 4.32 entnommen werden (standardisierte Lösung). Um die indirekten Kausaleffekte zu berechnen, sind die Koeffizienten der entsprechenden Zwischenvariablen zu multiplizieren. Abbildung 4.34 fasst die totalen Effekte der unabhängigen Variablen auf die abhängige Variable „Kundenbindung" zusammen.

Den stärksten Einfluss auf die Kundenbindung in der gesetzlichen Krankenversicherung übt demnach die „Attraktivität von Alternativen" aus (-0,824), gefolgt von der „Zufriedenheit" (0,362), dem „Wechselrisiko" (0,168) und dem „Vertrauen" (0,137) der Versicherten.

Zur Prüfung des in Kapitel 4.4.4.3 angewendeten Verfahrens zur Ersetzung fehlender Werte *vor* der Modellschätzung wurde die Schätzung erneut mit dem ur-

[488] Vgl. Kapitel 3.3.2.
[489] Vgl. Weiber/Mühlhaus (2010), S.185 f.

Standardized Total Effects (Explorationssample)	
Determinante	**Totaler Kausaleffekt auf die Kundenbindung**
Attraktivität von Alternativen	-0,824
Zufriedenheit	0,362
Wechselrisiko	0,168
Vertrauen	0,137
Wechselkosten	0,009

Abbildung 4.34: Standardisierte totale kausale Effekte (Explorationssample)

sprünglichen Datensatz und der FIML-Technik durchgeführt. Wie Abbildung 4.35 zeigt weichen die Ergebnisse nur marginal von den Ergebnissen in Abbildung 4.32 ab, was für eine hohe Eignung des ausgewählten Verfahrens der Datenaufbereitung spricht.

Um die Robustheit des Modells zu prüfen, wurde die Schätzung ein weiteres Mal unter Einbeziehung des Validierungssamples der BKK 2 durchgeführt. Die Ergebnisse können den Abbildungen 4.36 und 4.37 entnommen werden. Auch hier werden alle Fit-Indizes erfüllt. Die Effekte sind mit Ausnahme des Einflusses der Wechselkosten auf die Kundenbindung sowohl in der ursprünglichen Schätzung als auch bei den Bootstrapping-Schätzungen hoch signifikant.

Auffällig ist, dass im Validierungssample der Einfluss des Wechselrisikos und der Attraktivität von Alternativen auf die Kundenbindung etwas geringer ausfällt als im Explorationssample; beim Vertrauen liegt ein stärkerer Effekt vor. Einen möglichen Grund hierfür könnte der höhere Altersdurchschnitt des Validierungssample liefern (vgl. Abbildung 4.13). Eine segmentspezifische Schätzung des Modells in den Altersklassen „bis 40 Jahre“ und „50 Jahre und älter“ zeigt zumindest beim Wechselrisiko deutliche altersbezogene Unterschiede (vgl. Abbildungen 4.38 bis 4.41): In der Gruppe der Versicherten bis 40 Jahre geht vom Wechselrisiko nur ein marginaler und nicht signifikanter Effekt auf die Kundenbindung aus. Bei GKV-Kunden ab 50 Jahren spielt das Wechselrisiko dagegen eine vergleichsweise wichtige Rolle; der Pfadkoeffizient ist hoch signifikant.

Basierend auf diesen Ergebnissen kann das aufgestellte Kundenbindungsmodell in der gesetzlichen Krankenversicherung als sehr zufriedenstellend bezeichnet werden. Mit Werten zwischen 73 und 86 Prozent werden ein Großteil der Varianz der Kundenbindung erklärt und die wesentlichen Determinanten dieses Konstruktes erfasst. Die Gütekriterien liegen alle innerhalb der empfohlenen Grenzen. Das Modell ist

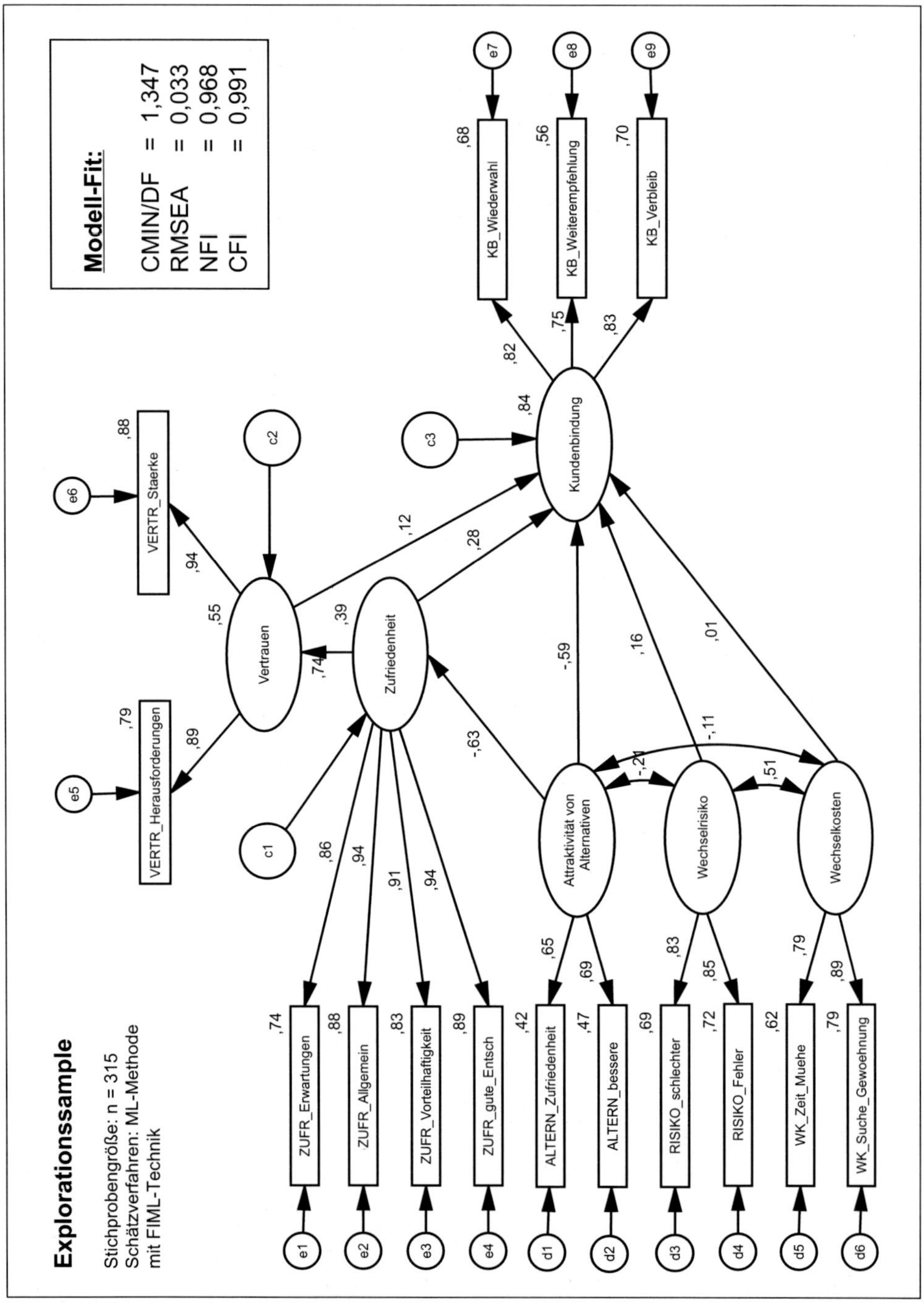

Abbildung 4.35: Pfaddiagramm mit standardisierten Schätzergebnissen bei Anwendung der FIML-Technik (Explorationssample)

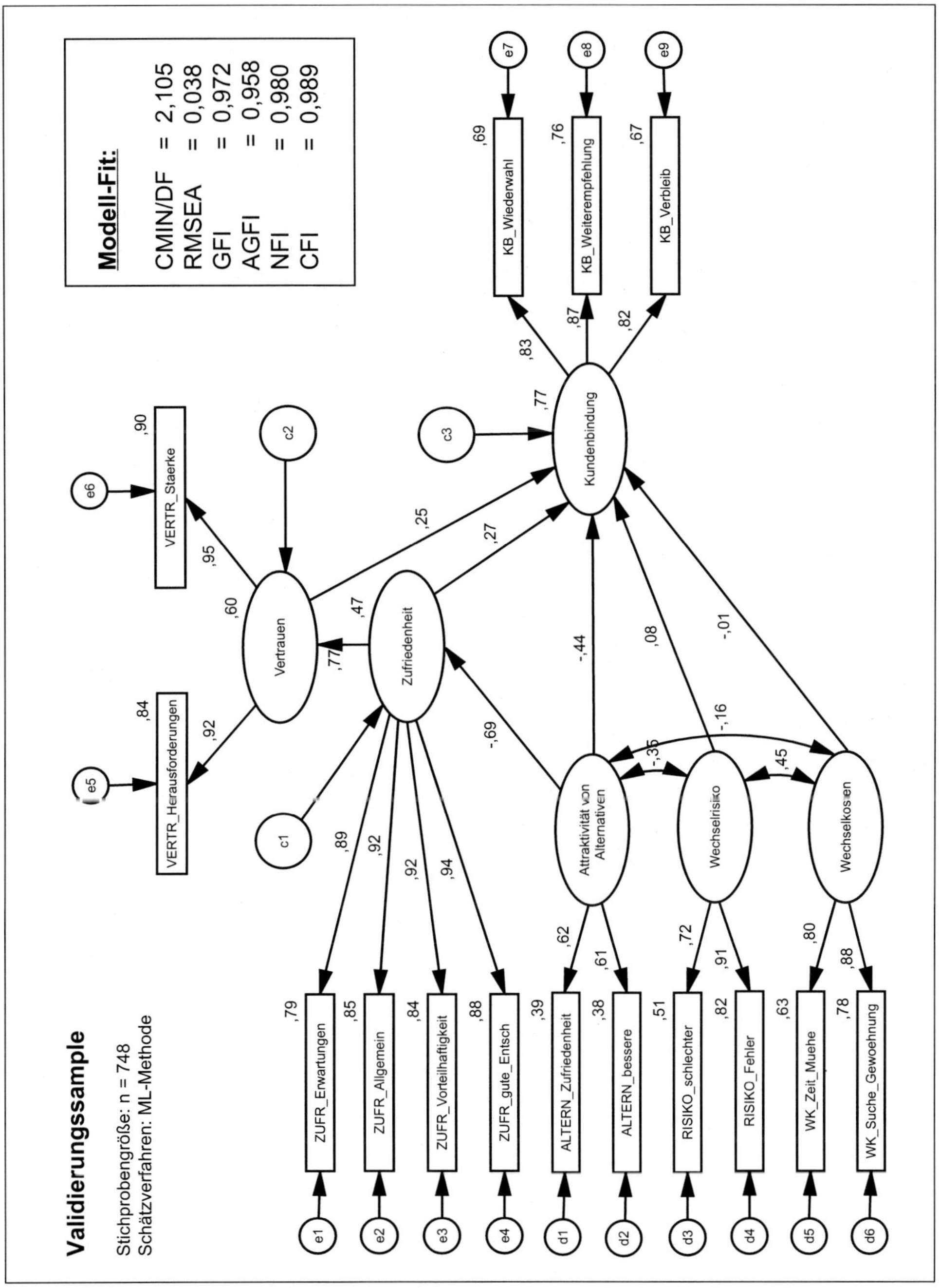

Abbildung 4.36: Pfaddiagramm mit standardisierten Schätzergebnissen (Validierungssample)

Regression Weights (Validierungssample)

Variablen			(Unstandardized) Regression Weights (Default model)				Ergebnisse Bootstrapping (500 bootstrap samples)								
							Bootstrap standard errors					Bias-corrected percentile method			
			Est.	SE	C.R.	P	SE	SE-SE	Mean	Bias	SE-Bias	Est.	Lower	Upper	P
Zufriedenheit	<---	Attraktivität von_ Alternativen	-0,772	0,074	-10,376	***	0,098	0,003	-0,780	-0,008	0,004	-0,772	-0,985	-0,582	0,005
Vertrauen	<---	Zufriedenheit	0,897	0,036	24,923	***	0,047	0,001	0,895	-0,002	0,002	0,897	0,800	0,982	0,004
Kundenbindung	<---	Attraktivität von_ Alternativen	-0,573	0,101	-5,682	***	0,134	0,004	-0,604	-0,032	0,006	-0,573	-0,850	-0,339	0,009
Kundenbindung	<---	Zufriedenheit	0,318	0,074	4,292	***	0,115	0,004	0,309	-0,008	0,005	0,318	0,100	0,538	0,009
Kundenbindung	<---	Vertrauen	0,250	0,044	5,745	***	0,063	0,002	0,243	-0,007	0,003	0,250	0,134	0,378	0,002
Kundenbindung	<---	Wechselrisiko	0,061	0,026	2,291	0,022	0,028	0,001	0,058	-0,002	0,001	0,061	0,003	0,111	0,044
Kundenbindung	<---	Wechselkosten	-0,004	0,024	-0,161	0,872	0,025	0,001	-0,001	0,003	0,001	-0,004	-0,050	0,046	0,793
ZUFR_Vorteilhaftigkeit	<---	Zufriedenheit	1,068	0,024	43,813	***	0,025	0,001	1,070	0,002	0,001	1,068	1,013	1,117	0,007
ZUFR_gute_Entsch	<---	Zufriedenheit	1,091	0,023	46,516	***	0,028	0,001	1,094	0,003	0,001	1,091	1,038	1,151	0,005
ZUFR_Erwartungen	<---	Zufriedenheit	1,135	0,029	39,405	***	0,033	0,001	1,138	0,003	0,001	1,135	1,076	1,200	0,005
ZUFR_Allgemein	<---	Zufriedenheit	1,000				0,000	0,000	1,000	0,000	0,000	1,000	1,000	1,000	...
WK_Zeit_Muehe	<---	Wechselkosten	1,000				0,000	0,000	1,000	0,000	0,000	1,000	1,000	1,000	...
WK_Suche_Gewoehnung	<---	Wechselkosten	1,093	0,091	11,979	***	0,100	0,003	1,099	0,007	0,004	1,093	0,922	1,323	0,004
VERTR_Staerke	<---	Vertrauen	1,019	0,026	39,439	***	0,029	0,001	1,019	0,000	0,001	1,019	0,964	1,073	0,003
VERTR_Herausforderungen	<---	Vertrauen	1,000				0,000	0,000	1,000	0,000	0,000	1,000	1,000	1,000	...
RISIKO_schlechter	<---	Wechselrisiko	0,810	0,064	12,604	***	0,072	0,002	0,804	-0,005	0,003	0,810	0,674	0,955	0,002
RISIKO_Fehler	<---	Wechselrisiko	1,000				0,000	0,000	1,000	0,000	0,000	1,000	1,000	1,000	...
KB_Wiederwahl	<---	Kundenbindung	1,000				0,000	0,000	1,000	0,000	0,000	1,000	1,000	1,000	...
KB_Weiterempfehlung	<---	Kundenbindung	1,055	0,037	28,511	***	0,038	0,001	1,054	0,000	0,002	1,055	0,972	1,126	0,004
KB_Verbleib	<---	Kundenbindung	1,025	0,039	26,387	***	0,041	0,001	1,025	0,000	0,002	1,025	0,949	1,107	0,004
ALTERN_Zufriedenheit	<---	Attraktivität von_ Alternativen	0,921	0,077	11,926	***	0,083	0,003	0,922	0,001	0,004	0,921	0,772	1,100	0,003
ALTERN_bessere	<---	Attraktivität von_ Alternativen	1,000				0,000	0,000	1,000	0,000	0,000	1,000	1,000	1,000	...

Abbildung 4.37: Unstandardisierte Parameterschätzungen mit Bootstrapping-Vergleich (Validierungssample)

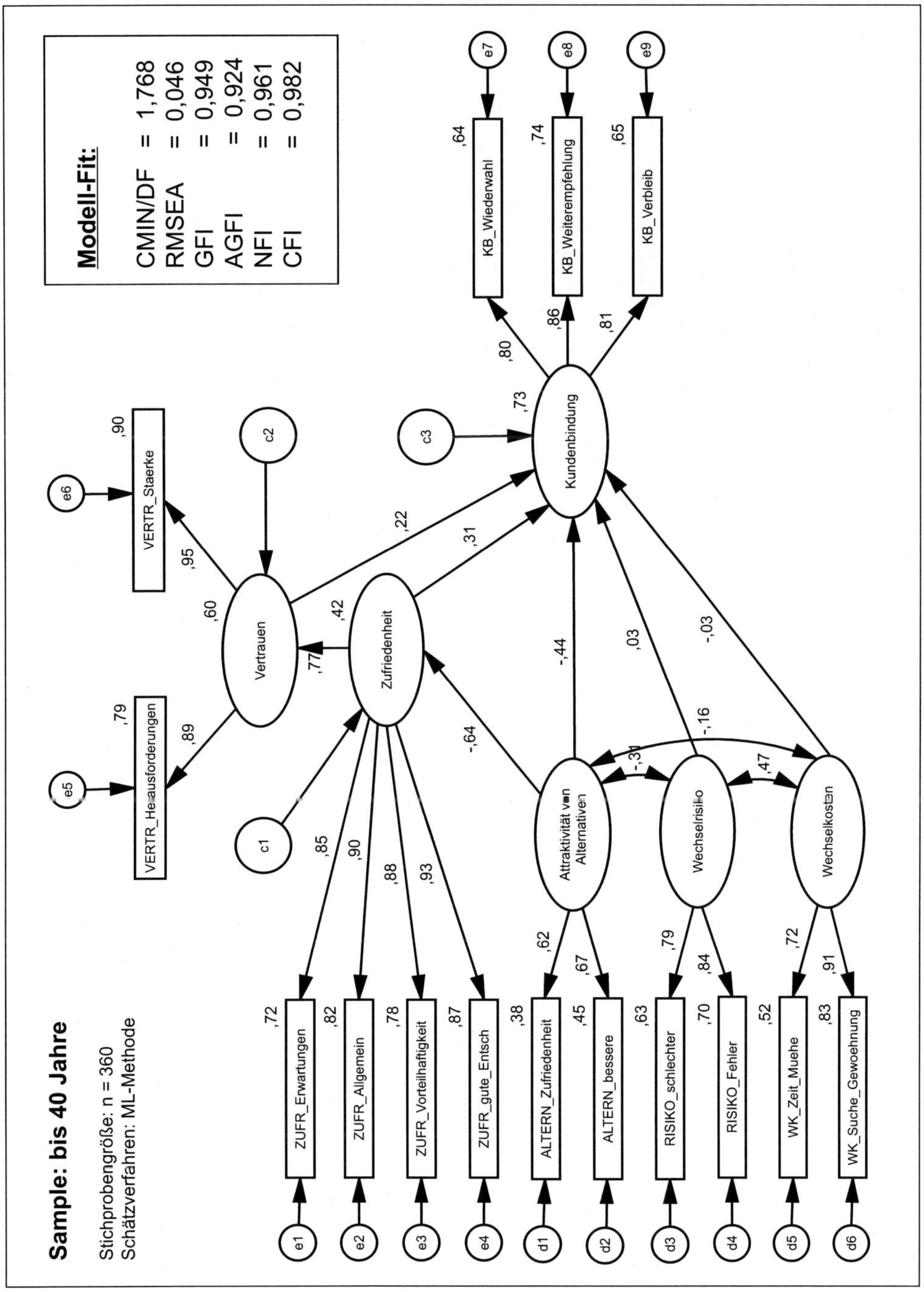

Abbildung 4.38: Pfaddiagramm mit standardisierten Schätzergebnissen (Sample: bis 40 Jahre)

Regression Weights (Sample: bis 40 Jahre)															
Variablen			(Unstandardized) Regression Weights (Default model)				Ergebnisse Bootstrapping (500 bootstrap samples)								
							Bootstrap standard errors					Bias-corrected percentile method			
			Est.	SE	C.R.	P	SE	SE-SE	Mean	Bias	SE-Bias	Est.	Lower	Upper	P
Zufriedenheit	<---	Attraktivität von_ Alternativen	-0,619	0,088	-7,057	***	0,143	0,005	-0,634	-0,015	0,006	-0,619	-0,972	-0,416	0,004
Vertrauen	<---	Zufriedenheit	0,909	0,057	15,928	***	0,086	0,003	0,912	0,003	0,004	0,909	0,758	1,113	0,003
Kundenbindung	<---	Attraktivität von_ Alternativen	-0,537	0,120	-4,476	***	0,197	0,006	-0,564	-0,028	0,009	-0,537	-1,085	-0,277	0,004
Kundenbindung	<---	Zufriedenheit	0,387	0,112	3,456	***	0,222	0,007	0,393	0,006	0,010	0,387	-0,182	0,726	0,141
Kundenbindung	<---	Vertrauen	0,240	0,073	3,280	0,001	0,116	0,004	0,228	-0,012	0,005	0,240	0,013	0,456	0,036
Kundenbindung	<---	Wechselrisiko	0,024	0,049	0,497	0,619	0,055	0,002	0,023	-0,001	0,002	0,024	-0,095	0,121	0,566
Kundenbindung	<---	Wechselkosten	-0,024	0,045	-0,520	0,603	0,049	0,002	-0,022	0,002	0,002	-0,024	-0,133	0,067	0,560
ZUFR_Vorteilhaftigkeit	<---	Zufriedenheit	1,091	0,042	25,720	***	0,038	0,001	1,093	0,002	0,002	1,091	1,027	1,180	0,003
ZUFR_gute_Entsch	<---	Zufriedenheit	1,110	0,039	28,823	***	0,053	0,002	1,114	0,003	0,002	1,110	1,009	1,225	0,005
ZUFR_Erwartungen	<---	Zufriedenheit	1,114	0,048	23,061	***	0,063	0,002	1,118	0,004	0,003	1,114	1,001	1,254	0,004
ZUFR_Allgemein	<---	Zufriedenheit	1,000				0,000	0,000	1,000	0,000	0,000	1,000	1,000	1,000	...
WK_Zeit_Muehe	<---	Wechselkosten	1,000				0,000	0,000	1,000	0,000	0,000	1,000	1,000	1,000	...
WK_Suche_Gewoehnung	<---	Wechselkosten	1,236	0,170	7,292	***	0,273	0,009	1,272	0,036	0,012	1,236	0,964	1,791	0,004
VERTR_Staerke	<---	Vertrauen	1,083	0,046	23,774	***	0,046	0,001	1,082	0,000	0,002	1,083	0,995	1,178	0,004
VERTR_Herausforderungen	<---	Vertrauen	1,000				0,000	0,000	1,000	0,000	0,000	1,000	1,000	1,000	...
RISIKO_schlechter	<---	Wechselrisiko	0,956	0,107	8,968	***	0,141	0,004	0,954	-0,003	0,006	0,956	0,696	1,260	0,004
RISIKO_Fehler	<---	Wechselrisiko	1,000				0,000	0,000	1,000	0,000	0,000	1,000	1,000	1,000	...
KB_Wiederwahl	<---	Kundenbindung	1,000				0,000	0,000	1,000	0,000	0,000	1,000	1,000	1,000	...
KB_Weiterempfehlung	<---	Kundenbindung	1,037	0,058	17,981	***	0,057	0,002	1,042	0,005	0,003	1,037	0,920	1,150	0,007
KB_Verbleib	<---	Kundenbindung	1,005	0,062	16,320	***	0,067	0,002	1,010	0,004	0,003	1,005	0,883	1,150	0,004
ALTERN_Zufriedenheit	<---	Attraktivität von_ Alternativen	0,838	0,100	8,338	***	0,116	0,004	0,845	0,007	0,005	0,838	0,633	1,103	0,004
ALTERN_bessere	<---	Attraktivität von_ Alternativen	1,000				0,000	0,000	1,000	0,000	0,000	1,000	1,000	1,000	...

Abbildung 4.39: Unstandardisierte Parameterschätzungen mit Bootstrapping-Vergleich (Sample: bis 40 Jahre)

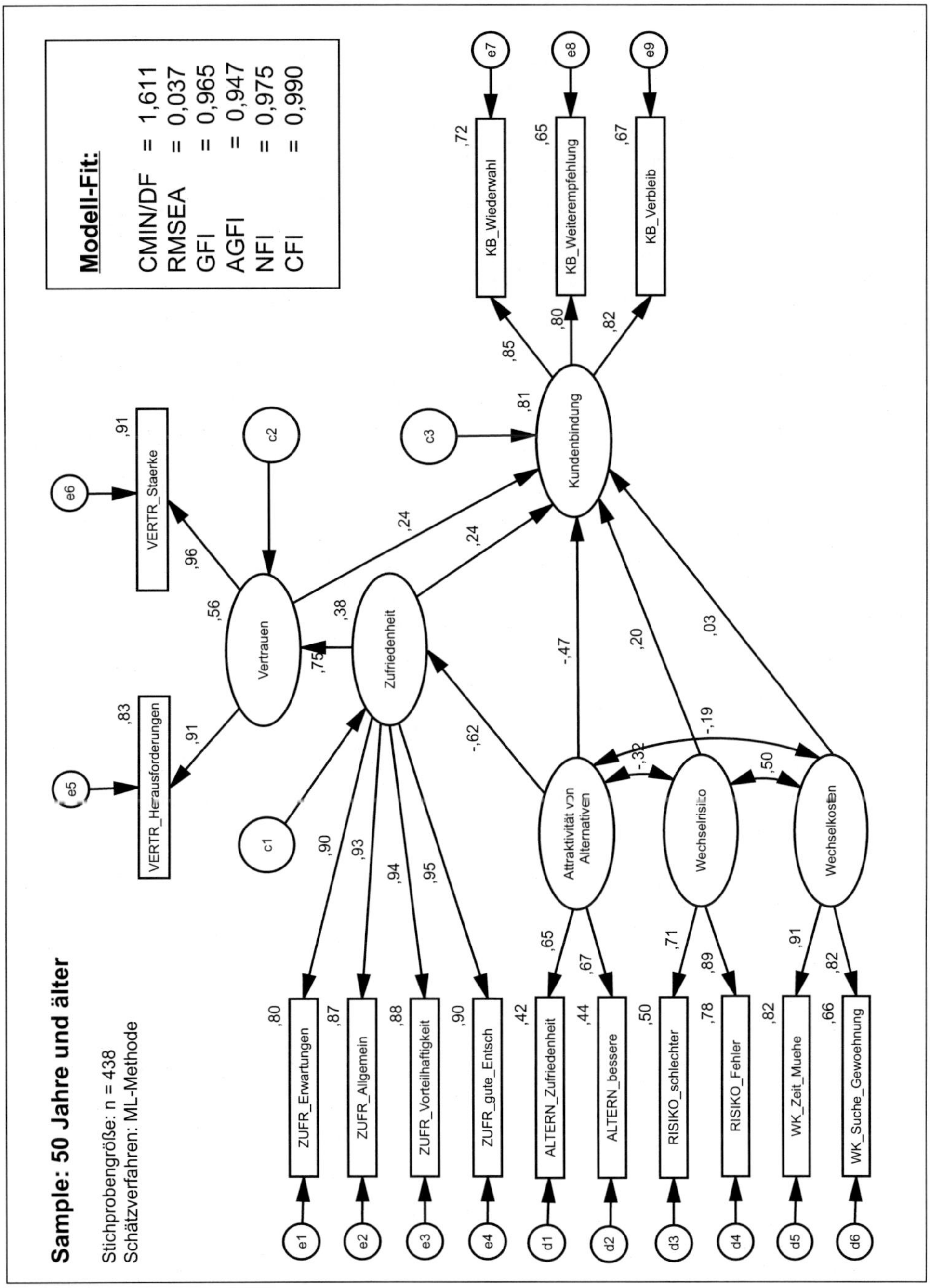

Abbildung 4.40: Pfaddiagramm mit standardisierten Schätzergebnissen (Sample: 50 Jahre und älter)

Regression Weights (Sample: 50 Jahre und älter)															
Variablen			(Unstandardized) Regression Weights (Default model)				Ergebnisse Bootstrapping (500 bootstrap samples)								
							Bootstrap standard errors					Bias-corrected percentile method			
			Est.	SE	C.R.	P	SE	SE-SE	Mean	Bias	SE-Bias	Est.	Lower	Upper	P
Zufriedenheit	<---	Attraktivität von_ Alternativen	-0,615	0,073	-8,423	***	0,090	0,003	-0,622	-0,007	0,004	-0,615	-0,790	-0,425	0,006
Vertrauen	<---	Zufriedenheit	0,848	0,047	18,059	***	0,056	0,002	0,850	0,003	0,003	0,848	0,730	0,956	0,006
Kundenbindung	<---	Attraktivität von_ Alternativen	-0,530	0,093	-5,706	***	0,124	0,004	-0,535	-0,005	0,006	-0,530	-0,814	-0,327	0,003
Kundenbindung	<---	Zufriedenheit	0,278	0,077	3,591	***	0,108	0,003	0,277	-0,001	0,005	0,278	0,058	0,484	0,010
Kundenbindung	<---	Vertrauen	0,237	0,053	4,487	***	0,068	0,002	0,235	-0,002	0,003	0,237	0,108	0,379	0,003
Kundenbindung	<---	Wechselrisiko	0,143	0,035	4,094	***	0,041	0,001	0,142	-0,001	0,002	0,143	0,068	0,227	0,003
Kundenbindung	<---	Wechselkosten	0,020	0,026	0,772	0,440	0,027	0,001	0,019	-0,001	0,001	0,020	-0,020	0,087	0,347
ZUFR_Vorteilhaftigkeit	<---	Zufriedenheit	1,041	0,027	37,944	***	0,032	0,001	1,043	0,002	0,001	1,041	0,969	1,098	0,008
ZUFR_gute_Entsch	<---	Zufriedenheit	1,082	0,028	39,292	***	0,031	0,001	1,083	0,001	0,001	1,082	1,023	1,140	0,005
ZUFR_Erwartungen	<---	Zufriedenheit	1,152	0,035	32,582	***	0,043	0,001	1,153	0,001	0,002	1,152	1,075	1,239	0,004
ZUFR_Allgemein	<---	Zufriedenheit	1,000				0,000	0,000	1,000	0,000	0,000	1,000	1,000	1,000	...
WK_Zeit_Muehe	<---	Wechselkosten	1,000				0,000	0,000	1,000	0,000	0,000	1,000	1,000	1,000	...
WK_Suche_Gewoehnung	<---	Wechselkosten	0,882	0,080	11,016	***	0,101	0,003	0,884	0,002	0,005	0,882	0,637	1,066	0,006
VERTR_Staerke	<---	Vertrauen	1,024	0,035	29,043	***	0,039	0,001	1,028	0,004	0,002	1,024	0,941	1,093	0,009
VERTR_Herausforderungen	<---	Vertrauen	1,000				0,000	0,000	1,000	0,000	0,000	1,000	1,000	1,000	...
RISIKO_schlechter	<---	Wechselrisiko	0,803	0,075	10,667	***	0,085	0,003	0,796	-0,007	0,004	0,803	0,648	0,975	0,003
RISIKO_Fehler	<---	Wechselrisiko	1,000				0,000	0,000	1,000	0,000	0,000	1,000	1,000	1,000	...
KB_Wiederwahl	<---	Kundenbindung	1,000				0,000	0,000	1,000	0,000	0,000	1,000	1,000	1,000	...
KB_Weiterempfehlung	<---	Kundenbindung	0,957	0,049	19,603	***	0,062	0,002	0,961	0,004	0,003	0,957	0,835	1,084	0,006
KB_Verbleib	<---	Kundenbindung	0,963	0,047	20,624	***	0,049	0,002	0,967	0,004	0,002	0,963	0,885	1,089	0,003
ALTERN_Zufriedenheit	<---	Attraktivität von_ Alternativen	0,875	0,089	9,807	***	0,085	0,003	0,874	-0,001	0,004	0,875	0,708	1,072	0,003
ALTERN_bessere	<---	Attraktivität von_ Alternativen	1,000				0,000	0,000	1,000	0,000	0,000	1,000	1,000	1,000	...

Abbildung 4.41: Unstandardisierte Parameterschätzungen mit Bootstrapping-Vergleich (Sample: 50 Jahre und älter)

demnach in hohem Maße geeignet, die Kundenbindung in der gesetzlichen Krankenversicherung zu erklären.

Abbildung 4.42 fasst die totalen kausalen Effekte der einzelnen Determinanten auf die Kundenbindung in den untersuchten Stichproben zusammen. Den stärksten Effekt übt in allen Gruppen die Attraktivität von Alternativen aus, d.h. bei Versicherten, die bessere Krankenversicherungen wahrnehmen und der Meinung sind, dass sie mit einem anderen Anbieter zufriedener wären als mit ihrer derzeitigen Krankenkasse, ist mit einer geringen Kundenbindung zu rechnen. Der stärkste positive Effekt auf die Versichertenbindung geht von der Zufriedenheit aus, gefolgt vom Vertrauen in die zukünftige Leistungsfähigkeit der Kasse. Das Wechselrisiko trägt vor allem bei älteren Versicherten zur Festigung der Kundenbindung bei. Nur bei den Wechselkosten konnte in keiner der Gruppen ein kausaler Einfluss auf die Kundenbindung festgestellt werden.

Standardized Total Effects | Totale kausale Effekte auf die Kundenbindung								
Determinante	**Explorationssample**		**Validierungssample**		**Alter bis 40 Jahre**		**50 Jahre und älter**	
Attraktivität von Alternativen	-0,824	sign.	-0,760	sign.	-0,754	sign.	-0,725	sign.
Zufriedenheit	0,362	sign.	0,468	sign.	0,481	sign.	0,421	sign.
Vertrauen	0,137	sign.	0,251	sign.	0,224	sign.	0,237	sign.
Wechselrisiko	0,168	sign.	0,081	sign.	0,028	nicht sign.	0,203	sign.
Wechselkosten	0,009	nicht sign.	-0,005	nicht sign.	-0,027	nicht sign.	0,033	nicht sign.

Abbildung 4.42: Standardisierte totale kausale Effekte in unterschiedlichen Stichproben

5 Marketing-Instrumente zur Beeinflussung der Kundenbindung bei Krankenkassen

Trotz staatlicher Regulierungen können Krankenkassen auf eine Vielzahl von Marketing-Instrumenten zurückgreifen, um die Bindung ihrer Kunden zu beeinflussen. Für die Ableitung von Handlungsempfehlungen wird zunächst eine Systematisierung der Marketing-Instrumente von Krankenkassen vorgenommen und überprüft, welcher potenzielle Einfluss von diesen Instrumenten auf die in Teil 4 identifizierten Determinanten der Kundenbindung ausgeht. Anschließend werden die Erkenntnisse zur Bedeutung einzelner Marketing-Instrumente dargestellt und kritisch gewürdigt. Eine empirische Untersuchung der Wichtigkeiten ausgewählter Marketing-Instrumente in der gesetzlichen Krankenversicherung schließt das Kapitel ab.

5.1 Handlungsmöglichkeiten im operativen Krankenkassen-Marketing

Krankenkassen stehen im Wettbewerb um Versicherte unterschiedliche Marketing-Instrumente zur Verfügung. Eine inhaltliche Abgrenzung der Handlungsmöglichkeiten ist über die klassische 4-P-Systematik möglich.

5.1.1 Grundlagen des Marketing-Mix

Marketing-Instrumente sind konkrete Maßnahmen, die Unternehmen einsetzen können, um ihre Ziele zu erreichen.[490] Die Kombination mehrerer Instrumente bezeichnet man als *Marketing-Mix*.[491]

Gemäß der *4-P-Systematik*[492] werden vier Instrumentalbereiche unterschieden:

- Im Rahmen der *Leistungs- bzw. Produktpolitik* („Product“) ist festzulegen, welche nutzenstiftenden Leistungen ein Unternehmen anbietet, um die Bedürfnisse der Nachfrager zu befriedigen. Der von den Nachfragern wahrgenommene Nutzen setzt sich aus der subjektiven Bewertung der Kernleistung (Grundnutzen) und aus dem Zusatznutzen ergänzender (Zusatz-)Leistungen zusammen.[493]

- Die *Preispolitik* („Price“) bezieht sich auf alle Entscheidungen zum Entgelt einer Leistung. Der weiter ausgelegte Begriff der Kontrahierungspolitik berücksichtigt neben den Preisentscheidungen auch die Festlegung von Rabatten, Zahlungs-, Lieferungs- und Kreditbedingungen.[494]

- Zur *Distributionspolitik* („Place“) zählen alle Entscheidungen, die sich auf die Übermittlung der Leistungen zum Konsumenten beziehen (Absatzwege) und dafür sorgen, dass die Leistungen beim Kunden verfügbar sind.[495]

- Die *Kommunikationspolitik* („Promotion“) umfasst alle Unternehmensentscheidungen hinsichtlich der Gestaltung und Übermittlung von Informationen. Vorrangiges Ziel der Kommunikationspolitik ist es, die Bekanntheit der angebotenen Leistungen bei den anvisierten Kundengruppen zu erhöhen und ein positives Image des Unternehmens und dessen Leistungen aufzubauen und zu erhalten.[496]

Neben den vier traditionellen Instrumentalbereichen, die ihren Ursprung im Konsum- und Industriegütermarketing haben, werden im Dienstleistungsmarketing die *Per-*

---

[490] Vgl. Becker (2006), S.487.

[491] Vgl. Berndt (1992b), S.11; Kühn (1995), Sp.1615; Becker (2006), S.485.

[492] Vgl. Kotler et al. (2003), S.191 f.

[493] Vgl. Meffert (2000), S.333 ff.; Meffert/Bruhn (2003), S.360 ff.

[494] Vgl. Berndt (1992b), S.127 ff.; Meffert (2000), S.482 ff.

[495] Vgl. Berndt (1992b), S.332 ff.; Meffert (2000), S.600 ff.; Becker (2006), S.527 ff.

[496] Vgl. Berndt (1992b), S.223 ff.; Meffert (2000), S.678 ff.; Becker (2006), S.565 ff.

sonalpolitik, die *Ausstattungspolitik* sowie die *Prozesspolitik* als zusätzliche Instrumentalbereiche diskutiert.[497] Diese können als eigenständige Instrumentalbereiche behandelt werden; die ihnen zugeordneten Instrumente lassen sich aber auch als Submixbereiche des klassischen Marketing-Mix (4P) interpretieren.[498]

In der Literatur finden sich mehrere Ansätze, um die Marketing-Instrumente von Krankenkassen in Anlehnung an die 4-P-Systematik zu strukturieren. Haenecke[499], Kay (2001) und Bogner/Loth (2004) unterscheiden mit der Kontrahierungspolitik, der Leistungspolitik, der Servicepolitik, der Distributionspolitik und der Kommunikationspolitik vier bzw. fünf Instrumentalbereiche von Krankenkassen.[500] Bei Fröck (2004) werden die Instrumente zusätzlich in externe und interne Aktionsparameter unterteilt: Zu den externen Parametern zählt er die klassischen „4 P“, den internen Parametern des Krankenkassen-Marketing ordnet er alle personalpolitischen Entscheidungen und Maßnahmen der internen (Mitarbeiter-) Kommunikation zu.

In den nachfolgenden Abschnitten wird eine klassische Systematisierung der Marketing-Instrumente von Krankenkassen gemäß den „4 P“ vorgenommen und der potenzielle Einfluss der Instrumente auf die Determinanten der Kundenbindung diskutiert.

5.1.2 Leistungs- und Servicepolitik bei Krankenkassen

Als Sozialversicherungsträger dürfen Krankenkassen nach § 31 SGB I, § 30 SGB IV und § 260 Abs. 1 Nr. 1 SGB V ihre Mittel nur für gesetzlich vorgeschriebene und gesetzlich erlaubte Aufgaben und Verwaltungskosten verwenden.[501] Der Leistungskatalog ist aus diesem Grund für alle Kassen identisch. Möglichkeiten, den *Nutzen* des Versicherungsangebotes zu erhöhen, bieten daher vor allem Satzungsleistungen, erweiterte Serviceleistungen und besondere Versorgungsformen. Diese können die Attraktivität von Alternativen verringern und zur Zufriedenheit der Versicherten beitragen.

497 Vgl. Meffert (1995), Sp.460; Homburg/Krohmer (2003), S.839 ff.; Meffert/Bruhn (2003), S.355.

498 Vgl. Meffert (1995), Sp.461.

499 Vgl. Haenecke (2001a), S.122 ff.; Haenecke (2001b).

500 Haenecke und Bogner/Loth sehen in der Servicepolitik einen eigenständigen Instrumentalbereich, Kay ordnet die Servicemaßnahmen der Produktpolitik von Krankenkassen zu.

501 Für eine ausführliche Darstellung siehe z.B. Schümann (2004), S.43 ff.

5.1.2.1 Pflicht- und Satzungsleistungen

Zu den *Pflichtleistungen* in der gesetzlichen Krankenversicherung gehören:[502]

- Leistungen zur Förderung der Gesundheit und zur Verhütung von Krankheiten,
- Leistungen zur Früherkennung von Krankheiten sowie
- Leistungen bei Krankheit, Schwangerschaft und Mutterschaft.

Der Anteil der gesetzlich vorgeschriebenen Leistungen liegt bei etwa 95 Prozent.[503] Hierunter fallen alle im dritten Kapitel des SGB V aufgeführten Regelleistungen sowie die damit verbundene Beratung und Aufklärung der Versicherten.[504] Eine Differenzierung ist über die Abwicklung des Leistungsgeschehens (z.B. die Bearbeitungsdauer von Leistungsanträgen) sowie über den Umfang und die Qualität der leistungsbezogenen Beratung und Aufklärung möglich.

Neben den Pflichtleistungen können Krankenkassen ihren Versicherten *Satzungs- bzw. Mehrleistungen* anbieten. Deren Art und Umfang sind in der Satzung einer Krankenkasse festzulegen.[505] Spielräume für das Angebot von Mehrleistungen bestehen zum Beispiel bei der Gewährung einer Haushaltshilfe (§ 38 SGB V), in der häuslichen Krankenpflege (§ 37 SGB V) oder bei der Kostenübernahme von Schutzimpfungen (§ 20d SGB V). Darüber hinaus sollen Krankenkassen in ihren Satzungen Leistungen zur primären Prävention vorsehen (§ 20a SGB V), Leistungen zur Gesundheitsförderung in Betrieben erbringen (§ 20a SGB V) und ihre Versicherten bei der Verfolgung von Schadensersatzansprüchen im Zusammenhang mit Behandlungsfehlern unterstützen (§ 66 SGB V). Auch die Finanzierung einer persönlichen elektronischen Gesundheitsakte sieht das Gesetz seit dem Jahr 2004 optional vor (§ 68 SGB V). Die Vermittlung von privaten Zusatzversicherungen durch Krankenkassen ist ebenfalls erlaubt (§ 194 Abs. 1a SGB V). Mit dem GKV-Versorgungsstrukturgesetz (GKV-VStG) sollen ab Januar 2012 weitere Satzungsleistungen hinzukommen.[506]

---

[502] Vgl. § 11 SGB V.

[503] Vgl. Lauterbach/Wille (2001), S.29.

[504] Vgl. §§ 13-15 SGB I.

[505] Vgl. § 194 Abs. 1 Nr. 3 SGB V.

[506] Laut Gesetzesentwurf vom 05.09.2011 soll § 11 SGB V um einen neuen Absatz 6 erweitert werden: „(6) Die Krankenkasse kann in ihrer Satzung zusätzliche vom Gemeinsamen Bundesausschuss nicht ausgeschlossene Leistungen in der fachlich gebotenen Qualität im Bereich der medizinischen

5.1.2.2 Erweiterte Serviceleistungen

Erweiterte Serviceleistungen beziehen sich auf Angebote, die dem gesetzlichen Auftrag der Krankenkassen zwar entsprechen im Gesetz jedoch nicht definiert sind und keine Satzungsregelungen voraussetzen. Neben der Vermittlung von Arztterminen gehören hierzu insbesondere Beratungs-, Aufklärungs- und Informationsangebote.

In § 1 SGB V werden die Aufklärung und Beratung der Versicherten als Aufgaben der Krankenkassen genannt.[507] Die Rechtsgrundlage für entsprechende Aktivitäten besteht allerdings erst seit der Umsetzung des GKV-Modernisierungsgesetzes (GMG) im Jahr 2004.[508] § 305 Abs. 3 SGB V[509] räumt den Krankenkassen seither eine umfassende, medizinische Beratungsbefugnis gegenüber allen Versicherten ein.[510] Darüber hinaus sieht das Gesetz Patientenschulungsmaßnahmen für chronisch Kranke und deren Angehörige (§ 43 Nr.2 SGB V), Leistungen der Prävention und Selbsthilfe (§ 20 SGB V), Leistungen zur Gesundheitsförderung in Betrieben (§ 20a SGB V) sowie die Förderung von Selbsthilfegruppen und -organisationen (§ 20c SGB V) vor.

Vorsorge und Rehabilitation (§§ 23, 40), der künstlichen Befruchtung (§ 27a), der zahnärztlichen Behandlung ohne die Versorgung mit Zahnersatz (§ 28 Absatz 2), bei der Versorgung mit nicht verschreibungspflichtigen Arzneimitteln (§ 34 Absatz 1 Satz 1), mit Heilmitteln (§ 32) und Hilfsmitteln (§ 33), im Bereich der häuslichen Krankenpflege (§ 37) und der Haushaltshilfe (§ 38) sowie Leistungen von nicht zugelassenen Leistungserbringern vorsehen. Die Satzung muss insbesondere die Art, die Dauer und den Umfang der Leistung bestimmen. Die zusätzlichen Leistungen sind von den Krankenkassen in ihrer Rechnungslegung gesondert auszuweisen.“ (Deutscher Bundestag (2011), S.13)

[507] § 1 S.3 SGB V: „Die Krankenkassen haben den Versicherten .. durch Aufklärung, Beratung und Leistungen zu helfen und auf gesunde Lebensverhältnisse hinzuwirken.“

[508] Schümann (2004) weist darauf hin, dass § 1 S.3 SGB V nur den Rechtscharakter einer Einweisungsvorschrift hat und daher als eigenständige Rechtsgrundlage für Beratungsangebote von Krankenkassen nicht in Betracht kommt (vgl. Schümann (2004), S.217). Informations- und Beratungsdienste, die vor dem Jahr 2004 von Kassen angeboten wurden, bewegten sich in einer rechtlichen Grauzone; die Aufsichtsbehören sind gegen diese Angebote allerdings nicht vorgegangen (vgl. Schümann (2004), S.286).

[509] In § 305 Abs. 3 SGB V heißt es: „Die Krankenkassen informieren ihre Versicherten auf Verlangen umfassend über in der gesetzlichen Krankenversicherung zugelassene Leistungserbringer einschließlich medizinische Versorgungszentren und Leistungserbringer in der integrierten Versorgung sowie über die verordnungsfähigen Leistungen und Bezugsquellen, einschließlich der Informationen nach § 73 Abs. 8, § 127 Abs. 3. Die Krankenkasse hat Versicherte vor deren Entscheidung über die Teilnahme an besonderen Versorgungsformen in Wahltarifen nach § 53 Abs. 3 umfassend über darin erbrachte Leistungen und die beteiligten Leistungserbringer zu informieren.“ § 73 Abs. 8 verweist auf Informationen „über preisgünstige verordnungsfähige Leistungen und Bezugsquellen, einschließlich der jeweiligen Preise und Entgelte“ sowie auf „Hinweise zu Indikation und therapeutischen Nutzen“, die dem „allgemeinen anerkannten Stand der medizinischen Erkenntnisse“ entsprechen.

[510] Vgl. Schümann (2004), S.286.

Krankenkassen bieten inzwischen eine Vielzahl von Leistungen und Services aus den Bereichen der Gesundheitskommunikation[511] an. Die Bandbreite reicht von der Bereitstellung allgemeiner Informationsmaterialien bis zu indikationsspezifischen Coaching- und Betreuungsprogrammen:

- *Bereitstellung von Gesundheitsinformationen*: Informationen, z.B. zur Krankheitsprävention, zur Veränderung von Lebens- und Verhaltensweisen oder zu Erkrankungen und Behandlungsmöglichkeiten, stellen mittlerweile alle Krankenkassen in Deutschland zur Verfügung.[512] Die Übermittlung erfolgt z.B. über Broschüren, Informationsblätter, Mitgliederzeitschriften, das Internet oder per E-Mail. Vor allem die elektronische Bereitstellung von Gesundheitsinformationen wird aus Sicht der Krankenkassen zukünftig an Bedeutung gewinnen.[513] Hierfür kommt in erster Linie das Internet infrage, da es nicht nur eine einfache und kostengünstige Verbreitung, sondern auch die Personalisierung von Informationen erlaubt.

- *Gesundheitshotline und Demand Management*: Neben Printmedien und dem Internet bieten viele Krankenkassen auch einen telefonbasierten Informationsservice an. Den Betrieb übernehmen in der Regel spezialisierte Dienstleistungsunternehmen, die approbierte Ärzte, Krankenschwestern, Apotheker und Angehörige weiterer medizinischer Fachberufe beschäftigen.[514] Bei Anruf erhalten die Versicherten z.B. Auskünfte über Krankheitsbilder, Therapien, Arzneimittel, Prävention, Fitness sowie Adressen von Leistungserbringern.[515] Ferndiagnosen sind nach dem ärztlichen Berufsrecht allerdings nicht möglich. Aus Sicht des Sachverständigenrates im Gesundheitswesen können mithilfe dieser niederschwelligen interaktiven Kommunikation „präventiv wirksame Impulse gesetzt, überflüssige Arztbesuche vermieden und das Versorgungssystem rationaler genutzt werden“[516]. Auch die Nachfrage der Versicherten nach Gesundheitsleistungen lässt sich über Callcenter beeinflussen (Demand Management[517]). Der Mitarbeiter prüft in diesem Fall, ob bzw. welche Behand-

[511] Hurrelmann (2006) unterscheidet fünf Formen der Gesundheitskommunikation: die Gesundheitsberichterstattung, die Gesundheitsbildung, die Gesundheitserziehung, die Gesundheitsberatung und die Gesundheitsaufklärung. Für eine Abgrenzung dieser Ansätze siehe Hurrelmann (2006), S.199 ff.

[512] Vgl. Hanker et al. (2008).

[513] Vgl. Hanker et al. (2008), S.23.

[514] Vgl. Stiftung Warentest (2002); Sachverständigenrat für die Konzertierte Aktion im Gesundheitswesen (2003), S.110 ff.

[515] Vgl. Hakimi (2002).

[516] Sachverständigenrat für die Konzertierte Aktion im Gesundheitswesen (2003), S.122 Anm. 348.

[517] Da-Cruz/Schwegel/Oberender (2010) unterscheiden beim Demand Management vier Elemente: *Decision Improvement*, das darauf angelegt ist, gesundheitsrelevante Entscheidungen zu verbes-

lungsnotwendigkeit vorliegt und teilt dem Anrufer mit, welcher Leistungserbringer (z.B. Haus- oder Facharzt, Apotheker) aller Wahrscheinlichkeit nach zuständig ist oder gibt Ratschläge zur Selbstbehandlung.[518]

- *Kompetenz-Seminare für Patienten*: Um die Entscheidungsfähigkeit und Partizipation von Patienten zu erhöhen, bieten erste Krankenkassen Kompetenz-Seminare für ihre Versicherten an. „Mit den Schulungen sollen Menschen in die Lage versetzt werden, sich Informationen zur Gesundheit zu beschaffen und kritisch zu bewerten, sich mit Leistungserbringern auseinanderzusetzen und Qualitätsmerkmale zu erkennen."[519]

- *Coachingprogramme*: Gesundheits- oder Patientencoaching[520] soll die Versicherten beim Selbstmanagement ihrer Erkrankung unterstützen. Der Coach agiert dabei als „Trainer", der mithilfe von Informationen, Beratung, Organisationsleistungen und weiteren unterstützenden Maßnahmen die individuellen Kräfte des Patienten aktiviert und ihn zur Selbsthilfe befähigt.[521] Ein bewussterer Umgang mit der eigenen Erkrankung kann die Compliance bzw. Adherence[522] verbessern, den Verlauf einer Erkrankung verlangsamen und zur Stabilisierung des Gesundheitszustands beitragen. Coachingprogramme haben somit das Potenzial, die Lebensqualität und Zufriedenheit der Patienten zu erhöhen und die Ausgaben der medizinischen Versorgung zu verringern. Krankenkassen konzentrieren sich dabei vor allem auf den Teil der Chroniker, dessen Krankheitsverlauf sich noch positiv beeinflussen lässt.[523] Im Mittel-

sern. *Health Improvement*, welches präventive Maßnahmen und die Gesundheitsförderung umfasst. *Disease (Self-)Management*, das auf die aktive Einbeziehung des Patienten und dessen Angehörigen in der Gesundheitsversorgung ausgerichtet ist. Und *Disability Management*, das krankheitsbedingte Fehlzeiten in Betrieben vermeiden soll.

518 Vgl. Amelung (2007), S.181 ff.; Sachverständigenrat zur Begutachtung der Entwicklung im Gesundheitswesen (2007), S.111.

519 o.V. (2009e).

520 Schmid et al. (2008) grenzen die Begriffe Gesundheits- und Patientencoaching voneinander ab. Unter Patientencoaching verstehen sie die Begleitung von Patienten im Rahmen der Tertiärprävention. Gesundheitscoaching beginnt dagegen vor dem Auftreten einer Erkrankung und ist somit der Primärprävention zuzuordnen. Zum Gesundheitscoaching gehören Themen wie Ernährung, Bewegung, Stressmanagement, Alkohol- und Nikotinkonsum oder Fehlhaltungen (vgl. Schmid et al. (2008), S.80 f.). In der Praxis hat sich diese begriffliche Unterscheidung allerdings noch nicht durchgesetzt. Betreuungsprogramme für Patienten werden üblicherweise unter den Bezeichnungen „Gesundheitscoaching" oder „Health-Coaching" beworben.

521 Vgl. Schmid et al. (2008), S.8 und S.26.

522 Unter *Compliance* versteht man die Therapietreue der Patienten, d.h. die Befolgung ärztlicher Anweisungen in Bezug auf die Medikation und das krankheitsverträgliche Verhalten (vgl. z.B. Petermann/Warschburger (1997)). Wird der Patient bei der Auswahl einer Therapie einbezogen und hat er dieser zugestimmt, so spricht man von „Adherence" („Einhaltung", vgl. Müller/ Kissling (2009), S.258; World Health Organization (2003), S.3 f.).

523 Vgl. o.V. (2008d).

punkt stehen insbesondere die Krankheitsbilder Diabetes mellitus, koronare Herzkrankheit, Herzinsuffizienz, Hypertonie sowie chronisch obstruktive Atemwegserkrankungen.[524] Programme zu Rückenschmerzen und Depressionen wurden ebenfalls umgesetzt oder befinden sich in der Planung. Darüber hinaus bieten einige Krankenkassen auch indikationsunabhängige Programme, z.B. bei Multimorbidität im Alter, an.[525]

- *Case Management*: Während Coachingprogramme beim Selbstmanagement der Versicherten ansetzen, steht beim Case Management die Lotsenfunktion im Vordergrund. „*Lotsenfunktion bedeutet in der Seefahrt die vorübergehende Übernahme der Kapitänsrolle auf einer bestimmten Strecke. Auf das Gesundheitswesen übertragen handelt es sich um eine zeitlich begrenzte Führungsfunktion, die sich in der Regel an Behandlungsanlässen und -zielen sowie an Behandlungsleitlinien orientiert und dabei Schnittstellen zwischen Sektoren und Organisationen schafft.*“[526] Case Management kommt in der Regel bei komplizierten und kostenträchtigen Einzelfällen zum Einsatz (z.B. bei schweren Verletzungen, Intensivpflegefällen, chronischen Erkrankungen mit schwerwiegendem Verlauf oder einer wiederholten Arbeitsunfähigkeit) und kann prospektiv oder retrospektiv erfolgen.[527] Bei der prospektiven Fallführung kümmert sich der Case Manager z.B. um die Entlassungsplanung einer bevorstehenden Operation und den Übergang des Patienten in die nachfolgenden Versorgungsstufen (Rehabilitations- oder Pflegeeinrichtung, häusliche Versorgung). Auch bei der retrospektiven Fallführung übernimmt der Case Mananager eine Schnittstellenfunktion – z.B. im Rahmen von Direktverträgen mit Haus- und Fachärzten oder Kliniken – und koordiniert die medizinische Versorgung des Patienten bei unterschiedlichen Leistungserbringern und in unterschiedlichen Sektoren des Gesundheitssystems. Darüber hinaus unterstützt er den Patienten bei einer gesundheitsbewussten Lebensführung und bei der Einhaltung der ärztlichen Therapieanweisungen. Coaching findet sich somit auch im Case Management wieder. Abhängig vom jeweiligen Fall hört Case Management jedoch nicht bei der krankheitsbezogenen Beratung und Organisation auf, sondern erstreckt sich beispielsweise auch auf das psychosoziale Umfeld des Patienten. Schon seit mehreren Jahren werden z.B. arbeitsunfähige Versicherte durch Krankengeldfallmanager betreut.[528]

---

524 Vgl. o.V. (2007); o.V. (2009c).
525 Vgl. Hildebrandt et al. (2011).
526 Schmid et al. (2008), S.8.
527 Vgl. Amelung (2007), S.215 f.
528 Vgl. Popken (2007).

Diese speziell geschulten Mitarbeiter der Krankenkasse stehen den Versicherten mit Rat und Tat zur Seite, stimmen sich mit den behandelnden Ärzten ab und gehen den Ursachen einer Erkrankung auf den Grund.[529] Auch so genannte „Gesundheitsberater“[530], „Rehabilitationsberater“[531], „Patientenbegleiter“[532] oder „Gesundheitsassistenten“[533] kommen im Auftrag der Krankenkassen zum Einsatz.

5.1.2.3 Besondere Versorgungsformen

Seit der Reform des Risikostrukturausgleichs und der Ausweitung des Vertragswettbewerbs gehört das Angebot von ergänzenden und alternativen Versorgungsformen zu den wichtigsten Differenzierungsfeldern im Wettbewerb der Krankenkassen. Um den Versicherten einen Mehrwert zu bieten, können Krankenkassen in mehreren Bereichen tätig werden:

- *Modellvorhaben*: Krankenkassen können zur „Verbesserung der Qualität und Wirtschaftlichkeit der Versorgung“ (§ 63 Abs. 1 SGB V), „zur Verhütung und Früherkennung von Krankheiten sowie zur Krankenbehandlung“ (§ 63 Abs. 2 SGB V) und „zur Vermeidung einer unkoordinierten Mehrfachinanspruchnahme von Vertragsärzten durch die Versicherten“ (§ 64 Abs. 4 SGB V) Modellvorhaben vereinbaren. Hierzu sind Einzelverträge mit zugelassenen Leistungserbringern oder Gruppen von Leistungserbringern für einen Zeitraum von maximal acht Jahren möglich.[534]
- *Integrierte Versorgung*: Nach § 140a SGB V können Krankenkassen einzeln oder gemeinsam „Verträge über eine verschiedene Leistungssektoren übergreifende Versorgung der Versicherten“ (z.B. ambulant/stationär) oder eine „interdisziplinär-fachübergreifende Versorgung“ (z.B. Fachärzte/Fachärzte oder Fachärzte/Hausärzte) schließen. Die Teilnahme der Versicherten an derartigen Versorgungsprogrammen ist freiwillig. Als Vertragspartner kommen die zur vertragsärztlichen Versorgung zugelassenen Ärzte, Krankenhäuser, Medizinische Versorgungszentren, Apotheken[535], Heil- und Hilfsmittelerbringer,

[529] Vgl. Popken (2007), S.185.
[530] Zum „AOK-Gesundheitsberater“ vgl. Wendt (2001), S.199 f.
[531] Zum „Rehabilitationsberater“ der Techniker Krankenkasse vgl. Hecke/Erzberger/Rupp (2005).
[532] Zum „Patientenbegleiter“ der Bosch BKK vgl. Feihle (2010); Löcherbach (2010) sowie Wimmer (2010).
[533] Zum „Gesundheitsassistenten“ der Deutsche BKK vgl. o.V. (2009d).
[534] Vgl. § 64 Abs. 1 SGB V und § 63 Abs. 5 SGB V.
[535] Vgl. § 129 Abs. 5b.

Hebammen, Haushaltshilfen, Zahntechniker, Reha-Einrichtungen, Krankentransportunternehmen, Pflegekassen und Gemeinschaften der aufgeführten Leistungserbringer infrage. Auch Managementgesellschaften können die Leistungserstellung im Rahmen der Integrierten Versorgung organisieren und Verträge mit Krankenkassen schließen.[536] Seit Januar 2011 sind zudem Verträge mit pharmazeutischen Unternehmern erlaubt.[537] Die Vertragsinhalte dürfen frei definiert werden, sofern sie nicht Leistungen enthalten, über die der Gemeinsame Bundesausschuss ablehnend entschieden hat. Die Vergütung ist in den Verträgen eigenständig und außerhalb des Vergütungssystems der Regelversorgung zu bestimmen.[538]

- *Strukturierte Behandlungsprogramme*: Bei den strukturierten Behandlungsprogrammen bzw. Disease Management Programmen (DMP) nach § 137f SGB V stehen Gruppen von Versicherten mit bestimmten Erkrankungen im Mittelpunkt.[539] Vor allem chronische Krankheitsbilder sind für diese Versorgungsform geeignet. Disease Management folgt dem Grundsatz der evidenzbasierten Medizin, d.h. die Wirksamkeit einer medizinischen Entscheidung muss empirisch nachgewiesen sein. Unter diesen Bedingungen wird die Versorgung ausgewählter Patientengruppen krankheitsepisoden- und sektorübergreifend organisiert. Neben Behandlungspfaden kommen Informations- und Schulungsangebote für Patienten zum Einsatz. Disease Management baut somit auf denselben Prinzipien wie die Integrierte Versorgung (IV) auf.[540] Unterschiede bestehen in den gesetzlichen Vorgaben und der Zuweisung einer Programmkostenpauschale pro Teilnehmer, welche die arztbezogenen Kosten und die anteiligen Verwaltungskosten der Kassen decken soll. Während Krankenkassen und Leistungserbringer bei der Gestaltung von IV-Projekten nach §§ 140a-d SGB V große Freiräume haben, gibt der Gesetzgeber die Anforderungen an Disease Management Programme detailliert vor.[541] Aktuell werden Programme für die Indikationen Diabetes mellitus Typ 2, Diabetes mellitus Typ 1, Brustkrebs, Koronare Herzkrankheit (KHK), Asthma bronchiale sowie Chronisch obstruktive Atemwegserkrankungen angeboten.[542] Im Zuge der 20. RSA-ÄndV[543] wurde zum 1. Juli 2009 zudem das Modul „Chronische

[536] Vgl. § 140b SGB V; Cassel et al. (2008), S.88; Mühlbacher/Ekert (2009).
[537] Vgl. Eble (2010).
[538] Vgl. § 140c Abs. 1 SGB V.
[539] Vgl. Stock/Redaèlli/Lauterbach (2004); Amelung (2007), S.203 ff.
[540] Vgl. Sachverständigenrat zur Begutachtung der Entwicklung im Gesundheitswesen (2007), S.122.
[541] Vgl. Graf (2006), S.44.
[542] Vgl. Risikostruktur-Ausgleichsverordnung (Stand 17.07.2009); Bundesversicherungsamt (2009a).
[543] Verordnung zur Änderung der Risikostruktur-Ausgleichsverordnung.

Herzinsuffizienz“ im Rahmen des DMP KHK eingeführt.[544] Für die Zulassung von Programmen müssen sich Krankenkassen gemäß § 137g SGB V an das Bundesversicherungsamt wenden.

- *Hausarztzentrierte Versorgung*: Alle Krankenkassen sind nach § 73b SGB V verpflichtet, ihren Versicherten eine flächendeckende hausarztzentrierte Versorgung anzubieten. Diese sieht vor, dass Patienten bei einem Arztbesuch immer erst ihren Hausarzt aufsuchen und ambulante fachärztliche Behandlungen nur auf Überweisung des Hausarztes erfolgen. Der Hausarzt agiert somit als „Gatekeeper“ bzw. Lotse, der die Behandlung eines Patienten und die Inanspruchnahme medizinischer Leistungen koordiniert; unnötige Arztbesuche, Doppeluntersuchungen und Doppelverordnungen sollen auf diese Weise vermieden werden.[545] Ärzte, die an der hausarztzentrierten Versorgung teilnehmen, müssen spezielle Anforderungen erfüllen. Hierzu gehören die Teilnahme an Qualitätszirkeln zur Arzneimitteltherapie, die Behandlung nach Leitlinien, spezielle Fortbildungen sowie die Einführung eines Qualitätsmanagements.[546] Für die Versicherten ist die Teilnahme an einem Hausarztmodell freiwillig; an die Wahl sind sie mindestens ein Jahr gebunden. Um die Einschreibung zu fördern, können Krankenkassen ihren Versicherten finanzielle Vorteile, wie z.B. die Rückerstattung der Praxisgebühr, gewähren. Auch Zusatzleistungen und -services (wie z.B. eine Ernährungsberatung, längere Öffnungszeiten, eine garantierte Terminvergabe oder eine elektronische Patientenakte) sind möglich,[547] sofern der Gemeinsame Bundesausschuss keine ablehnende Entscheidung über diese Leistungen getroffen hat.[548]

- *Besondere ambulante Versorgung*: Krankenkassen können nach § 73c SGB V Verträge über die gesamte vertragsärztliche Versorgung der Versicherten oder über einzelne Bereiche der vertragsärztlichen Versorgung selektiv abschließen. Als Vertragspartner kommen einzelne vertragsärztliche Leistungserbringer, Gemeinschaften dieser Leistungserbringer, Einrichtungsträger und die Kassenärztlichen Vereinigungen infrage. Verträge nach § 73c SGB V geben Krankenkassen und Leistungserbringern die Möglichkeit, aus der kollektivvertraglichen Regelversorgung auszubrechen. Inhaltlich bestehen für die Vertragspartner große Freiheiten, sie müssen allerdings die Mindestanforderungen der

[544] Vgl. Bundesversicherungsamt (2009a).

[545] Vgl. Amelung (2007), S.170.

[546] Vgl. § 73b Abs. 2 SGB V.

[547] Vgl. Pütz (2008), S.48.

[548] Vgl. § 73b Abs. 5 SGB V.

Regelversorgung erfüllen. Abweichungen „nach oben“ sind möglich, sofern es sich nicht um Leistungen handelt, über die der Gemeinsame Bundesausschuss ablehnend entschieden hat. Neben der Erbringung von Zusatzleistungen können die Krankenkassen spezielle Anforderungen an die teilnehmenden Ärzte stellen, wie z.B. den Nachweis bestimmter Fallzahlen, eine apparative Mindestausstattung oder die Teilnahme an Fortbildungen. Den Versicherten steht die Teilnahme an der besonderen ambulanten Versorgung frei. Sie sind an ihre Entscheidung mindestens ein Jahr gebunden und dürfen in dieser Zeit nur die vertraglich gebundenen Leistungserbringer in Anspruch nehmen. Krankenkassen müssen ihnen hierfür im Gegenzug spezielle Wahltarife nach § 53 Abs. 3 SGB V anbieten.

5.1.3 Preispolitik bei Krankenkassen

Das Preisurteil der Versicherten hängt von den Zusatzbeiträgen oder Ausschüttungen einer Krankenkassen ab. Darüber hinaus können Bonusprogramme, Wahltarife, Preisvorteile bei Partnerunternehmen und Preisnebenleistungen den wahrgenommenen Preis des Versicherungsangebotes beeinflussen und somit auf die Attraktivität von Alternativen und die Kundenzufriedenheit einwirken.

5.1.3.1 Zusatzbeiträge und Ausschüttungen

Seit der Einführung des einheitlichen Beitragssatzes im Jahr 2009 dreht sich der Preiswettbewerb der Krankenkassen nicht mehr um den Beitragssatz, sondern um die Höhe von Zusatzbeiträgen und Ausschüttungen. Kommt eine Krankenkasse mit den ihr zugewiesenen Mitteln nicht aus, dann muss sie einen Zusatzbeitrag erheben; erwirtschaftet eine Krankenkasse Überschüsse, dann kann sie diese an ihre Versicherten ausschütten. Entscheidend für die Finanzlage einer Kasse ist dabei nicht die Höhe der Zuweisungen aus dem Gesundheitsfonds, sondern der durchschnittliche Deckungsbeitrag ihrer Versicherten.

Für die *Einnahmen* sind die Regeln des Risikostrukturausgleichs (RSA) relevant. Die Höhe der standardisierten Zuweisungen aus dem Gesundheitsfonds hängt im Morbi-RSA vom Alter und Geschlecht des Versicherten, dem Bezug einer Erwerbminderungsrente und den Morbiditätszuschlägen ab. Letztere werden über die von Ärzten und Krankenhäusern dokumentierten Diagnosen und Arzneimitteldaten bestimmt.[549] Versuche der Kassen, auf die ärztliche Kodierung Einfluss zu nehmen und bei Fehlkodierungen eine Nachkodierung gegen Vergütung vornehmen zu lassen,[550] sind datenschutzrechtlich unzulässig[551] und werden vom Bundesversicherungsamt untersagt.[552] Hinsichtlich der Einnahmen aus dem Gesundheitsfonds besteht somit kein Gestaltungsspielraum. Auch bei den Zusatzbeiträgen sind die Handlungsmöglichkeiten beschränkt: Da Zusatzbeiträge nur von den Mitgliedern zu tragen sind, haben Krankenkassen mit unterdurchschnittlich vielen beitragsfrei mitversicherten Familienangehörigen zwar tendenziell einen Wettbewerbsvorteil.[553] Ob die Familienversichertenquote tatsächlich zu spürbaren Wettbewerbsverzerrungen führt und eine Selektion von Alleinstehenden und Mitgliedern mit wenigen mitversicherten Familienangehörigen durch Krankenkassen möglich und wirtschaftlich sinnvoll ist, ist jedoch fraglich.

Größere Spielräume bieten sich bei den *Ausgaben*. Um diese zu verringern, ist ein *direktes Kostenmanagement* durch Krankenkassen möglich:

- *Zusatzleistungen und Verwaltungskosten*: Ein direktes Management der Kosten bezieht sich zum einen auf Entscheidungen über den Umfang von Satzungs- und Mehrleistungen (z.B. die Kostenübernahme von speziellen Schutzimpfungen) sowie auf Maßnahmen zur Senkung der Verwaltungskosten (z.B. eine Optimierung der internen Prozesse oder den Abbau von Geschäftsstellen). Der Anteil dieser Ausgaben an den Gesamtkosten der GKV lag in den vergangenen Jahren bei etwa acht Prozent.[554] Die Möglichkeiten zur Kostensenkung in diesem Bereich sind daher als moderat einzustufen. Zu beachten ist, dass der Verzicht bzw. die Kürzung von Zusatzleistungen nicht nur die Kosten, sondern möglicherweise auch das Leistungsurteil der Versicherten beeinflusst; fehlen wichtige Leistungen, kann dies zu einer Abwertung der aktuellen Geschäftsbeziehung und zur Unzufriedenheit der Versicherten führen.

- *Direktverträge mit Leistungserbringern*: Ein direkter Einfluss auf die Ausgaben der Krankenkassen geht zudem von Direktverträgen zwischen Kassen und

549 Vgl. Bundesversicherungsamt (2008c).

550 Vgl. o.V. (2008e); Meißner (2009).

551 Vgl. Der Bundesbeauftragte für den Datenschutz und die Informationsfreiheit (2009), S.116; Göpffarth/Sichert (2009).

552 Vgl. Bundesversicherungsamt (2008d), S.108 f.; Göpffarth (2009b), S.17; o.V. (2009b).

553 Eine unvollständige Deckung des Gesundheitsfonds führt zu geringeren Zuweisungen bei allen Versicherten. Krankenkassen mit einer hohen Familienversichertenquote müssen diesen Fehlbetrag proportional auf weniger „Köpfe“ verteilen, was tendenziell zu einer höheren kassenindividuellen Zusatzprämie führt (vgl. Jacobs/Staudt/Wasem (2007), S.423; Schawo (2007), S.112; Wasem (2007), S.18; Henke (2007), S.59).

554 Vgl. Göpffarth/Henke (2007), S.29 f.; Göpffarth (2007b), S.376.

Leistungserbringern aus (z.B. im Arznei- und Hilfsmittelbereich). Ende 2009 wurde das jährliche Einsparpotenzial für Arzneimittel-Rabattverträge nach § 130a Abs. 8 SGB V beispielsweise auf über eine Milliarde Euro geschätzt.[555] Zur Kostensenkung in der gesetzlichen Krankenversicherung tragen derartige Verträge bislang aber nur geringfügig bei. Die Arzneimittelausgaben machen etwa 19 Prozent der Gesamtausgaben der GKV aus.[556] Im Frühjahr 2009 entfielen 17 Prozent dieser Ausgaben auf einen Rabattvertrag, dies entspricht etwa drei Prozent aller Ausgaben. Bei einem durchschnittlichen Rabatt von 20 Prozent[557] kann eine Kasse ihre Gesamtkosten folglich nur um etwa 0,6 Prozent senken.[558] Da Apotheker verpflichtet sind, bei der Verordnung von generikafähigen Arzneimitteln ein rabattiertes Präparat der jeweiligen Krankenkasse bevorzugt abzugeben (§ 129 SGB V), wird das Leistungsspektrum der Kasse durch Rabattverträge eingeschränkt, was Kompensationsforderungen der Versicherten nach sich ziehen kann. Darüber hinaus sind mögliche Folgen auf die Gesundheit der Versicherten zu berücksichtigen. Untersuchungen deuten darauf hin, dass Rabattverträge die Compliance von Patienten verschlechtern. Auch von Verunsicherungen, Verwechslungen, Unverträglichkeiten und Nebenwirkungen, die auf die Substitution der „gewohnten“ Medikamente zurückzuführen sind, wird berichtet.[559] Kritiker fordern daher, analog zu den „Kosten-Nutzen-Bewertungen“ bei neuen Arzneimitteln, eine „Sparen-Schaden-Bewertung“ für Rabattverträge einzuführen.[560]

Qualität und Kosten sind im Gesundheitswesen nicht zwangsläufig gegenläufige Ziele.[561] Angebote, die zur Verbesserung der medizinischen Versorgung – und somit zum Nutzen und zur Zufriedenheit der Versicherten – beitragen, können gleichzeitig die Ausgaben in der gesetzlichen Krankenversicherung senken. Für ein solches *indirektes Kostenmanagement* stehen Krankenkassen unterschiedliche Instrumente zur Verfügung:

- *Vermeidung und Steuerung der Leistungsinanspruchnahme*: Ein indirektes Kostenmanagement ist über die Vermeidung und Steuerung der Leistungsin-

[555] Vgl. o.V. (2009g).

[556] Vgl. Abbildung 2.5.

[557] „Laut jüngsten Medienberichten erhalten einzelne Kassen Rabatte mit hohen zweistelligen Prozentsätzen von Generikaherstellern.“ o.V. (2009g).

[558] Vgl. Hußmann/Ecker (2009), S.39.

[559] Vgl. Neises et al. (2009); Köcher (2009), S.6; May/Kötting/Cheraghi (2010); Wald-Esser/ Schröder-Bernhardi/Kostev (2010); Gröber-Grätz/Gulich (2010).

[560] Vgl. Neises et al. (2009).

[561] Vgl. Amelung (2007), S.7.

anspruchnahme möglich. Krankenkassen können z.B. im Rahmen der Primär-[562] und Sekundärprävention[563] versuchen, ihre Versicherten über Gesundheitsrisiken aufzuklären, Gegenmaßnahmen aufzuzeigen und sie zu einem gesundheitsbewussten Verhalten zu motivieren. Hierfür kommen Informations-, Beratungs-, Schulungs- und Präventionsangebote infrage. Im Mittelpunkt der Tertiärprävention[564] stehen die Verbesserung der Arzt-Patienten-Interaktion und die Motivation zur aktiven Beteiligung am Behandlungsprozess. Ziel ist es, im Sinne eines „Patienten-Empowerment“[565], die Kompetenzen der Versicherten im Krankheitsfall zu erhöhen und die Mitarbeit zu stärken. Allgemeine Informations-, Beratungs- und Schulungsangebote sowie krankheitsspezifische und individuelle Betreuungsprogramme sind hierfür geeignet. Darüber hinaus können monetäre Anreiz- und Sanktionsinstrumente zu einem gesundheitsbewussten Verhalten und zu einem sparsamen Umgang mit den Ressourcen der Solidargemeinschaft beitragen. Zu den Einspareffekten von derartigen Maßnahmen sind keine generellen Aussagen möglich. Der Sachverständigenrat im Gesundheitswesen geht in seinem Gutachten aus dem Jahr 2000/2001 beispielsweise davon aus, dass sich theoretisch etwa 25-30 Prozent der Gesundheitsausgaben in Deutschland durch langfristige Prävention vermeiden ließen.[566] Die dahinter stehenden Annahmen sind jedoch umstritten;[567] Einsparungen, die sich aus präventiven Maßnahmen ergeben, gelten als überaus unsicher,[568] die Ergebnisse von Interventionen lassen sich zudem häufig nur indirekt beobachten und treten z.T. mit erheblicher Zeitverzögerung auf.[569] Für Krankenkassen ist das Einsparpotenzial breit angelegter Präventionsan-

[562] Primärprävention bezieht sich auf sämtliche Maßnahmen, die darauf ausgerichtet sind, Neuerkrankungen zu verhindern (vgl. Sachverständigenrat für die Konzertierte Aktion im Gesundheitswesen (2001a), S.71).

[563] Ziel der sekundären Prävention ist die möglichst frühzeitige Entdeckung einer Erkrankung und deren erfolgreiche Frühtherapie (vgl. Sachverständigenrat für die Konzertierte Aktion im Gesundheitswesen (2001a), S.71).

[564] Tertiärprävention umfasst die wirksame Behandlung einer Erkrankung mit dem Ziel, symptomatische Verschlimmerungen und potenzielle Folgeerkrankungen zu vermeiden (vgl. Sachverständigenrat für die Konzertierte Aktion im Gesundheitswesen (2001a), S.71).

[565] Vgl. z.B. Schmid et al. (2008), S.75: „Empowerment bedeutet die Stärkung der Selbstständigkeit und Problembewältigungskompetenz von Menschen, speziell für das Gesundheitswesen die Fähigkeit zum hilfreichen Umgang mit der Erkrankung und der Fähigkeit, die Erkrankung nicht durch Resignation und Aufgabe zu einer noch stärkeren Belastung werden zu lassen.“

[566] Vgl. Sachverständigenrat für die Konzertierte Aktion im Gesundheitswesen (2002), S.138.

[567] Vgl. hierzu z.B. Beske (2002), S.A1209 f.

[568] Vgl. Lüngen et al. (2009).

[569] Vgl. z.B. Sachverständigenrat zur Begutachtung der Entwicklung im Gesundheitswesen (2009), S.460 Anm. 592: „Es dauert beispielsweise ca. acht Jahre, die Früchte einer guten Blutzuckereinstellung zu ernten, während Vorteile einer besseren Blutdruck- und möglicherweise Lipideinstellung sich schon nach zwei bis drei Jahren zeigen“.

gebote daher unklar. Hinzu kommt, dass Investitionen in präventive Maßnahmen immer in der Gegenwart anfallen; wechselt ein Versicherter anschließend die Kasse, dann profitiert möglicherweise die Konkurrenz von den zu erwartenden Erträgen.[570] Erfolgsversprechender erscheint demgegenüber die gezielte Unterstützung von ausgewählten Patientengruppen durch Coaching- und Case Management-Ansätze. Untersuchungen deuten auf die Wirksamkeit derartiger Angebote hin. Neben verbesserten medizinischen Parametern[571] können niedrigere Re-Hospitalisierungsraten, eine kürzere Verweildauer im Krankenhaus sowie deutlich geringere Krankenhauskosten festgestellt werden.[572] Vor allem die Betreuung von Hochkostenfällen trägt nach ersten Analysen zur Erschließung von Wirtschaftlichkeitspotenzialen bei.[573]

- *Steuerung über besondere Versorgungsformen*: Eine indirekte Einflussnahme auf die Ausgaben einer Krankenkasse kann zusätzlich über den Aufbau und das Angebot besonderer Versorgungsformen erfolgen. Die empirische Informationsbasis ist jedoch auch in diesem Bereich unbefriedigend. In der *Integrierten Versorgung* (IV) deuten Auswertungen so genannter „Leuchtturmprojekte“ zwar oftmals auf positive Effekte hin, die Ergebnisse können aber nicht als repräsentativ angesehen werden.[574] Die Knappschaft gibt für das Vollversorgungsprogramm „prosper“ zum Beispiel Einsparquoten von bis zu 19 Prozent gegenüber der Regelversorgung an.[575] Im Projekt „Endoprothetik Münster“ liegen die vollständigen Versorgungskosten von IV-Patienten mehr als zehn Prozent unter den Kosten einer Vergleichsgruppe.[576] Zwischenergebnisse des Programms „Telemedizin fürs Herz“ lassen auf eine Verringerung der Krankenhausaufenthalte und somit ebenfalls auf eine Verringerung der Versorgungskosten schließen.[577] Diesen Einsparungen sind die Kosten für den Aufbau und die Durchführung der Programme gegenüberzustellen. Zur Kosteneffektivität von *Disease Management Programmen* (DMP) fehlt es ebenfalls an

---

570 Vgl. Cassel/Jacobs (2009), S.206.

571 Vgl. z.B. Lickvers et al. (2005); Ziegenhagen/Frye/Kottmair (2005).

572 Vgl. Kottmair/Frye/Ziegenhagen (2005); o.V. (2009f); Gottberg (2009), S.86 und die dort aufgeführten Studien; Pourie/Schmöller (2010); Hildebrandt et al. (2011).

573 Lüngen/Liese (2010) berichten von Einsparungen in Höhe von 21 Prozent, die in einem Pilotprojekt zur Steuerung von Intensivpflegefällen erreicht werden konnten (vgl. Lüngen/Liese (2010), S.302).

574 Vgl. Sachverständigenrat zur Begutachtung der Entwicklung im Gesundheitswesen (2007), S.107; Sachverständigenrat zur Begutachtung der Entwicklung im Gesundheitswesen (2009), S.665 f.

575 Vgl. Greve (2006), S.26.

576 Vgl. Dolderer/Güldensupp/Amelung (2007), S.79.

577 Vgl. Helms/Pelleter/Ronneberger (2007), S.628.

internationaler Evidenz.[578] Vergleichsstudien zum Kostenverlauf über die Lebenszeit liegen kaum vor; umfassende ökonomische Bewertungen von Disease-Management-Maßnahmen wurden erst vereinzelt durchgeführt.[579] Für die in Deutschland umgesetzten Programme für Typ-2-Diabetiker gehen Häussler/ Berger (2004) beispielsweise davon aus, dass jährliche Einsparungen in Höhe von 120 Millionen Euro möglich sind; dem steht allerdings ein geschätzter Aufwand von ca. 280 Millionen Euro pro Jahr gegenüber. Welchen Einfluss strukturierte Behandlungsprogramme nach § 137f SGB V auf die Qualität und Wirtschaftlichkeit der medizinischen Versorgung in Deutschland haben, wird in Fachkreisen kontrovers diskutiert. Ob sich der Verwaltungsaufwand für die Durchführung der Programme und die Mehrausgaben lohnen, ist zumindest aus Kostengesichtspunkten zu hinterfragen. Ähnlich sieht es bei der *Hausarztzentrierten Versorgung* aus. Folgt man der internationalen Literatur, dann finden sich für die Wirksamkeit dieser Versorgungsform kaum empirisch belastbare Belege. Auf Basis von 22 Übersichtsarbeiten, die mehr als 1.000 Publikationen zu unterschiedlichen Aspekten der hausarztbasierten Versorgung zusammenfassen, stellen Haller/Garrido/Busse (2009) immerhin fest, „dass Länder mit einer starken Orientierung an den Merkmalen einer hausarztorientierten Versorgung hinsichtlich verschiedener Indikatoren des Gesundheitszustands der Bevölkerung besser abschneiden“ und „eine stärkere Ausrichtung der Gesundheitssysteme auf *primary care* zur Verringerung der Morbidität und Mortalität bei gleichzeitig verringerten Gesundheitsausgaben führen kann“[580]. Ob Hausarztmodelle, wie sie der Gesetzgeber in Deutschland vorschreibt, zu einer qualitativ besseren und möglicherweise kostengünstigeren Versorgung beitragen, bleibt jedoch offen. Studien zur Anzahl der Arztkontakte und zu den Einspareffekten von Hausarztprogrammen kommen zu keinen oder zu uneinheitlichen Ergebnissen; auch eine verbesserte Kommunikation zwischen Arzt und Patient lässt sich für Hausarztprogramme nicht belegen.[581] Ebenso unklar sind die Auswirkungen des Gatekeeping. Folgt man den weltweit publizierten Untersuchungen, dann gibt es auch hier zwar durchaus Hinweise darauf, dass Gatekeeping die Inanspruchnahme ambulanter Leistungen und die Gesamtausgaben pro Kopf verringern kann.[582]

---

[578] Vgl. Seitz (2004), S.13.

[579] Vgl. Greiner (2006a), S.35.

[580] Haller/Garrido/Busse (2009), S.20.

[581] Vgl. z.B. Wasem/Greß/Hessel (2003), Böcken (2006) sowie Moßhammer et al. (2009) und die dort aufgeführten Studien.

[582] Vgl. Zentner/Garrido/Busse (2008); Sachverständigenrat zur Begutachtung der Entwicklung im Gesundheitswesen (2009), S.798 ff.

> Die Evidenzgrundlage ist jedoch schwach. Darüber hinaus war es bei „keiner der eingeschlossenen Studien ... mit Sicherheit möglich, die Effekte des Gatekeeping von anderen Faktoren der Versorgungsmodelle bzw. der Gesundheitssysteme zu isolieren."[583]

Im Zusammenhang mit den Ausgaben einer Krankenkasse ist abschließend noch auf die *Selektion betriebswirtschaftlich attraktiver Kunden* einzugehen. Auch wenn der Morbi-RSA das Ausgabenrisiko der Versicherten inzwischen deutlich besser abbildet als das ursprüngliche Verfahren, bestehen nach wie vor Anreize zur Risikoselektion. Im Morbi-RSA zählen gesunde Versicherte weiterhin zu den betriebswirtschaftlich attraktiven Risiken einer Krankenkasse.[584] Die Zuweisungen für „Gesunde" sind gegenüber dem alten RSA zwar tendenziell geringer, positive Deckungsbeiträge lassen sich jedoch auch weiterhin mit dieser Gruppe erzielen. In der nach Alter und Geschlecht angepassten Grundpauschale des RSA fließen neben zufallsbedingten Leistungsausgaben (z.B. die Behandlungskosten für einen Beinbruch) auch sämtliche Kosten für alle nicht-zuschlagsfähigen Erkrankungen ein. Zu der Gruppe der „Gesunden" gehören somit auch weiterhin kranke Menschen, die den Ausgabendurchschnitt ihrer Alter-Geschlechts-Gruppe erhöhen. Krankenkassen, deren Versicherte keine oder nur geringe Kosten verursachen, haben somit auch weiterhin einen finanziellen Vorteil. Um die Finanzsituation der Kasse zu verbessern, können Krankenkassen versuchen, vor allem diese betriebswirtschaftlich attraktiven Versicherten zu gewinnen und an sich zu binden. Je besser die Prognosegüte des RSA ist, desto geringer wird der Vorteil jedoch sein und desto schwieriger lassen sich gute Risiken identifizieren. Der Aufwand für eine aktive Risikoselektion wird sich unter diesen Bedingungen vermutlich kaum noch lohnen. Weiterhin gehören Chroniker, die gut versorgt sind und sich intensiv mit ihrer Erkrankung auseinandersetzen, seit der Einführung des Morbi-RSA möglicherweise zu den Versicherten, die unterdurchschnittliche Kosten in ihrer Risikogruppe verursachen und somit positive Deckungsbeiträge für die Krankenkasse generieren. „Gut gemanagte Patienten" werden hierdurch attraktiv.[585] Die Bindung dieser Kundengruppe kann somit ebenfalls zur finanziellen Stabilität einer Krankenkasse beitragen. Außergewöhnlich schwerwiegende Krankheitsverläufe mit sehr hohen Leistungsausgaben können die Finanzsituation einer Krankenkasse dagegen gefährden, insbesondere

[583] Zentner/Garrido/Busse (2008), S.101.

[584] Vgl. Jacobs (2009), S.143.

[585] Laut einer Befragung von Krankenkassen-Managern im Frühjahr 2008 stellt seit der Einführung des Morbi-RSA die Gruppe der gut gemanagten Patienten die attraktivste Zielgruppe von Krankenkassen dar (vgl. Wille et al. (2008), S.20).

wenn es sich um eine kleine Kasse handelt.[586] Finanzielle Extremfälle federt der Morbi-RSA nicht ab. Um das finanzielle Risiko von Hochkostenfällen gering zu halten, können Krankenkassen eine Umlage auf ihre Verbandsmitglieder nach § 265 SGB V vorsehen oder auf andere Rückversicherungssysteme zurückgreifen.[587] Angebote für Schwerkranke sind dagegen zu meiden, um keine betriebswirtschaftlich unattraktiven Kunden anzulocken.

5.1.3.2 Bonusprogramme

Nach § 65a SGB V haben Krankenkassen die Möglichkeit, ein gesundheitsbewusstes Verhalten ihrer Versicherten mit einem Bonus zu honorieren. Dieser Bonus kann von den Versicherten als Preisvorteil wahrgenommen werden.

Bonuswürdig sind die Teilnahme an den Früherkennungsuntersuchungen nach §§ 25 und 26 SGB V, die Inanspruchnahme von qualitätsgesicherten Leistungen der Krankenkasse zur primären Prävention sowie die Teilnahme an der betrieblichen Gesundheitsförderung.[588] Die Versicherten erhalten hierfür Geld- und Sachprämien oder Gesundheitsleistungen (z.B. Zusatzversicherungen, IGeL[589]-Angebote).[590] Um ein Ausufern der Bonusregelungen zu verhindern,[591] müssen sich die Aufwendungen nach § 65a Abs.3 SGB V „mittelfristig aus Einsparungen und Effizienzsteigerungen, die durch diese Maßnahmen erzielt werden“, finanzieren.

---

[586] Im August 2009 musste die Gemeinsame Betriebskrankenkasse Köln als erste Krankenkasse in Deutschland einen Zusatzbeitrag einführen, da sie die jährlichen Arzneimittelausgaben für zwei Bluter in Höhe von 14 Millionen Euro nicht mehr tragen konnte. Die Zuweisungen aus dem Gesundheitsfonds reichten zur Deckung der Ausgaben nicht aus, mit nur 40.000 Versicherten war die Krankenkasse außerdem zu klein, um die Kosten der zwei Schwerstkranken im Rahmen eines kasseninternen Risikoausgleichs „auf viele Köpfe“ zu verteilen (vgl. Holtermann (2009)). Die Deutsche BKK berichtet von einem Minus von 3,87 Millionen Euro im Jahr 2008, die von den sieben teuersten Leistungsfällen verursacht wurden (vgl. Kolanoski (2010), S.24).

[587] Vgl. Wasem (2007), S.20 f.; Paquet (2009) merkt hierzu kritisch an: „Der im GKV-OrgWG neu gefasste § 265 b SGB V (freiwillige finanzielle Hilfen) lässt völlig offen, ob und – wenn ja – welche Kassen der gleichen Kassenart im konkreten Fall einspringen sollen. Die Haftungsandrohung im Insolvenz- oder Schließungsfall betrifft zwar *alle* Kassen der jeweiligen Kassenart gleichermaßen. Ob das jedoch dazu führt, dass *alle* Kassen der jeweiligen Kassenart sich auch im vornhinein mit gleicher Belastungswirkung an freiwilligen Hilfen beteiligen, ist keineswegs sicher. Vor allem bei den Betriebskrankenkassen könnte das am Fehlen einer koordinierenden Instanz, die mit einer gewissen Autorität ausgestattet ist, scheitern.“ (Paquet (2009), S.9)

[588] Vgl. § 65a Abs.1 und Abs.2 SGB V.

[589] IGeL ist die Abkürzung für „Individuelle Gesundheitsleistungen“. Hierunter fallen Leistungen, die von den Patienten selbst zu tragen sind, wie z.B. spezielle Vorsorgeuntersuchungen.

[590] Vgl. Scherenberg/Greiner (2008), S.78.

[591] Vgl. hierzu die Gesetzesbegründung in Deutscher Bundestag (2003), S.96.

Bonusprogramme sind in der gesetzlichen Krankenversicherung inzwischen weit verbreitet. Fast alle Krankenkassen in Deutschland bieten entsprechende Modelle an.[592] Die Programme sollen nicht nur die Versicherten zu einem gesundheitsbewussten Verhalten motivieren, sondern auch zur Kostensenkung im Gesundheitswesen beitragen.[593] Die Erkenntnisse in diesem Bereich sind allerdings rar.[594] Schon bei der Einführung der Programme gingen die Meinungen der Experten über die zu erwartenden Effekte weit auseinander.[595] Ob sich Bonusprogramme seriös kalkulieren lassen, ist umstritten. Das Problem liegt wiederum in der Langfristigkeit von Präventionseffekten, die sich oftmals erst nach Jahren oder Jahrzehnten einstellen. Auch die Kausalität zwischen dem gesundheitsförderlichen Verhalten und dem erhofften Gesundheitszustand lässt sich in der Regel schwer belegen.[596] Hinzu kommen Mitnahme- und Selbstselektionseffekte. Nutzer von Bonusprogrammen leben tendenziell gesünder. Im Vergleich zu den Nicht-Nutzern nehmen sie häufiger Vorsorgeuntersuchungen in Anspruch, rauchen seltener und treiben mehr Sport. Vor allem Frauen der Oberschicht finden sich typischerweise in Bonusprogrammen der Krankenkassen wieder.[597] Ein schlechter Gesundheitszustand geht dagegen mit einem geringeren Interesse an Bonusmodellen einher.[598]

Trotz dieser Bedenken und kritischer Zwischenbilanzen (wie z.B. die im Jahr 2004 eingeführten Bonusprogramme seien „zu Marketingmaßnahmen einzelner Krankenkassen mutiert und haben keinerlei – wie ursprünglich positiv beabsichtigt – Präventionscharakter entwickelt“[599]) wurden im Jahr 2008 erste positive Evaluationsergebnisse präsentiert. Auf Basis eines Vorher-Nachher-Vergleichs mit Kontrollgruppe konnte z.B. für die im BKK-System initiierten Programme ein ökonomischer Nutzen von 143 Euro pro Jahr und Teilnehmer im Zeitraum von 2004 bis 2006 ermittelt werden.[600] Das Aufwand-Nutzen-Verhältnis lag im Durchschnitt bei 1:3, d.h. für jeden investierten Euro sparten die BKKn drei Euro an niedrigeren Leistungsausgaben ein. Ähnlich hohe Zahlen geben auch andere Krankenkassen bekannt.[601] Folgeanalysen bestätigen diese Ergebnisse.[602] Ob Bonusprogramme

[592] Vgl. Bödeker/Friedel/Friedrichs (2008), S.214; Scherenberg/Greiner (2008), S.77.
[593] Vgl. Eberle (2003), S.51.
[594] Vgl. Scherenberg/Greiner (2008), S.39 ff.
[595] Vgl. Blöß (2004).
[596] Vgl. Eberle (2003), S.53.
[597] Vgl. Schnee (2007), S.7.
[598] Vgl. Zok (2005), S.3 f.
[599] Brennenstuhl/Schulz (2007), S.313.
[600] Vgl. Bödeker/Friedel/Friedrichs (2008).
[601] Vgl. o.V. (2008c); o.V. (2008a).
[602] Vgl. Friedrichs/Friedel/Bödeker (2009).

tatsächlich einen derart starken und nachhaltigen Einfluss auf das Versichertenverhalten haben oder Selektionseffekte für den ermittelten Nutzen verantwortlich sind, ist nicht abschließend geklärt. Für ein belastbares Urteil sind weitere Evaluationen notwendig.

5.1.3.3 Wahltarife

Wahltarife sind alternative Versicherungsformen, die Mitglieder der gesetzlichen Krankenversicherung anstelle der Regelversorgung abschließen können. Die damit verbundenen Prämienzahlungen und Ermäßigungen können auf das Preisurteil der Mitglieder einwirken.

§ 53 SGB V regelt, welche Wahltarife Krankenkassen anbieten *müssen* und welche sie anbieten *dürfen*. Zu den „Muss"-Tarifen gehören:

- Tarife für die Teilnahme an besonderen Versorgungsformen und
- Krankengeld-Wahltarife.

Neben den Pflichttarifen steht es Krankenkassen offen, weitere „Kann"-Tarife in ihren Satzungen aufzunehmen:

- Selbstbehalttarife,
- Tarife für die Nicht-Inanspruchnahme von Leistungen,
- variable Kostenerstattungstarife,
- Tarife für Arzneimittel der besonderen Therapierichtungen sowie
- Prämienzahlungen bei beschränkten Leistungsansprüchen.

Die Höhe von Rückerstattungen ist begrenzt (§ 53 Abs. 8 S.4 SGB V). Eine Quersubventionierung der Tarife ist verboten. Nach § 53 Abs. 9 SGB V müssen sich die Aufwendungen für jeden Wahltarif „aus Einnahmen, Einsparungen und Effizienzsteigerungen, die durch diese Maßnahmen erzielt werden", finanzieren.

Bei der Kalkulation von Wahltarifen sind zwei Arten von Tarifen zu unterscheiden:

- *Tarife, die das Leistungsspektrum erhöhen*: Hierzu gehören Krankengeld-Wahltarife, Tarife mit variabler Kostenerstattung sowie Tarife zur Kostenübernahme von Arzneimitteln der besonderen Therapierichtungen. Die zu erwartenden Mehrausgaben der Krankenkassen sind durch entsprechende Zusatzzahlungen der Versicherten auszugleichen. Hierzu müssen dem BVA ggf. finanzmathematische Gutachten vorgelegt werden, aus der die Deckung der Ausgaben ersichtlich wird.[603]

- *Tarife, die geringere Prämien oder Rückzahlungen vorsehen*: Hierzu zählen insbesondere Tarife für die Teilnahme an besonderen Versorgungsformen, Selbstbehalttarife sowie Tarife für die Nicht-Inanspruchnahme von Leistungen. Um die geringeren Einnahmen bzw. Rückerstattungen der Krankenkassen auszugleichen, ist ein Nachweis darüber zu erbringen, dass die Tarife entweder zur Effizienz der medizinischen Versorgung beitragen oder die Leistungsinanspruchnahme der Versicherten verringern.

Folgt man den bisherigen Untersuchungen, dann ist die Eigenfinanzierung von Wahltarifen, die eine geringere Prämie oder eine Rückzahlung vorsehen, unsicher.[604] Steht es den Versicherten frei, sich für einen Selbstbehalttarif oder einen Tarif mit Beitragsrückerstattung bei der Nicht-Inspruchnahme von Leistungen zu entscheiden, können Selbstselektions- und Mitnahmeeffekte auftreten. Eine seriöse Kalkulation der Tarife ist in diesen Fällen kaum möglich. Auch in diesem Bereich sind somit weitere Studien notwendig.

5.1.3.4 Weitere preispolitische Instrumente

Vereinbarungen mit Partnerunternehmen, die den Versicherten Rabatte und ähnliche Vorteile einräumen, stellen ein zusätzliches preispolitisches Gestaltungsfeld von Krankenkassen dar. Auch hierüber ist eine Differenzierung im Markt möglich. Die Bewerbung derartiger Rabatte und Vergünstigungen ist aus Sicht des Bundesversicherungsamts allerdings unzulässig. Als Körperschaften des öffentlichen Rechts dürfen Krankenkassen „nicht augenfällig als Werbeträger für ein privatwirtschaftliches Unternehmen in Erscheinung treten“[605].

[603] Vgl. Bundesversicherungsamt (2007), S.2.
[604] Vgl. z.B. Malin/Schmidt (1995), Schellhorn (2002) sowie Felder/Werblow (2006).
[605] Bundesversicherungsamt (2009b).

Weiterhin kann über so genannte *Preisnebenleistungen* das Preisurteil eines Kunden beeinflusst werden.[606] Mögliche Gestaltungsfelder für Preisnebenleistungen von Krankenkassen sind die Preisberatung (z.B. im Zusammenhang mit Wahltarifen) und die Preistransparenz. Letztere bezieht sich auf Auskünfte über die Kosten der in Anspruch genommenen Leistungen; für einen Großteil der Versicherten ist die Höhe dieser Kosten aufgrund des Sachleistungsprinzips bislang nicht bekannt.[607]

5.1.4 Kommunikationspolitik bei Krankenkassen

Aufgabe der *Kommunikationspolitik* ist es, den Nutzen und den Preis der Kassenangebote bekannt zu machen und die Bewertung dieser Attribute sowie das Image der Kasse positiv zu beeinflussen. Hierzu ist festzulegen, mit welchen Botschaften und über welche Kanäle bzw. Medien die gewünschten Zielgruppen angesprochen werden.

Das zu kommunizierende Angebot einer Krankenkasse setzt sich dabei aus zwei Komponenten zusammen:

- Zum einen aus Leistungen und Services, die von den Versicherten sofort in Anspruch genommen werden können (z.B. Präventionsangebote).
- Zum anderen aus einem Leistungsversprechen, dass sich auf die Finanzierung („Payer“) und Betreuung der Versicherten im Krankheitsfall bezieht („Player“).

Durch den hohen Anteil an Erfahrungs- und Vertrauenseigenschaften lässt sich die Qualität der Leistungen und Services einer Krankenkasse erst nach der Inanspruchnahme oder überhaupt nicht von den Versicherten beurteilen. Es ist daher wichtig, dass sich ein Leistungsversprechen nicht nur auf die für eine Zielgruppe *relevanten* Merkmale bezieht, sondern auch *glaubhaft* von der Krankenkasse kommuniziert wird. Gleiches gilt für den Preis bzw. die Höhe des Zusatzbeitrags. Ein gezieltes Kompetenzmarketing kann dabei helfen[608] und das Vertrauen gegenüber der Kasse stärken.

---

[606] Vgl. Diller (2000b) und Matzler (2003).
[607] Vgl. Weber (2006).
[608] Vgl. Zanger/Deckow (2006).

Um Kunden zu binden, können Krankenkassen auf alle gängigen Instrumente der Kommunikationspolitik zurückgreifen:[609]

- Als *klassische Werbemedien* kommen für Krankenkassen z.B. Werbeanzeigen oder Beilagen in Zeitungen und Publikumszeitschriften, Broschüren, Außenwerbung auf Plakatflächen, Werbebanner im Internet sowie Fernseh-, Hörfunk- und Kinowerbung infrage.

- Zum *Direktmarketing* einer Krankenkasse gehören allgemeine oder personalisierte Briefe und E-Mails, SMS-Nachrichten, Kuschelanrufe[610] und Informationsstände (z.B. an Universitäten).

- Der *Öffentlichkeitsarbeit* (Public Relations - PR) von Krankenkassen werden Pressemitteilungen, Pressekonferenzen, PR-Publikationen (z.B. die Veröffentlichung von Gesundheitsstudien) sowie redaktionelle Beiträge (z.B. im Radio) zugeordnet.

- In den Bereich des *Event-Marketing* einer Krankenkasse fallen die Teilnahme bzw. die Organisation von Messen, Kongressen und sonstigen Veranstaltungen (z.B. Volksläufe, Radtouren, Gesundheitswochen).

- Auch ein *Sponsoring* von Gesundheitstagen, Sportveranstaltungen, Sportlern[611], Vereinen, Selbsthilfegruppen und Bildungseinrichtungen ist für Krankenkassen möglich.

- Darüber hinaus zählen *Kundenzeitschriften*[612], *Gesundheitsmagazine im Internet*[613] und *Smartphone-Apps*[614] zum kommunikationspolitischen Instrumentarium von Krankenkassen.

- Vielfältige Möglichkeiten bietet zudem das *Empfehlungsmarketing* von Krankenkassen, wie z.B. „Mitglieder werben Mitglieder"-Aktionen, die Kommunikation von positiv verlaufenen Kundenbefragungen, die Präsenz in Internet-

[609] Zu den Instrumenten der Kommunikationspolitik von Krankenkassen vgl. z.B. Haenecke (2001a), S.137 f.; Bogner/Loth (2004), S.83 ff.; Fröck (2004), S.145 ff.

[610] Vgl. Baader (2009); zur Problematik von Werbeanrufen durch Krankenkassen siehe Urteil des Bundesgerichtshof (BGH) vom 10.02.2011 (Az.: I ZR 164/09; „Telefonaktion II").

[611] Im Jahr 2004 sponserte zum Beispiel die Deutsche BKK einen Formel-1-Fahrer, was jedoch zur Verärgerung der Versicherten führte (vgl. o.V. (2004a)).

[612] Vgl. z.B. MSR Consulting Group (2010).

[613] Vgl. z.B. BARMER GEK (2009).

[614] Vgl. z.B. BundesInnungskrankenkasse Gesundheit (2011).

Vergleichsportalen, Gütesiegel und Testurteile[615], Rating-Ergebnisse[616] sowie der Einsatz von Social Media[617].

- Die *Corporate Identity* von Krankenkassen umfasst u.a. das Corporate Design (z.B. Logo und Farben) sowie die Corporate Communication (z.B. Slogans wie „BARMER GEK - die gesund experten“, „DAK - Unternehmen Leben“ oder „AOK - Die Gesundheitskasse“).

Bei allen Aktivitäten der Kommunikationspolitik müssen Krankenkassen die Grundsätze der Wirtschaftlichkeit und Sparsamkeit beachten. Diese sind gewahrt, „solange die jährlichen Ausgaben der einzelnen Krankenkasse für allgemeine Werbemaßnahmen – einschließlich der entsprechend auszuweisenden Verbandsbeitragsanteile – 0,15 % der monatlichen Bezugsgröße gemäß § 18 SGB IV je Mitglied nicht überschreiten“[618]. Zu den allgemeinen Werbemaßnahmen zählen alle „Maßnahmen, die auf Gewinnen und Halten von Mitgliedern gerichtet sind und weder die Leistungserbringung noch der allgemeinen Aufklärung dienen“[619]. Für das Jahr 2010 stand hierfür ein Budget von 3,83 Euro pro Mitglied zur Verfügung.

Auch die Beeinflussung des subjektiv empfundenen Wechselrisikos ist durch kommunikationspolitische Maßnahmen möglich. Im Jahr 2010 verbreitete zum Beispiel eine Betriebskrankenkasse auf ihrer Internetseite die Information, dass „abtrünnige Mitglieder“ bei einem Kassenwechsel für 18 Monate an die neue Krankenkasse gebunden sind und bei der Einführung eines Zusatzbeitrags „möglicherweise draufzahlen“. Eine solcher Hinweis kann das subjektiv empfundene Wechselrisiko erhöhen. Da es sich in diesem Fall jedoch um eine irreführende Fehlinformation handelte (bei der Einführung von Zusatzbeiträgen besteht ein Sonderkündigungsrecht), wurde die Verbreitung dieser Botschaft rechtlich untersagt.[620]

5.1.5 Distributionspolitik bei Krankenkassen

Im Rahmen der *Distributionspolitik* einer Krankenkasse ist darüber zu entscheiden, wie die Leistungen und Services in den Verfügungsbereich der Versicherten

[615] Zur Relevanz von Tests und Gütesiegeln in der gesetzlichen Krankenversicherung siehe z.B. IGES Institut GmbH (2011); zu den Möglichkeiten und Risiken von Testurteilen und Gütesiegeln von Krankenkassen siehe z.B. Köber (2008).

[616] Vgl. z.B. o.V. (2008f); Krüger/Fromme (2008).

[617] Vgl. Baldeweg et al. (2011).

[618] Aufsichtsbehörden der gesetzlichen Krankenversicherung (2006), S.5 Rz. 17.

[619] Aufsichtsbehörden der gesetzlichen Krankenversicherung (2006), S.4 Rz. 7.

[620] Vgl. o.V. (2010a)

gelangen. Nur wenn ein Versicherter grundsätzlich in der Lage ist, bestimmte Leistungen und Services in Anspruch zu nehmen, haben diese auch einen Nutzen für ihn und können die Attraktivität von Alternativen und die Kundenzufriedenheit beeinflussen.

Zu den *selbst erbrachten Leistungen* einer Krankenkasse zählen die Bearbeitung von Leistungsanträgen sowie die Aufklärung und Beratung der Versicherten in Sozialversicherungs- und Gesundheitsfragen. Der Zugang zu diesen Leistungen ist über unterschiedliche Wege möglich:[621]

- Krankenkassen können die genannten Aufgaben zum einen über *Geschäftsstellen* erfüllen. Während einzelne Kassen ein bundesweites Filialnetz unterhalten, verzichten andere Krankenkassen fast gänzlich auf eine Präsenz vor Ort und treten als „virtuelle" Krankenkasse im Markt auf.

- Administrative Aufgaben und die Beratung von Versicherten lassen sich zudem per *Post*, *Telefax*, *telefonisch*, per *E-Mail* oder über den *Internetauftritt* der Krankenkasse abwickeln. In welchem Umfang eine Krankenkasse diese Kanäle anbietet, liegt in ihrem Ermessen. Das Angebot einer 24-Stunden-Hotline oder die Bereitstellung einer Online-Kundenfiliale bieten Spielräume der Differenzierung.

- Auch über Hausbesuche von *Außendienstmitarbeitern*, *Vertrauensmännern* und *ehrenamtlichen Beratern* ist eine Betreuung der Versicherten möglich.

Leistungen von Dritten umfassen die medizinische Regelversorgung und weitergehende Angebote für Versicherte. Auch hier sind mehrere Zugangswege zu unterscheiden:

- Die Bereitstellung und Erbringung der gesetzlichen Regelleistungen wird über Verträge mit den hierfür zugelassenen Leistungserbringern i.d.R. auf Verbandsebene sichergestellt. Der Zugang zu diesen Leistungen steht flächendeckend und über Notdienste rund um die Uhr zur Verfügung. Krankenkassen unterscheiden sich in diesem Punkt bislang nicht.

- Eine Abgrenzung gegenüber Wettbewerbern ist dagegen über besondere Betreuungs- und Versorgungsformen und dem Zugang der Versicherten zu diesen

[621] Zu den Instrumenten der Distributionspolitik von Krankenkassen vgl. z.B. Haenecke (2001a), S.135 ff.; Bogner/Loth (2004), S.80 ff.; Fröck (2004), S.135 ff.

Angeboten möglich. Für Modelle der Integrierten Versorgung ist beispielsweise zu entscheiden, ob eine Kasse diese nur regional oder bundesweit anbietet. Auch bei Gesundheitskursen oder Angeboten der betrieblichen Gesundheitsförderung können das Einzugsgebiet und die Art des Zugangs (z.B. vor Ort oder als Online-Kurs) variieren.

Weitere distributionspolitische Entscheidungen beziehen sich auf die *Akquise* von Versicherten – z.B. über Vertriebspartner.[622]

5.2 Stand der Forschung zur Bedeutung spezifischer Marketing-Instrumente von Krankenkassen aus Sicht der Versicherten

Unter der Annahme knapper Ressourcen ist vom Management einer Krankenkasse zu entscheiden, welche Marketing-Instrumente es einsetzt, um die Kundenbindung der Versicherten zu stärken.

Für die Planung des Marketing-Mix werden Informationen darüber benötigt,

- welche Leistungen Versicherte von einer Krankenkasse erwarten bzw. wie wichtig spezielle Angebote, Services und Versorgungsmodelle für GKV-Kunden sind,
- welche Rolle Zusatzbeiträge und Ausschüttung, Bonusprogramme und Wahltarife im Wettbewerb der Krankenkassen spielen und
- welche Bedeutung z.B. das Image, ein Geschäftsstellennetz, das Verhalten der Mitarbeiter oder die telefonische Erreichbarkeit der Kasse für die Versicherten haben.

Noch im Sondergutachten 1995 bemängelte der Sachverständigenrat im Gesundheitswesen, dass über die Präferenzen von gesetzlich Versicherten erst wenig bekannt ist.[623] Inzwischen liegen mehrere Studien zu diesem Thema vor.

[622] Vgl. z.B. o.V. (2004b); o.V. (2009a).

[623] Vgl. Sachverständigenrat für die Konzertierte Aktion im Gesundheitswesen (1995), S.141; siehe auch Weber (2010), S.46.

Untersucht wurden in den letzten Jahren insbesondere

- die Gründe, warum sich Versicherte für eine Krankenkasse entscheiden,
- die Gründe, warum Versicherte eine Krankenkasse wechseln,
- die Erwartungen der Versicherten an eine Krankenkasse,
- die Wichtigkeit einzelner Angebote und Merkmale sowie
- der Nutzen spezieller Angebote und die damit verbundene Zahlungsbereitschaft.

Die Ergebnisse dieser Studien werde in den nachfolgenden Abschnitten dargestellt und kritisch gewürdigt.

5.2.1 Gründe für die Wahl der aktuellen Krankenkasse

Etwa die Hälfte der gesetzlich Versicherten hat sich erst einmal im Leben für den Beitritt zu einer Krankenkasse entschieden.[624] Die andere Hälfte blickt dagegen auf einen oder mehrere Kassenwechsel zurück; bei etwa jedem dritten bis vierten Mitglied fand dieser Wechsel in den Jahren nach der Einführung der freien Kassenwahl und somit in jüngerer Zeit statt. Befragt man alle Mitglieder der gesetzlichen Krankenversicherung nach den Gründen, die für den Beitritt zu ihrer jetzigen Krankenkasse ausschlaggebend waren, so ist zu beachten, dass sich in den Antworten nicht nur die aktuellen, sondern unter Umständen auch weit zurückreichende Entscheidungssituationen widerspiegeln.

Aus den vorliegenden Untersuchungen wird deutlich, dass für viele Versicherte nicht nur interne, sondern in starkem Maße auch externe Faktoren für die Auswahl ihrer Krankenkasse entscheidend waren:

- Im M+M Versichertenbarometer 2009 gaben über 30 Prozent der Befragten die Anmeldung bzw. Beratung durch ihren Arbeitgeber als einen der ausschlaggebenden Gründe für den Beitritt zu ihrer jetzigen Krankenkasse an.[625] Rund 28 Prozent der Befragten nannten günstige Beiträge als wichtigen Beitrittsgrund, gefolgt von der Empfehlung durch die Familie, Freunde oder Bekannte (22,3 Prozent) und ihrem Status als Familienmitglied (21,1 Prozent).

[624] Die nachfolgenden Abschnitte wurden in Auszügen bereits veröffentlicht in Weber (2009), S.36 f.
[625] Vgl. Töpfer/Opitz (2009), S.10.

Erst auf den mittleren und hinteren Plätzen reihen sich der gute Ruf der Krankenkasse (19,1 Prozent), der große Leistungsumfang (18,4 Prozent) und die hohe Qualität der Kundenbetreuung (12 Prozent) ein. Ähnliche Ergebnisse können auch früheren Erhebungen des Versichertenbarometers entnommen werden.[626]

- Ein noch klareres Bild zeichnet sich im BKK Imagemonitor 2008 ab.[627] Auf die Frage „Was war für Sie der hauptsächliche Grund, gerade dieser Krankenkasse beizutreten?" gaben 30 Prozent der Mitglieder ihren speziellen Arbeitsplatz, weitere 30 Prozent die Familientradition und 23 Prozent den Beitragssatz an. Nur für sechs Prozent der Befragten waren spezielle Versorgungsprogramme, Bonusprogramme, Beitragsmodelle oder sonstige Angebote für die Wahl ihrer jetzigen Krankenkasse entscheidend. Zwar variieren die Werte zwischen den Einzelkassen und den Kassenarten zum Teil sehr deutlich,[628] der Leistungs- oder Tarifwettbewerb spielte bislang aber noch bei keiner Krankenkasse eine übergeordnete Rolle.

5.2.2 Gründe für einen Kassenwechsel

Auch über die Gründe, warum GKV-Kunden ihre Krankenkasse wechseln, geben mehrere Studien Auskunft:[629]

- Schon kurz nach der Einführung der Kassenwahlfreiheit wurde im Sozio-oekonomischen Panel (SOEP) nach den Gründen für einen (möglichen) Kassenwechsel gefragt.[630] Von den Versicherten, die im ersten Jahr der Wahlfreiheit ihre Krankenkasse wechselten, gaben 58 Prozent niedrigere Beiträge als Wechselgrund an. An zweiter Stelle folgten die besseren Leistungen (23 Prozent), an dritter und vierter Stelle das Image (16 Prozent) bzw. der bessere Service (15 Prozent). 23 Prozent der Wechsler nannten sonstige Gründe. Von den Versicherten, die im Jahr 1997 die Kasse wechselten, gaben ebenfalls rund 59 Prozent der Befragten niedrigere Beiträge (bei gleichen Leistungen) als

[626] Vgl. Töpfer/Opitz (2007), S.11; Töpfer/Opitz (2008), S.547.

[627] Vgl. Meyer (2008), S.558.

[628] Nur sieben Prozent der befragten AOK-Mitglieder geben zum Beispiel den Beitragssatz als hauptsächlichen Grund ihrer Kassenwahlentscheidung an; bei den Mitgliedern der IKKn und BKKn sind es dagegen mehr als 40 Prozent.

[629] Die nachfolgenden Abschnitte wurden in Auszügen bereits veröffentlicht in Weber (2009), S.37 ff.

[630] Vgl. Andersen/Schwarze (1998), S.18 ff.; Andersen/Schwarze (1999a), S.14.

Grund an. Dahinter folgten das Image (29,4 Prozent), ein besserer Service (20,3 Prozent) und bessere Leistungen (14,4 Prozent).

- Zu ähnlichen Ergebnisse kommt die KORA-Studie aus der Region Augsburg (Erhebungen: Oktober 1999 bis April 2001):[631] Über 70 Prozent der Kassenwechsler gaben in den Befragungen niedrige Beiträge als Wechselgrund an. Daneben wurden die Empfehlungen von Dritten (45,8 Prozent), familiäre oder andere persönliche Gründe (44,6 Prozent) sowie berufliche Gründe (33,0 Prozent) genannt. Das Image bzw. der Ruf der Krankenkasse war für 29 Prozent der Wechsler relevant, die Leistungen und der Service spielten für etwa 19 bzw. 7 Prozent der befragten Wechsler eine Rolle.[632]

- Auch aus Untersuchungen des Wissenschaftlichen Instituts der AOK (WIdO) geht die Dominanz des Beitragssatzes hervor:[633] Über die Hälfte der Kassenwechsler gaben in den Befragungen aus den Jahren 2003 und 2006 niedrige Beiträge als Grund für ihren Wechsel an. Die Leistungen und der Service wurden als zweit- und dritthäufigster Grund genannt. Das Image der Krankenkasse spielte im Vergleich zu den früheren Untersuchungen nur eine untergeordnete Rolle.

- In der Continentale-Studie 2002 stimmten 61 Prozent der befragten Kassenwechsler zu, dass vor allem finanzielle Gründe für ihre Wechselentscheidung ausschlaggebend waren.[634]

- In einer Befragung von ehemaligen Mitgliedern der TAUNUS BKK aus dem Jahr 2006 gaben ebenfalls knapp 60 Prozent der Befragten eine Beitragserhöhung oder einen niedrigeren Beitrag ihrer neuen Krankenkasse als Kündigungsgrund an.[635] Mängel in der Dienstleistungsqualität (z.B. die Bearbeitungsdauer von Anträgen) wurden je nach Kriterium nur von etwa 10 bis 30 Prozent der Befragten als Grund genannt.

[631] Vgl. John (2003), S.84.

[632] In der Befragung wurden den Versicherten mehreren Antworten vorgegeben, die sich auf das Leistungsangebot und den Service von Krankenkassen beziehen. Die oben angegebenen Werte entstammen den beiden Antworten mit der häufigsten Zustimmung: „Die neue Krankenkassen hatte zusätzliche Behandlungsangebote für den Krankheitsfall im Leistungsangebot“ (Zustimmung: 19,1 Prozent) sowie „Die alte Krankenkasse hatte einen unfreundlichen Service“ (Zustimmung: 7,1 Prozent).

[633] Vgl. Zok (2003), S.39 f.; Zok (2006), S.4.

[634] Vgl. Continentale Krankenversicherung a.G. (2002), S.24.

[635] Vgl. Kepplinger (2006), S.8.

Tabelle 5.1 fasst die wichtigsten Ergebnisse aus den Untersuchungen des SOEP, der KORA-Studie und des WIdO zusammen.

Untersuchung	**Beiträge**	**Leistungen**	**Service**	**Image**	**Beruf**
Andersen/Schwarze (1998)	58,0	23,0	15,0	16,0	k.A.
Andersen/Schwarze (1999a)	58,6	14,4	20,3	29,4	k.A.
John (2003)	71,7	19,1	7,1	29,0	33,3
Zok (2003)	50,3	22,7	16,4	5,0	22,1
Zok (2006)	56,8	33,5	26,4	10,5	k.A.

Tabelle 5.1: Gründe für einen Kassenwechsel (Angaben in Prozent)

Die Motive für einen Kassenwechsel treten noch deutlicher hervor, wenn man die Wechsler nach dem *hauptsächlichen* Grund für ihren Wechsel befragt und Mehrfachnennungen ausschließt. Wie Tabelle 5.2 zeigt gab vor dem Jahr 2009 etwa die Hälfte der Wechsler den Beitragssatz als wichtigsten Wechselgrund an.[636] Berufliche Gründe bzw. ein Arbeitgeberwechsel waren für etwa jeden vierten bis fünften Kassenwechsler ausschlaggebend. Die Leistungen, der Service oder das Image der Krankenkasse wurden dagegen nur von einem kleinen Teil der Befragten als Hauptgründe genannt.

Untersuchung	**Beiträge**	**Leistungen**	**Service**	**Image**	**Beruf**
John (2003)	54,5	3,1	1,2	0,5	18,2
BKK Bundesverband (2007)	43,0	4,0	6,0	k.A.	25,0
Meyer (2008)	45,0	6,0	6,0	k.A.	22,0
Zok (2009)	19,8	41,3	6,2	k.A.	k.A.

Tabelle 5.2: Wichtigster Grund für einen Kassenwechsel (Angaben in Prozent)

Eine Veränderung der Wechselmotive ist seit der Einführung des einheitlichen Beitragssatzes im Jahr 2009 festzustellen. Zwar liegen noch keine veröffentlichten Studien vor, die sich speziell mit den Wechselbewegungen und -motiven in der Zeit nach dem 1. Januar 2009 beschäftigen, zu den Gründen eines *potenziellen* Kassenwechsels sind jedoch erste Aussagen möglich. Im April 2009 wurden im Rahmen des WIdO-monitors wechselwillige Versicherte dazu befragt, warum sie einen Anbieterwechsel beabsichtigen.[637] Dabei standen erstmals leistungsbezogene Gründe im Vordergrund,[638] was aufgrund der fehlenden Preisunterschiede nicht verwundert: Zum Zeitpunkt der Befragung musste noch keine Kasse einen Zusatzbeitrag

[636] Vgl. John (2003), S.84; BKK Bundesverband (2007), S.1; Meyer (2008), S.559.

[637] Vgl. Zok (2009), S.4 f.

[638] Als leistungsbezogene Gründe wurden genannt: Leistungsunzufriedenheit (21,5 Prozent), Leistungsablehnung (12,4 Prozent) und das Interesse an speziellen Versorgungsangeboten (7,4 Prozent).

erheben oder konnte eine Ausschüttung vornehmen – der „Preis“ war also bei allen Krankenkassen gleich. Umso erstaunlicher ist, dass fast jeder fünfte Wechselwillige den Beitrag oder eine Beitragserhöhung weiterhin als Grund für einen möglichen Kassenwechsel vorbrachte. Dies trifft vor allem für Mitglieder zu, die bei einer ehemals preisgünstigen Krankenkasse versichert waren und deren Beitragszahlungen sich mit dem Einheitsbeitrag erhöht hatten.

Folgt man den Befragungsergebnissen, so bestand der Kassenwettbewerb bis zum Jahr 2009 vor allem aus einem Preiswettbewerb. Krankenkassen mit niedrigen Beitragssätzen konnten Mitglieder gewinnen, Krankenkassen mit hohen Beiträgen mussten zum Teil erhebliche Mitgliederverluste hinnehmen. Dieser Zusammenhang geht aus weiteren Studien hervor:

- Bereits für das erste Jahr der freien Kassenwahl stellen Müller/Schneider (1997) eine eindeutige Korrelation zwischen der Beitragssatzhöhe und der Mitgliederentwicklung fest.[639] Zwei Jahre später wurden diese Befunde erneut bestätigt.[640]

- Auch von Böcking et al. (2002) wurde untersucht, wie die Beitragssatzhöhe und Beitragssatzveränderungen die Fluktuation der Mitglieder beeinflussen. Mittels einer multiplen Regressionsanalyse auf Basis der vom Bundesministerium für Gesundheit öffentlich bereitgestellten Daten finden sie für die Jahre 1996-1998 heraus, „*dass die Beitragshöhe ein starkes Wechselmotiv darstellt, während Beitragssatzveränderungen wenig wichtig waren*“.[641]

- Ähnliche Ergebnisse gehen aus den Studien von Greß et al. (2002) und Schut/Greß/Wasem (2003) hervor. Beide Arbeiten weisen anhand aggregierter Daten einen engen Zusammenhang zwischen der Beitragshöhe und den Mitgliederbewegungen auf der Ebene der Kassenarten nach.[642] Greß et al. (2002) zeigen zudem, dass die Preiselastizität der Mitglieder im Beobachtungszeitraum von 1996-2001 gestiegen ist und Rentner eine geringere Preiselastizität aufweisen als Nicht-Rentner.

- Ein anderer Untersuchungsansatz findet sich bei Pittrow/Böcking/Kirch (2003). Um die Mitgliederbewegungen zwischen den Krankenkassen zu erklären, werden sieben Strukturfaktoren herangezogen, deren Ausprägungen in den offizi-

639 Vgl. Müller/Schneider (1997), S.14 f.

640 Vgl. Müller/Schneider (1999), S.24 f.

641 Böcking et al. (2002), S.243.

642 Vgl. Greß et al. (2002), S.242 f.; Schut/Greß/Wasem (2003), S.129.

ellen Statistiken der GKV zur Verfügung stehen. Hierzu gehören die Personalkosten und Leistungsausgaben je Mitglied, die Beitragssatzhöhe, die Beitragssatzveränderungen, die Gebäudekosten je Mitglied, der Anteil an freiwilligen Mitgliedern sowie der Marktanteil der Kassen bzw. Kassenarten. Mithilfe einer multiplen Regressionsanalyse wird für die Jahre 1996-1998 untersucht, wie die sieben unabhängigen Faktoren die abhängige Variable „Mitgliederentwicklung" beeinflussen. Der stärkste Effekt zeigt sich wiederum bei der Höhe des Beitragssatzes, d.h. je höher die Beiträge der Kassen bzw. Kassenarten sind, desto größere Mitgliederverluste sind zu verzeichnen. Ein weiterer negativer Effekt geht von der Höhe der Leistungsausgaben aus. Höhere Gebäudekosten beeinflussen die Mitgliederentwicklung der Kassen dagegen tendenziell positiv. Keine oder nur geringe Effekte zeigen sich für die Variablen „Beitragssatzveränderungen", „Marktanteil" sowie „Anteil der freiwilligen Mitglieder". Die Auswertungen für die Variable „Personalkosten" deuten auf einen positiven Zusammenhang hin, die Ergebnisse sind jedoch statistisch nicht signifikant.

Neben dem Zusammenhang zwischen den Beitragssätzen und den Mitgliederentwicklungen wurde von Schwarze/Andersen (2001) und Werner/Reitmeir/John (2005) untersucht, ob sich die Wechselwahrscheinlichkeit eines Versicherten mit steigendem Beitragssatz erhöht. Beide Studien weisen einen solchen Effekt nach, d.h. je höher der Beitragssatz eines Versicherten ist, desto größer ist die Wahrscheinlichkeit, dass dieser Versicherte zur Gruppe der Kassenwechsler gehört.[643]

Seit der Einführung der freien Kassenwahl haben mehrere Millionen Mitglieder von ihrem Wahlrecht Gebrauch gemacht und die Krankenkasse v.a. aus Beitragsgründen gewechselt. Die Beiträge stellten jedoch nicht das einzige Motiv für einen Kassenwechsel dar: Zum einen wurden in den Befragungen nach dem wichtigsten Wechselgrund neben der Beitragshöhe weitere Gründe genannt. Zum anderen zeigen Andersen/Grabka (2006), dass in den Jahren 1999-2004 etwa jeder zweite Kassenwechsler einer Krankenkasse beitrat, die keinen (relativ) günstigeren Beitragssatz aufzuweisen hatte.[644] Für die Hälfte der Wechsler waren niedrigere Beiträge also offensichtlich nicht der Grund, sich für eine neue Krankenkasse zu entscheiden.

[643] Vgl. Schwarze/Andersen (2001), S.594 ff.; Werner/Reitmeir/John (2005), S.164.

[644] Vgl. Andersen/Grabka (2006), S.170 ff.

5.2.3 Erwartungen an eine Krankenkasse und Wichtigkeit spezieller Kassenmerkmale

Zurückliegende Wahlentscheidungen geben Hinweise darauf, welche Faktoren in der *Vergangenheit* für die Kunden wichtig waren. Ein *zukünftiges* Verhalten lässt sich daraus jedoch nicht unmittelbar ableiten, da die Rahmenbedingungen eines Marktes und die Ansprüche der Kunden einem ständigen Wandel unterliegen.[645] Eine bessere Informationsgrundlage für das Management von Krankenkassen stellen daher die *aktuellen* Erwartungen der Kunden an das Leistungs- und Serviceangebot von Krankenkassen dar.[646]

Krankenkassen waren über lange Zeit „nicht viel mehr als die Inkasso- und Distributionsabteilung der Ärzteschaft".[647] Dieses Bild hat sich in den letzten Jahren grundlegend gewandelt. Aus den einstigen „Verwaltern" werden zunehmend „Gestalter". Spätestens seit der Einführung der freien Kassenwahl bemühen sich Krankenkassen darum, nicht mehr nur „Payer" im Gesundheitswesen zu sein, sondern die Rolle von aktiven „Playern" und kundenorientierten Dienstleistern einzunehmen. Dieses neue Selbstverständnis spiegelt sich auch in der Wahrnehmung und den Erwartungen der Versicherten wider:

- In einer Arbeit von Zok (2002) wird auf Basis mehrerer Repräsentativumfragen aus den Jahren 1998-2001 untersucht, welches Versicherungsverständnis GKV-Mitglieder haben. Demnach wünscht sich ein Großteil der Versicherten eine aktivere Rolle der Krankenkassen bei der Information, Aufklärung und Betreuung von Patienten. Gleiches gilt für die Gesundheitsförderung und Prävention. Darüber hinaus stimmen die Mitglieder zu, dass sich Krankenkassen um eine Verbesserung und Erneuerung der Versorgungsstrukturen bemühen sollten. Dem Thema „Selektivverträge" stehen die meisten Versicherten ebenfalls offen gegenüber. Krankenkassen werden demnach nicht mehr nur als der „zahlende Dritte", sondern zunehmend als Intermediär zwischen Versicherten und Leistungserbringern gesehen; eigene ärztliche Leistungen sollten Krankenkassen nach Meinung der Befragten allerdings nicht erbringen. Das Anforderungsprofil der Krankenkassen verändert sich somit deutlich in Richtung Beratungs-, Betreuungs- und Koordinationsfunktion.

---

[645] Siehe auch Weber (2009), S.40.

[646] Die nachfolgenden Abschnitte wurden in Auszügen bereits veröffentlicht in Weber (2010), S.46 f.

[647] Braun/Streich (2003), S.71.

- Im Vorfeld der Gesundheitsreform 2003/2004 wurden auch Versicherte einer Ortskrankenkasse im Ruhrgebiet zu ihrem Funktionsverständnis der Krankenkasse befragt. 40 Prozent der Teilnehmer beschrieben die AOK dabei als „Dienstleistungsunternehmen“, 58 Prozent als „Gesundheitsinstitution“ (Mehrfachnennungen waren möglich). Demgegenüber sahen nur wenige Kunden in ihrer Kasse eine „Verwaltungseinrichtung“ (12 Prozent) oder „Behörde“ (11 Prozent).[648] Die Rolle als „Gestalter“ und medizinischer Begleiter wurde von einem Teil der AOK-Kunden akzeptiert. Auf die Frage, „womit die AOK bei den Versicherten Aufmerksamkeit erzeugen“ kann, gab fast jeder zweite Versicherte (49 Prozent) die „medizinische Fachkompetenz“ der Kasse an. Deutlich weniger Kunden nannten „Informationen für Versicherte“ (29 Prozent), „Gesundheitskurse“ (15 Prozent) oder „ansprechende Räume“ (acht Prozent).[649]

- Auch aus einer repräsentativen Befragung der Unternehmensberatung Roland Berger, die im Mai 2008 bei 1.000 Erwachsenen durchgeführt wurde, zeichnet sich das neue Profil von Krankenkassen ab: Demnach soll aus Sicht der Befragten „die Krankenversicherung keinesfalls auf ihre Rolle als Kostenträger beschränkt bleiben, sondern aktiv ins Geschehen eingreifen können“.[650] Die Zustimmungsquoten der einzelnen Aussagen gibt Abbildung 5.1 wieder.

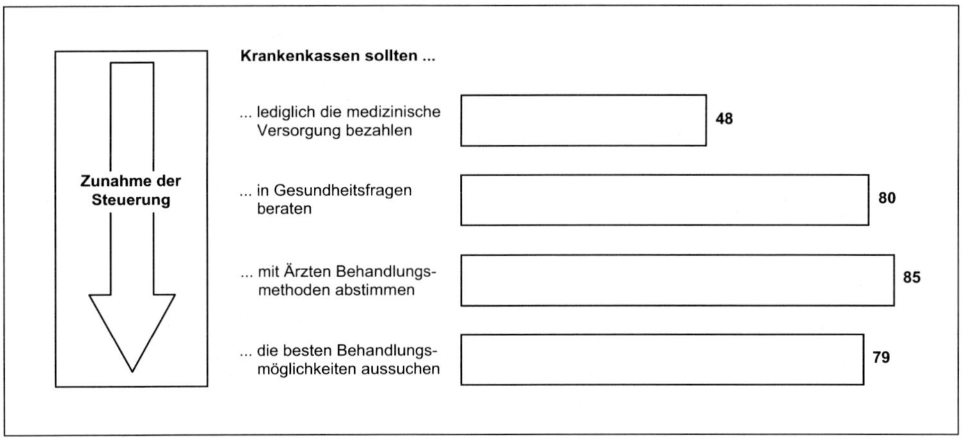

Abbildung 5.1: Rolle der Krankenkassen, Zustimmung in Prozent, Mehrfachnennungen möglich (Quelle: Kartte/Neumann (2008), S.9)

[648] Vgl. Bode/Bühren (2004), S.50.
[649] Vgl. Bode/Bühren (2004), S.53.
[650] Kartte/Neumann (2008), S.10.

- Zu ähnlichen Ergebnissen kommt der WIdO-monitor 2009: Die Aussagen von 3.000 GKV-Versicherten bestätigen, dass Krankenkassen „nicht mehr nur als Beitragseinzugsstelle wahrgenommen werden, sondern zunehmend von ihnen auch eine aktive Rolle bei der Koordination von Gesundheitsleistungen erwartet wird“.[651] In der Befragung war den Versicherten u.a. wichtig, dass die Krankenkasse sie in ihren Rechten unterstützt, chronisch Kranke intensiv betreut, die Qualität und Abrechnungen der Leistungserbringer überprüft, die Versicherten in gesundheitsbezogenen Fragen informiert und berät, Zusatzleistungen anbietet und bei der Verbesserung der medizinischen Versorgung eine aktive, gestaltende Rolle übernimmt. Ein Großteil der befragten GKV-Versicherten (70 bis 90 Prozent) stimmte den meisten dieser Punkte zu.[652]

- Folgt man darüber hinaus den Befragungsergebnissen des Gesundheitsmonitors 2009, dann spielen für die Versicherten neben einer guten Erreichbarkeit der Krankenkasse vor allem Bonusprogramme und andere Ermäßigungen, Angebote für chronisch Kranke sowie die Kostenübernahme von Gesundheitskursen eine wichtige Rolle.[653]

Abhängig von der jeweiligen Fragestellung und den vorgegebenen Antwortmöglichkeiten rücken neben den Beitrags-, Leistungs- und Serviceaspekten jedoch auch andere, allgemeine Dienstleistungsmerkmale von Krankenkassen in den Vordergrund. Hierzu gehören z.B. eine fachkundige Beratung, die Freundlichkeit und Hilfsbereitschaft der Mitarbeiter, die Zuverlässigkeit der Kasse, eine schnelle Kostenregulierung, die pünktliche Auszahlung von Geldleistungen, eine gute telefonische Erreichbarkeit sowie verständliche und übersichtliche Formulare. Im M+M Versichertenbarometer 2009 nehmen diese Merkmale sogar „den höchsten Stellenwert in den Erwartungen der Versicherten über alle Kriterien ein. Zum Teil liegen die von den Versicherten angegebenen Wichtigkeiten deutlich über den so genannten „harten“ Faktoren Leistungen und Beiträge, die häufig als Wechselmotive genannt werden.“[654]

Auch in Befragungen des „stern“ und des BKK Bundesverbands stehen „soft facts“, wie z.B. eine gute telefonische Erreichbarkeit oder eine schnelle Kostenregulierung, auf nahezu gleicher Ebene mit dem Preis-Leistungsverhältnis, günstigen Tarifen oder einem umfangreichen Leistungsangebot der Krankenkassen – zumindest gab

[651] Zok (2009), S.7.
[652] Vgl. Zok (2009), S.8.
[653] Vgl. Meyer (2010), S.18.
[654] Töpfer/Opitz (2009), S.15.

ein Großteil der Versicherten in den Erhebungen an, dass diese Kriterien besonders wichtig für sie sind. Als weniger wichtig stuften die Befragungsteilnehmer dagegen spezielle Versorgungsangebote, eine Geschäftsstelle in der Nähe, interessante Beitragsmodelle und Bonusprogramme, umfangreiche schriftliche Informationen, ein ansprechendes Internetangebot oder eine (kostenlose) 24-Stunden-Hotline ein.[655]

Zusätzliche Hinweise zu den Präferenzen von gesetzlich Versicherten leiten sich aus der ASSEKURATA-Studie vom Frühjahr 2009 ab: Um mehr über die Wichtigkeit einzelner Kassenmerkmale und -angebote herauszufinden, wurde überprüft, in welchem Maße die wahrgenommenen Vorteile der eigenen Krankenkasse mit dem Kundenbindungsindex der Versicherten korrelieren. Die Ergebnisse zeigt Abbildung 5.2. Demnach „haben hilfreiche Informationsangebote und altersunabhängige Versorgungsangebote den größten Einfluss auf die Kundenbindung bei den untersuchten Krankenkassen.“ Dagegen „wirken Prämien für die Nichtinanspruchnahme von Leistungen und die Möglichkeit eines persönlichen Gesprächs in der Geschäftsstelle vergleichsweise gering auf die Bindung der Versicherten.“[656]

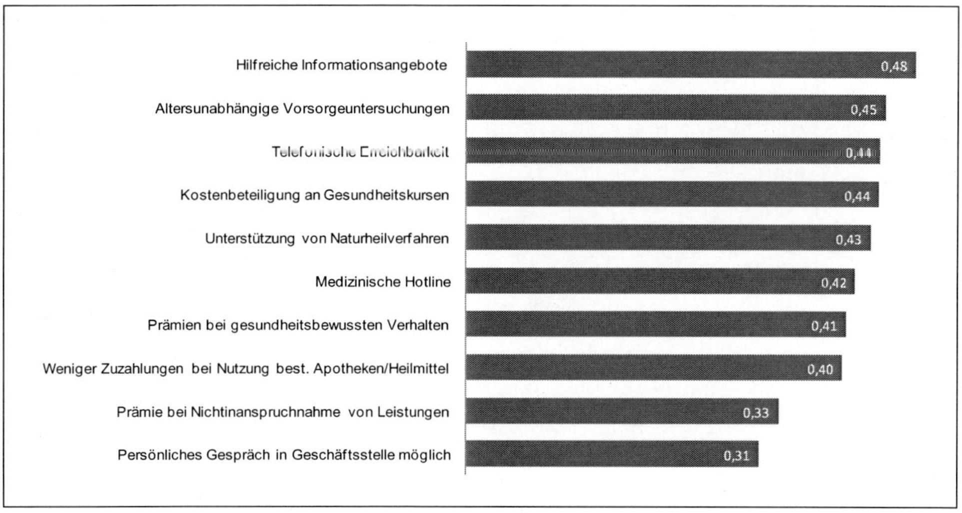

Abbildung 5.2: Einflussfaktoren auf die Kundenbindung in der GKV (Quelle: ASSEKURATA Assekuranz Rating Agentur GmbH (2009), S.21)

[655] Vgl. Gruner + Jahr AG & Co KG (2007), S.22; BKK Bundesverband (2007), S.2; Meyer (2008), S.560.

[656] ASSEKURATA Assekuranz Rating Agentur GmbH (2009), S.21.

5.2.4 Nutzen von Kassenangeboten und Zahlungsbereitschaft der Versicherten

Produkte und Dienste stellen i.d.R. ein Bündel von Eigenschaften dar, die für die Nachfrager einen unterschiedlichen Teilnutzen haben.[657] Wird ein Angebot modifiziert, indem man z.B. Eigenschaften hinzufügt oder entfernt, so verändert sich der Gesamtnutzen des Angebots für die Kunden. Im Rahmen der Leistungs- und Servicepolitik von Krankenkassen stellt sich daher die Frage, wie einzelne Merkmale bzw. Merkmalsausprägungen zum Gesamtnutzen eines Angebots beitragen. Dieser Frage kann mithilfe von *Conjoint-Analysen* nachgegangen werden.[658]

Um den Teilnutzen einzelner Kassenmerkmale zu bestimmen, wurde in den Studien von Nolting et al. (2006), Becker/Brändle/Zweifel (2007) und Greß et al. (2008b) jeweils ein so genanntes *Discrete-Choice-Experiment* durchgeführt. Die Studie von Scheffold (2008) basiert auf einer *Limit Conjoint-Analyse*. In beiden Varianten des Conjoint-Verfahrens mussten die Teilnehmer einen Paarvergleich durchführen. Man präsentierte ihnen hierzu zwei unterschiedliche Angebote und ließ sie anschließend entscheiden, welches Angebot sie vorziehen; in der Limit Conjoint-Analyse war es zudem möglich, beide Angebote abzulehnen (Nichtkaufentscheidung). Wurde neben den Leistungsattributen auch der Preis für das jeweilige Angebot angegeben, so konnte aus den Befragungsergebnissen der Nutzen eines Merkmals in Geldeinheiten berechnet werden. Ein Nutzen*gewinn* führte demnach zu einer erhöhten Zahlungsbereitschaft, ein Nutzen*verlust* zu einer Kompensationsforderung der Kunden.

Die Ergebnisse der vier Studien geben Aufschluss darüber, welchen Wert spezifische Kassenmerkmale für die Versicherten haben:

- Das erste Discrete-Choice-Experiment in der gesetzlichen Krankenversicherung fand im Frühjahr 2005 statt.[659] Nolting et al. (2006) untersuchten dabei, welchen Wert die Versicherten bestimmten Elementen des GKV-Leistungskatalogs beimessen. Zu den analysierten Merkmalen gehörten die freie Arztwahl, die Einschränkung der Auswahl an verschreibungspflichtigen Arzneimitteln, die Steuerung der Krankenhausbehandlung bei planbaren Behandlungen sowie die Einschränkung oder Erweiterung des Zugangs zu therapeutischen Innovationen. Während sich die ersten drei Merkmale auf konkrete

[657] Die nachfolgenden Abschnitte wurden in Auszügen bereits veröffentlicht in Weber (2010), S.47 ff.
[658] Zum Vorgehen einer Conjoint-Analyse siehe z.B. Backhaus et al. (2006), S.557 ff.; Homburg/ Krohmer (2006), S.407 ff.
[659] Vgl. Nolting et al. (2006).

Reformvorhaben bezogen, stellte das vierte Merkmal eine fiktive Reformoption dar. In der Untersuchung mussten die Teilnehmer den Status quo der gesetzlichen Krankenversicherung mit alternativen Versicherungsangeboten vergleichen und ein Präferenzurteil abgeben. Hierzu wurde der Preis bzw. eine Preisminderung als fünftes Merkmal aufgenommen, da jedes der Alternativangebote (mit Ausnahme des erweiterten Zugangs zu Innovationen) eine Einschränkung gegenüber den aktuellen GKV-Regelungen darstellte. Um die Versicherten zu einem fiktiven Anbieterwechsel zu bewegen, musste dem jeweiligen Nutzenverlust ein entsprechender finanzieller Ausgleich gegenüberstehen. Über ein Viertel (27,5 Prozent) der Befragten entschied sich trotz erheblicher Beitragsminderungen stets für den Status quo, die restlichen Teilnehmer bevorzugten mindestens eine der angegebenen Alternativen. Der höchste durchschnittliche Kundennutzen wurde für die freie Arztwahl ermittelt. Erst ab einem Beitragsnachlass von 260 Euro pro Jahr war die Hälfte der Befragten bereit, auf dieses Merkmal zu verzichten. Dahinter folgten der offene Zugang zu Innovationen (ca. 125 Euro), die freie Auswahl an verschreibungspflichtigen Arzneimitteln (ca. 120 Euro) und die freie Auswahl eines Krankenhauses (ca. 100 Euro). Der durchschnittliche Nutzen für den erweiterten Zugang zu Innovationen lag bei 125 Euro pro Jahr. Je nach Untergruppe wichen die Kompensationsforderungen und Zahlungsbereitschaften deutlich von den durchschnittlichen Beträgen ab. Neben geschlechts- und bildungsspezifischen Unterschieden spielte für die Bewertung der Merkmale vor allem die Inanspruchnahme medizinischer Leistungen (und somit der Gesundheitszustand der Versicherten) eine Rolle. Wie Abbildung 5.3 zeigt hätte im Experiment die Hälfte der Versicherten mit einer stationären Behandlung im letzten Jahr erst ab einem Beitragsnachlass von 82,7 Prozent auf die freie Arztwahl verzichtet; über alle Befragten lag dieser Wert bei 17,6 Prozent (dies entspricht den zuvor genannten 260 Euro[660]).

- Im Mittelpunkt der von Becker/Brändle/Zweifel (2007) durchgeführten Untersuchung stehen neue Modelle der ambulanten Versorgung.[661] Die Teilnehmer wurden auch in dieser Studie gebeten, den Status quo der GKV mit hypothetischen Versicherungsverträgen paarweise zu vergleichen und sich für den aus ihrer Sicht besten Vertrag zu entscheiden. In den fiktiven Versiche-

[660] Nolting et al. (2006) berechnen diesen Wert wie folgt (S.39): „Bei einem GKV-Mitglied mit durchschnittlichen beitragspflichtigen Einnahmen (knapp 22.000 €) und bei einem Beitragssatz von 14 Prozent (bzw. 7 Prozent für das Mitglied allein) entsprechen 17,6 Prozent Reduktion einem jährlichen Beitragsnachlass von etwa 260 €.“

[661] Die Studienergebnisse wurden veröffentlicht in Becker/Zweifel (2006) und Becker/Brändle/Zweifel (2007).

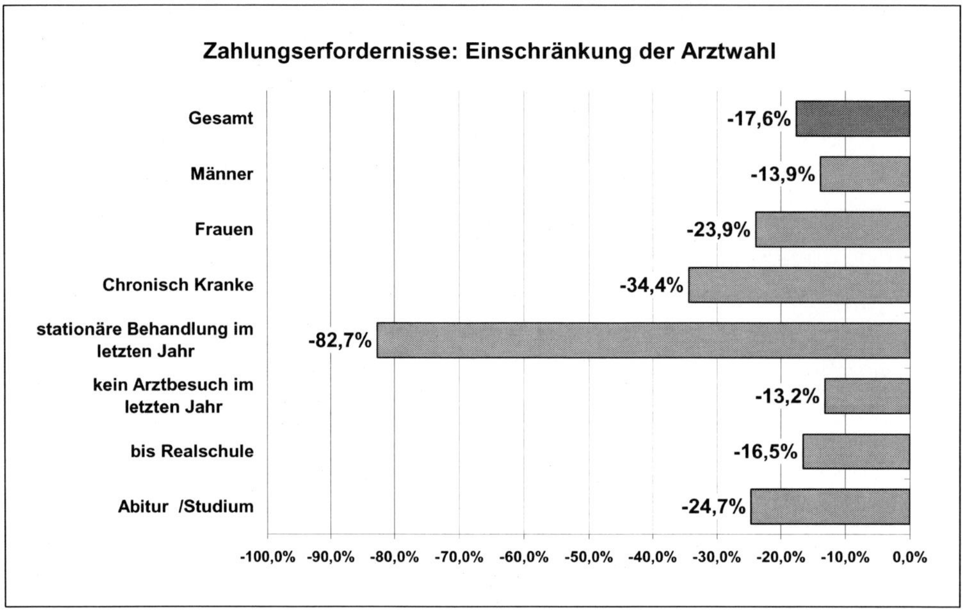

Abbildung 5.3: Einschränkung der Arztwahl: Ergebnisse in Untergruppen (Quelle: Nolting et al. (2006), S.40)

rungsverträgen wurden fünf Eigenschaften in unterschiedlichen Ausprägungen kombiniert: die *Art der ärztlichen Versorgung* (freie Arztwahl, Ärzteliste, Hausarztmodell, Netzwerk von Ärzten), das Einholen einer *Zweitmeinung* (Praxisgebühr ohne Überweisungsschein, Einholen einer Zweitmeinung ohne Zuzahlung), *Zusatzleistungen* der Krankenkasse (kein besonderes Service- und Informationsangebot, Patientenberater in der Krankenkasse), das *Anreizsystem* (kein besonderes Anreizsystem, Beitragsrückerstattung bei Nichtinanspruchnahme, Kostenbeteiligung, Bonus für gesundheitsbewusstes Verhalten) sowie die Erhöhung bzw. Senkung des *Kassenbeitrags* (+/- 200, 300, 400, 500 Euro jährlich). Ausgehend vom Status quo wählten 80 Prozent der Befragten mindestens einen alternativen Versicherungsvertrag. Die durchschnittlichen Zahlungsbereitschaften und Kompensationsforderungen für einzelne Eigenschaften können Abbildung 5.4 entnommen werden. Den höchsten Wert erreichte erneut die freie Arztwahl. In den einbezogenen Untergruppen zeigten die Ergebnisse wiederum erhebliche Unterschiede.

- Die Studie von Greß et al. (2008b) geht ebenfalls auf die Leistungs- und Servicekomponenten von Krankenkassen ein.[662] Die im Paarvergleich zur Aus-

[662] Vgl. Greß et al. (2008b), S.56 ff.

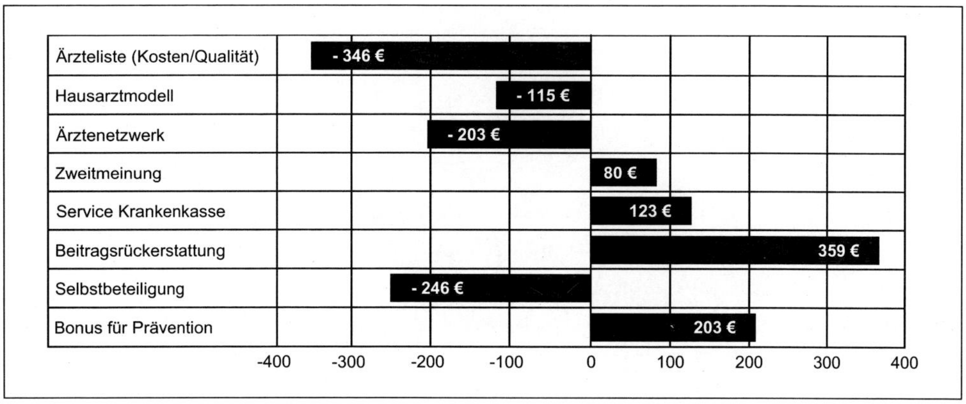

Abbildung 5.4: Durchschnittliche Zahlungsbereitschaften und Kompensationsforderungen für einzelne Eigenschaften neuer Versorgungsmodelle in Euro pro Jahr (Quelle: Becker/Zweifel (2006), S.289)

wahl gestellten Versicherungsverträge unterschieden sich in sechs Merkmalen: der *Erreichbarkeit* (Telefon, Brief, Internet vs. Geschäftsstelle in Wohnortnähe), dem *Informationsservice* (besonderer Informationsservice vs. kein spezieller Informationsservice), dem *Leistungsangebot* (zusätzliche Versorgungsangebote vs. gesetzlicher Versorgungsumfang), der *Wahlfreiheit* (Auswahl nur bestimmter Leistungserbringer vs. freie Wahl von Ärzten und Kliniken), der Möglichkeit einer *Beitragsreduktion* (finanzielle Belohnung bei geringer Inanspruchnahme vs. keine finanzielle Belohnung) sowie dem *Beitragssatz* (12,0% vs. 13,5% vs. 15,0%). 63 Prozent der Befragten waren in dem Experiment bereit, ihren Status quo gegen mindestens eine der vorgelegten Alternativen aufzugeben. Den durchschnittlich ermittelten Teilnutzen der einzelnen Merkmale über alle Befragten zeigt Tabelle 5.3. Auch diese Werte weichen in Untergruppen zum Teil erheblich voneinander ab.

Merkmal	**Teilnutzen**
Geschäftsstelle in Wohnortnähe	1,60
Besonderer Informationsservice	0,73
Zusätzliche Versorgungsangebote	1,07
Freie Arzt- und Klinikwahl	2,34
Finanzielle Belohnung bei wenig Arztbesuchen	0,62

Tabelle 5.3: Teilnutzenwerte der Kassenmerkmale in Beitragssatzpunkten (Quelle: Greß et al. (2008b), S.67)

- Scheffold (2008) widmet sich in ihrer Arbeit den möglichen Auswirkungen des Vertragswettbewerbs in der GKV.[663] Sollte der Sicherstellungsauftrag für die medizinische Versorgung eines Tages komplett auf die Krankenkassen übergehen, so stellt sie die Frage, wie wichtig die Qualität und die Anzahl der unter Vertrag genommenen Leistungserbringer in Wohnort- oder Arbeitsplatznähe für die Versicherten sind. Zusätzlich werden die Merkmale „Angebote zur Prämiengestaltung" und „monatlicher Preisaufschlag auf die Grundprämie" in die Analyse aufgenommen. Mithilfe einer Limit Conjoint-Analyse im Segment der Studenten und Absolventen[664] schätzt Scheffold u.a. die Teilnutzenwerte sowie die relative Wichtigkeit der vier Merkmale.[665] Die Ergebnisse zeigen, „dass die Qualität der Ärzte und Krankenhäuser, mit denen eine Krankenkasse Versorgungsverträge hat, sowie die Höhe des monatlichen Prämienaufschlags im Vergleich zur Prämiengestaltung und der Anzahl der unter Vertrag genommenen Ärzte und Krankenhäuser für die Höhe des Gesamtnutzens des Leistungsangebotes einer gesetzlichen Krankenversicherung besonders wichtig sind."[666] Die Qualität und der monatliche Preisaufschlag gehen in die Entscheidung der Versicherten mit einer durchschnittlichen Wichtigkeit von jeweils 37 Prozent ein. Die Anzahl der Leistungserbringer und die Prämiengestaltung weisen dagegen eine deutlich geringere Wichtigkeit von durchschnittlich 17 bzw. 9 Prozent auf.[667]

Folgt man den Ergebnissen der Conjoint-Analysen, dann hat die freie Wahl der Leistungserbringer für die Versicherten einen hohen Wert. Für Patienten ist es bislang selbstverständlich, dass sie ihre Ärzte und Kliniken eigenständig aussuchen können und ihnen der Zugang zum Gesundheitssystem in fast allen Bereichen offen steht. Alternative Versicherungsverträge, die Teile der bisherigen Freiheiten einschränken, werden erst bei entsprechend hohen Beitragsnachlässen akzeptiert. Die Zahlungsbereitschaft für Zusatzangebote ist im Vergleich deutlich geringer. Eine mögliche Erklärung liefert der so genannte „Besitzstandseffekt". Demnach haben Menschen eine Verlustaversion, d.h. der „Schmerz" über Verluste ist deutlich höher als die „Freude" über Zugewinne.[668] Dies drückt sich auch in den jeweiligen Zahlungsbereitschaften und Kompensationsforderungen aus.

[663] Vgl. Scheffold (2008); Cassel/Nihalani (2008).

[664] Anzahl der Probanden: 165; Erhebungszeitraum: April bis Juni 2005.

[665] Vgl. Scheffold (2008), S.191 ff.

[666] Cassel/Nihalani (2008), S.432.

[667] Vgl. Scheffold (2008), S.219.

[668] Vgl. Diller (2000b), S.133.

Die durchgeführten Conjoint-Analysen, die sich mit den Teilnutzen einzelner (zum Teil fiktiver) Krankenkassenmerkmale auseinandersetzen, stellen eine wichtige Ergänzung zu den bisherigen Untersuchungen der Präferenzen von gesetzlich Versicherten dar. Anstatt die Wichtigkeiten einzelner Angebote direkt abzufragen, werden die Wahlentscheidungen der Versicherten simuliert und der Nutzen spezieller Merkmale mithilfe statistischer Verfahren berechnet. Die Nachteile liegen in dem vergleichsweise aufwändigen Untersuchungsdesign und der geringen Anzahl der berücksichtigungsfähigen Merkmale. Um die Studienteilnehmer nicht zu überfordern, sollten sich Paarvergleiche auf wenige Merkmale beschränken.

5.2.5 Kritische Würdigung der vorliegenden Studien

Wie die vorliegenden Studien zeigen sind die Wechselbewegungen in der gesetzlichen Krankenversicherung in den ersten Jahren der Wahlfreiheit vor allem auf Beitragssatzunterschiede der Krankenkassen zurückzuführen; das Image sowie Leistungs- und Serviceangebote spielten im Vergleich nur eine untergeordnete Rolle. Dies könnte sich in Zukunft ändern. Mit dem Wandel der Krankenkassen von „Zahlern" zu „Gestaltern" scheint auch der Wunsch der Versicherten nach Beratungs-, Betreuungs- und Koordinationsangeboten zuzunehmen. Werden Versicherte nach ihren Erwartungen an eine Krankenkasse oder nach der Wichtigkeit spezieller Leistungen und Services von Krankenkassen gefragt, so stehen Gesundheits- und Versorgungsangebote oftmals an vorderster Stelle. Je nach Antwortmöglichkeiten reihen sich auf gleicher Ebene allerdings auch allgemeine Dienstleistungsmerkmale, wie z.B. die Erreichbarkeit, die zügige Bearbeitung von Anträgen oder die Qualität der Kunde-Mitarbeiter-Interaktion ein. Teilweise kommen die Untersuchungen auch zu gegensätzlichen Resultaten.

Bei der Interpretation der Ergebnisse ist das Phänomen der so genannten „Anspruchsinflation" zu beachten: Menschen gelten tendenziell als „Anspruchs-Maximierer", d.h. sie fordern von einem Produkt- oder Dienstleistungsanbieter optimale Leistung. Vieles ist aus ihrer Sicht gleich wichtig oder unverzichtbar. Werden Kunden nach der Wichtigkeit einzelner Merkmale gefragt, so geben sie entgegen ihrem tatsächlichen Empfinden oftmals höhere Wichtigkeiten an; diese konzentrieren sich zumeist am oberen Ende der Bewertungsskala. Darüber hinaus können sozial erwünschte oder strategische Antworten die Ergebnisse von Kundenbefragungen verzerren und zu einer Aufwertung unwichtiger Merkmale führen. Kunden sind sich zudem nicht immer aller Entscheidungskriterien voll bewusst, was eine Unterbewertung von Leistungen und Services nach sich ziehen kann.[669]

Obwohl die Probleme der direkten Wichtigkeitsbestimmung seit langem bekannt sind, werden Zustimmungs- und Rating-Skalen in der unternehmerischen Praxis nach wie vor mit großer Beliebtheit eingesetzt. Mit Ausnahme der beschriebenen Conjoint-Analysen greifen auch Krankenkassen in Versichertenbefragungen bislang fast ausschließlich auf diese Instrumente zurück, um die Relevanz einzelner Angebote und Merkmale aus Sicht ihrer Kunden zu ermitteln. Ein solches Vorgehen ist fragwürdig, da es zu falschen Handlungsempfehlungen führen kann.

5.3 Empirische Untersuchung der Bedeutung ausgewählter Marketing-Instrumente von Krankenkassen

Die Zuverlässigkeit direkt erhobener Kundenpräferenzen wird in der Literatur kritisiert. Auf Basis einer zweiten Versichertenbefragung werden in den nachfolgenden Abschnitten daher die Bedeutung ausgewählter Marketing-Instrumente von Krankenkassen sowohl direkt als auch indirekt ermittelt und die Ergebnisse gegenübergestellt. Darüber hinaus wird untersucht, ob es sich bei den Instrumenten um Basis-, Leistungs- oder Begeisterungsfaktoren handelt; Ausgangspunkt hierfür ist das Mehr-Faktoren-Modell von Kano.

5.3.1 Verfahren der Wichtigkeitsbestimmung

Um herauszufinden, mit welcher Stärke spezifische Marketing-Instrumente das Urteil von Kunden beeinflussen, sind unterschiedliche Herangehensweisen möglich. Grundsätzlich kann zwischen einer direkten und einer indirekten Wichtigkeitsbestimmung unterschieden werden.

---

[669] Zu den Problemen der direkten Wichtigkeitsbestimmung vgl. Dichtl/Müller (1986); Stauss (1999), S.14; Matzler/Bailom (2004), S.285; Homburg/Fürst (2005), S.577 f.; Beutin (2006), S.157.

5.3.1.1 Explizite Wichtigkeitsbestimmung

Für eine explizite bzw. direkte Wichtigkeitsbestimmung stehen mehrere Verfahren zur Verfügung:[670]

- *Rating-Skalen* fragen die Wichtigkeit eines Merkmals auf einer Wichtigkeitsskala direkt ab (z.B. von „gar nicht wichtig" bis „sehr wichtig").

- Bei *Zustimmungsskalen* werden Kunden gefragt, inwiefern sie einer Aussage zur Bedeutung eines Merkmals zustimmen (z.B. „stimme gar nicht zu" bis „stimme voll und ganz zu"). Die Merkmalsausprägungen sind dabei als Extremfragen zu formulieren (z.B. „Die Leistung XY halte ich für hochgradig wichtig.").

- Beim *Paarvergleich* werden zwei Merkmale miteinander verglichen und ein Präferenzurteil erhoben. Die relative Wichtigkeit lässt sich anschließend aus der Häufigkeit ableiten, mit der ein Merkmal andere Merkmale dominiert.

- Beim *Rangordnungsverfahren* bringen Kunden die ihnen präsentierten Merkmale in eine Rangordnung.

- Beim *Konstantsummenverfahren* werden die Befragungsteilnehmer gebeten, eine bestimmte Anzahl von Punkten (z.B. 100) auf einzelne Merkmale gemäß ihrer Wichtigkeit zu verteilen.

Neben den zuvor beschriebenen Problemen der direkten Wichtigkeitsbestimmung besteht vor allem bei Rangordnungsskalen die Gefahr der kognitiven Überforderung sowie die Gefahr von Reaktanz- und Ermüdungserscheinungen der Teilnehmer; diese Effekte nehmen mit der Anzahl der abgefragten Merkmale tendenziell zu.[671]

5.3.1.2 Implizite Wichtigkeitsbestimmung

Als gängige Verfahren der impliziten bzw. indirekten Wichtigkeitsbestimmung werden in der Literatur

- die bivariate Korrelationsanalyse,

[670] Vgl. Matzler/Bailom (2004), S.285.

[671] Vgl. Matzler/Bailom (2004), S.285; Homburg/Fürst (2005), S.577 f.; Beutin (2006), S.157.

- die multiple Regressionsanalyse,
- die Kausalanalyse und
- die Conjoint-Analyse

beschrieben.[672] Als Messgrößen dienen in der Regel die Globalzufriedenheit und die Teilzufriedenheiten der Kunden.

Bei der *bivariaten Korrelationsanalyse* wird der Zusammenhang zwischen der Zufriedenheit mit einem Merkmal und der Gesamtzufriedenheit des Kunden ermittelt. Der quadrierte Korrelationskoeffizient bzw. das Bestimmtheitsmaß R^2 gibt dabei an, wie viel Prozent der Varianz einer Variable durch die Unterschiede der anderen Variable erklärt werden. Die Wichtigkeit eines Merkmals leitet sich aus dem Verhältnis der quadrierten Korrelation eines Merkmals zur Summe der quadrierten Korrelationen aller Merkmale ab. Für die prozentuale Wichtigkeit eines Merkmals gilt:[673]

$$w_j = \frac{r_j^2}{\sum_{j=1}^{J} r_j^2} \cdot 100\% \qquad (5.1)$$

mit

w_j:	Prozentuale Wichtigkeit des Merkmals j;
r_j^2:	Quadrierter Korrelationskoeffizient zwischen der Zufriedenheit mit einem Merkmal j und der Gesamtzufriedenheit.

Die *multiple Regressionsanalyse* misst den Einfluss von mehreren unabhängigen Variablen auf eine abhängige Variable.[674] Die Grundgleichung lautet:

$$y = a + b_1 \cdot x_1 + b_2 \cdot x_2 + ... + b_j \cdot x_j + e \qquad (5.2)$$

[672] Vgl. Matzler/Bailom (2004), S.285 f.; Homburg/Fürst (2005), S.578 ff.; Beutin (2006), S.157; Homburg/Klarmann (2006). Homburg/Klarmann (2006) gehen mit der Dominanzanalyse und Johnsons Epsilon auf zwei weitere Verfahren ein.

[673] Vgl. Homburg/Klarmann (2006), S.230 ff.

[674] Vgl. z.B. Skiera/Albers (2000); Homburg/Krohmer (2006), S.379 ff.; Backhaus et al. (2008), S.51 ff.

mit

y:	Abhängige Variable (z.B. Gesamtzufriedenheit);
x_j:	Unabhängige Variable j (z.B. Teilzufriedenheit mit Merkmal j);
b_j:	Regressionskoeffizient der unabhängigen Variable j;
a:	Regressionskonstante;
e:	Residuum (Störgröße).

Bezogen auf die Kundenzufriedenheit gibt ein Regressionskoeffizient b_j an, „inwieweit sich die Gesamtzufriedenheit ändert, wenn die Zufriedenheit mit Leistungsparameter x_j um 1 steigt und die Zufriedenheit mit allen anderen Leistungsparametern unverändert bleibt“[675]. Um die Wirkungsstärken der einzelnen Leistungsparameter zu vergleichen, sind die unstandardisierten Regressionskoeffizienten zu standardisieren.[676] Die Wichtigkeit w_j eines Leistungsparameters ergibt sich dann aus dem Verhältnis des standardisierten Beta-Koeffizienten β_j zur Summe der Beta-Koeffizienten aller Leistungsparameter:

$$w_j = \frac{\beta_j}{\sum_{j=1}^{J} \beta_j} \cdot 100\% \tag{5.3}$$

Bei der *Kausalanalyse*[677] werden die Teilzufriedenheiten eines Kunden als latente exogene Variablen und die Gesamtzufriedenheit als latente endogene Variable aufgefasst. Die Messung der Variablen erfolgt über fehlerbehaftete Indikatoren. Die Stärke des Zusammenhangs zwischen den Teilzufriedenheiten und der Gesamtzufriedenheit geben die sogenannten Pfadkoeffizienten an. Ähnlich wie bei den zuvor beschriebenen Verfahren leitet sich die prozentuale Wichtigkeit w_j eines Merkmals aus dem Verhältnis des Pfadkoeffizienten γ_j zur Summe aller Pfadkoeffizienten des Modells ab:[678]

---

[675] Homburg/Klarmann (2006), S.232.

[676] Der standardisierte Beta-Koeffizient berechnet sich wie folgt: $\beta_j = b_j \cdot \frac{\text{Standardabweichung } x_j}{\text{Standardabweichung } y}$; vgl. z.B. Skiera/Albers (2000), S.212 oder Homburg/Krohmer (2006), S.382.

[677] Vgl. Kapitel 4.4.2.

[678] Vgl. Homburg/Klarmann (2006), S.234.

$$w_j = \frac{\gamma_j}{\sum_{j=1}^{J} \gamma_j} \cdot 100\% \tag{5.4}$$

In den Kontext der Kausalanalyse sind auch die sogenannten *Multiple Indicators, Multiple Causes (MIMIC)-Modelle* einzuordnen[679]. Um herauszufinden, welche Aspekte z.B. die „Zufriedenheit" beeinflussen, werden bei MIMIC-Modellen sowohl formative als auch reflektive Indikatoren zur Messung der latenten Variablen verwendet. Abbildung 5.5 gibt die Grundstruktur eines solchen Modells wieder. Aus den Regressionskoeffizienten des formativen Messteils können die Einflüsse der einzelnen Aspekte bestimmt werden. Die prozentuale Wichtigkeit ermittelt sich wie in den vorangegangenen Gleichungen aus dem Verhältnis eines Regressionskoeffizienten zur Summe aller Regressionskoeffizienten. „Die Vorteile eines MIMIC-Modells sind insbesondere darin zu sehen, dass es *gleichzeitig* die Bedeutsamkeit *einzelner* formativer Indikatoren (Regressionsgewichte) zur Prognose eines Konstruktes als auch die *gemeinsamene Vorhersagekraft* der Indikatoren für ein Konstrukt (erklärte Varianz) abschätzen kann. Darüber hinaus kann ein guter Gesamtfit eines MIMIC-Modells als Beleg für die Gültigkeit eines formativen Messansatzes gewertet werden."[680]

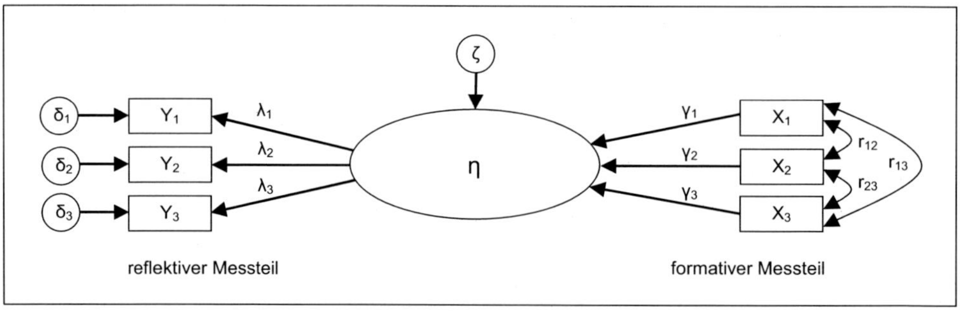

Abbildung 5.5: MIMIC-Modell (Quelle: in Anlehnung an Weiber/Mühlhaus (2010), S.205)

Die *Conjoint-Analyse* leitet die Wichtigkeit eines Merkmals aus dessen Beitrag zum Gesamtnutzen eines Angebotes ab.[681] Im ersten Schritt sind hierzu die interessierenden Merkmale und deren Ausprägungen festzulegen. Die Befragungsteilnehmer

[679] Vgl. Weiber/Mühlhaus (2010), S.211 ff.

[680] Weiber/Mühlhaus (2010), S.212.

[681] Zum Ablauf einer Conjoint-Analyse vgl. z.B. Homburg/Krohmer (2006), S.407 ff.; Backhaus et al. (2008), S.451 ff.; zu Conjoint-Analysen in der gesetzlichen Krankenversicherung vgl. Kapitel 5.2.4.

werden anschließend gebeten, unterschiedliche Szenarien bzw. Profile eines Angebotes zu bewerten. Aus den Ergebnissen können die Teilnutzenwerte der Merkmale bestimmt werden; als Referenzmaßstab dient z.B. die Zahlungsbereitschaft. Die relative Wichtigkeit eines Merkmals entspricht dem Verhältnis des ermittelten Teilnutzen zum Gesamtnutzen.

Abbildung 5.6 gibt die Annahmen des jeweiligen Verfahrens mit den dazugehörigen Vor- und Nachteilen wieder.

5.3.2 Befragungsteilnehmer, Repräsentativität, Stichprobenumfang und Ausschöpfungsquote

Um den Einfluss einzelner Angebote und Merkmale von Krankenkassen auf das Urteil der Versicherten empirisch zu ermitteln, wurden im November 2010 insgesamt 23.290 gesetzlich Versicherte von sieben Betriebskrankenkassen und einer Ersatzkasse angeschrieben und zu einer Online-Befragung eingeladen. Die Ansprache von 18.180 Versicherten erfolgte per E-Mail; 5.110 Versicherte erhielten die Einladung per Post.[682] In Summe repräsentierten die teilnehmenden Krankenkassen etwa 3,6 Mio. Versicherte. Zwei der Krankenkassen mussten zum Zeitpunkt der Befragung einen Zusatzbeitrag in Höhe von acht Euro erheben.

Bei den per E-Mail angeschriebenen Versicherten handelte es sich wie bei der Prüfung des Kundenbindungsmodells um Nutzer einer persönlichen elektronischen Gesundheitsakte nach § 68 SGB V. Von diesen nahmen 2.990 an der Befragung teil, was einer Rücklaufquote von 16,4 Prozent entspricht. Hinsichtlich der Repräsentativität einer solchen Stichprobe sei auf die Ausführungen in Kapitel 4.4.1 verwiesen. Von den per Post angesprochenen Versicherten füllten 200 den Online-Fragebogen aus; die Rücklaufquote lag somit bei knapp vier Prozent. 3.116 Fragebögen konnten für die Auswertung verwendet werden. Der Online-Fragebogen ist im Anhang abgedruckt (Fragebogen 2).

Abbildung 5.7 vergleicht einige ausgewählte Merkmale der Befragungsteilnehmer mit aktuellen Statistiken des Bundesministeriums für Gesundheit[683] und des Robert Koch-Instituts[684]. Auch in dieser Stichprobe weichen die Verteilungen beim

[682] Die Einladung per Post ging an Versicherte einer einzelnen Krankenkasse, die diesen Weg der Ansprache wünschte. Bei den Angeschriebenen handelte es sich um alle Versicherten, die sich nicht für die elektronische Gesundheitsakte der Krankenkasse registriert hatten und somit nicht per E-Mail angesprochen werden konnten.

[683] Vgl. Bundesministerium für Gesundheit (2010b).

[684] Vgl. Robert Koch-Institut (2009).

Verfahren	Maß für die Wichtigkeit	Vorteile	Nachteile
Bivariate Korrelationsanalyse	Quadrierte Korrelation der Zufriedenheit mit einem Leistungsparameter und der Gesamtzufriedenheit	▪ Einfach handhabbar ▪ hoher Bekanntheitsgrad des Verfahrens ▪ keine kontraintuitiven Ergebnisse (z.B. negative Wichtigkeiten)	▪ keine Berücksichtigung von Zusammenhängen zwischen den Leistungsparametern (Wichtigkeit unwichtiger Leistungsparameter wird überschätzt, wenn derselbe Effekt mehrfach berücksichtigt wird) ▪ keine Berücksichtigung der Messproblematik
Multiple Regressionsanalyse	Höhe der standardisierten Regressionskoeffizienten in einem Modell mit den Zufriedenheiten mit den Leistungsparametern als unabhängige Variablen und der Gesamtzufriedenheit als abhängige Variable	▪ Berücksichtigung von Zusammenhängen zwischen Leistungsparametern ▪ Hoher Bekanntheitsgrad des Verfahrens	▪ Risiko kontraintuitiver Ergebnisse (negative Regressionskoeffizienten als Konsequenz von Multikollinearität) ▪ Keine Berücksichtigung der Messproblematik
Kausalanalyse	Höhe der standardisierten Pfadkoeffizienten in einem Kausalmodell mit den (indirekt über die Leistungskriterien gemessenen) Zufriedenheiten mit den Leistungsparametern als unabhängige Variablen und der Gesamtzufriedenheit als abhängige Variable	▪ Berücksichtigung von Zusammenhängen zwischen Leistungsparametern ▪ Explizite Berücksichtigung der Messproblematik ▪ Bei reflektiver Messung messfehlerkorrigierte Schätzung	▪ Risiko kontraintuitiver Ergebnisse (negative Pfadkoeffizienten als Konsequenz von Multikollinearität) ▪ Anwendung des Verfahrens setzt Verständnis der anspruchsvollen statistischen Grundlagen voraus
MIMIC-Modell	Höhe der standardisierten Pfadkoeffizienten im formativen Messteil mit den (indirekt über die Leistungskriterien gemessenen) Zufriedenheiten mit den Leistungsparametern als unabhängige Variablen und der Gesamtzufriedenheit als abhängige Variable	▪ Berücksichtigung von Zusammenhängen zwischen Leistungsparametern ▪ Umfangreiche Güteprüfung möglich	▪ Risiko von nicht robusten Messwerten und der Unterschätzung von Regressionsgewichten als Konsequenz von Multikollinearität
Conjoint-Analyse	Höhe des Teilnutzens eines Leistungsparameters im Verhältnis zum Gesamtnutzen aller Parameter	▪ Wichtigkeitsbestimmung hypothetischer Leistungsmerkmale möglich ▪ Umrechnung in Geldäquivalente möglich	▪ nur wenige Leistungsparameter können gleichzeitig in die Analyse eingehen ▪ keine Berücksichtigung von Interaktionseffekten

Abbildung 5.6: Bewertung von Verfahren der indirekten Wichtigkeitsbestimmung (Quelle: in Anlehnung an Homburg/Klarmann (2006), S.239)

Geschlecht und des Versichertenstatus nur unwesentlich von der Grundgesamtheit (alle volljährigen Kunden der gesetzlichen Krankenversicherung) ab. Frauen und mitversicherte Familienangehörige sind wiederum etwas unterrepräsentiert; gleiches gilt für die Gruppen der 20 bis unter 30 Jahre alten Versicherten und der über 60-Jährigen. Die dazwischenliegenden Altersklassen weisen höhere Quoten auf.

Bei der Selbsteinschätzung der eigenen Gesundheit zeigen sich geringe Unterschiede. Auch bei den Arztbesuchen, den Krankenhausaufenthalten und dem Vorliegen einer chronischen Erkrankung sind Abweichungen festzustellen. Die Befragungsteilnehmer sind demnach etwas kränker als der Bevölkerungsdurchschnitt, was für gesetzlich Versicherte jedoch nicht verwunderlich ist.[685]

Insgesamt sind die Unterschiede hinsichtlich des Alters, des Geschlechts und des Gesundheitszustands der Befragungsteilnehmer im Vergleich zur Grundgesamtheit moderat. Die Angaben zum Vorsorgeverhalten lassen jedoch auch in dieser Erhebung auf eine überdurchschnittlich gesundheitsbewusste Klientel schließen (siehe Abbildung 5.8).

5.3.3 Ergebnisse der expliziten Wichtigkeitsbestimmung

In der Versichertenbefragung wurden die subjektiven Wichtigkeiten der in Abbildung 5.10 aufgeführten Merkmale zunächst direkt erhoben. Die Messung erfolgte über eine nummerierte Sechspunktskala mit verbalisierten Endpunkten (1 = „gar nicht wichtig“ bzw. 6 = „hochgradig wichtig“) und einer Ausweichkategorie („weiß nicht / kenne ich nicht“).

Abbildung 5.9 gibt die Ergebnisse der direkten Wichtigkeitsbestimmung wieder:

- Am wichtigsten sind für die Versicherten demnach Früherkennungsangebote, die Freundlichkeit und Qualifikation der Kassenmitarbeiter, die Schnelligkeit bei der Antragsbearbeitung und die Höhe der Zusatzbeiträge.
- Als weniger wichtig stufen die Versicherten eine Geschäftsstelle in der Nähe, Zusatzservices, Wahltarife sowie Informationsangebote zu Krankheiten und Gesundheitsthemen ein.

[685] Vgl. hierzu den Review von Huber/Mielck (2010) zum Gesundheitszustand von gesetzlich und privat Versicherten.

Merkmale der Befragungsteilnehmer		
	GKV *) (ab 20 Jahre)	**Stichprobe (n=3.116)**
Geschlecht		
Männer	46,1 %	50,7 %
Frauen	53,9 %	49,3 %
Versichertentyp		
Mitglied	88,5 %	96,2 %
Familienangehöriger	11,5 %	3,8 %
Alter		
20 bis unter 30 Jahre	14,9 %	9,0 %
30 bis unter 40 Jahre	14,3 %	21,9 %
40 bis unter 50 Jahre	19,9 %	26,2 %
50 bis unter 60 Jahre	17,2 %	19,5 %
60 und mehr Jahre	33,7 %	23,4 %
	Bevölkerung **) (ab 18 Jahre)	**Stichprobe (n=3.116)**
Subjektive Gesundheit		
Sehr gut	21,6 %	14,1 %
Gut	48,8 %	53,5 %
Mittelmäßig	23,0 %	26,2 %
Schlecht	5,2 %	5,0 %
Sehr schlecht	1,4 %	1,3 %
Weitere Angaben zur Gesundheit		
Chronische Erkrankung	39,1 %	42,8 %
Arztbesuch in den letzten 12 Monaten	87,8 %	93,6 %
Krankenhausaufenthalt in den letzten 12 Monaten	15,1 %	20,1 %
Verschreibungspflichtiges Arzneimittel in den letzten 12 Monaten	k.A.	84,8 %

*) Quelle: Bundesministerium für Gesundheit, Statistik über Versicherte gegliedert nach Status, Alter, Wohnort und Kassenart (Stichtag: 1.Juli 2010), http://www.bundesgesundheitsministerium.de

**) Quelle: Robert Koch-Institut (2009), Daten und Fakten: Ergebnisse der Studie „Gesundheit in Deutschland aktuell 2009“, Beiträge zur Gesundheitsberichterstattung des Bundes

Abbildung 5.7: Merkmale der Befragungsteilnehmer (1)

Merkmale der Befragungsteilnehmer	
	Stichprobe (n=3.116)
Teilnahme an Vorsorgeuntersuchungen	
nie	1,4 %
eher unregelmäßig	9,7 %
eher regelmäßig	30,7 %
sehr regelmäßig	58,1 %
Bildung	
Ich bin noch Schüler	0,1 %
Hauptschule mit abgeschlossener Berufsausbildung	13,7 %
Hauptschule ohne abgeschlossene Berufsausbildung	1,7 %
Mittlere Reife	27,5 %
Abitur	14,9 %
Abgeschlossenes Studium	35,7 %
Promotion	2,0 %
Sonstiger Abschluss	4,3 %
Monatliches Netto-Haushaltseinkommen	
unter 1.000 Euro	4,1 %
1.000 Euro bis unter 2.000 Euro	17,9 %
2.000 Euro bis unter 3.000 Euro	26,0 %
3.000 Euro bis unter 4.000 Euro	18,4 %
4.000 Euro bis unter 5.000 Euro	9,0 %
5.000 Euro und mehr	7,6 %
Aufgrund fehlender Werte kann die Summe der angegebenen Prozentwerte weniger als 100 Prozent betragen.	

Abbildung 5.8: Merkmale der Befragungsteilnehmer (2)

Merkmal / Angebot	1 (gar nicht wichtig)	2	3	4	5	6 (hochgradig wichtig)	Mittelwert	Mittelwert 100er-Skala
Angebote zur Früherkennung	0,7 %	0,7 %	1,6 %	3,7 %	18,7 %	74,5 %	5,63	94
Freundlichkeit + Qualifikation der Mitarbeiter	0,5 %	0,5 %	1,9 %	5,8 %	28,4 %	62,9 %	5,50	92
Bearbeitung von Anfragen und Anträgen	0,3 %	0,3 %	1,1 %	6,7 %	32,3 %	59,2 %	5,48	91
Zusatzbeiträge	1,0 %	1,0 %	3,8 %	8,4 %	21,6 %	64,2 %	5,41	90
Kulanz	0,6 %	1,2 %	3,3 %	12,1 %	32,9 %	50,0 %	5,25	88
Betreuungsprogramme	1,3 %	1,7 %	5,9 %	14,0 %	31,7 %	45,5 %	5,10	85
Telefonische Erreichbarkeit	1,2 %	2,8 %	7,0 %	14,5 %	33,4 %	41,2 %	5,00	83
Hilfe + Beratung bei Krankheit	1,4 %	3,4 %	7,5 %	14,3 %	29,7 %	43,6 %	4,98	83
Zusatzleistungen	1,8 %	3,9 %	8,0 %	18,2 %	32,9 %	35,1 %	4,82	80
Leistungsinformationen	1,1 %	3,3 %	9,1 %	20,5 %	33,2 %	32,7 %	4,80	80
Kostenübernahme Gesundheitskurse	5,9 %	8,2 %	11,7 %	18,3 %	26,5 %	29,3 %	4,39	73
Bonusprogramm	8,3 %	7,4 %	12,7 %	20,1 %	25,3 %	26,1 %	4,25	71
Freie Arzneimittelwahl	10,7 %	11,2 %	13,9 %	15,9 %	19,4 %	29,0 %	4,09	68
Hausarztprogramm	11,8 %	10,0 %	12,8 %	15,9 %	22,2 %	27,3 %	4,08	68
Gesundheitsinformationen	5,0 %	10,9 %	16,6 %	26,0 %	26,8 %	14,8 %	4,03	67
Wahltarife	11,3 %	9,8 %	15,0 %	24,4 %	24,3 %	15,2 %	3,86	64
Zusatzservices	14,2 %	16,3 %	19,5 %	20,8 %	18,2 %	10,9 %	3,45	58
Geschäftsstelle in der Nähe	27,6 %	16,9 %	16,3 %	15,3 %	12,9 %	11,0 %	3,02	50

Abbildung 5.9: Ergebnisse der direkten Wichtigkeitsbestimmung

5.3.4 Ergebnisse der impliziten Wichtigkeitsbestimmung

Um die Bedeutung von Leistungs-, Service- und Interaktionsmerkmalen in der gesetzlichen Krankenversicherung indirekt zu berechnen, sind im ersten Schritt die Gesamtzufriedenheit und die Teilzufriedenheiten der Kunden zu erheben. Anschließend können Verfahren der indirekten Wichtigkeitsbestimmung auf den Datensatz angewendet und die Ergebnisse mit den Werten der direkten Wichtigkeitsbestimmung verglichen werden.

5.3.4.1 Methoden und Ergebnisse der Zufriedenheitsmessung

In der Literatur finden sich unterschiedliche Ansätze zur Messung der Kundenzufriedenheit. Hierzu gehören[686]

- objektive und subjektive Verfahren,
- ereignisbezogene und merkmalsbezogene Verfahren,
- implizite und explizite Verfahren,
- eindimensionale und multiattributive Verfahren sowie
- ex ante/ex post-Vergleiche und ex post-Messungen.

Während *objektive Verfahren* die Zufriedenheit über beobachtbare Größen (wie z.B. Umsatz oder Marktanteil) erfassen, wird bei den *subjektiven Verfahren* die von den Kunden subjektiv empfundene Zufriedenheit gemessen. *Ereignisbezogene Verfahren* fragen die Zufriedenheit mit einem oder mehreren miteinander verknüpften Kundenkontaktereignissen ab. *Merkmalsbezogene Verfahren* sind dagegen auf die Zufriedenheit der Kunden mit den Produkt-, Service- oder Interaktionsmerkmalen eines Unternehmens ausgerichtet. Bei *impliziten Verfahren* wird die Zufriedenheit indirekt (z.B. über die Auswertung von Beschwerden) erhoben. Bei *expliziten Verfahren* findet eine direkte Befragung der Kunden statt. *Eindimensionale Verfahren* ermitteln die Kundenzufriedenheit über eine inhaltliche Dimension. *Multiattributive (mehrdimensionale) Verfahren* beziehen dagegen mehrere Aspekte der Kundenzufriedenheit ein. *Ex ante/ex post-Vergleiche* stellen die vorab erhobenen

[686] Vgl. Homburg/Fürst (2005); Beutin (2006).

Erwartungen der Kunden mit den anschließenden Bewertungen gegenüber (Soll-Ist-Vergleich). *Ex post-Messungen* der Kundenzufriedenheit beziehen dagegen nur die nachträglich erhobenen Bewertungen ein.

Als valideste und gebräuchlichste Form der Zufriedenheitsmessung gilt die direkte Erhebung des Zufriedenheitsurteils. Eine separate Messung der Erwartungen findet i.d.R. nicht statt.[687]

In der im November 2010 durchgeführten Online-Befragung von gesetzlich Versicherten wurden die Teilnehmer gebeten, neben der Gesamtzufriedenheit die Teilzufriedenheiten für insgesamt 18 Leistungs-, Service- und Interaktionsmerkmale ihrer Krankenkasse anzugeben. Die Auswahl der Merkmale und die Formulierung der dazugehörigen Fragen orientierte sich an früheren Kundenbefragungungen in der gesetzlichen Krankenversicherung[688] sowie an den in Kapitel 5.1 diskutierten Marketing-Instrumenten. Darüber hinaus wurden fünf Expertengespräche mit Mitarbeitern von Krankenkassen aus den Bereichen Marketing, Leistungs- und Vertragswesen geführt, um die Relevanz und die Verständlichkeit der Fragen zu prüfen. Abbildung 5.10 fasst die verwendeten Items zusammen. Die Messung erfolgte gemäß den Empfehlungen von Beutin (2006) über eine Sechspunktskala mit einer Beschriftung der Endpunkte (1 = „in hohem Maße unzufrieden“ bzw. 6 = „voll und ganz zufrieden“) und einer numerischen Unterstützung der dazwischen liegenden Punkte.[689] Da anzunehmen war, dass nicht sämtliche Angebote und Merkmale von allen Befragungsteilnehmern bewertet werden können, wurde zusätzlich eine Ausweichkategorie aufgenommen („weiß nicht / kenne ich nicht“). Die Fragen zur Gesamtzufriedenheit entsprachen den in Kapitel 4.4.4.4 ausgewählten Items und wurden am Ende der Zufriedenheitsfragen platziert.[690]

Abbildung 5.11 gibt die Antwortquoten und deren Verteilung sowie das arithmetische Mittel (Mittelwert) der erhobenen Teilzufriedenheiten wieder. Die höchsten Zufriedenheitswerte werden bei der telefonischen Erreichbarkeit, der Freundlichkeit und Qualifikation der Kassenmitarbeiter, der Bearbeitung von Anfragen und Anträgen sowie den Angeboten der Krankenkassen zur Früherkennung erreicht. Am unzufriedensten äußerten sich die Befragungsteilnehmer in Bezug auf die Kulanz, die Zusatzservices, die freie Arzneimittelwahl, die Hausarztprogramme und die Wahltarife ihrer Krankenkasse.

[687] Vgl. Stauss (1999), S.13; Homburg/Fürst (2005), S.563 f.; Beutin (2006), S.131.

[688] Vgl. Kapitel 5.2.

[689] Vgl. Beutin (2006), S.140.

[690] Zur Platzierung der Fragen vgl. die Empfehlungen bei Beutin (2006), S.145 und Homburg/Krohmer (2006), S.317.

Item / Frage	Kodierung
Wie zufrieden sind Sie mit ...	
... der Kostenbeteiligung Ihrer Krankenkasse an Gesundheitskursen?	Gesundheitskurse
... den Angeboten Ihrer Krankenkasse zur Früherkennung von Erkrankungen (z.B. Vorsorgeuntersuchungen für Kinder, Krebsfrüherkennung, Gesundheits-Check-Up)?	Vorsorge
... den kostenlosen oder vergünstigten <u>Zusatz</u>leistungen Ihrer Krankenkasse (z.B. speziellen Impfungen oder eine Haushaltshilfe im Krankheitsfall)?	Zusatzleistungen
... der Erstattung von Medikamenten <u>ohne</u> dass diese durch wirkstoffgleiche Präparate ausgetauscht werden, für die Ihre Krankenkasse spezielle Rabattverträge abgeschlossen hat?	Medikamentenwahl
... der Kulanz Ihrer Krankenkasse, d.h. dem Entgegenkommen bei der Bewilligung von speziellen Leistungen?	Kulanz
... den Zusatzservices Ihrer Krankenkasse (z.B. der Vermittlung von Arztterminen oder Vorsorgeerinnerungen)?	Zusatzservices
... den Informationen Ihrer Krankenkasse zu den Leistungen, die Sie in Anspruch nehmen können?	Leistungsinformationen
... den Informationsangeboten Ihrer Krankenkasse zu Krankheiten und Gesundheitsthemen (z.B. Broschüren, ärztliche Beratung per Telefon, Internetangebote)?	Gesundheitsinformationen
... der Hilfe und Beratung Ihrer Krankenkasse im Krankheitsfall?	Hilfe und Beratung
... dem Hausarztprogramm Ihrer Krankenkasse oder der Möglichkeit, an einem solchen Programm teilnehmen zu können?	Hausarztprogramm
... den Behandlungs- und Betreuungsangeboten Ihrer Krankenkasse für Patienten, die an einer dauerhaften oder längerfristigen Erkrankung leiden (z.B. Asthma, Diabetes, Herzerkrankung, Rückenschmerzen) oder eine größere Operation mit entsprechender Nachbehandlung benötigen (z.B. Austausch eines Kniegelenks)?	Betreuungsprogramme
... der telefonischen Erreichbarkeit Ihrer Krankenkasse?	Telefon. Erreichbarkeit
... dem Geschäftsstellennetz Ihrer Krankenkasse?	Geschäftsstelle
... der Freundlichkeit, Hilfsbereitschaft und Qualifikation der Mitarbeiter Ihrer Krankenkasse?	Mitarbeiter
... der Schnelligkeit bei der Bearbeitung von Anfragen und Anträgen, die Sie bei Ihrer Krankenkasse stellen?	Antragsbearbeitung
... dem Bonusprogramm Ihrer Krankenkasse für ein gesundheitsbewusstes Verhalten bzw. der Möglichkeit, an einem solchen Programm teilnehmen zu können?	Bonusprogramm
... der Möglichkeit, zwischen unterschiedlichen Tarifen Ihrer Krankenkasse wählen zu können (z.B. einen Selbstbehalttarif, einen Hausarzttarif oder einen Tarif mit Rückerstattungen)?	Wahltarife
Wie zufrieden sind Sie mit den monatlich zu zahlenden (Zusatz-) Beiträgen bei Ihrer Krankenkasse im Vergleich zu anderen Krankenversicherungen?	Zusatzbeiträge

Abbildung 5.10: Items zur Messung der (Teil-)Zufriedenheiten

Abbildung 5.12 fasst die Antworten zur Gesamtzufriedenheit und die Ergebnisse der Güteprüfung des Messmodells für dieses Konstrukt zusammen. Wie die Ergebnisse zeigen werden sämtliche der in den Kapiteln 4.4.4.1 und 4.4.4.2 beschriebenen Gütemaße erfüllt, was auf eine zuverlässige Messung der Gesamtzufriedenheit hindeutet.

5.3.4.2 Indirekt ermittelte Wichtigkeiten

Um die Wichtigkeiten der Angebote und Merkmale von Krankenkassen indirekt zu bestimmen, wurden

- eine multiple Regressionsanalyse und
- ein MIMIC-Modell

auf den vorliegenden Datensatz der Kundenbefragung angewandt. Für die Auswahl war entscheidend, dass die Verfahren die Zusammenhänge zwischen den einzelnen Parametern berücksichtigen. Zur Schätzung des Regressionsmodells kam die Software PASW (ehem. SPSS) in der Version 18 zum Einsatz; die Berechnung des MIMIC-Modells wurde über das Programm AMOS – ebenfalls in der Version 18 – durchgeführt.

Vor den Berechnungen musste über den Umgang mit fehlenden Werten entschieden werden. Während die Fragen zur Gesamtzufriedenheit von den Versicherten fast vollständig beantwortet wurden (Antwortquoten jeweils rund 99 Prozent), wiesen die Angaben zu den Teilzufriedenheiten größere Lücken auf. Wie Abbildung 5.11 zeigt konnte z.B. nur knapp die Hälfte der Befragungsteilnehmer die Betreuungsangebote ihrer Krankenkasse bewerten (Antwortquote = 45,5 Prozent). Auch bei anderen Fragen lag die Quote deutlich unter 100 Prozent.

Bei den *fehlenden Werten der Gesamtzufriedenheit* kam das in Kapitel 4.4.4.3 beschriebene Verfahren zum Einsatz, welches sich bereits bei der Schätzung des Kundenbindungsmodells bewährt hatte: Fälle, bei denen keine oder nur eine der vier Antworten vorlag, wurden aus der Analyse entfernt. Die restlichen Lücken wurden mit dem Mittelwert der vorhandenen Antworten aus dem Fragebogen des jeweiligen Teilnehmers gefüllt.[691]

[691] Vgl. hierzu das Beispiel in Kapitel 4.4.4.3 (Fußnote).

Merkmal / Angebot	Antwortquote	1 (in hohem Maße unzufrieden)	2	3	4	5	6 (voll und ganz zufrieden)	Mittelwert	Mittelwert 100er-Skala
Telefonische Erreichbarkeit	94,7 %	0,9 %	1,5 %	3,8 %	10,1 %	29,1 %	54,6 %	5,29	88
Freundlichkeit + Qualifikation der Mitarbeiter	94,4 %	1,1 %	1,8 %	4,3 %	11,1 %	32,8 %	49,0 %	5,20	87
Bearbeitung von Anfragen und Anträgen	91,5 %	1,7 %	2,7 %	4,5 %	13,0 %	33,8 %	44,3 %	5,07	85
Angebote zur Früherkennung	86,5 %	1,3 %	3,4 %	10,4 %	19,7 %	33,5 %	31,6 %	4,76	79
Geschäftsstelle in der Nähe	78,0 %	3,4 %	5,7 %	10,3 %	18,5 %	27,7 %	34,4 %	4,65	77
Kostenübernahme Gesundheitskurse	70,7 %	2,3 %	5,4 %	12,7 %	22,3 %	30,5 %	26,7 %	4,54	76
Zusatzleistungen	64,5 %	1,8 %	5,5 %	12,1 %	21,2 %	34,1 %	25,3 %	4,56	76
Bonusprogramm	71,9 %	3,9 %	6,3 %	11,8 %	20,8 %	29,8 %	27,4 %	4,48	75
Hilfe + Beratung bei Krankheit	60,9 %	3,4 %	5,9 %	14,6 %	25,0 %	30,5 %	20,7 %	4,35	73
Betreuungsprogramme	45,5 %	3,8 %	7,3 %	15,4 %	20,9 %	27,2 %	25,5 %	4,37	73
Leistungsinformationen	90,8 %	2,9 %	8,1 %	15,0 %	24,5 %	29,7 %	19,8 %	4,30	72
Gesundheitsinformationen	83,4 %	1,7 %	6,2 %	16,7 %	28,0 %	30,9 %	16,6 %	4,30	72
Zusatzbeiträge	82,6 %	11,0 %	6,5 %	12,5 %	18,5 %	21,1 %	30,3 %	4,23	71
Kulanz	65,9 %	7,2 %	9,1 %	13,4 %	21,2 %	26,2 %	22,9 %	4,19	70
Zusatzservices	50,5 %	4,9 %	7,4 %	16,5 %	26,5 %	25,7 %	19,0 %	4,18	70
Freie Arzneimittelwahl	67,5 %	7,1 %	10,0 %	16,3 %	22,9 %	23,3 %	20,4 %	4,06	68
Hausarztprogramm	54,3 %	7,7 %	9,3 %	15,2 %	22,0 %	24,6 %	21,1 %	4,10	68
Wahltarife	50,6 %	7,7 %	9,7 %	15,5 %	24,7 %	24,7 %	17,8 %	4,02	67

Abbildung 5.11: Teilzufriedenheiten der Befragungsteilnehmer

Gesamtzufriedenheit (Items)	stimme gar nicht zu 1	2	3	4	5	6	stimme voll und ganz zu 7	Mittelwert	Mittelwert (gesamt)
Mit meiner Krankenkasse bin ich in hohem Maße zufrieden. (ZUFR_Allgemein)	0,8 %	1,5 %	5,0 %	14,0 %	26,6 %	30,6 %	21,6 %	5,42	5,34 bzw. 76,3 (100er-Skala)
Die Mitgliedschaft bei meiner Krankenkasse habe ich bislang immer als sehr vorteilhaft empfunden. (ZUFR_Vorteilhaftigkeit)	1,1 %	2,6 %	5,9 %	14,3 %	23,1 %	27,6 %	25,5 %	5,40	
Meine Krankenkasse hat bis zum heutigen Tage alle meine Erwartungen bestens erfüllt. (ZUFR_Erwartungen)	2,1 %	4,0 %	7,9 %	16,4 %	23,5 %	26,4 %	19,6 %	5,13	
Die Wahl meiner Krankenkasse war eine überaus gute Entscheidung. (ZUFR_gute_Entsch)	1,0 %	2,6 %	5,8 %	15,5 %	21,5 %	26,8 %	26,9 %	5,42	

Gesamtzufriedenheit (Varianz: 1,0)	Gütekriterien der ersten Generation			Gütekriterien der zweiten Generation – Ergebnisse der KFA			Gütekriterien der zweiten Generation – Reliabilitätsberechnungen		
Indikator	Cronbachs Alpha	Korrigierte Item-to-Total-Korrelation	Cronbachs Alpha, wenn Item weggelassen	Faktor-ladungen	Ladungs-quadrate	Fehler-varianz	Indikator-reliabilität	Faktor-reliabilität	DEV
ZUFR_Allgemein	0,956	0,892	0,945	0,917	0,841	0,159	0,841	0,958	0,851
ZUFR_Erwartungen		0,883	0,948	0,908	0,824	0,176	0,824		
ZUFR_gute_Entsch		0,915	0,937	0,943	0,890	0,110	0,890		
ZUFR_Vorteilhaftigkeit		0,895	0,943	0,921	0,848	0,152	0,848		
Summe				3,689	3,403	0,597			
Quadrate				13,609					

Abbildung 5.12: Gesamtzufriedenheit der Befragungsteilnehmer

Fehlende Werte der Teilzufriedenheiten wurden dagegen mit dem Mittelwert des jeweiligen Leistungsparameters ersetzt. Die Entscheidung hierfür folgte der Empfehlung von Homburg/Klarmann (2006): Bei einer Überprüfung von unterschiedlichen Verfahren zur Behandlung fehlender Werte im Rahmen der indirekten Wichtigkeitsbestimmung stellten die Autoren fest, dass die ermittelten Wichtigkeiten je nach Verfahren deutlich variieren. Angesichts ihrer Ergebnisse empfehlen sie, „für die Behandlung fehlender Angaben das Verfahren der Gruppenbildung oder des Ersetzens durch den Mittelwert der Leistungsparameter einzusetzen. Nur mit Hilfe dieser Verfahren bieten die Ergebnisse einen Überblick über die Gesamtheit aller Kundenbeziehungen. Die übrigen Verfahren führen hingegen zu Ergebnissen aus der Perspektive solcher Kunden, die viele bzw. alle Leistungsparameter in Anspruch nehmen.“[692]

Für die Anwendung der *multiplen Regressionsanalyse* musste im ersten Schritt ein Index der Gesamtzufriedenheit gebildet werden, der als abhängige Variable in das Modell einging. Hierzu wurde der persönliche Mittelwert der in Abbildung 5.12 aufgelisteten Variablen verwendet. Die Teilzufriedenheiten stellten die unabhängigen Variablen des Modells dar.

Um dem Problem der Multikollinearität[693] vorzubeugen, wurde im zweiten Schritt die Korrelationsmatrix der Teilzufriedenheiten betrachtet. Hierbei zeigte sich, dass zwischen den Teilzufriedenheiten mit den „Leistungsinformationen“ und den „Gesundheitsinformationen“ der Krankenkassen ein starker Zusammenhang besteht ($r = 0,683$). Ähnlich starke Korrelationen lagen für die Zufriedenheit mit der „Freundlichkeit und Qualifikation der Mitarbeiter“ und der „Telefonischen Erreichbarkeit“ ($r = 0,631$) bzw. der „Antragsbearbeitung“ ($r = 0,689$) vor. Die Variablen „Leistungsinformationen“, „Telefonische Erreichbarkeit“ und „Antragsbearbeitung“ wurden daher aus der weiteren Analyse ausgeschlossen.

Im dritten Schritt wurde zur Aufdeckung von Multikollinearität das Maß der Toleranz[694] und der Variance Inflation Factor (VIF), der den Kehrwert der Toleranz dargestellt, für die verbliebenen unabhängigen Variablen ermittelt. Ein niedriger Toleranz- und ein großer VIF-Wert deuten auf Multikollinearitätsprobleme hin. Wie die Ergebnisse in Abbildung 5.13 zeigen traf dies mit Werten zwischen 0,505

[692] Homburg/Klarmann (2006), S.256.

[693] Zur Multikollinearität vgl. z.B. Backhaus et al. (2006), S.89 ff.

[694] Die Toleranz ist die Differenz zwischen Eins und dem Bestimmtheitsmaß, das sich für die Regression einer unabhängigen Variablen auf alle übrigen unabhängigen Variablen ergibt. Vgl. z.B. Backhaus et al. (2006), S.91.

und 0,878 für die Toleranz sowie mit Werten zwischen 1,139 und 1,980 für den Variance Inflation Factor (VIF) auf keine der untersuchten Variablen zu.

Im vierten Schritt erfolgte die Modellschätzung, deren Ergebnisse ebenfalls der Abbildung 5.13 entnommen werden können. Mit Ausnahme von zwei Variablen wurde der positive Einfluss der Teilzufriedenheiten auf die Gesamtzufriedenheit bestätigt. Unklar ist, wie die negativen Regressionskoeffizienten bei der „Zufriedenheit mit dem Angebot von Hausarztprogrammen“ und der „Zufriedenheit mit den Zusatzservices der Krankenkasse“ zu deuten sind. Homburg/Klarmann (2006) greifen in solchen Fällen auf den Betrag des jeweiligen Parameters zurück, um die Wichtigkeit der dazugehörigen Variable zu ermitteln. Dieses Verfahren wurde im vorliegenden Fall nicht angewendet, da es – wie auch Homburg/Klarmann (2006) anmerken – nicht gänzlich unproblematisch ist.[695] Aufgrund der sehr kleinen und nicht signifikanten Koeffizienten, die auf einen geringen oder keinen Effekt der beiden Variablen schließen lassen, wurden diese stattdessen aus dem Modell eliminiert und die indirekte Wichtigkeitsbestimmung mit den verbliebenen 13 Parametern erneut durchgeführt.

Um die Ergebnisse der multiplen Regressionsanalyse zu validieren, wurde mit dem *MIMIC-Modell* ein zweites Verfahren der indirekten Wichtigkeitsbestimmung angewendet. Die vier reflektiv gemessenen Indikatoren der Kundenzufriedenheit wurden hierzu mit den (formativen) Teilzufriedenheiten der Versicherten verknüpft. Der Argumentation aus Abschnitt 4.4.4.3 folgend, kam für die Modellschätzung die Maximum-Likelihood-Methode in Verbindung mit dem Bootstrapping-Verfahren (500 bootstrap samples) zum Einsatz.[696] Die Schätzergebnisse der standardisierten Lösung und die Fit-Indizes des Modells gibt Abbildung 5.14 wieder. Mit Ausnahme des Wertes für das Verhältnis zwischen dem Chi-Quadrat-Wert und den Freiheitsgraden (CMIN/DF) liegen alle Anpassungsmaße innerhalb der in Tabelle 4.2 aufgeführten Grenzen, so dass von einem guten Modell-Fit ausgegangen werden kann.

Abbildung 5.15 stellt die Werte der direkten und indirekten Wichtigkeitsbestimmung gegenüber. Fast alle der indirekt ermittelten Effekte sind hoch signifikant, lediglich bei der Zufriedenheit mit den Zusatzleistungen und der freien Arzneimittelwahl zeigen sich keine signifikanten Einflüsse auf die Gesamtzufriedenheit der

[695] „Diese Vorgehensweise ist aber auch nicht gänzlich unproblematisch.“ (Homburg/Klarmann (2006), S.244)

[696] Die Schiefe- und Wölbungskoeffizienten der einzelnen Variablen lagen wiederum innerhalb der postulierten Grenzen (|2| für die Schiefe und |7| für die Wölbung), nur der Mardia-Koeffizient wies auf eine signifikante Verletzung der multivariaten Normalverteilung hin. In diesem Fall wird eine Validierung mithilfe der Bootstrapping-Methode empfohlen (vgl. Kapitel 4.4.4.4).

Koeffizienten der multiplen Regressionsanalyse									
Modell		Nicht standardisierte Koeffizienten		Standardisierte Koeffizienten			Kollinearitätsstatistik	
		Regressionskoeffizient	Standardfehler	Beta	T	Sig.	Toleranz	VIF
1	(Konstante)	-0,489	0,118		-4,148	0,000		
	ZUFRIEDEN_Gesundheitskurse	0,081	0,018	0,067	4,428	0,000	0,698	1,433
	ZUFRIEDEN_Vorsorge	0,062	0,019	0,052	3,239	0,001	0,612	1,635
	ZUFRIEDEN_Medikamentenwahl	0,017	0,016	0,016	1,035	0,301	0,687	1,456
	ZUFRIEDEN_Kulanz	0,173	0,017	0,168	10,302	0,000	0,597	1,675
	ZUFRIEDEN_Gesundheitsinfos	0,089	0,019	0,075	4,646	0,000	0,607	1,647
	ZUFRIEDEN_Hilfe_Beratung	0,135	0,023	0,105	5,931	0,000	0,505	1,980
	ZUFRIEDEN_Betreuungspr	0,056	0,023	0,041	2,461	0,014	0,580	1,725
	ZUFRIEDEN_Geschaeftsstelle	0,063	0,015	0,063	4,443	0,000	0,785	1,274
	ZUFRIEDEN_Mitarbeiter	0,243	0,021	0,187	11,554	0,000	0,605	1,654
	ZUFRIEDEN_Bonuspr	0,107	0,018	0,095	5,997	0,000	0,630	1,588
	ZUFRIEDEN_Wahltarife	0,046	0,019	0,038	2,422	0,015	0,662	1,510
	ZUFRIEDEN_Zusatzbeitraege	0,189	0,012	0,219	16,267	0,000	0,878	1,139
	ZUFRIEDEN_Zusatzleistungen	0,033	0,022	0,025	1,516	0,130	0,572	1,747
	ZUFRIEDEN_Hausarztpr	-0,003	0,018	-0,003	-0,175	0,861	0,670	1,492
	ZUFRIEDEN_Zusatzservices	-0,013	0,020	-0,010	-0,681	0,496	0,729	1,371

Abbildung 5.13: Ergebnisse der multiplen Regressionsanalyse

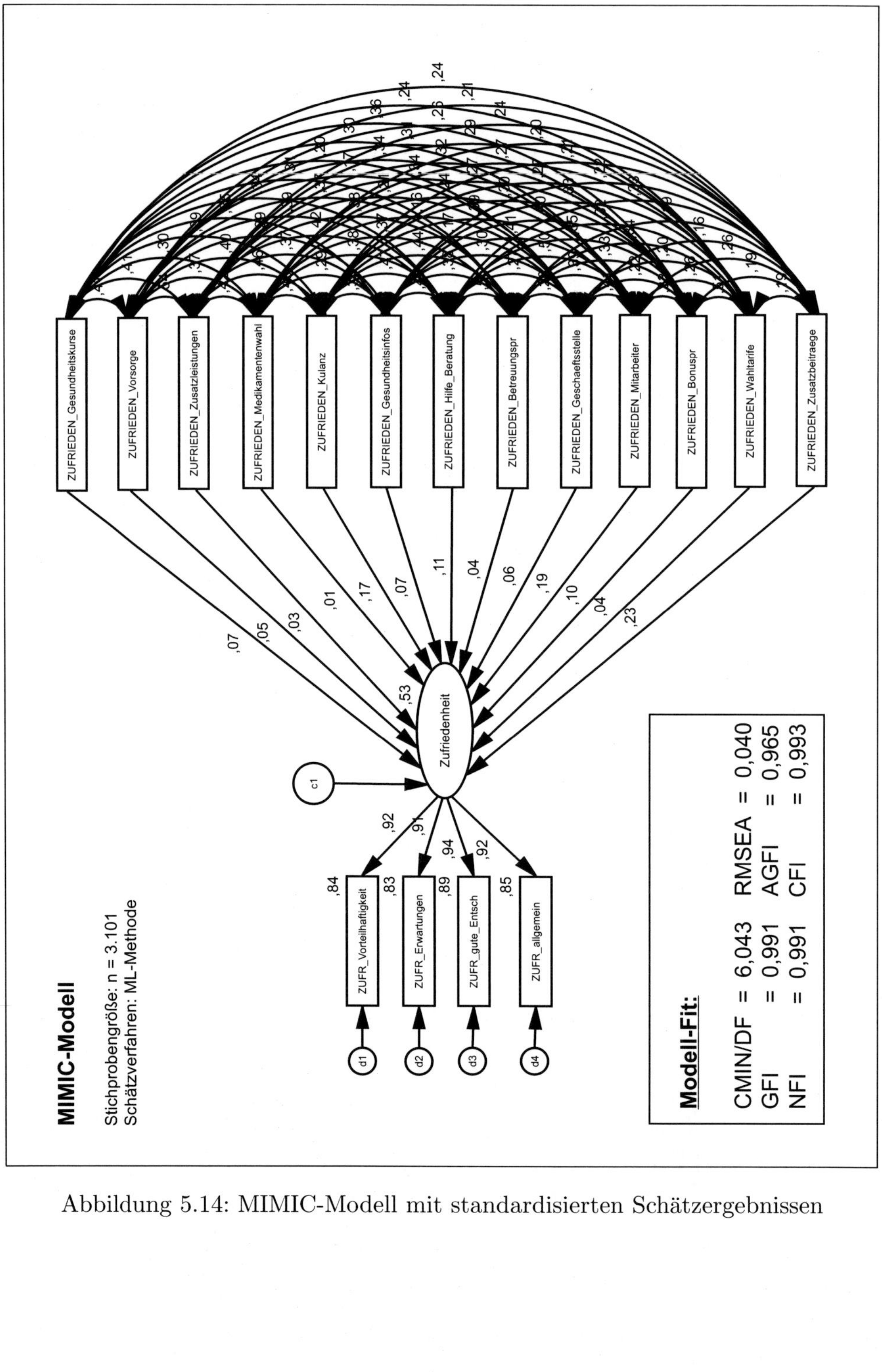

Abbildung 5.14: MIMIC-Modell mit standardisierten Schätzergebnissen

Versicherten.[697] Mit einem R-Quadrat-Wert von 0,51 im Regressionsmodell und einer Squared Multiple Correlation von 0,53 im MIMIC-Modell werden jeweils über die Hälfte der Varianz der Gesamtzufriedenheit durch die 13 Teilzufriedenheiten erklärt.

Während sich bei der multiplen Regressionsanalyse und dem MIMIC-Modell fast identische Wichtigkeitswerte ergeben, weichen die direkt erhobenen Wichtigkeiten zum Teil deutlich von den indirekt berechneten Wichtigkeiten ab. Unterschiede bestehen sowohl in der Rangfolge als auch in der relativen Wichtigkeit der einzelnen Parameter:

- *Rangfolge*: Zusatzbeiträge, die Freundlichkeit und Qualifikation der Mitarbeiter sowie die Kulanz zählen in allen Verfahren zur Gruppe der vier wichtigsten Merkmale einer Krankenkasse. Die Bedeutung von Früherkennungsuntersuchungen wird bei einer direkten Wichtigkeitsabfrage dagegen erheblich überschätzt (Rang 1 vs. 9); die Rangfolgen aller weiteren Merkmale und Angebote zeigen ebenfalls deutliche Unterschiede. Um die Ähnlichkeit der Rangreihen zu messen, kann der *Kendall-Tau-Rangkorrelationskoeffizient* herangezogen werden.[698] Bei einem Kendall-Tau-Wert von +1 liegt eine perfekte Übereinstimmung der Ränge vor, bei einem Wert von -1 handelt es sich um eine perfekte Umkehrung. Im vorliegenden Fall nimmt der Kendall-Tau-Koeffizient einen Wert von 0,359 an – die Ähnlichkeit der beiden Rangreihen ist demnach gering.

- *Relative Wichtigkeiten*: Auch bei den relativen Wichtigkeiten zeigen sich große Diskrepanzen (vgl. Abbildung 5.16[699]). Während die Wichtigkeiten der direkten Abfrage vergleichsweise eng beieinander liegen und einen Großteil der Kassenmerkmale als mehr oder weniger gleich wichtig erscheinen lassen, können bei einer indirekten Wichtigkeitsbestimmung wichtige von unwichtigen Merkmalen klarer voneinander abgegrenzt werden. Die Kundenzufriedenheit in der gesetzlichen Krankenversicherung wird demnach am stärksten von der Höhe der Zusatzbeiträge, der Freundlichkeit und Qualifikation der

[697] Zur Signifikanz im Rahmen der Regressionsanalyse merken Backhaus et al. (2006) auf S.105 an: „Statistisch signifikante Zusammenhänge sollten vom Untersucher nur dann akzeptiert werden, wenn sie seinen sachlogischen Erwartungen entsprechen. Andererseits sollte der Untersucher bei Nichtsignifikanz eines Zusammenhangs nicht folgern, daß kein Zusammenhang besteht, wenn ansonsten das Ergebnis sachlich korrekt ist.“

[698] Vgl. Abdi (2007).

[699] Da die ermittelten Wichtigkeiten der multiplen Regressionsanalyse und des MIMIC-Modells fast übereinstimmen, werden in der Abbildung zur besseren Übersichtlichkeit nur die Ergebnisse des MIMIC-Modells den direkt erhobenen Wichtigkeiten gegenübergestellt.

Ergebnisse der Wichtigkeitsbestimmung

Angebot / Merkmal	Direkte Wichtigkeitsabfrage			Multiple Regressionsanalyse (R-Quadrat = 0,51)				MIMIC-Modell				
	Mittel-wert	Wichtig-keit	Rang	Beta	Sign.	Wichtig-keit	Rang	Standard. Pfadkoeff.	Sign.	Boots-trapping Sign.	Wichtig-keit	Rang
Zusatzbeiträge	5,41	9,0%	3	0,219	0,000	19,2%	1	0,227	***	0,006	19,5%	1
Freundlichkeit + Qualifikation der Mitarbeiter	5,50	9,1%	2	0,188	0,000	16,5%	2	0,192	***	0,008	16,5%	2
Kulanz	5,25	8,7%	4	0,168	0,000	14,7%	3	0,167	***	0,004	14,3%	3
Hilfe + Beratung bei Krankheit	4,98	8,3%	6	0,104	0,000	9,1%	4	0,108	***	0,004	9,3%	4
Bonusprogramm	4,25	7,0%	9	0,095	0,000	8,3%	5	0,097	***	0,004	8,3%	5
Gesundheitsinformationen	4,03	6,7%	11	0,073	0,000	6,4%	6	0,074	***	0,009	6,3%	6
Kostenübernahme Gesundheitskurse	4,39	7,3%	8	0,066	0,000	5,8%	7	0,068	***	0,007	5,8%	7
Geschäftsstelle in der Nähe	3,02	5,0%	13	0,062	0,000	5,4%	8	0,065	***	0,003	5,6%	8
Angebote zur Früherkennung	5,63	9,3%	1	0,052	0,001	4,6%	9	0,053	0,001	0,010	4,5%	9
Betreuungsprogramme	5,10	8,4%	5	0,040	0,014	3,5%	10	0,039	0,020	0,049	3,3%	10
Wahltarife	3,86	6,4%	12	0,036	0,018	3,1%	11	0,037	0,018	0,057	3,2%	11
Zusatzleistungen	4,82	8,0%	7	0,024	0,141	2,1%	12	0,025	0,139	0,252	2,1%	12
Freie Arzneimittelwahl	4,09	6,8%	10	0,015	0,332	1,3%	13	0,014	0,351	0,369	1,2%	13
Summe	60,33	100,0%		1,142		100,0%		1,166			100,0%	

Abbildung 5.15: Ergebnisse der direkten und indirekten Wichtigkeitsbestimmung

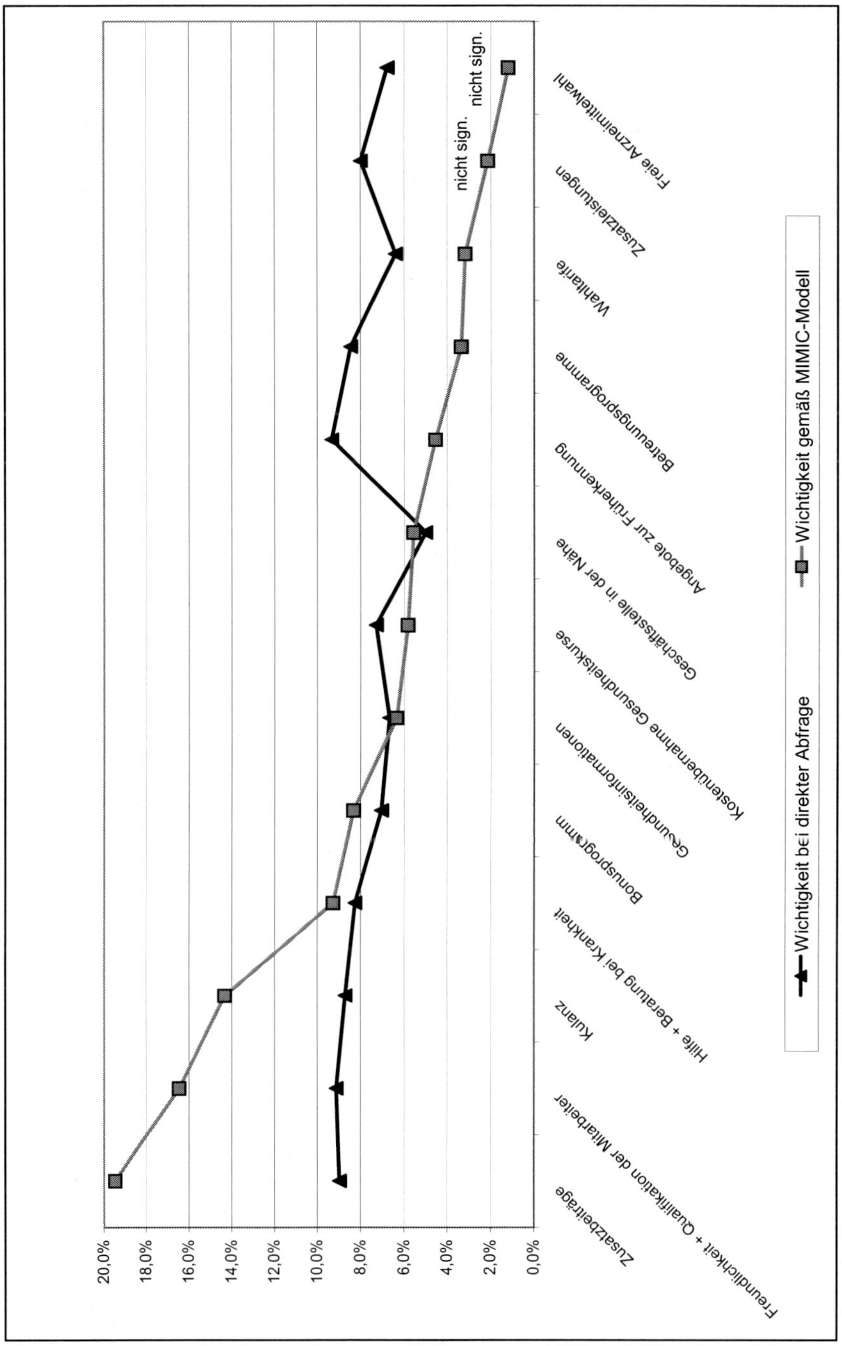

Abbildung 5.16: Vergleich der direkten und indirekten Wichtigkeitsbestimmung, Angaben in Prozent

Kassenmitarbeiter und der wahrgenommenen Kulanz beeinflusst. Von allen weiteren Parametern gehen im Vergleich deutlich schwächere – aber hoch signifikante – Effekte aus, die in Summe nicht unterschätzt werden sollten und in unterschiedlichen Kundensegmenten zu überprüfen sind.

Auf Basis dieser Gegenüberstellung muss die These, dass *direkt erhobene* und *indirekt berechnete* Wichtigkeiten im Rahmen von Kundenzufriedenheitsanalysen in der gesetzlichen Krankenversicherung zu gleichen Ergebnissen führen, verworfen werden. Unter der Annahme, dass eine indirekte Wichtigkeitsbestimmung zu verlässlicheren Ergebnissen führt, laufen Krankenkassen, die sich nur an den direkt erhobenen Wichtigkeiten der Versicherten orientieren, Gefahr, die Effekte einzelner Merkmale und Angebote falsch zu bewerten.

In der vorangegangenen Diskussion wurde mehrfach auf das Potenzial von Gesundheits- und Versorgungsangeboten in der gesetzlichen Krankenversicherung eingegangen und die Frage gestellt, welche Rolle diese Instrumente im Wettbewerb der Krankenkassen spielen. Die Ergebnisse der indirekten Wichtigkeitsbestimmung geben hierauf erste Antworten: Wie die relativen Wichtigkeiten zeigen geht von einer ganzen Reihe dieser Instrumente ein signifikanter Einfluss auf die Gesamtzufriedenheit der Versicherten aus. Verglichen mit den drei wichtigsten Attributen sind die Einzeleffekte zwar moderat oder gering, in Summe schließen sie jedoch gegenüber den klassischen „Payer"-Merkmalen „Beitrag", „Verwaltung" und „Leistungsbewilligung/Kulanz" auf. Vor allem die Hilfe und Beratung im Krankheitsfall (die sowohl Verwaltungs- als auch Gesundheitsaspekte umfassen kann), Bonusprogramme, Gesundheitsinformationen und die Kostenübernahme von Gesundheitskursen sind für die Befragungsteilnehmer relevant. Spezielle Behandlungs- und Betreuungsangebote spielen dagegen eine untergeordnete Rolle. Wie es scheint haben die Vorteile von Selektivverträgen oder Unterstützungsprogrammen für (chronisch) Kranke die Versicherten noch nicht erreicht; entsprechend gering sind vermutlich die Erwartungen an Angebote außerhalb der Regelversorgung, sofern die Versicherten überhaupt schon Unterschiede wahrnehmen. Abhängig von der Entwicklung, der Kommunikation und den Erfolgen neuer Versorgungskonzepte kann sich dies in den nächsten Jahren ändern. Ungeachtet dessen sind Gesundheits- und Versorgungsangebote im Wettbewerb der gesetzlichen Krankenversicherung angekommen und tragen zur Differenzierung der Krankenkassen bei.

Für die Gestaltung des Marketing-Mix interessieren neben den durchschnittlichen Wichtigkeiten auch die *segmentspezifischen* Wünsche und Bedürfnisse der Kunden.

Diese können unterschiedlich sein, wie Analysen in ausgewählten soziodemographischen Untergruppen verdeutlichen (siehe Abbildungen 5.17 bis 5.19):

- Bei Versicherten, die innerhalb der letzten zwölf Monate keinen Arzt in Anspruch genommen haben, spielen zum Beispiel die Höhe der Zusatzbeiträge, die Kostenübernahme bei Gesundheitskursen und das Angebot von Wahltarifen eine deutlich wichtigere Rolle als beim Durchschnitt.

- Für Versicherte, die innerhalb der letzten 12 Monate mindestens einen Tag im Krankenhaus verbracht haben, sind vor allem die Freundlichkeit und Qualifikation der Kassenmitarbeiter sowie die Hilfe und Beratung im Krankheitsfall relevant; der Einfluss von Zusatzbeiträgen ist in dieser Gruppe vergleichsweise schwach ausgeprägt.

- Gesundheitsinformationen scheinen gemäß dem vorliegenden Datensatz vor allem in der Gruppe der unter 30-Jährigen von Bedeutung zu sein.

- Spezielle Behandlungs- und Betreuungsprogramme der Krankenkasse erreichen die höchsten Wichtigkeitswerte bei Versicherten, die an derartigen Programmen – wie einem Disease Management Programm (DMP) – teilnehmen sowie bei Versicherten mit Hauptschulabschluss. Der scheinbare Bildungseffekt lässt sich vermutlich ebenfalls über die Teilnahme und den daraus resultierenden Erfahrungen mit den Betreuungsangeboten der Krankenkasse erklären: Während 9,9 Prozent aller Befragungsteilnehmer angeben, an einem Betreuungsprogamm ihrer Kasse teilzunehmen, ist die Quote bei Versicherten mit Hauptschulabschluss mehr als doppelt so hoch (19,2 Prozent).

Ursächlich für die segmentspezifischen Unterschiede sind demnach nicht zwangsläufig die herangezogenen Abgrenzungskriterien (wie z.B. das Alter oder der Bildungabschluss). Auch Drittvariablen können für die beobachteten Abweichungen verantwortlich sein (wie z.B. der Gesundheitszustand in unterschiedlichen Alters- oder Bildungsgruppen und die damit verbundene Inanspruchnahme spezieller Angebote).

Indirekt ermittelte Wichtigkeiten in unterschiedlichen Versichertensegmenten (MIMIC-Modell)

	Gesamt (n = 3.101, SMC = 0,53)			bis 29 Jahre (n = 279, SMC = 0,63)			30 bis 39 Jahre (n = 679, SMC = 0,55)			40 bis 49 Jahre (n = 806, SMC = 0,51)			50 bis 59 Jahre (n = 603, SMC = 0,50)			60 Jahre und älter (n = 721, SMC = 0,58)		
	Est	Sig	W	Est	Sig	W	Est	Sig	W	Est	Sig	W	Est	Sig	W	Est	Sig	W
Zusatzbeiträge	0,23	***	**19,4%**	0,23	***	**18,4%**	0,23	***	**18,3%**	0,26	***	**20,7%**	0,19	***	**17,3%**	0,23	***	**19,4%**
Freundlichkeit + Qualifikation der Mitarbeiter	0,19	***	**16,4%**	0,25	***	**19,9%**	0,13	***	**10,4%**	0,10	0,00	**7,7%**	0,24	***	**21,9%**	0,28	***	**23,8%**
Kulanz	0,17	***	**14,3%**	0,20	***	**15,7%**	0,26	***	**20,6%**	0,18	***	**14,2%**	0,13	0,00	**11,9%**	0,13	***	**10,8%**
Hilfe + Beratung bei Krankheit	0,11	***	**9,2%**	0,05	0,37	**4,0%**	0,12	0,00	**9,8%**	0,16	***	**13,2%**	0,08	0,11	**6,8%**	0,08	0,02	**6,9%**
Bonusprogramm	0,10	***	**8,3%**	0,14	0,01	**10,9%**	0,10	0,00	**8,2%**	0,17	***	**14,0%**	0,05	0,25	**4,1%**	0,02	0,55	**1,6%**
Gesundheitsinformationen	0,07	***	**6,3%**	0,20	***	**16,0%**	0,07	0,04	**5,5%**	0,07	0,02	**5,9%**	0,06	0,14	**5,1%**	0,05	0,16	**3,9%**
Kostenübernahme Gesundheitskurse	0,07	***	**5,8%**	0,05	0,29	**4,1%**	0,09	0,01	**7,4%**	0,04	0,24	**2,9%**	0,09	0,01	**8,2%**	0,09	0,00	**7,5%**
Geschäftsstelle in der Nähe	0,07	***	**5,6%**	0,03	0,55	**2,1%**	0,05	0,10	**4,1%**	0,07	0,01	**6,0%**	0,09	0,01	**8,3%**	0,08	0,01	**6,8%**
Angebote zur Früherkennung	0,05	0,00	**4,5%**	0,09	0,09	**7,1%**	neg.	0,86	**0,0%**	0,04	0,27	**2,9%**	0,07	0,06	**6,5%**	0,09	0,01	**7,4%**
Betreuungsprogramme	0,04	0,02	**3,3%**	neg.	0,70	**0,0%**	neg.	0,16	**0,0%**	0,07	0,04	**5,3%**	0,03	0,40	**3,1%**	0,07	0,04	**5,9%**
Wahltarife	0,04	0,02	**3,2%**	neg.	0,05	**0,0%**	0,06	0,08	**4,8%**	0,03	0,34	**2,4%**	0,06	0,14	**5,2%**	0,04	0,13	**3,8%**
Zusatzleistungen	0,03	0,14	**2,1%**	0,01	0,86	**0,8%**	0,08	0,03	**6,3%**	neg.	0,28	**0,0%**	neg.	0,98	**0,0%**	0,07	0,04	**5,8%**
Freie Arzneimittelwahl	0,01	0,35	**1,2%**	0,01	0,82	**0,9%**	0,06	0,09	**4,4%**	0,06	0,04	**5,0%**	0,02	0,53	**2,2%**	neg.	0,16	**0,0%**
Summe	1,17			1,26			1,25			1,23			1,11			1,21		

n = Stichprobengröße
Est = Estimate (Standardisierter Pfadkoeffizient)
neg. = Pfadkoeffizient mit einem negativen Wert, der ausgeschlossen wurde
Sig = Signifikanz der Schätzung (bei drei Sternen *** ist der P-Wert kleiner als 0,001)
W = Wichtigkeit des Parameters
SMC = Squared Multiple Correlation (erklärte Varianz der Gesamtzufriedenheit)

Abbildung 5.17: Segmentspezifische Wichtigkeiten (1)

Indirekt ermittelte Wichtigkeiten in unterschiedlichen Versichertensegmenten (MIMIC-Modell)

	Gesamt (n = 3.101, SMC = 0,53)			Chroniker (n = 1.279, SMC = 0,55)			Krankenhausaufenthalt in den letzten 12 Monaten (n = 618, SMC = 0,53)			DMP-Teilnehmer (n = 296, SMC = 0,51)			Kein Arztbesuch innerhalb der letzten 12 Monate (n = 195, SMC = 0,53)			Hauptschulabschluss (n = 474, SMC = 0,52)			Studium (n = 1.100, SMC = 0,59)		
	Est	Sig	W	Est	Sig	W	Est	Sig	W	Est	Sig	W	Est	Sig	W	Est	Sig	W	Est	Sig	W
Zusatzbeiträge	0,23	***	**19,4%**	0,21	***	**18,0%**	0,15	***	**14,0%**	0,18	***	**15,8%**	0,30	***	**25,0%**	0,18	***	**15,5%**	0,27	***	**21,5%**
Freundlichkeit + Qualifikation der Mitarbeiter	0,19	***	**16,4%**	0,21	***	**18,4%**	0,23	***	**21,2%**	0,09	0,12	**7,9%**	0,10	0,13	**8,4%**	0,24	***	**21,0%**	0,22	***	**17,4%**
Kulanz	0,17	***	**14,3%**	0,14	***	**12,4%**	0,12	0,00	**11,5%**	0,17	0,01	**14,8%**	0,22	0,00	**18,6%**	0,06	0,23	**5,0%**	0,22	***	**17,5%**
Hilfe + Beratung bei Krankheit	0,11	***	**9,2%**	0,11	***	**9,7%**	0,18	***	**16,4%**	0,09	0,14	**8,2%**	0,06	0,46	**5,3%**	0,01	0,87	**0,7%**	0,09	***	**7,2%**
Bonusprogramm	0,10	***	**8,3%**	0,05	0,04	**4,4%**	0,10	0,01	**8,8%**	neg.	0,23	**0,0%**	0,02	0,82	**1,3%**	0,05	0,30	**4,0%**	0,08	0,00	**6,3%**
Gesundheitsinformationen	0,07	***	**6,3%**	0,08	0,00	**7,1%**	0,02	0,54	**2,1%**	0,03	0,63	**2,5%**	neg.	0,73	**0,0%**	0,05	0,27	**4,3%**	0,08	***	**6,7%**
Kostenübernahme Gesundheitskurse	0,07	***	**5,8%**	0,07	0,00	**6,0%**	0,03	0,48	**2,3%**	0,06	0,29	**5,0%**	0,16	0,01	**13,5%**	0,12	0,00	**10,3%**	0,09	***	**7,0%**
Geschäftsstelle in der Nähe	0,07	***	**5,6%**	0,06	0,00	**5,6%**	0,02	0,52	**1,9%**	0,11	0,02	**9,8%**	0,05	0,44	**4,3%**	0,11	0,00	**9,9%**	0,06	0,01	**4,4%**
Angebote zur Früherkennung	0,05	0,00	**4,5%**	0,05	0,07	**4,1%**	0,07	0,07	**6,6%**	0,07	0,27	**6,1%**	0,04	0,65	**2,9%**	neg.	0,68	**0,0%**	0,04	0,10	**3,2%**
Betreuungsprogramme	0,04	0,02	**3,3%**	0,07	0,01	**6,1%**	0,04	0,27	**4,1%**	0,11	0,09	**9,5%**	0,07	0,39	**5,5%**	0,11	0,01	**10,0%**	0,02	0,45	**1,5%**
Wahltarife	0,04	0,02	**3,2%**	0,04	0,14	**3,0%**	0,04	0,20	**4,1%**	0,07	0,17	**6,1%**	0,17	0,02	**14,5%**	0,10	0,02	**8,9%**	neg.	0,86	**0,0%**
Zusatzleistungen	0,03	0,14	**2,1%**	0,05	0,06	**4,3%**	0,07	0,07	**6,8%**	0,12	0,04	**10,7%**	neg.	0,32	**0,0%**	0,09	0,08	**7,7%**	0,04	0,12	**3,2%**
Freie Arzneimittelwahl	0,01	0,35	**1,2%**	0,01	0,59	**1,1%**	0,01	0,85	**0,6%**	0,04	0,45	**3,7%**	0,00	0,98	**0,2%**	0,03	0,48	**2,5%**	0,06	0,02	**4,4%**
Summe	1,17			1,15			1,08			1,14			1,19			1,14			1,26		

n = Stichprobengröße
Est = Estimate (Standardisierter Pfadkoeffizient)
neg. = Pfadkoeffizient mit einem negativen Wert, der ausgeschlossen wurde
Sig = Signifikanz der Schätzung (bei drei Sternen *** ist der P-Wert kleiner als 0,001)
W = Wichtigkeit des Parameters
SMC = Squared Multiple Correlation (erklärte Varianz der Gesamtzufriedenheit)

Abbildung 5.18: Segmentspezifische Wichtigkeiten (2)

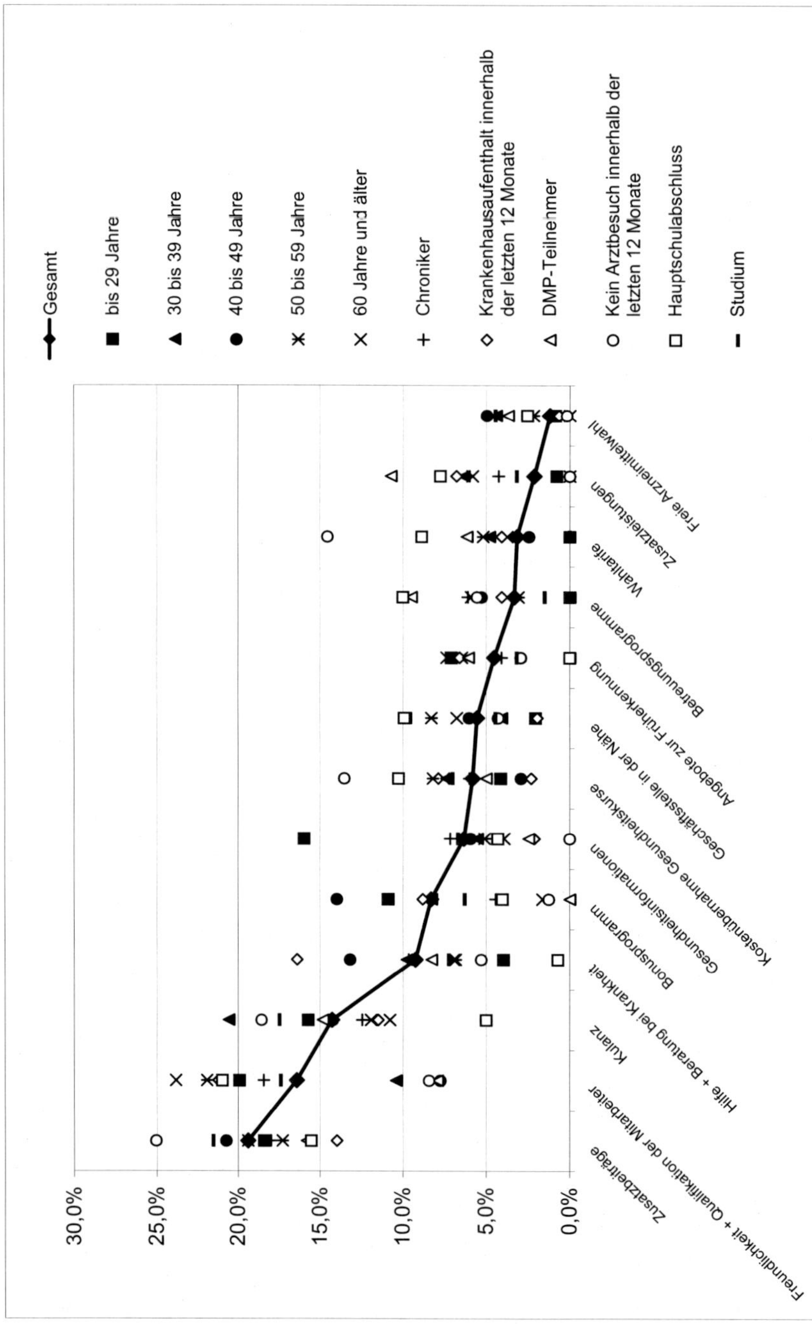

Abbildung 5.19: Segmentspezifische Wichtigkeiten (3), Angaben in Prozent

5.3.5 Bestimmung von Basis-, Leistungs- und Begeisterungsfaktoren in der gesetzlichen Krankenversicherung

Verfahren der indirekten Wichtigkeitsbestimmung von Leistungsparametern gelten im Vergleich zur direkten Abfrage von Wichtigkeiten als überlegen. Allerdings weisen auch diese Verfahren eine Schwachstelle auf, da sie von einem linearen Zusammenhang zwischen den Teilzufriedenheiten und der Gesamtzufriedenheit eines Kunden ausgehen. Folgt man dem Mehr-Faktoren-Modell von Kano, dann stellen die Wichtigkeit und die Zufriedenheit mit einem Leistungsparameter zwei abhängige Dimensionen dar. Eine hohe oder niedrige Zufriedenheit geht demnach je nach Faktortyp mit einer hohen oder niedrigen Wichtigkeit einher. Auch in der gesetzlichen Krankenversicherung ist eine solche Mehrfaktorstruktur zu vermuten; mithilfe des vorliegenden Datensatzes wird diese Vermutung überprüft.

5.3.5.1 Das Mehr-Faktoren-Modell von Kano

Die Mehr-Faktor-Struktur der Kundenzufriedenheit spielt in der Zufriedenheitsforschung schon seit längerem eine Rolle. In Anlehnung an die Zwei-Faktoren-Theorie der Arbeitsmotivation von Herzberg, die zwischen Hygiene-Faktoren als „Unzufriedenheits-Vermeider" und Motivatoren als „Zufriedenheits-Treiber" unterscheidet,[700] werden auch bei der Kundenzufriedenheit unterschiedliche Faktortypen analysiert. Frühere Arbeiten gehen zumeist von einer Zwei-Faktor-Struktur der Kundenzufriedenheit aus. In neueren Untersuchungen setzt sich zunehmend eine Drei-Faktor-Struktur durch.[701] Die Annahme, dass der Kundenzufriedenheit drei Faktoren zugrunde liegen, wird oftmals auf eine Arbeit des Japaners Noriaki Kano zurückgeführt[702] und daher als *Kano-Modell der Kundenzufriedenheit* bezeichnet.[703]

Das Mehr-Faktoren-Modell von Kano geht davon aus, dass zwischen der Teilzufriedenheit mit einem Attribut und der Gesamtzufriedenheit eines Kunden ein nichtlinearer Zusammenhang besteht. Die Wichtigkeit eines Attributes hängt demnach

---

[700] Vgl. Herzberg/Mausner/Snyderman (1959).

[701] Vgl. Matzler (2000), S.15; einen Überblick der empirischen Studien zur Faktorstruktur der Kundenzufriedenheit geben z.B. Matzler (2000); Sauerwein (2000), S.93 ff.; Gierl/Bartikowski (2003).

[702] Als Quelle wird Kano (1984) genannt; der Artikel konnte im Rahmen der Recherchen für die vorliegende Untersuchung über das deutsche Bibliothekswesen allerdings nicht beschafft werden.

[703] Vgl. z.B. Bailom et al. (1996).

sowohl von der *Höhe der Attribut-Zufriedenheit* als auch von der *Art eines Attributes* ab.[704]

Drei Arten von Faktoren werden unterschieden (vgl. Abbildung 5.20):[705]

- *Basisfaktoren* sind Leistungsmerkmale, die Kunden als selbstverständlich voraussetzen. Werden die Erwartungen eines Kunden hinsichtlich der Basisfaktoren erfüllt oder übertroffen, so führt dies noch nicht zu Kundenzufriedenheit, sondern nur zu „Nichtunzufriedenheit“. Das Nicht-Erfüllen von Basisfaktoren löst hingegen eine extreme Unzufriedenheit aus.

- *Leistungsfaktoren* sind Merkmale, die ein Kunde ausdrücklich verlangt. Nur bei diesem Faktortyp wird ein linearer Zusammenhang unterstellt, d.h. die Zufriedenheit mit einem Leistungsmerkmal ist proportional zu dessen Erfüllungsgrad. Werden die Erwartungen eines Kunden erfüllt bzw. nicht erfüllt, so führt dies zu moderater Zufriedenheit bzw. Unzufriedenheit.

- *Begeisterungsfaktoren* sind Leistungsmerkmale, die ein Kunde nicht erwartet. Das Nicht-Angebot von Begeisterungsfaktoren löst demnach auch keine Unzufriedenheit aus. Liegen dagegen Begeisterungsfaktoren vor, so können diese einen überproportionalen Einfluss auf die Kundenzufriedenheit haben.

Nach dem Ansatz von Kano spielen die Basisfaktoren in Bezug auf die Kundenzufriedenheit nur eine Rolle, wenn sie nicht den Erwartungen des Kunden entsprechen. Umgekehrt ist es bei den Begeisterungsfaktoren: Diese sind unwichtig, wenn sie fehlen oder aus Sicht des Kunden schlecht umgesetzt wurden. Eine hohe Zufriedenheit mit Begeisterungsfaktoren kann die Gesamtzufriedenheit dagegen stark beeinflussen.

Der Mehrfaktoransatz unterstellt zudem eine hierarchische Abhängigkeit zwischen den drei Faktoren. Die Zufriedenheit eines Kunden setzt demnach die Erfüllung der Basisanforderungen voraus. Werden die Erwartungen an Basisfaktoren nicht erfüllt, so lässt sich die damit verbundene Unzufriedenheit auch durch die Übererfüllung

[704] Vgl. im Folgenden Bailom et al. (1996); Sauerwein (2000); Matzler (2000); Matzler (2003), S.317 ff.; Matzler/Bailom (2004), S.286 f.; Huber/Herrmann/Braunstein (2004), S.72 f.; Matzler/Sauerwein/Stark (2004), S.317 f.; Matzler/Pramhas (2004), S.186 ff.; Homburg/Klarmann (2006), S.244 ff.; Homburg/Stock-Homburg (2006), S.32 ff.; Harms/Dummer (2007).

[705] Einen Erklärungsansatz für die Mehrfaktorenstruktur der Kundenzufriedenheit liefert die Opponent-Prozess-Theorie. Vgl. hierzu Matzler (2000).

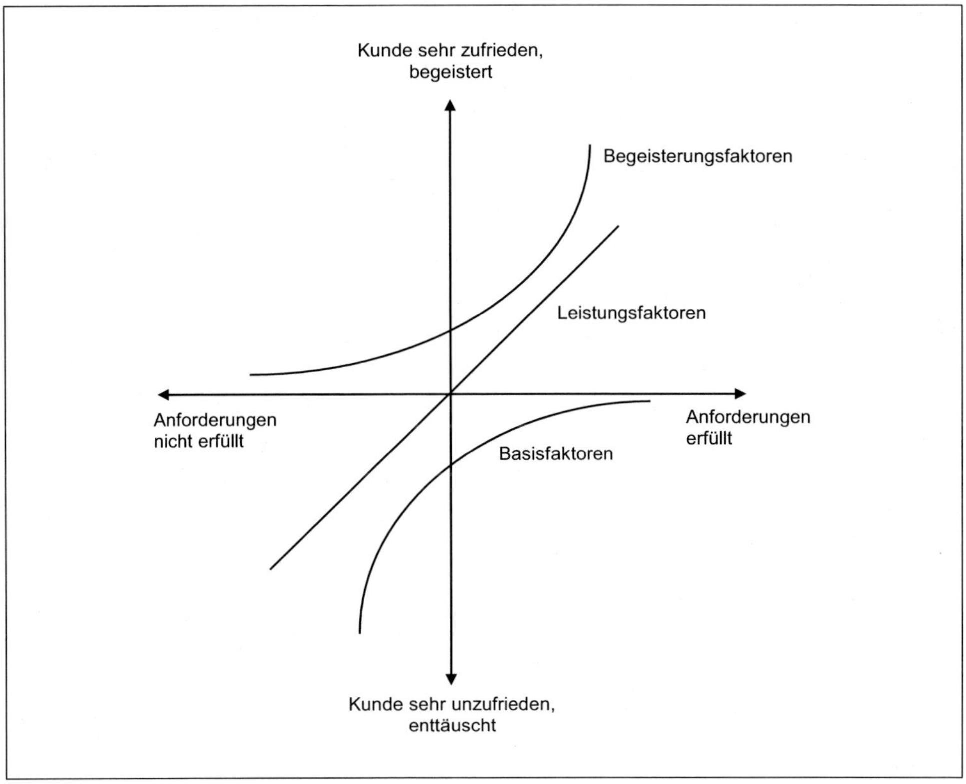

Abbildung 5.20: Das Kano-Modell der Kundenzufriedenheit (Quelle: in Anlehnung an Bailom et al. (1996), S.118 und Harms/Dummer (2007), S.930)

der Leistungs- und Begeisterungsfaktoren nicht ausgleichen. Kundenzufriedenheit ist folglich an die Erfüllung der Basisanforderungen geknüpft.[706]

Welche Leistungsmerkmale zu den Basis-, Leistungs- und Begeisterungsfaktoren zählen, hängt von den persönlichen Prädispositionen des Kunden ab und kann je nach Kundensegment variieren. Weiterhin sind die Faktoren einem ständigen Wandel unterworfen: Begeisterungsfaktoren werden mit der Zeit von den Kunden explizit erwartet und entwickeln sich zu Leistungsfaktoren. Leistungsfaktoren werden nach einiger Zeit von den Kunden vorausgesetzt und zählen dann zu den Basisfaktoren.[707]

[706] Vgl. Matzler (2000), S.22; Stahl et al. (2004), S.246 f.; Matzler/Sauerwein/Stark (2004), S.318; Harms/Dummer (2007), S.938.

[707] Vgl. Matzler (2000), S.20; Matzler/Bailom (2004), S.287.

Das Kano-Modell verdeutlicht, dass die Leistungsmerkmale eines Anbieters die Zufriedenheit der Kunden unterschiedlich stark beeinflussen. Die Wichtigkeit eines Leistungsmerkmals ist dabei eine Funktion der Zufriedenheit mit dem jeweiligen Parameter. Diese Annahme wurde in zahlreichen empirischen Untersuchungen bestätigt.[708] Matzler (2000) leitet daraus drei zentrale Implikationen für das Zufriedenheitsmanagement von Unternehmen ab:

> „Erfüllung der Basisanforderungen; Sicherstellung der Wettbewerbsfähigkeit bei den Leistungseigenschaften; Differenzierung durch Begeisterungseigenschaften!“[709]

Folgt man dem Kano-Modell, dann können auch indirekt ermittelte Wichtigkeiten von Leistungsparametern zu falschen Schlussfolgerungen führen, sofern nicht alle Parameter Leistungsfaktoren darstellen. Denkbare Szenarien sind die Unterschätzung von Verbesserungen bei Begeisterungsfaktoren und das Risiko einer Leistungsreduktion bei Basisfaktoren:[710]

- Eine geringe durchschnittliche Zufriedenheit bei Begeisterungsfaktoren spiegelt sich bei einer indirekten Wichtigkeitsbestimmung in einem niedrigen Wichtigkeitswert wider. Werden Verbesserungen an (scheinbar) unwichtigen Faktoren nur mit einer niedrigen Priorität angegangen, so wird das Potenzial von Begeisterungsfaktoren unterschätzt.

- Eine hohe durchschnittliche Zufriedenheit bei Basisfaktoren wird bei einer indirekten Wichtigkeitsbestimmung ebenfalls zu einem tendenziell niedrigen Wichtigkeitswert führen und möglicherweise den Verdacht eines „Overengineering“ mit einer anschließenden Verlagerung von Ressourcen in andere Bereiche nach sich ziehen. Ein solches Vorgehen ist überaus riskant, da die Leistungsreduktion bei Basisfaktoren zu einer spürbaren Verschlechterung der Gesamtzufriedenheit führen kann.

Der effektive und effiziente Einsatz von Marketing-Instrumenten setzt demnach die Bestimmung des Faktortyps eines Leistungsparameters voraus. Dies ist über unterschiedliche Methoden möglich.

---

[708] Vgl. Matzler/Pramhas (2004), S.188 und die dort genannten Arbeiten.

[709] Matzler (2000), S.22.

[710] Vgl. Homburg/Klarmann (2006), S.245 f.

5.3.5.2 Methoden zur Bestimmung des Faktortyps

Zu den Methoden, mit deren Hilfe sich der Faktortyp eines Leistungsparameters bestimmen lässt, gehören:[711]

- die Critical Incident Technique,
- die Lob- und Beschwerdeanalyse,
- die Kano-Methode,
- das Importance Grid sowie
- der Dummy-Variablen-Ansatz.

Bei der *Critical Incident Technique* werden besonders positive und außergewöhnlich negative Ereignisse der Kunden systematisch erhoben und in Kategorien eingeteilt.[712] Parameter, die mit sehr vielen negativen und mit wenigen positiven Erlebnissen in Verbindung gebracht werden, stellen so genannte „Minimumfaktoren“ dar. Parameter, die vor allem mit positiven und kaum mit negativen Erlebnissen in Verbindung gebracht werden, zählen zu den „Werterhöhungsfaktoren“. Die Critical Incident Technique gilt als bewährtes Verfahren, um „satisfiers“ und „dissatisfiers“ zu unterscheiden; sie kann allerdings auch zu Fehlinterpretationen führen, wenn sie nur auf eine einzelne Unternehmung angewendet wird. Die Tatsache, dass einzelne Parameter vor allem mit positiven oder negativen Erlebnissen verknüpft sind, schließt nicht aus, dass es sich um hybride Parameter handelt (also um „Leistungsfaktoren“ nach dem Ansatz von Kano). In diesem Fall lässt sich eine ungleiche Verteilung von positiven und negativen Ereignissen auch mit der konstanten Erfüllung oder Nicht-Erfüllung der Kundenerwartungen in Bezug auf die Parameter begründen. Auf aggregierter, branchenübergreifender Ebene wird die Methode als besser geeignet eingestuft.

Die *Lob- und Beschwerdeanalyse* untersucht die Häufigkeiten von Lob und Beschwerden in Bezug auf einzelne Attribute und leitet daraus den Faktortyp ab.[713] „Dissatisfiers“ führen vor allem zu Beschwerden und kaum zu Lob; bei den „Satisfiers“ ist es genau umgekehrt. „Criticals“ können sowohl Lob als auch Beschwerden

[711] Vgl. Gierl/Bartikowski (2003); Matzler/Sauerwein/Stark (2004).

[712] Vgl. Matzler (2000), S.13 ff.; Gierl/Bartikowski (2003), S.19 f.; Matzler/Sauerwein/Stark (2004), S.322 ff.

[713] Vgl. Matzler/Sauerwein/Stark (2004), S.324 ff.

auslösen. Bei „Neutrals“ findet kaum eine Rückmeldung der Kunden statt. Da nur ein geringer Teil der unzufriedenen und zufriedenen Kunden sich beschwert oder ein Lob ausspricht und das Verhalten unzufriedener Kunden von mehreren Determinanten abhängt,[714] sind bei der Lob- und Beschwerdeanalyse unvollständige und verzerrte Ergebnisse zu erwarten. Wird die Methode nur auf ein einzelnes Unternehmen angewendet, gelten außerdem die gleichen Einschränkungen wie bei der Critical Incident Technique.

Der von Kano entwickelte Fragebogen zur Indentifikation von Basis-, Leistungs- und Begeisterungsfaktoren (*„Kano-Methode“*) enthält für jede Produkteigenschaft zwei Fragen mit jeweils fünf Antwortmöglichkeiten.[715] Mit der ersten Frage wird die Reaktion des Kunden bei Vorhandensein eines Leistungsparameters ermittelt (z.B. „Wenn Ihre Krankenkasse die Leistung XY anbietet, was denken Sie dann darüber?“). Die zweite Frage bezieht sich auf die Reaktion des Kunden beim Fehlen der entsprechenden Eigenschaft (z.B. „Wenn Ihre Krankenkasse die Leistungs XY nicht anbietet, was denken Sie dann darüber?“). Aus der Kombination der Antworten kann der Faktortyp bestimmt werden. Eine positive Reaktion beim Vorhandensein einer Eigenschaft (z.B. „Das würde mich sehr freuen“) kombiniert mit einer neutralen Reaktion beim Fehlen der Eigenschaft (z.B. „Das ist mir egal“) spiegelt zum Beispiel einen Begeisterungsfaktor wider. Die Antwort „Das setze ich voraus“ beim Vorhandensein in Kombination mit der Antwort „Das würde mich sehr stören“ beim Fehlen einer Leistung lässt auf einen Basisfaktor schließen. Zur Kategorisierung einer Eigenschaft wird die am häufigsten vorkommende Kombination verwendet. Die Validität der Methode ist nach einer Untersuchung von Sauerwein (2000) zufriedenstellend. Kritisiert werden allerdings die Länge des Fragenbogens bei mehreren zu überprüfenden Merkmalen sowie Ermüdungserscheinungen, die aufgrund der doppelten Fragen (mit jeweils fünf Antwortkategorien) auftreten können.

Beim *Importance Grid* werden die direkt erfragten (expliziten) Wichtigkeiten und die indirekt berechneten (impliziten) Wichtigkeiten der Leistungsattribute in ein Wichtigkeitsgitter eingetragen.[716] Der Quadrant, in dem sich ein Attribut befindet, gibt Aufschluss darüber, um welchen Faktortyp es sich handelt (siehe Abbildung 5.21). Die Methode beruht auf der Annahme, dass Basisfaktoren in Befragungen als sehr wichtig eingestuft werden, bei einer indirekten Wichtigkeitsbestimmung aber

---

[714]Vgl. hierzu das Exit-Voice-Modell von Hirschmann in Kapitel 4.2.1.3.

[715]Vgl. Sauerwein (2000); Gierl/Bartikowski (2003), S.20 f.; Matzler/Sauerwein/Stark (2004), S.328 ff.

[716]Vgl. Matzler/Sauerwein/Stark (2004), S.330 ff.

nur einen geringen Einfluss auf die Gesamtzufriedenheit haben. Bei Begeisterungsfaktoren ist es genau umgekehrt; aus Sicht der Kunden sind diese vergleichsweise unwichtig, bei einer indirekten Wichtigkeitsbestimmung wirken sie sich dagegen deutlich stärker auf die Gesamtzufriedenheit aus. Leistungsfaktoren werden im Importance Grid in wichtige und unwichtige Faktoren unterteilt; die expliziten und impliziten Wichtigkeiten stimmen bei diesen Faktortypen in etwa überein. Die Methode ist in zwei Punkten zu kritisieren. Zum einen wird bei der Platzierung der impliziten Wichtigkeiten davon ausgegangen, dass die Kunden mit den Leistungsattributen zufrieden sind. Nur unter dieser Annahme führt eine indirekte Wichtigkeitsbestimmung bei Basisfaktoren zu geringen und bei Begeisterungsfaktoren zu hohen Wichtigkeitswerten. Sind die Kunden dagegen unzufrieden, drehen sich die Effekte um. Basisfaktoren haben dann einen großen und Begeisterungsfaktoren einen geringen bzw. keinen Einfluss auf die Gesamtzufriedenheit. Zum anderen ist die Grenzziehung zwischen den Quadranten problematisch und willkürlich. Ein Verschieben der Grenzen führt zu unterschiedlichen Interpretationen.

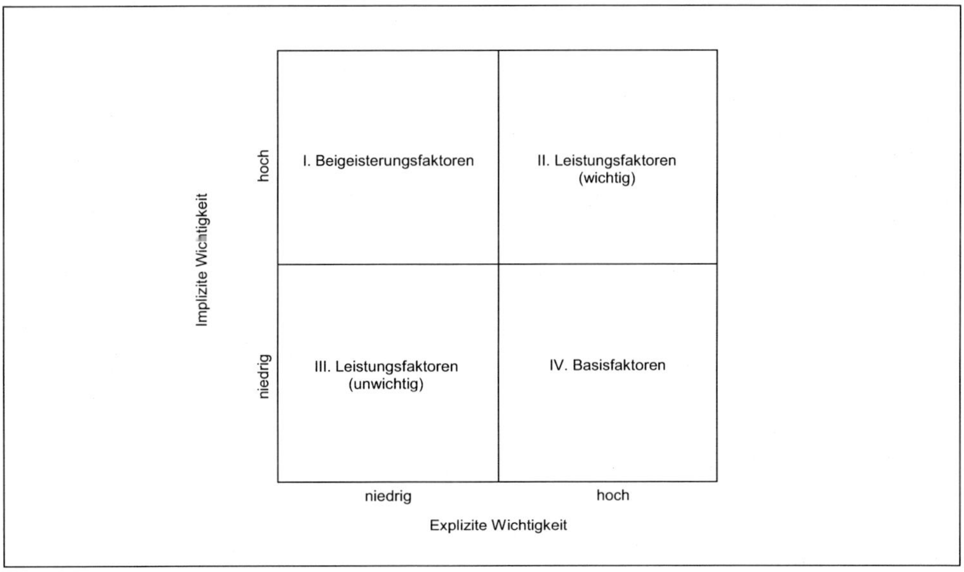

Abbildung 5.21: Das Importance Grid (Quelle: Matzler/Sauerwein/Stark (2004), S.332)

Der *Dummy-Variablen-Ansatz* greift auf die Methoden der indirekten Wichtigkeitsbestimmung zurück.[717] Um den Faktortyp zu ermitteln, werden für jeden Leistungs-

[717] Vgl. Homburg/Klarmann (2006), S.247 ff.

parameter zunächst zwei Dummy-Variablen gebildet, die eine hohe bzw. niedrige Zufriedenheit mit dem jeweiligen Parameter wiedergeben:

- Die Dummy-Variable $d_{j,hoch}$ misst, ob ein Kunde mit dem Parameter x_j zufrieden ist. Liegt die (Teil-)Zufriedenheit über einem bestimmten Schwellenwert $S_{j,hoch}$, dann erhält die Variable den Wert 1; andernfalls wird der Variable der Wert Null zugewiesen.
- Die Dummy-Variable $d_{j,tief}$ misst, ob ein Kunde mit dem Parameter x_j unzufrieden ist. Liegt die (Teil-)Zufriedenheit unter einem bestimmten Schwellenwert $S_{j,tief}$, dann wird der Variable der Wert 1 zugewiesen; andernfalls erhält die Variable den Wert Null.[718]

Formal gilt:

$$d_{j,hoch} = \begin{cases} 1, & \text{wenn } x_j \geq S_{j,hoch} \\ 0, & \text{sonst} \end{cases} \tag{5.5}$$

und

$$d_{j,tief} = \begin{cases} 1, & \text{wenn } x_j \leq S_{j,tief} \\ 0, & \text{sonst} \end{cases} \tag{5.6}$$

Im zweiten Schritt werden die Wichtigkeiten der Dummy-Variablen in Bezug auf die Gesamtzufriedenheit indirekt ermittelt. Hierfür kommen insbesondere die bivariate Korrelationsanalyse und die multiple Regressionsanalyse infrage. Das in Gleichung 5.2 dargestellte Modell der multiplen Regressionsanalyse wird zu diesem Zweck wie folgt erweitert:

$$y = a + b_{1,hoch} \cdot d_{1,hoch} + b_{1,tief} \cdot d_{1,tief} + ... + b_{J,hoch} \cdot d_{J,hoch} + b_{J,tief} \cdot d_{J,tief} + e \tag{5.7}$$

[718] Homburg/Klarmann (2006) weisen der Dummy-Variable $d_{j,tief}$ den Wert -1 zu, was bei der Parameterschätzung zu positiven Regressionskoeffizienten führt und eine direkte Vergleichbarkeit der Effektstärke bei hoher und niedriger Zufriedenheit ermöglicht. Wird $d_{j,tief}$ dagegen der Wert 1 zugewiesen, sind die Beträge der Regressionskoeffizienten zu vergleichen.

Aus der Gegenüberstellung der impliziten Wichtigkeiten eines Leistungsparameters bei niedriger und bei hoher Zufriedenheit ist eine Zuordnung des Faktortyps gemäß den in Abbildung 5.22 aufgeführten Regeln möglich.

Fall	Wichtigkeit des Leistungsparameters bei niedriger Zufriedenheit	Wichtigkeit des Leistungsparameters bei hoher Zufriedenheit	Faktortyp
Fall 1	Hoch	Hoch	Leistungsfaktor
Fall 2	Hoch	Niedrig	Basisfaktor
Fall 3	Niedrig	Hoch	Begeisterungsfaktor
Fall 4	Niedrig	Niedrig	Leistungsfaktor

Abbildung 5.22: Zuordnung der Leistungsparameter zu den verschiedenen Faktortypen (Quelle: Homburg/Klarmann (2006), S.249)

Als problematisch am Dummy-Variablen-Ansatz wird zum einen der Informationsverlust angesehen, der durch die Transformation der Parameter entsteht und die unterschiedlichen Ausprägungen der Zufriedenheiten verwischt. Zum anderen können die zur Dummy-Variablenbildung verwendeten Schwellenwerte die Ergebnisse beeinflussen. Um eine notwendige Abgrenzung zu erreichen, dürfen die Schwellenwerte nicht zu dicht aneinander liegen. Für die Dummy-Variablen bei hoher Zufriedenheit ($d_{j,hoch}$) wird das 75%-Perzentil empfohlen. Für die Dummy-Variablen bei niedriger Zufriedenheit ($d_{j,tief}$) wird das 25%-Perzentil vorgeschlagen.[719]

5.3.5.3 Ergebnisse der Bestimmung des Faktortyps

Um den Faktortyp der in Kapitel 5.3.4.2 untersuchten Leistungsparameter zu bestimmen, wurde der Dummy-Variablen-Ansatz in Verbindung mit der multiplen Regressionsanalyse angewendet. Der Index der Gesamtzufriedenheit ging als abhängige Variable und die dichotomisierten Teilzufriedenheiten als unabhängige Variablen in das Modell ein.

Die Messung der Teilzufriedenheiten fand in der Versichertenbefragung auf Basis einer 6-stufigen Ratingskala mit den Ausprägungen „1 = in hohem Maße unzufrieden“ bis „6 = voll und ganz zufrieden“ statt. Der *Schwellenwert für eine niedrige*

[719] Vgl. Homburg/Klarmann (2006), S.248.

Zufriedenheit wurde beim Wert „3“ angesetzt, d.h. in Fällen, bei denen die Zufriedenheit die Werte 1 bis 3 annahm, erhielt die Dummy-Variable $d_{j,tief}$ den Wert 1, in allen anderen Fällen den Wert Null. Durch die rechtsschiefe Verteilung der Antworten konnte als *Schwellenwert für eine hohe Zufriedenheit* der Maximalwert „6“ gewählt werden, d.h. in Fällen, in denen die Zufriedenheit den Wert „6“ annahm, erhielt die Dummy-Variable $d_{j,hoch}$ den Wert 1, in allen anderen Fällen den Wert Null. Nur bei zwei Parametern wurden die Schwellen aufgrund zu geringer Fallzahlen um eine Stufe ausgeweitet.

Zur Bestimmung der Faktorart genügt es, die Effektstärken bei hoher und niedriger Teilzufriedenheit der Parameter zu ermitteln. Um mehr über den Verlauf der Wichtigkeiten zu erfahren, wurde mit der Variable $d_{j,mittel}$ eine dritte Dummy-Variable in die Modellschätzung einbezogen, die die Wichtigkeit bei mittlerer Zufriedenheit wiedergibt. In Fällen, bei denen die Teilzufriedenheit den Wert 4 annahm, wurde $d_{j,mittel}$ der Wert 1 zugewiesen, andernfalls erhielt die Variable den Wert 0. Bei der Zufriedenheit mit der Freundlichkeit und Qualifikation der Mitarbeiter wurde aufgrund der extrem rechtsschiefen Verteilung (vgl. Abbildung 5.11) der Wert 5 als mittlere Zufriedenheit definiert.

Die Schwellenwerte, die Ergebnisse der Parameterschätzung und den identifizierten Faktortyp gibt Abbildung 5.23 wieder. Eine grafische Gegenüberstellung der Beta-Werte bei hoher, mittlerer und niedriger Zufriedenheit zeigt Abbildung 5.24. Die asymmetrischen Effekte zwischen den Teilzufriedenheiten und der Gesamtzufriedenheit der Versicherten sind jeweils klar erkennbar:

- Zusatzbeiträge, die wahrgenommene Kulanz, Bonusprogramme, die Hilfe und Beratung bei Krankheit, Angebote zur Früherkennung, Gesundheitsinformationen, Wahltarife, Zusatzleistungen und die freie Auswahl an Arzneimitteln stellen *Basisfaktoren* dar, d.h. eine niedrige Zufriedenheit mit diesen Parametern wirkt sich deutlich stärker auf die Gesamtzufriedenheit der Versicherten aus als eine hohe Teilzufriedenheit. Besonders eindrucksvoll stellt sich dieser Effekt bei der Kulanz dar. Bei hoher Zufriedenheit übt diese nur einen sehr geringen (positiven) Einfluss auf die Gesamtzufriedenheit aus; bei großer Unzufriedenheit (z.B. aufgrund einer Leistungsverweigerung) geht dagegen ein sehr starker und hoch signifikanter (negativer) Effekt auf die Gesamtzufriedenheit aus.

- Die Freundlichkeit und Qualifikation der Mitarbeiter, die Kostenübernahme von Gesundheitskursen sowie spezielle Behandlungs- und Betreuungsprogramme stellen *Begeisterungsfaktoren* dar, d.h. eine schlechte Bewertung

Bestimmung der Faktorart mithilfe der multiplen Regressionsanalyse und dem Dummy-Variablen-Ansatz										
Leistungsparameter	Wichtigkeit bei niedriger Zufriedenheit			Wichtigkeit bei mittlerer Zufriedenheit			Wichtigkeit bei hoher Zufriedenheit			Art des Leistungsparameters (Tendenz)
	Schwellenwert	Standard Regressionskoeff.		Schwellenwert	Standard. Regressionskoeff.		Schwellenwert	Standard. Regressionskoeff.		
	≤	Beta	Sign.	=	Beta	Sign.	≥	Beta	Sign.	
Zusatzbeiträge	3	-0,157	0,000	4	-0,066	0,000	6	0,089	0,000	Basisfaktor
Kulanz	3	-0,152	0,000	4	0,002	0,909	6	0,008	0,620	Basisfaktor
Bonusprogramme	3	-0,097	0,000	4	-0,020	0,189	6	0,016	0,304	Basisfaktor
Hilfe + Beratung bei Krankheit	3	-0,071	0,000	4	-0,026	0,077	6	0,046	0,004	Basisfaktor
Angebote zur Früherkennung	3	-0,047	0,003	4	-0,023	0,123	6	0,035	0,036	Basisfaktor
Gesundheitsinformationen	3	-0,046	0,003	4	-0,027	0,067	6	0,037	0,019	Basisfaktor
Wahltarife	3	-0,038	0,019	4	-0,016	0,296	5	0,005	0,743	Basisfaktor
Zusatzleistungen	3	-0,017	0,292	4	-0,009	0,543	6	0,005	0,744	Basisfaktor
Freie Medikamentenwahl	3	-0,011	0,500	4	0,001	0,963	6	0,003	0,863	Basisfaktor
Geschäftsstelle in der Nähe	3	-0,028	0,054	4	-0,005	0,751	6	0,026	0,085	Leistungsfaktor
Freundlichk. + Qualif. d.Mitarbeiter	4	-0,053	0,001	5	0,111	0,000	6	0,272	0,000	Begeisterungsfaktor
Kostenübern. Gesundheitskurse	3	-0,030	0,052	4	0,020	0,158	6	0,068	0,000	Begeisterungsfaktor
Betreuungsprogramme	3	-0,028	0,078	4	-0,008	0,575	6	0,038	0,018	Begeisterungsfaktor

Abbildung 5.23: Basis-, Leistungs- und Begeisterungsfaktoren in der GKV (1)

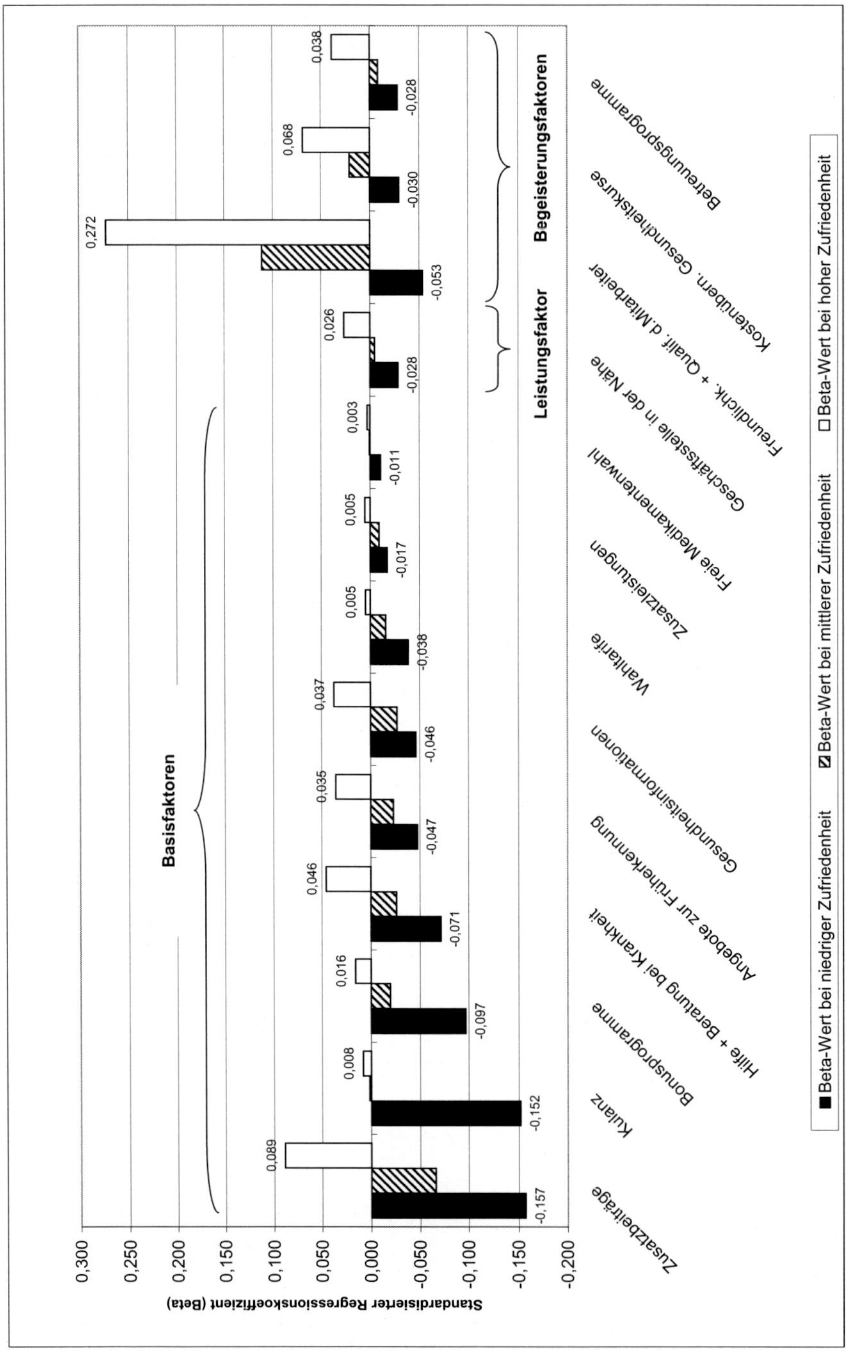

Abbildung 5.24: Basis-, Leistungs- und Begeisterungsfaktoren in der GKV (2)

wirkt sich schwächer auf die Gesamtzufriedenheit aus als eine gute Bewertung. Vor allem bei der Freundlichkeit und Qualifikation der Mitarbeiter spielt dieser Effekt eine Rolle; die „Strafe“ bei Unzufriedenheit mit den Kassenmitarbeitern ist gemäß der durchgeführten Analyse erheblich geringer als die „Belohnung“ bei hoher Zufriedenheit.

- Eine Geschäftsstelle in der Nähe stellt von den untersuchten Parametern den einzigen *Leistungsfaktor* dar, d.h. eine hohe und niedrige Zufriedenheit mit diesem Parameter wirkt sich in etwa gleich stark auf die Gesamtzufriedenheit der Versicherten aus.

Die These, dass zwischen den Teilzufriedenheiten und der Gesamtzufriedenheit der Versicherten ein *linearer* Zusammenhang besteht, ist demnach zu verwerfen.

5.3.6 Handlungsempfehlungen auf Basis der Importance-Performance-Analyse und des Kano-Modells

Die indirekte Wichtigkeitsbestimmung von Leistungsparametern und die Ermittlung der Faktortypen erhöhen die Komplexität von Handlungsempfehlungen. Für eine effektive und effiziente Ressourcenplanung bedarf es mehr als einer direkten Abfrage von Wichtigkeiten mit den dazugehörigen Teilzufriedenheiten. Matzler et al. weisen insbesondere darauf hin, dass das in der Praxis oft herangezogene Zufriedenheitsportfolio bzw. die Importance-Performance-Analyse zu falschen Managementempfehlungen führen kann.[720]

Bei der Importance-Performance-Analyse werden die Wichtigkeit und die Zufriedenheit einzelner Attribute in eine zweidimensionale Matrix eingetragen. Die Matrix wird anschließend mithilfe der Mittelwerte der Attribute in vier Quadranten unterteilt (siehe Abbildung 5.25). Für jeden Quadranten ergeben sich unterschiedliche Handlungsempfehlungen:[721]

- Attribute, die im *Quadrant I* liegen, weisen eine hohe Wichtigkeit und eine hohe Zufriedenheit auf. Die Empfehlung in diesem Fall lautet „Vorteile ausbauen/halten“, um mögliche Wettbewerbsvorteile zu erzielen oder zu erhalten.

[720] Vgl. Matzler (2003), S.317 ff; Matzler et al. (2003); Matzler/Sauerwein/Stark (2004), S.332 ff.; Matzler/Stahl/Hinterhuber (2004), S.22; Matzler et al. (2005).

[721] Vgl. Matzler et al. (2003), S.118 ff.; Matzler et al. (2005), S.301 ff.

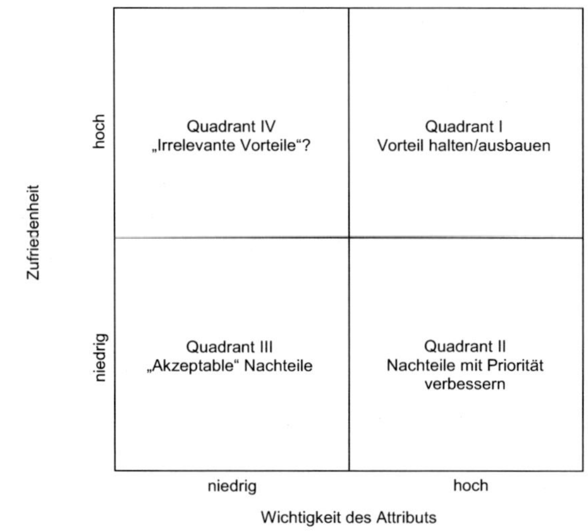

Abbildung 5.25: Importance-Performance-Analyse (Quelle: Matzler et al. (2005), S.302)

- Im *Quadrant II* befinden sich alle Attribute, die wichtig sind aber nur niedrige Zufriedenheitswerte erreichen. Unternehmen sollten sich vorrangig um diese Attribute kümmern und Verbesserungen anstreben. Andernfalls können sie zu einer ernsten Bedrohung für das Unternehmen werden.

- Attribute aus dem *Quadrant III* sind für die Kunden eher unwichtig und weisen niedrige Zufriedenheitswerte auf. Zusätzliche Anstrengungen werden bei diesen Attributen nicht empfohlen, da sie „akzeptable Nachteile" darstellen.

- Im *Quadrant IV* liegen alle Attribute mit einer niedrigen Wichtigkeit und einer hohen Zufriedenheit ("irrelevante Vorteile"). Die Ressourcen, die in diesem Bereich gebunden werden, können an anderer Stelle besser eingesetzt werden.

Die These, dass Managementempfehlungen, die aus der Importance-Performance-Analyse abgeleitet werden, falsch sein können, soll ebenfalls mithilfe des vorliegenden Datensatzes überprüft werden. Abbildung 5.26 zeigt hierzu die Wichtigkeits-Zufriedenheits-Matrix, die sich für die zuvor untersuchten Angebote und Merkmale von Krankenkassen ergibt. Als Wichtigkeitswerte wurden die Regressionskoeffizienten des MIMIC-Modells verwendet, bei den Zufriedenheiten handelt es sich um die in Abbildung 5.11 aufgeführten Mittelwerte.

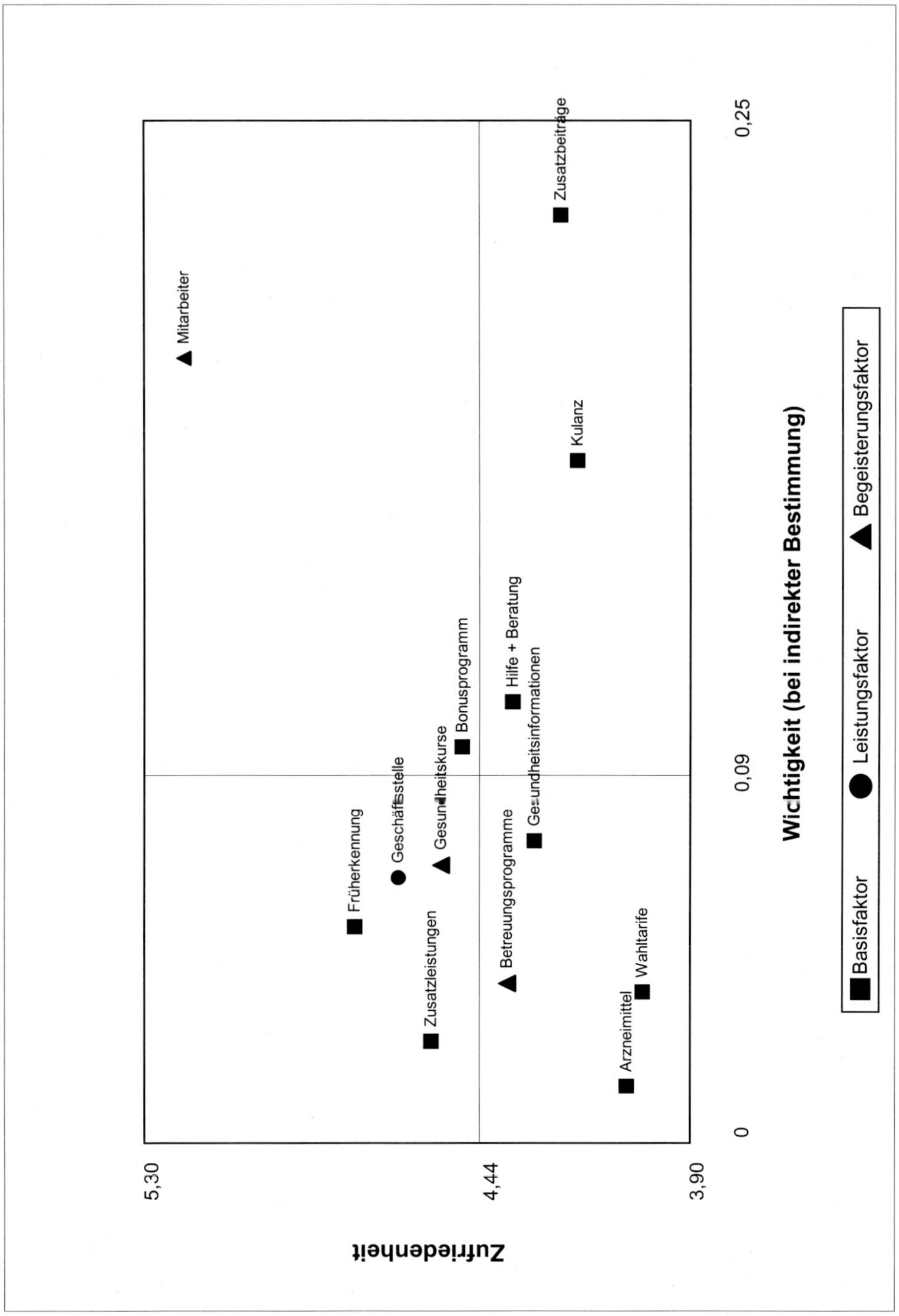

Abbildung 5.26: Ergebnisse der Importance-Performance-Analyse

Folgt man den Empfehlungen der Importance-Performance-Analyse, dann sollten im vorliegenden Fall

- die hohe Zufriedenheit mit der Freundlichkeit und Qualifikation der Mitarbeiter sowie mit dem Angebot von Bonusprogrammen gehalten,
- die Zufriedenheit mit Zusatzbeiträgen, der Kulanz sowie der Hilfe und Bera tung im Krankheitsfall mit hoher Priorität verbessert,
- keine zusätzlichen Anstrengungen bei Betreuungsprogrammen, Gesundheitsinformationen, Wahltarifen und der freien Auswahl an Arzneimitteln unternommen sowie
- der Abzug von Ressourcen bei Angeboten zur Früherkennung, Zusatzleistungen, Gesundheitskursen und Geschäftsstellen in Erwägung gezogen werden.

Bei Berücksichtigung der zuvor aufgedeckten asymmetrischen Effekte, die zwischen den Teilzufriedenheiten und der Gesamtzufriedenheit der Versicherten bestehen, ist nur ein Teil dieser Empfehlungen haltbar:

- Übereinstimmung besteht bei den drei wichtigsten Handlungsfeldern, denen eine hohe Aufmerksamkeit entgegengebracht werden sollte. Die Teilzufriedenheiten mit den Zusatzbeiträgen, der Kulanz sowie der Hilfe und Beratung im Krankheitsfall liegen alle unter dem durchschnittlichen Zufriedenheitsniveau. Da es sich um Basisfaktoren handelt, wird die Gesamtzufriedenheit in erheblichem Maße negativ von diesen Attributen beeinflusst. Über eine Verbesserung der Teilzufriedenheiten lässt sich die Gesamtzufriedenheit spürbar erhöhen. Dies trifft auch auf Bonusprogramme zu, deren Zufriedenheitsniveau nur knapp über dem Durchschnitt liegt.
- Eine Verringerung der Investitionen in Früherkennungsangebote, Zusatzleistungen, Gesundheitskurse und das Geschäftsstellennetz sind laut der Importance-Performance-Analyse vertretbar. Diesen Empfehlungen kann auf Basis des Kano-Modells nur eingeschränkt gefolgt werden. Bei Angeboten zur Früherkennung und bei Zusatzleistungen handelt es sich um Basisfaktoren; bei einer Verringerung der Zufriedenheit können aus diesen scheinbar „irrelevanten Vorteilen“ wichtige Nachteile werden. Da die Effektstärke der beiden Faktoren jedoch bei hoher und niedriger Zufriedenheit vergleichsweise gering ist (siehe Abbildung 5.24), wäre der „Schaden“ eines Ressourcenabzugs u.U.

hinnehmbar. Umgekehrt ist es bei der Kostenübernahme von Gesundheitskursen. Da dieses Attribut zu den Begeisterungsfaktoren zählt, wird beim Abzug von Ressourcen eine wertvolle Chance vertan, die Gesamtzufriedenheit zu erhöhen. Die Effektstärke bei hoher Zufriedenheit ist immerhin mehr als doppelt so hoch wie bei niedriger Zufriedenheit.

- Bei Behandlungs- und Betreuungsprogrammen, Wahltarifen, dem Angebot von Gesundheitsinformationen und der freien Auswahl von Arzneimitteln besteht gemäß der Importance-Performance-Analyse kein Handlungsbedarf, da es sich um „akzeptable Nachteile" handelt. Dabei wird übersehen, dass Wahltarife, Gesundheitsinformationen und die freie Arzneimittelwahl Basisfaktoren darstellen, die aufgrund ihrer niedrigen Zufriedenheitswerte die Gesamtzufriedenheit negativ beeinflussen. Ein Investment in diese Attribute kann zur Steigerung der Gesamtzufriedenheit beitragen. Eine Erhöhung der Zufriedenheit bei Behandlungs- und Betreuungsprogrammen bietet ebenfalls die Chance, das Gesamturteil der Versicherten zu verbessern. Da es sich um einen Begeisterungsfaktor handelt, wird die Wichtigkeit mit zunehmender Zufriedenheit steigen.

- Kein zusätzlicher Handlungsbedarf besteht in Bezug auf die Freundlichkeit und Qualifikation der Mitarbeiter. Dieses Attribut zählt zu den Begeisterungsfaktoren und weist das höchste Zufriedenheitsniveau auf; die Gesamtzufriedenheit wird hiervon in hohem Maße positiv beeinflusst. Dieses Niveau gilt es zu halten.

Die indirekte Wichtigkeitsbestimmung und die Ermittlung der Faktortypen stellen den *Ausgangspunkt* für die Ableitung von Managemententscheidungen dar, indem sie wichtige von unwichtigen Merkmalen abgrenzen und asymmetrische Effekte zwischen den Teilzufriedenheiten und der Gesamtzufriedenheit aufdecken.

Hierzu sind einige Punkte ergänzend anzumerken:

- Neben der Wichtigkeit und der Zufriedenheit spielen in der Praxis auch Wirtschaftlichkeitsüberlegungen und die Umsetzbarkeit der jeweiligen Option eine Rolle. Bei knappen Ressourcen ist darüber zu entscheiden, in welche Attribute investiert wird und wo ggf. Ressourcen abgezogen werden können. Dabei sind positive und negative Effekte gegeneinander abzuwägen.

- Konkrete Handlungsempfehlungen erfordern zudem ein tiefergehendes Verständnis, warum ein Teil der Kunden unzufrieden auf einzelne Angebote und

Merkmale reagiert und welche Gegenmaßnahmen getroffen werden können. Diese Maßnahmen sind hinsichtlich ihres Nutzens, ihrer Kosten und ihrer Erfolgswahrscheinlichkeit zu bewerten.

- Weiterhin ist zu beachten, dass sich die Nutzenerwartungen in verschiedenen Kundengruppen oftmals unterscheiden und die Einteilung von Basis-, Leistungs- und Begeisterungsfaktoren möglicherweise variiert. Um maßgeschneiderte Leistungspakete zu entwickeln, sind segmentspezifische Teilanalysen durchzuführen.

- Auch die Dynamik der Faktorstruktur ist zu berücksichtigen. Begeisterungsfaktoren entwickeln sich mit der Zeit zu Leistungsfaktoren, Leistungsfaktoren werden dagegen zu Basisfaktoren. Ein regelmäßiges „Monitoring“ dieser Verschiebungen scheint daher geboten.

Für das Marketing von Krankenkassen leiten sich mehrere Implikationen ab:

- Die *Höhe der Beiträge* hat für die Versicherten (nach wie vor) die größte Bedeutung. Eine hohe Unzufriedenheit mit diesem Attribut wirkt sich erheblich auf die Gesamtzufriedenheit mit der Krankenkasse aus und wird mit der Abwanderung von Mitgliedern bestraft; bei der Einführung der ersten Zusatzbeiträge in den Jahren 2009/2010 bekamen dies mehrere Krankenkassen zu spüren. Umgekehrt trägt eine hohe Teilzufriedenheit mit dem Zusatzbeitrag positiv zur Gesamtzufriedenheit der Kunden bei. Solange der Gesundheitsfonds einen Großteil der GKV-Ausgaben deckt, dreht sich der Preiswettbewerb vor allem um die Frage, ob eine Krankenkasse einen Zusatzbeitrag erhebt oder nicht. Um Zusatzbeiträge zu vermeiden, ist Krankenkassen ein striktes Kostenmanagement zu empfehlen. Gesundheits- und Versorgungsangebote können perspektivisch zu Kosteneinsparungen führen; entsprechende Effekte benötigen allerdings Zeit, sind mit Unsicherheiten verbunden und erfordern ein hohes Investment. Die Entwicklung neuer Konzepte findet daher nur zögerlich oder gar nicht statt. Stattdessen werden Leistungen gestrichen, Verträge gekündigt und weitere Einsparquellen ausfindig gemacht. Eine Unterdeckung des Gesundheitsfonds und die damit verbundene flächendeckende Einführung von (unterschiedlich hohen) Zusatzbeiträgen könnte diesen Innovationsstau beenden.

- Die *Freundlichkeit und Qualifikation der Mitarbeiter* spielt für die Versicherten eine wichtige Rolle und ist den Begeisterungsfaktoren zuzuordnen.

Während eine hohe Unzufriedenheit nur moderat auf die Gesamtzufriedenheit der Kunden einwirkt, geht von einer hohen Zufriedenheit ein überproportional starker Einfluss auf die Gesamtzufriedenheit aus. Krankenkassen ist daher zu empfehlen, bei der Interaktion zwischen den Mitarbeitern und den Kunden ein exzellentes Niveau anzustreben. Bei Versicherten, die nur selten oder gar keinen Kontakt zu ihrer Krankenkasse haben, sind zudem die Möglichkeiten und Auswirkungen einer proaktiven Ansprache zu prüfen, z.B. den Einsatz von so genannten „Kuschel-Anrufen".

- Von der *Kulanz* geht der drittstärkste Effekt auf die Kundenzufriedenheit in der GKV aus, allerdings nur, wenn die Versicherten sehr unzufrieden mit diesem Attribut sind. Bei einer hohen Teilzufriedenheit zeigt sich dagegen nur ein marginaler Effekt; es handelt sich folglich um einen klassischen Basisfaktor. Da sich Krankenkassen in einem engen rechtlichen Rahmen bewegen, gibt es im Grunde keine Kulanz, d.h. es liegt nicht im Ermessen eines Mitarbeiters, ob eine Leistung bewilligt wird oder nicht. Laut Umfrage nehmen die Versicherten dennoch derartige Spielräume wahr, was z.B. auf unterschiedliche Verträge mit Leistungserbringern zurückgeführt werden kann. Hier ist die Informationspolitik der Krankenkassen gefragt. Ist die Bewilligung einer Leistung nicht möglich, sind die Gründe dem Kunden verständlich zu erläutern. Folgt man der Attributionstheorie der Kundenzufriedenheit, dann lässt sich die Unzufriedenheit verringern, wenn die Versicherten die Ursache für die Ablehnung nicht ihrer Krankenkasse zuschreiben.[722]

- Auch bei *Bonusprogrammen* zeigt die Analyse, dass es sich um einen Basisfaktor handelt. Eine hohe Teilzufriedenheit hat nur einen sehr geringen Einfluss auf die Gesamtzufriedenheit; sind die Versicherten dagegen unzufrieden mit dem Bonusangebot, wirkt sich dies erheblich auf die Gesamtzufriedenheit aus. Über die Gründe kann an dieser Stelle nur spekuliert werden. Denkbar wäre, dass sich einzelne Versichertengruppen von derartigen Angeboten ausgeschlossen fühlen und daraus eine hohe Unzufriedenheit entsteht. Auch die Umsetzung der Programme könnte zu Verärgerungen und Unzufriedenheit führen, wenn sich die Versicherten z.B. um Bonuspunkte bemühen und diese von der Kasse nicht anerkannt werden. Eine intensivere Auseinandersetzung mit den Erwartungen der Versicherten an Bonusprogramme ist vor diesem Hintergrund zu empfehlen.

[722] Zur Attributionstheorie vgl. z.B. Kroeber-Riel/Weinberg (2003), S.299 ff.; Homburg/Krohmer (2006), S.85; Homburg/Stock-Homburg (2006), S.29 ff.

- Wie Befragungen zeigen sehen die Versicherten in ihrer Krankenkasse nicht mehr nur den „zahlenden Dritten“, sondern erwarten von dieser auch eine *Hilfe und Beratung im Krankheitsfall.* Eine geringe Teilzufriedenheit wirkt sich dabei stärker auf die Gesamtzufriedenheit aus als wenn die Versicherten zufrieden mit dem Engagement ihrer Krankenkasse sind. Auch in diesem Punkt sind die Wünsche und Erwartungen der Kunden noch eingehender zu analysieren und entsprechende Unterstützungsangebote aufzubauen.

Von allen weiteren Instrumenten gehen nur moderate bis geringe Effekte auf die Kundenzufriedenheit in der gesetzlichen Krankenversicherung aus. Dies trifft allerdings nur für die Gesamtheit der Befragungsteilnehmer zu; segmentspezifische Abweichungen sind zu berücksichtigen. Die Bereitstellung von Gesundheitsinformationen scheint z.B. für jüngere Versicherte eine hohe Bedeutung zu haben. Niederschwellige Angebote, wie z.B. eine Gesundheitshotline, ein Gesundheitsnewsletter oder der Zugriff auf Datenbanken und Lexika könnten diese Erwartungen u.U. erfüllen. Für ein zielgruppenorientiertes Krankenkassen-Marketing sind die Einflussmöglichkeiten auf die Zufriedenheit einzelner Versichertengruppen daher getrennt zu bewerten und in einen segmentspezifischen Marketing-Mix zu überführen.

Wie die Untersuchung zeigt spielen Versorgungsangebote im Vergleich zu anderen Marketing-Instrumenten der Krankenkassen noch eine untergeordnete Rolle. Betrachtet man den Aufbau neuer Behandlungs-, Betreuungs- und Versorgungskonzepte als „Königsdisziplin“ und wichtigsten Stellhebel für Effizienz- und Qualitätssteigerungen in der gesetzlichen Krankenversicherung, dann sind die von Kassen initiierten Programme noch klarer zu positionieren und deren Nutzen hervorzuheben. Als Maßstab für den zukünftigen Erfolg derartiger Angebote können nicht nur Einsparungen oder Verbesserungen bei Prozess- und Ergebnisparametern dienen, sondern auch die Stärke, mit der innovative Versorgungsformen die Zufriedenheit der Versicherten mit ihrer Krankenkasse beeinflussen. Die GKV steht hier noch ganz am Anfang. Der Wettbewerb um die beste Versorgung hat folglich erst begonnen.

6 Schlussbetrachtung

6.1 Zusammenfassung der Ergebnisse und Fazit

Wettbewerb soll zur Verbesserung der Wirtschaftlichkeit und Qualität im Gesundheitswesen beitragen und die Akteure motivieren, auf die Bedürfnisse der Versicherten bzw. Patienten einzugehen. Um dies zu erreichen, bedarf es hinreichend großer Gestaltungsspielräume; darüber hinaus müssen die Anreize richtig gesetzt sein. Beides ist ordnungspolitisch zu regeln.

Wie die Analyse der Rahmenbedingungen in der gesetzlichen Krankenversicherung zeigt (**Teil 2**) befindet sich das Marketing von Krankenkassen 15 Jahre nach der Einführung der freien Kassenwahl in einer neuen Phase. Mit der Einführung neuer Versorgungs- und Vertragsmöglichkeiten und der Anpassung des Risikostrukturausgleichs wurden wichtige Voraussetzungen geschaffen, um den Wettbewerb zwischen den Krankenkassen zu intensivieren und innovative Such- und Entdeckungsprozesse nach den besten Managementlösungen im Gesundheitswesen anzustoßen. Krankenkassen wandeln sich dabei zunehmend vom „Verwalter“ zum „Gestalter“.

In einem Verdrängungswettbewerb, wie er in der gesetzlichen Krankenversicherung besteht, sind die Anbieter im Vorteil, denen es gelingt, ihre Kunden möglichst eng an sich zu binden und vor Abwerbungsversuchen der Konkurrenz zu immunisieren. Ausgehend von den bisherigen Wechselbewegungen in der GKV und dem hohen Anteil wechselgefährdeter Mitglieder rückt auch bei Krankenkassen das Thema Kundenbindung zwangsläufig in den Mittelpunkt der unternehmerischen Ziele (**Teil 3**). Ein Modell, das die wesentlichen Determinanten der Kundenbindung in der GKV beschreibt, lag bislang allerdings nicht vor. Um diese Forschungslücke zu schließen, wurde in **Teil 4** auf Basis unterschiedlicher Erklärungsansätze ein Kausalmodell der Kundenbindung entwickelt und mithilfe einer Kovarianzstrukturanalyse empirisch überprüft. Dabei konnten die Attraktivität von Alternativen, die Kundenzufriedenheit, das Vertrauen und das Wechselrisiko als maßgebliche Einflussfaktoren der Kundenbindung bei Krankenkassen bestätigt werden. Die Hypothese, dass die Wechselkosten die Bindung der Versicherten ebenfalls festigen, war dagegen zu verwerfen.

Die Übersicht zu Beginn von **Teil 5** verdeutlicht, dass Krankenkassen trotz staatlicher Vorgaben auf eine Vielzahl von Marketing-Instrumenten zurückgreifen können, um die Bindung ihrer Kunden zu beeinflussen. Folgt man den vorliegenden Studien, dann drehte sich der Wettbewerb in der gesetzlichen Krankenversicherung in den ersten Jahren der Wahlfreiheit vorrangig um die Höhe der Beitragssätze; Leistungs- und Serviceangebote spielten nur eine untergeordnete Rolle. Dies kann sich in Zukunft ändern. Wie Befragungen zeigen sehen die Versicherten in ihrer Krankenkasse nicht länger nur den „zahlenden Dritten“ sondern fordern ein stärkeres Engagement bei der Beratung und Betreuung von Patienten und in der Koordination medizinischer Leistungen. Allerdings wurden in den meisten Untersuchungen, die sich mit den Erwartungen der Versicherten und der Bedeutung einzelner Marketing-Instrumente auseinander setzen, die Wichtigkeiten *direkt* abgefragt. Ein solches Vorgehen wird in der Literatur kritisiert; unter der Annahme der „Anspruchsinflation“, sozial erwünschter Antworten und einer kognitive Überforderung der Befragungsteilnehmer kann eine direkte Wichtigkeitsbestimmung zu falschen Handlungsempfehlungen führen. Welchen Einfluss spezielle Angebote und Merkmale von Krankenkassen auf das Präferenzurteil der Versicherten ausüben, ist demnach unklar.

In einer zweiten Primäranalyse wurde daher versucht, die Bedeutung ausgewählter Marketing-Instrumente indirekt zu bestimmen. Als Grundlage dienten die in einer Versichertenbefragung erhobenen Teilzufriedenheiten und die Gesamtzufriedenheit der Versicherten mit ihrer Krankenkasse. Mittels einer multiplen Regressionsanalyse und eines MIMIC-Modells ließen sich daraus die Wichtigkeiten einzelner Attribute berechnen; als Kennzahl wurde die Stärke, mit der ein Attribut auf die Gesamtzufriedenheit einwirkt, verwendet. Den größten Einfluss auf die Zufriedenheit der Versicherten haben demnach die Höhe des Zusatzbeitrags, die Freundlichkeit und Qualifikation der Mitarbeiter und die Kulanz. Von allen weiteren Attributen gehen lediglich moderate bis geringe Effekte aus, die in Summe jedoch nicht unterschätzt werden sollten und in unterschiedlichen Kundensegmenten z.T. deutlich variieren.

Da die Wichtigkeiten auch direkt abgefragt wurden, konnten die Ergebnisse der *indirekten* Wichtigkeitsbestimmung mit den *direkt* erhobenen Urteilen verglichen werden. Übereinstimmung besteht hinsichtlich der hohen Bedeutung, die den Zusatzbeiträgen, der Freundlichkeit und Qualifikation der Mitarbeiter und der Kulanz zukommt. Die relativen Wichtigkeiten und die Rangfolge weichen allerdings erheblich voneinander ab. Während die Versicherten z.B. den Früherkennungsangeboten bei direkter Abfrage den größten Stellenwert beimessen, landet dieses Merkmal bei einer indirekten Wichtigkeitsbestimmung nur auf Platz 9. Die These, dass direkt erhobene und indirekt berechnete Wichtigkeiten im Rahmen von Kundenzufriedenheitsanalysen in der gesetzlichen Krankenversicherung zu gleichen Ergebnissen führen, kann auf Basis der vorliegenden Untersuchung nicht aufrecht erhalten werden.

Weiterhin wurde analysiert, ob zwischen den Teilzufriedenheiten der Versicherten und der Gesamtzufriedenheit ein linearer oder ein nicht-linearer Zusammenhang besteht. Hintergrund ist der Mehr-Faktoren-Ansatz von Kano, der zwischen Basis-, Leistungs- und Begeisterungsfaktoren unterscheidet. Eine hohe oder niedrige Zufriedenheit geht dabei je nach Faktortyp mit einer hohen oder niedrigen Wichtigkeit einher. Für die Prüfung dieses Zusammenhangs wurde erneut eine multiple Regressionsanalyse unter Verwendung von Dummy-Variablen durchgeführt und die Effektstärke bei niedriger, mittlerer und hoher Teilzufriedenheit ermittelt. Nahezu alle Instrumente zeigten hierbei asymmetrische Effekte. Folgt man den Ergebnissen, dann stellen z.B. Zusatzbeiträge, die Kulanz, Bonusprogramme sowie die Hilfe und Beratung im Krankheitsfall Basisfaktoren dar, d.h. bei niedriger Teilzufriedenheit üben diese Marketing-Instrumente einen stärkeren Einfluss auf die Gesamtzufriedenheit aus als bei hoher Teilzufriedenheit. Umgekehrt ist es bei der Freundlichkeit und Qualifikation der Mitarbeiter oder der Kostenübernahme von Gesundheitskursen. Bei niedriger Teilzufriedenheit sind diese Instrumente vergleichsweise unwichtig, bei hoher Zufriedenheit tragen sie dagegen deutlich stärker zur Gesamtzufriedenheit bei; es handelt sich folglich um Begeisterungsfaktoren.

Die Unterscheidung des Faktortyps ist für die Ableitung von Handlungsempfehlungen relevant und stellt die Verlässlichkeit der häufig angewendeten Importance-Performance-Analyse infrage. Für den effektiven Einsatz der zur Verfügung stehenden Ressourcen sind die Wichtigkeit und das aktuelle Zufriedenheitsniveau sowie die Art des Faktors zu berücksichtigen. Die in der Literatur beschriebenen Diskrepanzen, die sich bei der Anwendung der klassischen Importance-Performance-Analyse ergeben, wurden auch im vorliegenden Fall bestätigt. Der Rückgriff auf dieses Analyse-Instrument ist daher zu überdenken.

Krankenkassen, die eine hohe Bindung ihrer Kunden anstreben, sollten auf Basis der vorliegenden Erkenntnisse

- Zusatzbeiträge vermeiden,

- ein exzellentes Niveau bei der Interaktion zwischen den Kassenmitarbeitern und den Versicherten anstreben,
- prüfen, wie die Unzufriedenheit mit der wahrgenommenen Kulanz der Kasse beeinflusst werden kann und
- sich mit der Umsetzung von Bonusprogrammen sowie der Hilfe und Beratung im Krankheitsfall auseinandersetzen.

Von den genannten Instrumenten gehen (gemäß den durchgeführten Analysen) die stärksten Effekte auf die Kundenzufriedenheit in der gesetzlichen Krankenversicherung aus. Der Einfluss von Behandlungs-, Betreuungs- und Versorgungskonzepten ist dagegen (noch) gering. Weiterhin ist ein segmentspezifischer Marketing-Mix und die zielgruppenspezifische Bewerbung einzelner Leistungspakete zu empfehlen, die auf die Wünsche spezieller Versichertengruppen abgestimmt sind, wie z.B. Informationsangebote für jüngere Mitglieder.

Da der Gesundheitsfonds einen Großteil der GKV-Ausgaben deckt, müssen erst wenige Krankenkassen einen Zusatzbeitrag erheben. Der Preiswettbewerb dreht sich daher vor allem um die Frage, ob eine Kasse eine zusätzliche „Rechnung“ verschickt oder nicht. Eine kurzfristige „Spar-Politik“ und die Zurückhaltung bei Investitionen in neue Betreuungs- und Versorgungsstrukturen sind vor diesem Hintergrund nachvollziehbar. Gesundheits- und Versorgungsangebote spielen für die Kunden derzeit noch eine untergeordnete Rolle; die angestrebten Einspareffekte sind zudem oftmals unsicher und stellen sich i.d.R. erst mittel- bis langfristig ein. Die Kosten für die Ingangsetzung von Innovationen fallen dagegen sofort an und können zur Einführung eines Zusatzbeitrags und Mitgliederverlusten führen. Ein Investment in „Großprojekte“ sollte daher nur bei sicheren Refinanzierungsmodellen oder entsprechenden Rücklagen erfolgen. Der Nutzen kleinerer „Prestige-Projekte“, die z.B. darauf ausgerichtet sind, das Vertrauen in die zukünftige Leistungsfähigkeit der Krankenkasse zu erhöhen oder das Image und den Bekanntheitsgrad der Kasse zu verbessern, wäre zu prüfen.

Perspektivisch bieten die zur Verfügung stehenden Marketing-Instrumente den Krankenkassen vielfältige und neue Möglichkeiten, das Versorgungsgeschehen in der gesetzlichen Krankenversicherung aktiv zu beeinflusssen und sich als Sachwalter der Interessen von Versicherten und Patienten zu positionieren. Wie die vorliegende Untersuchung zeigt sind in diesem Bereich jedoch viele Fragen offen. Die Vorteile neuer Angebote werden von den Kunden erst zum Teil wahrgenommen.

Der Wettbewerb um die besten Managementkonzepte im Gesundheitswesen hat folglich erst begonnen.

6.2 Erkenntnisgewinn und Ansätze für weitere Forschungen

Die vorliegende Untersuchung führt zu einem mehrfachen Erkenntnisgewinn, der nicht nur für die Marketingpraxis von Krankenkassen, sondern auch für die Marketingforschung im Allgemeinen von Relevanz ist:

- Mit dem Kundenbindungsmodell wurde erstmalig der Versuch unternommen, die wesentlichen Ursache-Wirkungs-Beziehungen bei der Bindung von gesetzlich Versicherten an eine Krankenkasse zu erfassen. Ein Großteil der aufgestellten Hypothesen wurde empirisch bestätigt. Die hohe Varianzaufklärung und der sehr gute Modell-Fit lassen den Schluss zu, dass das Modell geeignet ist, die Kundenbindung in der gesetzlichen Krankenversicherung zu erklären. Die theoretischen Grundlagen und die daraus abgeleiteten Determinanten sind zudem branchenunabhängig; eine Übertragung des Modells und die Prüfung in anderen Märkten erscheint vor diesem Hintergrund möglich.

- Auf Basis eines Multi-Attributiv-Modells zeigt die Untersuchung, welchen Einfluss einzelne Marketing-Instrumente auf die Zufriedenheit von GKV-Kunden ausüben.

- Die Untersuchung liefert zudem einen empirischen Beleg, dass in Kundenbefragungen *direkt* erhobene und *indirekt* berechnete Wichtigkeiten erhebliche Unterschiede aufweisen können. Die Annahmen der „Anspruchsinflation“ werden bekräftigt und die Verlässlichkeit von Rating-Skalen bei der Wichtigkeitsbestimmung von Angeboten und Merkmalen eines Unternehmens infrage gestellt.

- Darüber hinaus deckt die Analyse asymmetrische Zusammenhänge zwischen den Teilzufriedenheiten und der Gesamtzufriedenheit der Versicherten auf. Der Mehr-Faktor-Ansatz von Kano lässt sich folglich auch auf die Zufriedenheit in der gesetzlichen Krankenversicherung übertragen.

- Die in der Literatur beschriebenen Probleme, die bei der Anwendung der klassischen Importance-Performance-Analyse und dem Vorliegen einer Mehr-Faktor-Struktur auftreten können, werden gestützt.

Zukünftige Forschungsvorhaben können an unterschiedlichen Punkten der Untersuchung anknüpfen:

- Handlungsempfehlungen, die auf einer willkürlichen Stichprobe beruhen, können verzerrt sein. Um die Aussagekraft der in der vorliegenden Untersuchung getroffenen Empfehlungen zu validieren, wäre eine Wiederholung der Analysen auf Basis einer repräsentativen Stichprobe von GKV-Kunden notwendig, die auch Aussagen über unterschiedliche Versichertensegmente zulässt.

- In der empirischen Untersuchung zur Bedeutung ausgewählter Marketing-Instrumente von Krankenkassen wurde die Kundenzufriedenheit als Referenzmaßstab herangezogen und eingehend analysiert. Eine intensivere Auseinandersetzung mit dem Vertrauen und dem Wechselrisiko könnte weitere Hinweise liefern, wie sich die Kundenbindung in der gesetzlichen Krankenversicherung erhöhen lässt.

- Die Attraktivität von Alternativen übt den stärksten Einfluss auf die Kundenbindung in der gesetzlichen Krankenversicherung aus. Welche Attribute mit welcher Gewichtung dieses Konstrukt bestimmen, ist bislang allerdings nicht bekannt. Auch hier besteht weiterer Forschungsbedarf. Die Messung des Konstruktes ist zudem zu verbessern.

- Asymmetrische Zusammenhänge, die zwischen den Teilzufriedenheiten und der Gesamtzufriedenheit von Kunden bestehen, sind auch bei der Bewertungen von Alternativen und beim Vertrauen denkbar. Die Aufdeckung einer solchen Mehr-Faktor-Struktur könnte die Qualität von Handlungsempfehlungen bei diesen Parametern steigern.

- Für den Erfolg einer Krankenkassen spielt neben der Kundenbindung auch die Kundenakquise eine Rolle. Ein Verhaltensmodell, das die Entscheidungsprozesse für den Wechsel einer Krankenkasse aufdeckt, fehlt.

A Anhang

A.1 Fragebogen 1: Kausalmodell der Kundenbindung in der gesetzlichen Krankenversicherung

EBERHARD KARLS
UNIVERSITÄT
TÜBINGEN

Krankenkassen in Deutschland:
Wie zufrieden sind die Versicherten?

Liebe Befragungsteilnehmerin,
lieber Befragungsteilnehmer,

ich möchte Sie heute einladen, an einer Studie über die gesetzliche Krankenversicherung teilzunehmen.

Die Studie wird in Zusammenarbeit mit mehreren Krankenkassen und im Rahmen einer Doktorarbeit an der Universität Tübingen durchgeführt und soll dazu beitragen, mehr über die Zufriedenheit, das Vertrauen und die Bindung der Versicherten in Deutschland zu erfahren.

Mit der Beantwortung der nachfolgenden Fragen können Sie helfen, dass sich unser Gesundheitssystem noch stärker an den Interessen der Bürgerinnen und Bürger orientiert und die verfügbaren Mittel bestmöglich eingesetzt werden. Ihre Mitarbeit ist daher sehr wichtig!

Die Erhebung und Auswertung der Fragen bzw. Antworten erfolgt ausschließlich anonym. Rückschlüsse auf Ihre Person werden nicht gezogen. Für die Beantwortung der Fragen planen Sie bitte ca. 10 Minuten ein.

Herzlichen Dank im Voraus für Ihre Unterstützung.

Mit freundlichen Grüßen
Guido Weber

Zunächst interessiert uns, wie zufrieden Sie mit Ihrer derzeitigen Krankenkasse sind. Bitte geben Sie hierzu an, inwiefern Sie den folgenden Aussagen zustimmen.

(von 1 = „stimme gar nicht zu" bis 7 = „stimme voll und ganz zu")

	stimme gar nicht zu						**stimme voll und ganz zu**
	1	**2**	**3**	**4**	**5**	**6**	**7**
Mit meiner Krankenkasse bin ich in hohem Maße zufrieden.	○	○	○	○	○	○	○
Die Mitgliedschaft bei meiner Krankenkasse habe ich bislang immer als sehr vorteilhaft empfunden.	○	○	○	○	○	○	○
Meine Krankenkasse hat bis zum heutigen Tage alle meine Erwartungen bestens erfüllt.	○	○	○	○	○	○	○
Die Wahl meiner Krankenkasse war eine überaus gute Entscheidung.	○	○	○	○	○	○	○
Von meiner Krankenkasse bin ich alles in allem sehr enttäuscht.	○	○	○	○	○	○	○
Als Mitglied meiner Krankenkasse fühle ich mich hervorragend.	○	○	○	○	○	○	○

Eine langfristige Kundenbeziehung setzt in der Regel das Vertrauen der Kunden voraus. Inwiefern stimmen Sie den folgenden Aussagen zu?

(von 1 = „stimme gar nicht zu" bis 7 = „stimme voll und ganz zu")

	stimme gar nicht zu						**stimme voll und ganz zu**
	1	**2**	**3**	**4**	**5**	**6**	**7**
Auf meine Krankenkasse kann ich mich immer voll und ganz verlassen.	○	○	○	○	○	○	○
Ich habe in jeder Hinsicht sehr großes Vertrauen in meine Krankenkasse.	○	○	○	○	○	○	○
Meine Krankenkasse ist den zukünftigen Herausforderungen im Gesundheitswesen voll und ganz gewachsen.	○	○	○	○	○	○	○
Meine Krankenkasse ist ein starker Partner im Gesundheitswesen.	○	○	○	○	○	○	○
Ich habe Bedenken, ob meine Krankenkasse auch in den nächsten Jahren stets in der Lage ist, das für mich beste Preis-Leistungsverhältnis zu bieten.	○	○	○	○	○	○	○
Meine Krankenkasse ist im Wettbewerb mit anderen Krankenkassen sehr gut aufgestellt.	○	○	○	○	○	○	○
Wenn es um Innovationen geht, dann ist meine Krankenkasse immer vorne dabei.	○	○	○	○	○	○	○
Meine Krankenkasse hat einen guten Ruf.	○	○	○	○	○	○	○

Die Versicherten in Deutschland können zwischen unterschiedlichen (gesetzlichen und je nach Einkommen auch privaten) Krankenversicherungen wählen. Was halten Sie von anderen Krankenversicherungen? Bitte geben Sie dazu an, inwiefern Sie den folgenden Aussagen zustimmen.

(von 1 = „stimme gar nicht zu" bis 7 = „stimme voll und ganz zu")

	stimme gar nicht zu 1	2	3	4	5	6	**stimme voll und ganz zu** 7
Mit einer anderen Krankenversicherung wäre ich vermutlich alles in allem deutlich zufriedener als mit meiner derzeitigen Krankenkasse.	○	○	○	○	○	○	○
Die Mitgliedschaft in meiner aktuellen Krankenkasse hat im Vergleich zu der Mitgliedschaft bei einer anderen Krankenversicherung sehr viele Vorteile für mich.	○	○	○	○	○	○	○
Das Preis-Leistungsverhältnis einer oder mehrerer anderer Krankenversicherungen halte ich für überaus interessant.	○	○	○	○	○	○	○
Wenn ich mich morgen für eine andere Krankenversicherung entscheiden müsste, dann wäre das (abgesehen von dem Aufwand für einen Wechsel) sehr nachteilig für mich.	○	○	○	○	○	○	○
Es gibt deutlich bessere Krankenversicherungen als meine derzeitige Krankenkasse.	○	○	○	○	○	○	○

Ist der Wechsel zu einer anderen Krankenversicherung für Sie leicht oder schwer? Bitte geben Sie hierzu an, inwiefern Sie den folgenden Aussagen zustimmen.

(von 1 = „stimme gar nicht zu" bis 7 = „stimme voll und ganz zu")

	stimme gar nicht zu 1	2	3	4	5	6	**stimme voll und ganz zu** 7
Die Auswahl und der Wechsel zu einer neuen Krankenversicherung kostet sehr viel Zeit und Mühe.	○	○	○	○	○	○	○
Es würde einige Zeit dauern, bis ich eine passende Krankenversicherung gefunden und mich an deren Abläufe gewöhnt hätte.	○	○	○	○	○	○	○
Der Wechsel zu einer neuen Krankenversicherung wäre für mich überaus lästig.	○	○	○	○	○	○	○
Die Aufwände für die Kündigung einer Krankenkasse und den Beitritt zu einer neuen Krankenversicherung sind vernachlässigbar gering.	○	○	○	○	○	○	○
Es wäre einiges zu tun, bis ich bei einer neuen Krankenversicherung wieder alles so geregelt hätte wie es bei meiner jetzigen Krankenkasse der Fall ist.	○	○	○	○	○	○	○
In die Beziehung zu meiner aktuellen Krankenkasse habe ich schon sehr viel Zeit und Mühe investiert.	○	○	○	○	○	○	○

Wie riskant erscheint Ihnen der Wechsel zu einer neuen Krankenversicherung? Bitte geben Sie hierzu an, inwiefern Sie den folgenden Aussagen zustimmen.

(von 1 = „stimme gar nicht zu" bis 7 = „stimme voll und ganz zu")

	stimme gar nicht zu 1	2	3	4	5	6	stimme voll und ganz zu 7
Man kann nie wissen, ob eine neue Krankenversicherung nicht doch schlechter ist als die alte.	O	O	O	O	O	O	O
Trotz sorgfältiger Auswahl könnte sich der Wechsel zu einer neuen Krankenversicherung im Nachhinein als großer Fehler herausstellen.	O	O	O	O	O	O	O
Ich hätte keinerlei Bedenken, zu einer anderen Krankenversicherung zu wechseln.	O	O	O	O	O	O	O
Der Wechsel zu einer neuen Krankenversicherung könnte zu nicht vorhergesehenen Schwierigkeiten führen.	O	O	O	O	O	O	O

Wollen Sie bei Ihrer Krankenkasse bleiben oder schauen Sie sich vielleicht schon nach einer neuen (gesetzlichen oder privaten) Krankenversicherung um? Bitte geben Sie an, inwiefern Sie den folgenden Aussagen zustimmen.

(von „stimme gar nicht zu" bis „stimme voll und ganz zu")

	stimme gar nicht zu 1	2	3	4	5	6	stimme voll und ganz zu 7
Wenn ich mich in nächster Zeit für eine neue Krankenversicherung entscheiden müsste, dann würde ich meine derzeitige Krankenkasse auf alle Fälle wieder wählen.	O	O	O	O	O	O	O
Manchmal bin ich mir sehr unsicher, ob ich bei meiner Krankenkasse bleiben soll.	O	O	O	O	O	O	O
Meine aktuelle Krankenkasse würde ich guten Freunden völlig uneingeschränkt als erste Wahl weiterempfehlen.	O	O	O	O	O	O	O
Ich habe vor, noch viele Jahre bei meiner Krankenkasse zu bleiben.	O	O	O	O	O	O	O
Mit meiner derzeitigen Krankenkasse fühle ich mich sehr stark verbunden.	O	O	O	O	O	O	O
Ich kann mir sehr gut vorstellen, meine Krankenkasse innerhalb der nächsten 2-3 Jahre zu wechseln.	O	O	O	O	O	O	O
Ich habe in letzter Zeit sehr oft über den Wechsel zu einer neuen Krankenversicherung nachgedacht.	O	O	O	O	O	O	O

Die nächsten Fragen beziehen sich auf Ihren Gesundheitszustand und die Nutzung unterschiedlicher Angebote Ihrer Krankenkasse.

Was trifft auf Sie zu?

(Auch diese Antworten werden wie alle anderen Antworten absolut anonym erhoben.)

	ja	**nein**	**weiß nicht / keine Angabe**
Haben Sie eine oder mehrere lang andauernde, chronische Erkrankungen? Hinweis: Chronische Krankheiten sind lang andauernde Erkrankungen, die ständiger Behandlung und Kontrolle bedürfen, z. B. Diabetes, Asthma oder Herzerkrankungen.	○	○	○
Haben Sie innerhalb der letzten 12 Monate mindestens einmal die Hilfe eines niedergelassenen Arztes in Anspruch genommen? Zahnarztbesuche sind hierbei nicht gemeint.	○	○	○
Haben Sie innerhalb der letzten 12 Monate ein verschreibungspflichtiges Arzneimittel erhalten?	○	○	○
Haben Sie innerhalb der letzten 12 Monate mindestens eine Nacht im Krankenhaus verbracht?	○	○	○
Nehmen Sie an einem Hausarztprogramm Ihrer Krankenkasse teil, bei dem Ihr Hausarzt alle Behandlungsschritte koordiniert und Sie nur per Überweisung einen Facharzt aufsuchen dürfen?	○	○	○
Nehmen Sie an einem Bonusprogramm Ihrer Krankenkasse teil?	○	○	○
Nehmen Sie an einem Betreuungsprogramm Ihrer Krankenkasse für chronisch kranke Versicherte (z.B. für Diabetiker, Asthmatiker, Patienten mit einer Herzkrankheit) teil?	○	○	○
Haben Sie einen speziellen Wahltarif Ihrer Krankenkasse abgeschlossen (z.B. Selbstbehalt, Rückerstattung bei Nicht-Inanspruchnahme von Leistungen, Kostenerstattung, Hausarzttarif)?	○	○	○

Wie würden Sie Ihren derzeitigen Gesundheitszustand im Allgemeinen beschreiben?

○ sehr schlecht ○ schlecht ○ mittelmäßig ○ gut ○ sehr gut

Wie regelmäßig nehmen Sie an gesundheitlichen Vorsorge- und Früherkennungsuntersuchungen teil (z.B. an der jährlichen Zahnvorsorge, an Untersuchungen zur Krebsfrüherkennung oder am Gesundheits-Check-Up)?

○ nie

○ eher unregelmäßig

○ eher regelmäßig

○ sehr regelmäßig

Bitte beantworten Sie zum Abschluss noch einige Fragen zu Ihrer Person.

Welches Geschlecht haben Sie?

- ◯ männlich
- ◯ weiblich

Wie alt sind Sie?

Alter in Jahren
(z.B. 46)

Sind Sie selbst Mitglied der Krankenkasse oder sind Sie über einen Familienangehörigen mitversichert (familienversichert)?

- ◯ Ich bin selbst Mitglied meiner Krankenkasse
- ◯ Ich bin über einen Familienangehörigen mitversichert
- ◯ weiß nicht

Welchen höchsten Bildungsabschluss haben Sie?

- ◯ Ich bin noch Schüler
- ◯ Hauptschule mit abgeschlossener Berufsausbildung
- ◯ Hauptschule ohne abgeschlossene Berufsausbildung
- ◯ Mittlere Reife
- ◯ Abitur
- ◯ Abgeschlossenes Studium
- ◯ Promotion
- ◯ Sonstigen Abschluss

Wie hoch ist das monatlich verfügbare Einkommen Ihres Haushaltes insgesamt?
(Gemeint ist das Nettoeinkommen, d.h. die Summe, die sich aus allen Ihren Einkünften abzüglich der Steuern und Sozialversicherungsbeiträge ergibt.)

- ◯ unter 1.000 Euro
- ◯ 1.000 Euro bis unter 2.000 Euro
- ◯ 2.000 Euro bis unter 3.000 Euro
- ◯ 3.000 Euro bis unter 4.000 Euro
- ◯ 4.000 Euro bis unter 5.000 Euro
- ◯ 5.000 Euro und mehr
- ◯ weiß nicht / keine Angabe

A.2 Fragebogen 2: Bedeutung von ausgewählten Marketing-Instrumenten in der gesetzlichen Krankenversicherung

EBERHARD KARLS UNIVERSITÄT TÜBINGEN

Krankenkassen in Deutschland:
Was wollen die Versicherten?

Liebe Befragungsteilnehmerin,
lieber Befragungsteilnehmer,

ich möchte Sie heute einladen, an einer Studie über die gesetzliche Krankenversicherung teilzunehmen.

Die Studie wird in Zusammenarbeit mit mehreren Krankenkassen und im Rahmen einer Doktorarbeit an der Universität Tübingen durchgeführt und soll dazu beitragen, mehr über die Zufriedenheit und die Bindung der Versicherten in Deutschland zu erfahren.

Mit der Beantwortung der nachfolgenden Fragen können Sie helfen, dass sich unser Gesundheitssystem noch stärker an den Interessen der Bürgerinnen und Bürger orientiert und die verfügbaren Mittel bestmöglich eingesetzt werden. Ihre Mitarbeit ist daher sehr wichtig!

Die Erhebung und Auswertung der Fragen bzw. Antworten erfolgt ausschließlich anonym. Rückschlüsse auf Ihre Person werden nicht gezogen. Für die Beantwortung der Fragen planen Sie bitte 10 Minuten ein.

Herzlichen Dank im Voraus für Ihre Unterstützung.

Mit freundlichen Grüßen
Guido Weber

Krankenkassen unterscheiden sich in ihren Leistungen, Serviceangeboten, Zusatzbeiträgen und Vergünstigungen.

Bitte geben Sie an, wie wichtig die nachfolgenden Leistungen und Services einer Krankenkasse für Sie sind.

(von 1 = „gar nicht wichtig" bis 6 = „hochgradig wichtig")

	gar nicht wichtig 1	2	3	4	5	hoch-gradig wichtig 6	weiß nicht / kenne ich nicht
Kostenübernahme oder Kostenbeteiligung der Krankenkasse an Gesundheitskursen	○	○	○	○	○	○	○
Umfangreiche Angebote zur Früherkennung von Erkrankungen (z.B. Vorsorgeuntersuchungen für Kinder, Krebsfrüherkennung, Gesundheits-Check-Up)	○	○	○	○	○	○	○
Kostenlose oder vergünstigte Zusatzleistungen (z.B. spezielle Impfungen oder eine Haushaltshilfe im Krankheitsfall)	○	○	○	○	○	○	○
Die Erstattung sämtlicher vom Arzt verschriebenen Medikamente, ohne dass ein Austausch durch wirkstoffgleiche Präparate stattfindet, für die die Krankenkasse spezielle Rabattverträge geschlossen hat	○	○	○	○	○	○	○
Die Kulanz, d.h. das Entgegenkommen Ihrer Krankenkasse bei der Bewilligung von speziellen Leistungen	○	○	○	○	○	○	○
Zusatzservices (z.B. die Vermittlung von Arztterminen, Vorsorgeerinnerungen)	○	○	○	○	○	○	○
Umfangreiche Informationsangebote zu Krankheiten und Gesundheitsthemen (z.B. Broschüren, eine ärztliche Beratung am Telefon oder Internetangebote)	○	○	○	○	○	○	○
Umfangreiche Informationen über die Leistungen der Krankenkasse	○	○	○	○	○	○	○

Auch zu den folgenden Angeboten und Merkmalen interessiert uns Ihre Meinung.

Bitte geben Sie an, wie wichtig die nachfolgenden Versorgungsangebote und Merkmale einer Krankenkasse für Sie sind.

(von „gar nicht wichtig“ bis „hochgradig wichtig“)

	gar nicht wichtig 1	2	3	4	5	hoch-gradig wichtig 6	weiß nicht / kenne ich nicht
Eine umfassende Hilfe und Beratung im Krankheitsfall	○	○	○	○	○	○	○
Ein Hausarztprogramm, bei dem Ihr Hausarzt alle Behandlungsschritte koordiniert und Facharztbesuche nur per Überweisung möglich sind (im Gegenzug wird Ihnen die Praxisgebühr erlassen)	○	○	○	○	○	○	○
Besondere Behandlungs- und Betreuungsprogramme für Patienten, die an einer dauerhaften oder längerfristigen Erkrankung leiden (z.B. Asthma, Diabetes, Herzerkrankung, Rückenschmerzen) oder eine größere Operation mit entsprechender Nachbehandlung benötigen (z.B. Austausch eines Kniegelenks)	○	○	○	○	○	○	○
Eine gute telefonische Erreichbarkeit	○	○	○	○	○	○	○
Eine Geschäftsstelle in Ihrer Nähe	○	○	○	○	○	○	○
Freundliche, hilfsbereite und gut qualifizierte Mitarbeiter	○	○	○	○	○	○	○
Eine schnelle Bearbeitung von Anfragen und Anträgen	○	○	○	○	○	○	○
Ein Bonusprogramm, das ein gesundheitsbewusstes Verhalten mit Sach- oder Geldprämien belohnt	○	○	○	○	○	○	○
Die Möglichkeit, zwischen unterschiedlichen Tarifen einer Krankenkasse wählen zu können (z.B. einen Selbstbehalttarif, einen Hausarzttarif oder einen Tarif mit Beitragsrückerstattungen)	○	○	○	○	○	○	○

	gar nicht wichtig 1	2	3	4	5	hoch-gradig wichtig 6	weiß nicht / kenne ich nicht
Wie wichtig ist es für Sie, welchen Zusatzbeitrag eine Krankenkasse erhebt?	○	○	○	○	○	○	○

Zuvor haben wir Sie zur Wichtigkeit einzelner Angebote und Merkmale einer Krankenkasse befragt. Kommen wir nun zur Zufriedenheit mit Ihrer derzeitigen Krankenkasse.

Wie zufrieden sind Sie mit ...

(von 1 = „in hohem Maße unzufrieden" bis 6 = „voll und ganz zufrieden")

	in hohem Maße unzufrieden 1	2	3	4	5	voll und ganz zufrieden 6	weiß nicht / kenne ich nicht
... der Kostenbeteiligung Ihrer Krankenkasse an Gesundheitskursen?	O	O	O	O	O	O	O
... den Angeboten Ihrer Krankenkasse zur Früherkennung von Erkrankungen (z.B. Vorsorgeuntersuchungen für Kinder, Krebsfrüherkennung, Gesundheits-Check-Up)?	O	O	O	O	O	O	O
... den kostenlosen oder vergünstigten Zusatzleistungen Ihrer Krankenkasse (z.B. speziellen Impfungen oder eine Haushaltshilfe im Krankheitsfall)?	O	O	O	O	O	O	O
... der Erstattung von Medikamenten ohne dass diese durch wirkstoffgleiche Präparate ausgetauscht werden, für die Ihre Krankenkasse spezielle Rabattverträge abgeschlossen hat?	O	O	O	O	O	O	O
... der Kulanz Ihrer Krankenkasse, d.h. dem Entgegenkommen bei der Bewilligung von speziellen Leistungen?	O	O	O	O	O	O	O
... den Zusatzservices Ihrer Krankenkasse (z.B. der Vermittlung von Arztterminen oder Vorsorgeerinnerungen)?	O	O	O	O	O	O	O
... den Informationsangeboten Ihrer Krankenkasse zu Krankheiten und Gesundheitsthemen (z.B. Broschüren, ärztliche Beratung per Telefon, Internetangebote)?	O	O	O	O	O	O	O
... den Informationen Ihrer Krankenkasse zu den Leistungen, die Sie in Anspruch nehmen können?	O	O	O	O	O	O	O

Bitte geben Sie auch zu den folgenden Angeboten und Merkmalen Ihrer Krankenkasse Ihre Zufriedenheit an.

Wie zufrieden sind Sie mit ...

(von 1 = „in hohem Maße unzufrieden“ bis 6 = „voll und ganz zufrieden“)

	in hohem Maße unzufrieden 1	2	3	4	5	voll und ganz zufrieden 6	weiß nicht / kenne ich nicht
... der Hilfe und Beratung Ihrer Krankenkasse im Krankheitsfall?	○	○	○	○	○	○	○
... dem Hausarztprogramm Ihrer Krankenkasse oder der Möglichkeit, an einem solchen Programm teilnehmen zu können?	○	○	○	○	○	○	○
... den Behandlungs- und Betreuungsangeboten Ihrer Krankenkasse für Patienten, die an einer dauerhaften oder längerfristigen Erkrankung leiden (z.B. Asthma, Diabetes, Herzerkrankung, Rückenschmerzen) oder eine größere Operation mit entsprechender Nachbehandlung benötigen (z.B. Austausch eines Kniegelenks)?	○	○	○	○	○	○	○
... der telefonischen Erreichbarkeit Ihrer Krankenkasse?	○	○	○	○	○	○	○
... dem Geschäftsstellennetz Ihrer Krankenkasse?	○	○	○	○	○	○	○
... der Freundlichkeit, Hilfsbereitschaft und Qualifikation der Mitarbeiter Ihrer Krankenkasse?	○	○	○	○	○	○	○
... der Schnelligkeit bei der Bearbeitung von Anfragen und Anträgen, die Sie bei Ihrer Krankenkasse stellen?	○	○	○	○	○	○	○
... dem Bonusprogramm Ihrer Krankenkasse für ein gesundheitsbewusstes Verhalten bzw. der Möglichkeit, an einem solchen Programm teilnehmen zu können?	○	○	○	○	○	○	○
... der Möglichkeit, zwischen unterschiedlichen Tarifen Ihrer Krankenkasse wählen zu können (z.B. einen Selbstbehalttarif, einen Hausarzttarif oder einen Tarif mit Rückerstattungen)?	○	○	○	○	○	○	○

	in hohem Maße unzufrieden 1	2	3	4	5	voll und ganz zufrieden 6	weiß nicht / kenne ich nicht
Wie zufrieden sind Sie mit den monatlich zu zahlenden (Zusatz-) Beiträgen bei Ihrer Krankenkasse im Vergleich zu anderen Krankenversicherungen?	○	○	○	○	○	○	○

Wie beurteilen Sie die Mitgliedschaft bei Ihrer derzeitigen Krankenkasse insgesamt? Bitte geben Sie hierzu an, inwiefern Sie den folgenden Aussagen zustimmen.

(von 1 = „stimme gar nicht zu" bis 7 = „stimme voll und ganz zu")

	stimme gar nicht zu 1	2	3	4	5	6	stimme voll und ganz zu 7
Mit meiner Krankenkasse bin ich in hohem Maße zufrieden.	O	O	O	O	O	O	O
Die Mitgliedschaft bei meiner Krankenkasse habe ich bislang immer als sehr vorteilhaft empfunden.	O	O	O	O	O	O	O
Meine Krankenkasse hat bis zum heutigen Tage alle meine Erwartungen bestens erfüllt.	O	O	O	O	O	O	O
Die Wahl meiner Krankenkasse war eine überaus gute Entscheidung.	O	O	O	O	O	O	O
Von meiner Krankenkasse bin ich alles in allem sehr enttäuscht.	O	O	O	O	O	O	O
Als Mitglied meiner Krankenkasse fühle ich mich hervorragend.	O	O	O	O	O	O	O

Die nächsten Fragen beziehen sich auf Ihren Gesundheitszustand und die Nutzung unterschiedlicher Angebote Ihrer Krankenkasse.

Was trifft auf Sie zu?

(Auch diese Antworten werden wie alle anderen Antworten absolut anonym erhoben.)

	ja	nein	weiß nicht / keine Angabe
Haben Sie eine oder mehrere lang andauernde, chronische Erkrankungen? Hinweis: Chronische Krankheiten sind lang andauernde Erkrankungen, die ständiger Behandlung und Kontrolle bedürfen, z. B. Diabetes, Asthma oder Herzerkrankungen.	O	O	O
Haben Sie innerhalb der letzten 12 Monate mindestens einmal die Hilfe eines niedergelassenen Arztes in Anspruch genommen? Zahnarztbesuche sind hierbei nicht gemeint.	O	O	O
Haben Sie innerhalb der letzten 12 Monate ein verschreibungspflichtiges Arzneimittel erhalten?	O	O	O
Haben Sie innerhalb der letzten 12 Monate mindestens eine Nacht im Krankenhaus verbracht?	O	O	O
Nehmen Sie an einem Hausarztprogramm Ihrer Krankenkasse teil, bei dem Ihr Hausarzt alle Behandlungsschritte koordiniert und Sie nur per Überweisung einen Facharzt aufsuchen dürfen?	O	O	O
Nehmen Sie an einem Bonusprogramm Ihrer Krankenkasse teil?	O	O	O
Nehmen Sie an einem Betreuungsprogramm Ihrer Krankenkasse für chronisch kranke Versicherte (z.B. für Diabetiker, Asthmatiker, Patienten mit einer Herzkrankheit) teil?	O	O	O
Haben Sie einen speziellen Wahltarif Ihrer Krankenkasse abgeschlossen (z.B. Selbstbehalt, Rückerstattung bei Nicht-Inanspruchnahme von Leistungen, Kostenerstattung, Hausarzttarif)?	O	O	O

Wie würden Sie Ihren derzeitigen Gesundheitszustand im Allgemeinen beschreiben?

- ○ sehr schlecht
- ○ schlecht
- ○ mittelmäßig
- ○ gut
- ○ sehr gut

Wie regelmäßig nehmen Sie an gesundheitlichen Vorsorge- und Früherkennungsuntersuchungen teil (z.B. an der jährlichen Zahnvorsorge, an Untersuchungen zur Krebsfrüherkennung oder am Gesundheits-Check-Up)?

- ○ nie
- ○ eher unregelmäßig
- ○ eher regelmäßig
- ○ sehr regelmäßig

Bitte beantworten Sie zum Abschluss noch einige Fragen zu Ihrer Person.

Welches Geschlecht haben Sie?

- ○ männlich
- ○ weiblich

Wie alt sind Sie?

Alter in Jahren (z.B. 46) ______

Sind Sie selbst Mitglied der Krankenkasse oder sind Sie über einen Familienangehörigen mitversichert (familienversichert)?

- ○ Ich bin selbst Mitglied meiner Krankenkasse
- ○ Ich bin über einen Familienangehörigen mitversichert
- ○ weiß nicht

Welchen höchsten Bildungsabschluss haben Sie?

- ◯ Ich bin noch Schüler
- ◯ Hauptschule mit abgeschlossener Berufsausbildung
- ◯ Hauptschule ohne abgeschlossene Berufsausbildung
- ◯ Mittlere Reife
- ◯ Abitur
- ◯ Abgeschlossenes Studium
- ◯ Promotion
- ◯ Sonstigen Abschluss

Wie hoch ist das monatlich verfügbare Einkommen Ihres Haushaltes insgesamt?
(Gemeint ist das Nettoeinkommen, d.h. die Summe, die sich aus allen Ihren Einkünften abzüglich der Steuern und Sozialversicherungsbeiträge ergibt.)

- ◯ unter 1.000 Euro
- ◯ 1.000 Euro bis unter 2.000 Euro
- ◯ 2.000 Euro bis unter 3.000 Euro
- ◯ 3.000 Euro bis unter 4.000 Euro
- ◯ 4.000 Euro bis unter 5.000 Euro
- ◯ 5.000 Euro und mehr
- ◯ weiß nicht / keine Angabe

Literaturverzeichnis

Abdi, Hervé (2007): The Kendall Rank Correlation Coefficient, in: Neil Salkind (Ed.) (2007). Encyclopedia of Measurement and Statistics; http://www.utdallas.edu/˜herve/Abdi-KendallCorrelation2007-pretty.pdf (Verfügbarkeitsdatum: 14.01.2011).

Amelung, Volker Eric (2007): Managed Care. Neue Wege im Gesundheitsmanagement, 4. Auflage. Wiesbaden: Gabler.

Andersen, H. H./Grabka, M. M./Schwarze, J. (2002): Wechslerprofile - Risikoprofile. Relativer Beitragsbedarf der Kassenwechsler 1997 - 2001, Arbeit und Sozialpolitik, 56 Nr. 7/8 (2002), 19–32.

Andersen, Hanfried H./Grabka, Markus M. (2006): Kassenwechsel in der GKV 1997-2004 Profile - Trends - Perspektiven, In **Göpffarth, Dirk et al. (Hrsg.):** Jahrbuch Risikostrukturausgleich 2006, asgard Verlag, 145–189.

Andersen, Hanfried H./Grabka, Markus M. (2007): Vom Kassenwechsel zur Kundenmobilität. Zum Paradigmenwechsel empirischer Analysen der Präferenzen von Versicherten der Gesetzlichen Krankenversicherung, In **Adam, Hans et al. (Hrsg.):** Öffentliche Finanzen und Gesundheitsökonomie. Festschrift zum 65. Geburtstag von Professor Dr. Klaus-Dirk Henke, Nomos Verlagsgesellschaft, 233–254.

Andersen, Hanfried H./Grabka, Markus M./Schwarze, Johannes (2007): Beitragssatz, Kassenwettbewerb und Gesundheitsreform. Eine empirische Analyse, Jahrbücher für Nationalökonomie und Statistik, 227 Nr. 5+6 (2007), 429–450.

Andersen, Hanfried H./Schwarze, Johannes (1998): GKV ´97: Kommt Bewegung in die Landschaft? Eine empirische Analyse der Kassenwahlentscheidungen, Arbeit und Sozialpolitik, 52 Nr. 9-10 (1998), 11–23.

Andersen, Hanfried H./Schwarze, Johannes (1999a): Kassenwahlentscheidungen in der GKV, Arbeit und Sozialpolitik, 53 Nr. 5-6 (1999), 10–23.

Andersen, Hanfried H./Schwarze, Johannes (1999b): Der Versicherten-Report. Methodische und inhaltliche Aspekte einer standardisierten Versichertenbefragung. Die Novitas Befragung 1998, Veröffentlichungsreihe des Berliner Zentrum Public Health, 99-2.

ASSEKURATA Assekuranz Rating Agentur GmbH (2009): KrankenkASSen im Kundenspiegel. Was die Versicherten erwarten, Studie, Juli 2009.

Aufsichtsbehörden der gesetzlichen Krankenversicherung (2006): Gemeinsame Wettbewerbsgrundsätze der Aufsichtsbehörden der gesetzlichen Krankenversicherung vom 19. März 1998 in der Fassung vom 09. November 2006, http://www.bundesversicherungsamt.de (Verfügbarkeitsdatum: 25.02.2011).

Augursky, Boris et al. (2009): Wie groß sind die Effizienzreserven im deutschen Gesundheitswesen? Die BKK, 97 Nr. 03 (2009), 92–98.

Baader, Christiane (2009): Auf Kuschelkurs, TeleTalk, Nr. 10 (2009), 12–13.

Backhaus, Klaus et al. (2006): Multivariate Analysemethoden. Eine anwendungsorientierte Einführung, Elfte, überarbeitete Auflage. Berlin, Heidelberg: Springer.

Backhaus, Klaus et al. (2008): Multivariate Analysemethoden. Eine anwendungsorientierte Einführung, 12. Auflage. Berlin, Heidelberg: Springer.

Backhaus, Klaus et al. (2009a): Multivariate Analysemethoden. Eine anwendungsorientierte Einführung – Komplexe Verfahren; Zwölfte, vollständig überarbeite Auflage; Kapitel 11: Strukturgleichungsmodelle, Download der Langfassung unter http://www.multivariate.de.

Backhaus, Klaus et al. (2009b): Multivariate Analysemethoden. Eine anwendungsorientierte Einführung – Komplexe Verfahren; Zwölfte, vollständig überarbeite Auflage; Kapitel 12: Konfirmatorische Faktorenanalyse, Download der Langfassung unter http://www.multivariate.de.

Bailom, Franz et al. (1996): Das Kano-Modell der Kundenzufriedenheit, Marketing - Zeitschrift für Forschung und Praxis, 18 Nr. 2 (1996), 117–126.

Balderjahn, Ingo (2003): Validität. Konzept und Methoden, Wirtschaftswissenschaftliches Studium, 32 Nr. 3 (2003), 130–135.

Baldeweg, Ralf et al. (2011): Der Einsatz von Social Media in der Krankenversicherung, Studie herausgegeben von Pricewaterhouse-Coopers AG Wirtschaftsprüfungsgesellschaft, HITeC – Hamburger Informatik TechnologieCenter e.V. in Zusammenarbeit mit der Universität Hamburg, NORDAKADEMIE Hochschule der Wirtschaft; http://www.pwc.de/de_DE/de/gesundheitswesen-und-pharma/assets/Social-Media-in-der-Krankenversicherung.pdf (Verfügbarkeitsdatum: 19.11.2011).

Bandilla, Wolfgang et al. (2009): Coverage- und Nonresponse-Effekte bei Online-Bevölkerungsumfragen, In **Jacob, Nikolaus/Schoen, Harald/ Zerback, Thomas (Hrsg.):** Sozialforschung im Internet. Methodologie und Praxis der Online-Befragung, VS Verlag für Sozialwissenschaften, 129–143.

BARMER GEK (2009): Barmer: Neues Gesundheitsmagazin im Internet, Pressemitteilung vom 11.03.2009; https://www.barmer-gek.de/barmer/web/Portale/Presseportal/Subportal/Presseinformationen/ Archiv/2009/090311-BARMER-TV/Content-BARMER-TV.htm (Verfügbarkeitsdatum: 19.11.2011).

Baur, Nina/Florian, Michael J. (2009): Stichprobenprobleme bei Online-Umfragen, In **Jacob, Nikolaus/Schoen, Harald/Zerback, Thomas (Hrsg.):** Sozialforschung im Internet. Methodologie und Praxis der Online-Befragung, VS Verlag für Sozialwissenschaften, 109–128.

Bayón, Tomás/Wangenheim, Florian von (2005): Ein zweidimensionales Kundenbindungsmodell mit direkten und moderierenden Einflussvariablen, Marketing - Zeitschrift für Forschung und Praxis, 27 Nr. 3 (2005), 169–183.

Bea, Franz Xaver (1997): Entscheidungen des Unternehmens, In **Bea, Franz Xaver/Dichtl, Erwin/Schweitzer, Marcell (Hrsg.):** Allgemeine Betriebswirtschaftslehre. Bd.1: Grundfragen, Lucius und Lucius, 376–507.

Bearden, William O./Netemeyer, Richard G. (1999): Handbook of Marketing Scales. Multiple-Item Measures for Marketing and Consumer Behaviour Research, 2. Auflage. Thousand Oaks; London; New Delhi: SAGE Publications.

Becker, Jochen (2006): Marketing-Konzeption. Grundlagen des zielstrategischen und operativen Marketing-Managements, 8. Auflage. München: Vahlen.

Becker, Karolin/Brändle, Angelika/Zweifel, Peter (2007): Das Discrete-Choice-Experiment, In **Böcken, Jan et al. (Hrsg.):** Neue Versorgungsmodelle im Gesundheitswesen. Gestaltungsoptionen und Versichertenpräferenzen im internationalen Vergleich, Verlag Bertelsmann Stiftung, 38–151.

Becker, Karolin/Zweifel, Peter (2006): Neue Formen der ambulanten Versorgung: Was wollen die Versicherten? Ein Discrete-Choice-Experiment, In **Böcken, Jan et al. (Hrsg.):** Gesundheitsmonitor 2006. Gesundheitsversorgung und Gestaltungsoptionen aus der Perspektive von Bevölkerung und Ärzten, Bertelsmann Stiftung, 272–344.

Becker, Roman/Sommerhoff, Benedikt (2006): Bund für´s Leben? QZ Qualität und Zuverlässigkeit, 51 Nr. 1 (2006), 22–25.

Behrend, Corinne et al. (2004): Zur Erklärungskraft des heutigen soziodemografischen Risikostrukturausgleichs, Journal of Public Health, 12 Nr. 1 (2004), 20–31.

Berekoven, Ludwig/Eckert, Werner/Ellenrieder, Peter (2006): Marktforschung. Methodische Grundlagen und praktische Anwendung, 11. Auflage. Wiesbaden: Gabler.

Berndt, Ralph (1992a): Marketing 1. Käuferverhalten, Marktforschung und Marketing-Prognosen, Zweite, verbesserte Auflage. Berlin, Heidelberg: Springer.

Berndt, Ralph (1992b): Marketing 2. Marketing-Politik, Zweite, verbesserte Auflage. Berlin, Heidelberg: Springer.

Beske, F./Drabinski, T./Zöller, H. (2004): Das Gesundheitswesen im internationalen Vergleich – Eine Antwort auf die Kritik. Kiel: Schriftenreihe des Fritz Beske Instituts für Gesundheits-System-Forschung.

Beske, Fitz (2002): Vor Illusionen wird gewarnt. Sparen Vorsorge und Krankheitsfrüherkennung Geld? Die wissenschaftlichen Beweise sind dürftig. Deutsches Ärzteblatt, 99 Nr. 18 (2002), A1209–A1210.

Beske, Fritz/Hallauer, J. F. (1999): Das Gesundheitswesen in Deutschland. Struktur - Leistung - Weiterentwicklung, 3. Auflage. Köln.

Beutin, Nikolas (2006): Verfahren zur Messung der Kundenzufriedenheit im Überblick, In **Homburg, Christian (Hrsg.):** Kundenzufriedenheit. Konzepte – Methoden – Erfahrungen, Gabler, 121–169.

Bingler, Klaus/Bosbach, Gerd (2007): Der Mythos von einer Kostenexplosion im Gesundheitswesen, Soziale Sicherheit, 56 Nr. 9 (2007), 299–305.

BKK Bundesverband (2004): Entwicklung der Marktanteile in der GKV, http://www.bkk.de/bkk/content/powerslave,id,109,nodeid,15.html (Verfügbarkeitsdatum: 28.08.2004).

BKK Bundesverband (2007): BKK Faktenspiegel. Schwerpunktthema Krankenkassenwahl, BKK Faktenspiegel: Der Newsletter für Gesundheitsdaten, September 2007, http://www.bkk.de/faktenspiegel (Verfügbarkeitsdatum: 23.06.2009).

Bliemel, Friedhelm/Adolphs, Kai (2003): Wertorientierte Preisstrategien, In **Diller, Hermann/Herrmann, Andreas (Hrsg.):** Handbuch Preispolitik. Strategien - Planung - Organisation - Umsetzung, 1. Auflage. Gabler, 137–154.

Blöß, Timo (2004): Kassen wollen Prävention fördern, Deutsches Ärzteblatt, 101 Nr. 7 (2004), A393–A396.

Böcken, Jan (2006): Hausarztmodelle in Deutschland: Teilnehmerstruktur, Beitrittsgründe und die Koordination zum Facharzt, In **Böcken, Jan et al. (Hrsg.):** Gesundheitsmonitor 2006. Gesundheitsversorgung und Gestaltungsoptionen aus der Perspektive von Bevölkerung und Ärzten, Bertelsmann Stiftung, 247–271.

Böcking, Wolfgang et al. (2002): The Relevance of Price in a Customer's Choice of Statutory Health Insurance Providers in Germany, Zeitschrift für Gesundheitswissenschaften, 10 Nr. 3 (2002), 242–251.

Bode, Ingo/Bühren, Patrick (2004): Mehr als Markt und Bürokratie. Krankenkassen im Bild von Versicherten und Mitarbeitern, Gesundheits- und Sozialpolitik, 58 Nr. 1-2 (2004), 48–57.

Bödeker, Wolfgang/Friedel, Heiko/Friedrichs, Michael (2008): Ökonomischer Nutzen der BKK Bonusprogramme, Die BKK, 96 Nr. 04 (2008), 214–218.

Bogner, Thomas/Loth, Jörg (2004): Marketing für Krankenkassen. Der Weg zur Aufsteigerkasse, 1. Auflage. Bern; Göttingen; Toronto; Seattle: Verlag Hans Huber.

Böhler, Heymo (1995): Marktforschung, In **Titz, Bruno/Köhler, Richard/ Zentes, Joachim (Hrsg.):** Handwörterbuch des Marketing, Zweite, völlig neu gestaltete Auflage. Stuttgart, 1768–1781.

Bosbach, Gerd/Bingler, Klaus (2008): Droht eine Kostenlawine im Gesundheitswesen? Irrtümer und Fakten zu den Folgen einer alternden Gesellschaft, Soziale Sicherheit, 57 Nr. 1 (2008), 5–12.

Bosnjak, Michael (2003): Teilnahmeverhalten bei Web-Befragungen – Nonresponse und Selbstselektion, In **Theobald, Axel/Dreyer, Marcus/Starsetzki, Thomas (Hrsg.):** Online-Marktforschung. Theoretische Grundlagen und praktische Erfahrungen, 2. Auflage. Gabler, 55–71.

Braun, Bernard et al. (2006): Barrieren für einen Wechsel der Krankenkasse: Loyalität, Bequemlichkeit, Informationsdefizite? In **Böcken, Jan et al. (Hrsg.):** Gesundheitsmonitor 2006. Gesundheitsversorgung und Gestaltungsoptionen aus der Perspektive von Bevölkerung und Ärzten, Bertelsmann Stiftung, 11–31.

Braun, Bernard/Streich, Waldemar (2003): Gutes Beitrags-Leistungs-Verhältnis oder Sicherheit - was wollen die Bürger von ihrer Krankenkasse? In **Böcken, Jan/Braun, Bernard/Schnee, Melanie (Hrsg.):** Gesundheitsmonitor 2003. Die ambulante Versorgung aus Sicht von Bevölkerung und Ärzteschaft, Bertelsmann Stiftung, 71–84.

Brennenstuhl, Jürgen/Schulz, Manfred (2007): Wettbewerbliche Steuerung als Zukunftschance der GKV - Die betriebliche Krankenversicherung im Spannungsfeld zwischen Staat und Markt, In **Ried, Walter/Ulrich, Volker (Hrsg.):** Effizienz, Qualität und Nachhaltigkeit im Gesundheitswesen: Theorie und Politik öffentlichen Handelns, insbesondere in der Krankenversicherung; Festschrift zum 65. Geburtstag von Eberhard Wille, , 295–324.

Breyer, Friedrich/Kifmann, Mathias (2001): Optionen der Weiterentwicklung des Risikostrukturausgleichs in der GKV, Deutsches Institut für Wirtschaftsforschung, Berlin, Diskussionspapier Nr. 236.

Bruner, Gordon C./Hensel, Paul J./James, Karen E. (2005): Marketing Scales Handbook. A Compilation of Multi-Item Measures for Consumer Behavior & Advertising, Volume IV, 2. Auflage. Mason: Thomason Higher Education.

Bühner, Markus (2010): Einführung in die Test- und Fragebogenkonstruktion, 3. Auflage. München: Pearson.

BundesInnungskrankenkasse Gesundheit (2011): BIG macht mit App mobil, Pressemeldung vom 08.04.2011; https://www.big-direkt.de/presse/pressearchiv/pressearchiv_2011/2011_04_08_big_macht_mit_app_mobil.html (Verfügbarkeitsdatum: 19.11.2011).

Bundesministerium für Gesundheit (2005): Statistisches Taschenbuch Gesundheit 2005,.

Bundesministerium für Gesundheit (2010a): Daten des Gesundheitswesens 2010, http://www.bmg.bund.de (Verfügbarkeitsdatum: 07.01.2011).

Bundesministerium für Gesundheit (2010b): Statistik über Versicherte gegliedert nach Status, Alter, Wohnort und Kassenart (Stichtag: 1. Juli 2010), http://www.bundesgesundheitsministerium.de (Verfügbarkeitsdatum: 17.12.2010).

Bundesversicherungsamt (2007): Umsetzung des Gesetzes zur Stärkung des Wettbewerbs in der gesetzlichen Krankenversicherung (GKV-Wettbewerbsstärkungsgesetz – GKV-WSG). hier: Wahltarife gemäß § 53 SGB V i. d. Fassung des GKV-WSG, Rundschreiben an alle bundesunmittelbaren Krankenkassen vom 13. März 2007, AZ II 1 - 4927.6 - 3709/2006, http://www.bva.de (Verfügbarkeitsdatum: 16.06.2007).

Bundesversicherungsamt (2008a): Erläuterungen zur Festlegung von Morbiditätsgruppen, Zuordnungsalgorithmus, Regressionsverfahren und Berechnungsverfahren durch das Bundesversicherungsamt, Bekanntgabe an den Spitzenverband Bund der Krankenkassen und die Spitzenverbände der am Risikostrukturausgleich beteiligten Krankenkassen vom 3. Juli 2008, http://www.bva.de / Risikostrukturausgleich / Festlegungen (Verfügbarkeitsdatum: 19.02.2009).

Bundesversicherungsamt (2008b): Festlegungen nach § 31 Abs. 4 RSAV, Bekanntgabe an den Spitzenverband Bund der Krankenkassen und die Spitzenverbände der am Risikostrukturausgleich beteiligten Krankenkassen vom 3. Juli 2008, http://www.bva.de / Risikostrukturausgleich / Festlegungen (Verfügbarkeitsdatum: 19.02.2009).

Bundesversicherungsamt (2008c): So funktioniert der neue Risikostrukturausgleich im Gesundheitsfonds, Stand: 16. September 2008, http://www.bva.de / Risikostrukturausgleich (Verfügbarkeitsdatum: 19.02.2009).

Bundesversicherungsamt (2008d): Tätigkeitsbericht 2008, http://www.bva.de (Verfügbarkeitsdatum: 06.02.2010).

Bundesversicherungsamt (2009a): Übersicht zum Stand der Gesetzgebung bei den DMP, http://www.bundesversicherungsamt.de/cln_108/nn_1046154/DE/DMP/Downloads/Uebersicht__Gesetz__DMP.html (Verfügbarkeitsdatum: 13.04.2010).

Bundesversicherungsamt (2009b): Gesetzliche Krankenversicherung; Gewährung von Rabatten Dritter für gesetzlich Versicherte, Rundschreiben an alle bundesunmittelbaren Krankenkassen vom 31. Juli 2009, AZ II2 - 59382.23 - 1367/2008, http://www.bva.de (Verfügbarkeitsdatum: 22.01.2010).

Burnham, Thomas A./Frels, Judy K./Mahajan, Vijay (2003): Consumer Switching Costs: A Typology, Antecedents, and Consequences, Journal of the Academy of Marketing Science, 31 Nr. 2 (2003), 109–126.

Busse, Reinhard (2009): Wettbewerb im Gesundheitswesen – eine Gesundheitssystemperspektive, Zeitschrift für Evidenz, Fortbildung und Qualität im Gesundheitswesen, 103 Nr. 10 (2009), 608–620.

Byrne, Barbara M. (2010): Structural Equation Modeling with AMOS. Basic Concepts, Applications, and Programming, Second Edition Auflage. New York: Routledge.

Cassel, Dieter (1992): Wirtschaftliche und soziale Auswirkungen von Wahlmodellen in der Gesetzlichen Krankenversicherung. Ergebnisse einer Simulation regionaler Mitgliederwanderungen bei freier Kassenwahl und alternativen Formen des Risikostrukturausgleichs, 1. Auflage. Baden-Baden.

Cassel, Dieter (2006): Risikostrukturausgleich und solidarische Wettbewerbsordnung: Zur Irenik von Solidarität und Wettbewerb in der GKV, In **Göpffarth, Dirk et al. (Hrsg.):** Jahrbuch Risikostrukturausgleich 2006, Asgard-Verlag, 55–93.

Cassel, Dieter (2007): Gesundheitswesen 2020. Visionen eines zukunftsfähigen Gesundheitssystems, In **Ried, Walter/Ulrich, Volker (Hrsg.):** Effizienz, Qualität und Nachhaltigkeit im Gesundheitswesen: Theorie und Politik öffentlichen Handelns, insbesondere in der Krankenversicherung; Festschrift zum 65. Geburtstag von Eberhard Wille, Baden-Baden, 689–712.

Cassel, Dieter et al. (2008): Vertragswettbewerb in der GKV. Möglichkeiten und Grenzen vor und nach der Gesundheitsreform der Großen Koalition, Berlin: Wissenschaftliches Institut der AOK (WIdO).

Cassel, Dieter/Jacobs, Klaus (2009): Risikostrukturausgleich und Prävention: Zur Problematik der versorgungspolitischen Instrumentalisierung des Morbi-RSA, In **Göpffarth, Dirk et al. (Hrsg.):** Jahrbuch Risikostrukturausgleich 2008, Asgard-Verlag, 185–212.

Cassel, Dieter/Janßen, Johannes (1999): GKV-Wettbewerb ohne Risikostrukturausgleich? Zur wettbewerbssichernden Funktion des RSA in der Gesetzlichen Krankenversicherung, In **Knappe, Eckhard (Hrsg.):** Wettbewerb in der Gesetzlichen Krankenversicherung. Tagungsband des Gesundheitsökonomischen Ausschusses, Baden-Baden, 11–49.

Cassel, Dieter/Nihalani, Katrin (2008): Präferenzgerechte Versorgungsangebote zur Kundenbindung im Kassenwettbewerb, In **Funk, Lothar (Hrsg.):** Anwendungsorientierte Marktwirtschaftslehre und Neue Politische Ökonomie. Wirtschaftspolitische Aspekte von Strukturwandel, Sozialstaat und Arbeitsmarkt. Eckhard Knappe zum 65. Geburtstag, Marburg, 421–435.

Continentale Krankenversicherung a.G. (2002): Continentale-Studie 2002: Zusatzversicherung und GKV: Die Einstellung der Bevölkerung, http://www.continentale.de/cipp/continentale/lib/all/lob/return_download, ticket,guest/bid,387/no_mime_type,0/continentale-studie_2002.pdf (Verfügbarkeitsdatum: 23.06.2009).

Curtius, Bernd (1999): Qualitätsmanagement in gesetzlichen Krankenkassen. Entwicklung eines marketingorientierten Konzepts zur Erzielung von komparativen Wettbewerbsvorteilen, München; Mehring.

Da-Cruz, Patrick/Schwegel, Philipp/Oberender, Peter (2010): Demand Management. Ein Konzept zur Nachfragesteuerung im Gesundheitswesen? Die Krankenversicherung, 62 Nr. 04 (2010), 116–119.

Dalhoff, Michael (2008): Einheitliche Leistungsansprüche und differenzierte Leistungsangebote in der gegenwärtigen und zukünftigen GKV-Versorgung, Sozialer Fortschritt, 57 Nr. 4 (2008), 99–109.

Daubenbüchel, Rainer/Göpffarth, Dirk (2005): Chancen und Risiken der direkten Morbiditätsorientierung im RSA, Die Krankenversicherung, 57 Nr. 2 (2005), 42–45.

Decker, Reinhold/Neuhaus, Stefan (2006): Vertrauen im Dienstleistungsmarketing: Stellenwert und Implikationen für das strategische Handeln, In **Bauer, Hans/Neumann, Marcus M./Schüle, Anja (Hrsg.):** Konsumentenvertrauen. Konzepte und Anwendungen für ein nachhaltiges Kundenbindungsmanagement, Vahlen, 181–192.

Der Bundesbeauftragte für den Datenschutz und die Informationsfreiheit (2009): Tätigkeitsbericht 2007-2008, 22. Tätigkeitsbericht, www.bfdi.de (Verfügbarkeitsdatum: 08.01.2010).

Deutscher Bundestag (2003): Entwurf eines Gesetzes zur Modernisierung der gesetzlichen Krankenversicherung (GKV-Modernisierungsgesetz – GMG), Drucksache 15/1525.

Deutscher Bundestag (2006): Entwurf eines Gesetzes zur Stärkung des Wettbewerbs in der gesetzlichen Krankenversicherung (GKV-Wettbewerbsstärkungsgesetz – GKV-WSG), Drucksache 16/3100.

Deutscher Bundestag (2011): Entwurf eines Gesetzes zur Verbesserung der Versorgungsstrukturen in der gesetzlichen Krankenversicherung (GKV-Versorgungsstrukturgesetz – GKV-VStG), Drucksache 17/6906.

Dichtl, Erwin/Müller, Stefan (1986): Anspruchsinflation und Nivellierungstendenz als meßtechnische Probleme in der Absatzforschung, Marketing - Zeitschrift für Forschung und Praxis, 8 Nr. 4 (1986), 233–236.

Diller, Hermann (1996): Kundenbindung als Marketing-Ziel, Marketing - Zeitschrift für Forschung und Praxis, 18 Nr. 2 (1996), 81–94.

Diller, Hermann (2000a): Preispolitik, 3. Auflage. Stuttgart: Kohlhammer.

Diller, Hermann (2000b): Preiszufriedenheit bei Dienstleistungen, Die Betriebswirtschaft, 60 Nr. 5 (2000), 570–587.

Dolderer, Manuel/Güldensupp, Hannes/Amelung, Volker E. (2007): Das Projekt zur Integrierten Versorgung Endoprothetik Münster, In **Weatherly, John N. et al. (Hrsg.):** Leuchtturmprojekte Integrierter Versorgung und Medizinischer Versorgungszentren. Innovative Modelle der Praxis, Berlin: MWV, 73–82.

dostal & partner management-beratung gmbh (2009): Vom Desinteresse zur Unterscheidbarkeit: Informationsverhalten und Wahrnehmung der Verbraucher zum Thema Gesetzliche Krankenkassen, dostal-Studie, Mai 2009.

Eberle, Gudrun (2003): Was bringt der individuelle Präventionsbonus? Gesundheits- und Sozialpolitik, 57 Nr. 11-12 (2003), 51–55.

Eble, Susanne (2010): Versorgungsmanagement – zukünftiges Geschäftsfeld der Industrie? Die Krankenversicherung, 62 Nr. 09 (2010), 269–271.

Ebsen, Ingwer et al. (2003a): Vertragswettbewerb in der gesetzlichen Krankenversicherung, Soziale Sicherheit, 52 Nr. 4 (2003), 128–132.

Ebsen, Ingwer et al. (2003b): Vertragswettbewerb in der gesetzlichen Krankenversicherung zur Verbesserung von Qualität und Wirtschaftlichkeit der Gesundheitsversorgung, Gutachten im Auftrag des AOK-Bundesverbands. Endbericht. 06. März 2003.

Eckstein, Peter P. (2008): Angewandte Statistik mit SPSS. Praktische Einführung für Wirtschaftswissenschaftler, 6. Auflage. Wiesbaden: Gabler.

Eggert, Andreas (1999): Kundenbindung aus Kundensicht: Konzeptualisierung - Operationalisierung - Verhaltenswirksamkeit, Wiesbaden: Gabler.

Esch, Franz-Rudolf/Rutenberg, Jan (2006): Komplexitätsreduktion durch Vertrauen - kognitive Entlastung für Konsumenten, In **Bauer, Hans/ Neumann, Marcus M./Schüle, Anja (Hrsg.):** Konsumentenvertrauen.

Konzepte und Anwendungen für ein nachhaltiges Kundenbindungsmanagement, Vahlen, 193–205.

Faulbaum, Frank/Prüfer, Peter/Rexroth, Margrit (2009): Was ist eine gute Frage? Die systematische Evaluation der Fragenqualität, Wiesbaden: VS Verlag für Sozialwissenschaften.

Feihle, Sonja (2010): Studie der Bosch BKK belegt: Bessere Versorgung rechnet sich, Die BKK, 98 Nr. 12 (2010), 644–647.

Felder, Andreas/Werblow, Andreas (2006): Anreizwirkungen wählbarer Selbstbehalte. Das Selbstbehaltmodell der Techniker Krankenkasse, Baden-Baden: Nomos.

Felder, Stefan (2007): Gesundheitsfonds und Preiswettbewerb, In **Göpffarth, Dirk et al. (Hrsg.):** Jahrbuch Risikostrukturausgleich 2007, Asgard-Verlag, 215–230.

Festinger, Leon (1957): A Theory of Cognitive Dissonance, Stanford.

Festinger, Leon (1978): Theorie der kognitiven Dissonanz, Bern.

Friedrichs, M./Friedel, H./Bödeker, W. (2009): Teilnehmerstruktur und ökonomischer Nutzen präventiver Bonusprogramme in der betrieblichen Krankenversicherung, Gesundheitswesen, 71 Nr. 10 (2009), 623–627.

Fritz Beske Institut für Gesundheits-System-Forschung (2004): Kleine Kassen mit großen Vorteilen, Presseinformation, Wiesbaden 14.07.2004.

Fritz Beske Institut für Gesundheits-System-Forschung (2007): Gesundheitsversorgung der Zukunft jetzt gestalten, Pressemitteilung zur Pressekonferenz des IGSF am 20. September 2007 in Berlin. Langfassung.

Fröck, Mathias (2004): Die GKV im Wettbewerb. Eine Analyse ausgewählter Aktionsparameter, Berlin: Wissenschaftlicher Verlag Berlin.

Fülbier, Rolf Uwe (2004): Wissenschaftstheorie und Betriebswirtschaftslehre, Wirtschaftswissenschaftliches Studium, 33 Nr. 5 (2004), 266–271.

Georgi, Dominik/Hadwich, Karsten/Bruhn, Manfred (2006): Vertrauen und Vertrautheit als Dimensionen der Beziehungsqualität - Konzeptionalisierung, Determinanten und Wirkungen, In **Bauer, Hans/Neumann, Mar-**

cus M./Schüle, Anja (Hrsg.)**: Konsumentenvertrauen. Konzepte und Anwendungen für ein nachhaltiges Kundenbindungsmanagement, Vahlen, 311–324.

Gericke, Germo/Haenecke, Henrik (2001): Nutzenversprechen von Krankenkassen - ein Schlüssel zum Erfolg im Wettbewerb, In **Salfeld, Rainer/ Wettke, Jürgen (Hrsg.):** Die Zukunft des deutschen Gesundheitswesens. Perspektiven und Konzepte, Springer, 95–110.

Gerste, Bettina/Günster, Christian (2011): Erkrankungshäufigkeiten und Inanspruchnahme von Gesundheitsleistungen, In **Günster, Christian/ Klose, Joachim/Schmacke, Norbert (Hrsg.):** Versorgungsreport 2011. Schwerpunkt: Chronische Erkrankungen, Schattauer, 255–323.

Gierl, Heribert/Bartikowski, Boris (2003): Ermittlung von Satisfiers, Dissatisfiers und Criticals in der Zufriedenheitsforschung, der markt, 42 Nr. 1 (2003), 14–34.

GKV-Spitzenverband (2011): Kennzahlen der gesetzlichen Krankenversicherung. Stand: März 2011, http://www.gkv-spitzenverband.de/upload/GKV_Kennzahlen_Booklet_Q4_2011-03_02_15951.pdf (Verfügbarkeitsdatum: 20.11.2011).

Göpffarth, Dirk (2007a): Der Risikostrukturausgleich auf dem Weg zur direkten Morbiditätsorientierung, G+G Wissenschaft. Das Wissenschaftsforum in Gesundheit und Gesellschaft, 7 Nr. 3 (2007), 23–30.

Göpffarth, Dirk (2007b): RSA-Jahresausgleiche 2005 - Daten und Fakten, In **Göpffarth, Dirk et al. (Hrsg.):** Jahrbuch Risikostrukturausgleich 2007, Asgard-Verlag, 357–403.

Göpffarth, Dirk (2009a): Auswahl und Anpassung eines Versichertenklassifikationsmodells für den Risikostrukturausgleich, In **Göpffarth, Dirk et al. (Hrsg.):** Jahrbuch Risikostrukturausgleich 2008, Asgard-Verlag, 101–131.

Göpffarth, Dirk (2009b): Der neue Risikostrukturausgleich im Gesundheitsfonds. Wie der neue morbiditätsorientierte Finanzkraftausgleich funktioniert, Soziale Sicherheit, 58 Nr. 1 (2009), 12–17.

Göpffarth, Dirk (2010): Zuweisungen aus dem Gesundheitsfonds – was ändert sich im Jahr 2011? Die Krankenversicherung, 62 Nr. 11 (2010), 343–346.

Göpffarth, Dirk/Henke, Klaus-Dirk (2007): Finanzierungsreform und Risikostrukturausgleich - Was bleibt vom Ausgleichsverfahren? Jahrbücher für Nationalökonomie und Statistik, 227 Nr. 1 (2007), 27–48.

Göpffarth, Dirk/Sichert, Markus (2009): Morbi-RSA und Einflussnahme auf ärztliches Kodierverhalten. „Logik" – Fehlannahmen – Rechtslage, Die Krankenversicherung, 61 Nr. 08 (2009), 186–191.

Gottberg, Antje (2009): Versorgungsmanagement in Deutschland. Ergebnisse eines systematischen gesundheitsökonomisches Reviews, Die Krankenversicherung, 61 Nr. 4 (2009), 84–87.

Graf, Christian (2006): Disease Management Programme und Integrierte Versorgung, Gesundheits- und Sozialpolitik, 60 Nr. 5-6 (2006), 42–52.

Greß, Stefan (2002): Freie Kassenwahl und Preiswettbewerb in der GKV - Effekte und Perspektiven, Vierteljahreshefte zur Wirtschaftsforschung, 71 Nr. 4 (2002), 490–497.

Greß, Stefan et al. (2008a): Kassenwechsel zur Durchsetzung von Versicherteninteressen? Ergebnisse einer repräsentativen Befragung von GKV-Versicherten, Soziale Sicherheit, 57 Nr. 1 (2008), 12–17.

Greß, Stefan et al. (2002): Free choice of sickness funds in regulated competition: evidence from Germany and The Netherlands, Health Policy, 60 Nr. 3 (2002), 235–254.

Greß, Stefan et al. (2008b): Kassenwechsel als Mechanismus zur Durchsetzung von Versicherteninteressen, In **Braun, Bernard et al. (Hrsg.):** Einfluss nehmen oder aussteigen. Theorie und Praxis von Kassenwechsel und Selbstverwaltung in der Gesetzlichen Krankenversicherung, Gütersloh, 19–89.

Greß, Stefan et al. (2008c): Gesundheitsfonds und Finanzierungsreform im GKV-WSG, G+G Wissenschaft. Das Wissenschaftsforum in Gesundheit und Gesellschaft, 8 Nr. 3 (2008), 16–23.

Greiner, W. (2006a): Gesundheitsökonomische Bewertung von Disease-Management-Programmen, Bundesgesundheitsblatt, Gesundheitsforschung, Gesundheitsschutz, 49 Nr. 1 (2006), 34–39.

Greiner, Wolfgang (2006b): Reformoptionen für einen zukünftigen Risikostrukturausgleich in der GKV, Gesundheitswesen, 68 Nr. 7 (2006), 442–448.

Greve, Georg (2006): Das Integrierte Versorgungssystem prosper, Gesundheits- und Sozialpolitik, 60 Nr. 3-4 (2006), 23–28.

Grobe, Thomas G./Dörning, Hans/Schwartz, Friedrich W. (2003): GEK-Gesundheitsreport 2003. Auswertungen der GEK-Gesundheitsberichterstattung. Schwerpunkt: Charakterisierung von Hochnutzern im Gesundheitssystem - präventive Potenziale? Schriftenreihe zur Gesundheitsanalyse, Band 24, St. Augustin: Asgard-Verlag.

Gröber-Grätz, Dagmar/Gulich, Markus (2010): Die medikamentöse Therapie in der hausärztlichen Versorgung unter dem Aspekt der Rabattverträge der Krankenkassen – Patientensurvey, Zeitschrift für Evidenz, Fortbildung und Qualität im Gesundheitswesen, 104 Nr. 2 (2010), 99–105.

Gruner + Jahr AG & Co KG (2007): Krankenkassen und Gesundheitsreform, stern TrendProfile, August 2007, http://www.gujmedia.de/_content/20/10/201058/STE_TP_Krankenkassen_270807.pdf (Verfügbarkeitsdatum: 23.06.2009).

Haenecke, Henrik (2001a): Krankenkassen-Marketing. Eine empirische Analyse der Erfolgsfaktoren, München; Mering: Rainer Hampp Verlag.

Haenecke, Henrik (2001b): Krankenkassen-Marketing. Systematisierung der Handlungsmöglichkeiten, Die BKK, 89 Nr. 5 (2001), 211–220.

Haenecke, Henrik (2001c): Unternehmensziele von Krankenkassen - Eine empirische Analyse, Arbeit und Sozialpolitik, 55 Nr. 1-2 (2001), 27–34.

Hajen, Leonhard/Paetow, Holger/Schumacher, Harald (2000): Gesundheitsökonomie: Strukturen - Methoden - Praxisbeispiele, Stuttgart; Berlin; Köln: Kohlhammer.

Hakimi, Rainer (2002): Medizinische Callcenter – „Gesundheitstelefon". Erste Erfahrungen und Auswertungen, Arbeitsmedizin Sozialmedizin Umweltmedizin, 37 Nr. 9 (2002), 436–440.

Haller, Sebastian/Garrido, Marcial Velasco/Busse, Reinhard (2009): Hausarztzentrierte Versorgung. Charakteristika und Beitrag zur Gesundheit der Bevölkerung, Ein Evidenz-Report, Berlin 16.02.2009, http://www.svr-gesundheit.de/Gutachten/Uebersicht/Anhang%20GA2009/UebersichtAnhang GA2009.htm (Verfügbarkeitsdatum: 11.05.2010).

Hanker, Thorsten et al. (2008): Bereitstellung von Gesundheitsinformationen durch Krankenkassen - eine empirische Analyse, Gesundheits- und Sozialpolitik, 62 Nr. 5 (2008), 23–28.

Harms, Rainer/Dummer, Rita (2007): Die Kano-Methode zur Messsung der Kundenzufriedenheit, Das Wirtschaftsstudium, 36 Nr. 7 (2007), 929–934.

Häussler, Bertram/Berger, Ursula (2004): Bedingungen für effektive Disease-Management-Programme. Analyse, Bewertung und Lösungsansätze für Qualität und Finanzierung, Baden-Baden: Nomos.

Hayek, Friedrich August von (1968): Der Wettbewerb als Entdeckungsverfahren, In **Schneider, E. (Hrsg.):** Kieler Vorträge, Kiel, 3–20.

Hecke, Torsten L./Erzberger, Melanie/Rupp, Klaus (2005): Kontinuierliches Fallmanagement bei einer gesetzlichen Krankenkasse in Deutschland, In **Schlette, Sophia/Knieps, Franz/Amelung, Volker (Hrsg.):** Versorgungsmanagement für chronisch Kranke. Lösungsansätze aus den USA und aus Deutschland, KomPart Verlagsgesellschaft mbh & Co. KG, 60–76.

Helm, Sabrina (2005): Kundenbindung und Kundenempfehlung, In **Bruhn, Manfred/Homburg, Christian (Hrsg.):** Handbuch Kundenbindungsmanagement, 5. Auflage. Wiesbaden: Gabler, 125–141.

Helms, Thomas M./Pelleter, Jörg T./Ronneberger, Dierk L. (2007): Telemedizinische Betreuung chronisch herzinsuffizienter Patienten am Beispiel des telemedizinischen Patientenbetreuungs- und -schulungsprogramms „Telemedizin fürs Herz“, Herz, 32 Nr. 8 (2007), 623–629.

Henke, Klaus-Dirk (2007): Der Gesundheitsfonds: Politökonomische Aspekte und seine Rolle als Wettbewerbsinstrument, In **Göpffarth, Dirk et al. (Hrsg.):** Jahrbuch Risikostrukturausgleich 2007, Asgard-Verlag, 45–69.

Henke, Klaus-Dirk/Reimer, Lutz (2007): Zum Einfluss von Demographie und medizinisch-technischen Fortschritt auf die Gesundheitsausgaben, In **Ried, Walter/Ulrich, Volker (Hrsg.):** Effizienz, Qualität und Nachhaltigkeit im Gesundheitswesen: Theorie und Politik öffentlichen Handelns, insbesondere in der Krankenversicherung; Festschrift zum 65. Geburtstag von Eberhard Wille, Baden-Baden, 735–753.

Herrmann, Andreas/Homburg, Christian (1999): Marktforschung: Ziele, Vorgehensweisen und Methoden, In **Herrmann, Andreas/Homburg,**

Christian (Hrsg.): Marktforschung: Methoden - Anwendungen - Praxisbeispiele, Wiesbaden, 13–32.

Herrmann, Andreas/Huber, Frank/Wricke, Martin (1999): Die Herausbildung von Zufriedenheitsurteilen bei Alternativenbetrachtung, Zeitschrift für betriebswirtschaftliche Forschung, 51 Nr. 7/8 (1999), 677–692.

Herzberg, Frederick/Mausner, Bernard/Snyderman, Barbara B. (1959): The Motivation to Work, 2. Auflage. New York: Wiley.

Hildebrandt, Lutz (1999): Hypothesenbildung und empirische Überprüfung, In **Herrmann, Andreas/Homburg, Christian (Hrsg.):** Marktforschung: Methoden - Anwendungen - Praxisbeispiele, Wiesbaden, 33–57.

Hildebrandt, Susanne et al. (2011): Fallmanagementprogramm für Multimorbidität im Alter: Evaluation zur Kosteneffektivität, Monitor Versorgungsforschung, 4 Nr. 1 (2011), 38–43.

Hirschman, Albert O. (1974): Abwanderung und Widerspruch, Tübingen: Mohr.

Hoffmann, Andreas (2006): Große Kassen nicht sparsamer als kleine, Süddeutsche Zeitung 30. März 2006.

Holtermann, Felix (2009): Ruin auf Rezept. Warum zwei Patienten eine Kasse 14 Millionen Euro kosten, Süddeutsche Zeitung 22. August 2009.

Homburg, Christian/Baumgartner, Hans (1995): Beurteilung von Kausalmodellen. Bestandsaufnahme und Anwendungsempfehlungen, Marketing - Zeitschrift für Forschung und Praxis, 17 Nr. 3 (1995), 162–176.

Homburg, Christian/Becker, Annette/Hentschel, Frederike (2003): Der Zusammenhang zwischen Kundenzufriedenheit und Kundenbindung, In **Bruhn, Manfred/Homburg, Christian (Hrsg.):** Handbuch Kundenbindungsmanagement, 4. Auflage. Wiesbaden: Gabler, 91–120.

Homburg, Christian/Bruhn, Manfred (2003): Kundenbindungsmanagement - Eine Einführung in die theoretischen und praktischen Problemstellungen, In **Bruhn, Manfred/Homburg, Christian (Hrsg.):** Handbuch Kundenbindungsmanagement, 4. Auflage. Wiesbaden: Gabler, 3–37.

Homburg, Christian/Bucerius, Matthias (2006): Kundenzufriedenheit als Managementherausforderung, In **Homburg, Christian (Hrsg.):** Kundenzufriedenheit. Konzepte - Methoden - Erfahrungen, 6. Auflage. Wiesbaden: Gabler, 53–89.

Homburg, Christian/Fürst, Andreas (2005): Überblick über die Messung von Kundenzufriedenheit und Kundenbindung, In **Bruhn, Manfred/ Homburg, Christian (Hrsg.):** Handbuch Kundenbindungsmanagement, 5. Auflage. Wiesbaden: Gabler, 555–588.

Homburg, Christian/Giering, Annette (1996): Konzeptualisierung und Operationalisierung komplexer Konstrukte, Marketing - Zeitschrift für Forschung und Praxis, 18 Nr. 1 (1996), 5–24.

Homburg, Christian/Klarmann, Martin (2006): Die indirekte Wichtigkeitsbestimmung im Rahmen von Kundenzufriedenheitsuntersuchungen: Probleme und Lösungsansätze, In **Homburg, Christian (Hrsg.):** Kundenzufriedenheit. Konzepte - Methoden - Erfahrungen, 6. Auflage. Wiesbaden: Gabler, 225–261.

Homburg, Christian/Krohmer, Harley (2003): Marketingmanagement. Strategien - Instrumente - Umsetzung - Unternehmensführung, 1. Auflage. Wiesbaden: Gabler.

Homburg, Christian/Krohmer, Harley (2006): Marketingmanagement. Strategien - Instrumente - Umsetzung - Unternehmensführung, 2. Auflage. Wiesbaden: Gabler.

Homburg, Christian/Pflesser, Christian (2000a): Konfirmatorische Faktorenanalyse, In **Herrmann, Andreas/Homburg, Christian (Hrsg.):** Marktforschung: Methoden - Anwendungen - Praxisbeispiele, 2. Auflage. Wiesbaden, 413–437.

Homburg, Christian/Pflesser, Christian (2000b): Strukturgleichungsmodelle mit latenten Variablen: Kausalanalyse, In **Herrmann, Andreas/ Homburg, Christian (Hrsg.):** Marktforschung: Methoden - Anwendungen - Praxisbeispiele, 2. Auflage., 633–659.

Homburg, Christian/Stock, Ruth (2005): Kundenzufriedenheit und Kundenbindung bei Dienstleistungen, In **Corsten, Hans/Gössinger, Ralf**

(Hrsg.): Dienstleistungsökonomie. Beiträge zu einer theoretischen Fundierung, Berlin: Duncker und Humblot, 301–327.

Homburg, Christian/Stock-Homburg, Ruth (2006): Theoretische Perspektiven zur Kundenzufriedenheit, In **Homburg, Christian (Hrsg.):** Kundenzufriedenheit. Konzepte - Methoden - Erfahrungen, 6. Auflage. Wiesbaden: Gabler, 17–51.

Höppner, Karin et al. (2004): Kassenwettbewerb: Motive für einen Kassenverbleib, In **Böcken, Jan/Braun, Bernard/Schnee, Melanie (Hrsg.):** Gesundheitsmonitor 2004. Die ambulante Versorgung aus Sicht von Bevölkerung und Ärzteschaft, Bertelsmann Stiftung, 24–34.

Höppner, Karin et al. (2006): Instrumente der Risikoselektion - Theorie und Empirie, In **Göpffarth, Dirk et al. (Hrsg.):** Jahrbuch Risikostrukturausgleich 2006, Asgard-Verlag, 119–144.

Huber, Frank/Herrmann, Andreas/Braunstein, Christine (2004): Der Zusammenhang zwischen Produktqualität, Kundenzufriedenheit und Unternehmenserfolg, In **Hinterhuber, Hans H./Matzler, Kurt (Hrsg.):** Kundenorientierte Unternehmensführung, 4., überarbeitete und erweiterte Auflage., 67–83.

Huber, Frank/Regier, Stefanie/Vollhardt, Kai (2006): Determinanten des Markenvertrauens und dessen Einfluss auf die Markenloyalität - Eine kausalanalytische Studie, In **Bauer, Hans/Neumann, Marcus M./Schüle, Anja (Hrsg.):** Konsumentenvertrauen. Konzepte und Anwendungen für ein nachhaltiges Kundenbindungsmanagement, Vahlen, 235–247.

Huber, J./Mielck, A. (2010): Morbidität und Gesundheitsversorgung bei GKV- und PKV-Versicherten. Forschungsstand empirischer Studien, Bundesgesundheitsblatt, Gesundheitsforschung, Gesundheitsschutz, 53 Nr. 9 (2010), 925–938.

Hußmann, Nils/Ecker, Thomas (2009): Herausforderungen für Versorgungsforschung: Direktverträge in der GKV, Monitor Versorgungsforschung, 2 Nr. 03 (2009), 38–41.

Hurrelmann, Klaus (2006): Gesundheitssoziologie. Eine Einführung in sozialwissenschaftliche Theorien von Krankheitsprävention und Gesundheitsförderung, 6. Auflage. Weinheim; München: Juventa.

Hüttner, Manfred/Schwarting, Ulf (2000): Explorative Faktorenanalyse, In **Herrmann, Andreas/Homburg, Christian (Hrsg.):** Marktforschung: Methoden - Anwendungen - Praxisbeispiele, 2. Auflage. Wiesbaden, 381–412.

IGES Institut GmbH (2011): GKV-Markt: Tests und Siegel geben Versicherten Orientierung, Presseinformation vom 18.11.2011; https://www.iges.de (Verfügbarkeitsdatum: 19.11.2011).

Initiative Neue Soziale Marktwirtschaft (2009): Krankenkassen-Beitrag kann bis zu 1 Prozentpunkt sinken, Pressemeldung vom 08.01.2009, http://www.insm.de/insm/Presse/Pressemeldungen/Krankenkassen-Beitrag-kann-bis-zu-1-Prozentpunkt-sinken.html (Verfügbarkeitsdatum: 22.05.2009).

Institut für Sozialmedizin, Epidemiologie und Gesundheitssystemforschung (2008): GEK Report ambulant-ärztliche Versorgung 2008. Auswertungen der GEK-Gesundheitsberichterstattung, Schriftenreihe zur Gesundheitsanalyse, Band 67.

Ipsos GmbH (2009): Nur vier Prozent wollen 2009 ihre Krankenversicherung wechseln, Presse-Information vom 27.01.2009, http://www.ipsos.de (Verfügbarkeitsdatum: 05.07.2009).

Jacobs, Klaus (2002): Kriterien und Voraussetzungen für erfolgreichen Krankenkassenwettbewerb, Vierteljahreshefte zur Wirtschaftsforschung, 71 Nr. 4 (2002), 501–504.

Jacobs, Klaus (2003): Dem Wettbewerb die richtige Richtung geben, In **AOK Bundesverband (Hrsg.):** Festschrift für Peter Kirch, Vahlen, 34–39.

Jacobs, Klaus (2009): Der Morbiditätsbezug des RSA als Voraussetzung für versorgungsorientierten Kassenwettbewerb, In **Göpffarth, Dirk et al. (Hrsg.):** Jahrbuch Risikostrukturausgleich 2008, Asgard-Verlag, 133–152.

Jacobs, Klaus et al. (2001): Zur Wirkung des Risikostrukturausgleichs in der gesetzlichen Krankenversicherung. Eine Untersuchung im Auftrag des Bundesministeriums für Gesundheit. Endbericht, http://www.iges.de/publikationen/gutachten/rsa_gutachten/e5166/infoboxContent5178/RSA-Gutachten2001_ger.pdf (Verfügbarkeitsdatum: 05.04.2010).

Jacobs, Klaus et al. (2000): Zur Wirkung des Risikostrukturausgleichs in der gesetzlichen Krankenversicherung. Eine Untersuchung im Auftrag des Bundesministeriums für Gesundheit, Arbeit und Sozialpolitik, 54 Nr. 11-12 (2000), 34–36.

Jacobs, Klaus/Schulze, Sabine (2006): Die Gesundheitsreform und der Wettbewerb: Viel Rhetorik, wenig Substanz, Gesundheits- und Sozialpolitik, 60 Nr. 11-12 (2006), 21–29.

Jacobs, Klaus/Schulze, Sabine (2007): Der morbiditätsorientierte Risikostrukturausgleich: notwendige Funktionsbedingung für sinnvollen Wettbewerb in der GKV, G+G Wissenschaft. Das Wissenschaftsforum in Gesundheit und Gesellschaft, 7 Nr. 3 (2007), 7–14.

Jacobs, Klaus/Staudt, Susanne/Wasem, Jürgen (2007): Wie kommen wir zu einem gerechtem Risikostrukturausgleich? Soziale Sicherheit, 56 Nr. 12 (2007), 420–426.

John, Jürgen (2003): Kassenwechsel und Risikostrukturausgleich in der gesetzlichen Krankenversicherung, Helmholtz Zentrum München - Deutsches Forschungszentrum für Gesundheit und Umwelt (GmbH), Jahresbericht 2002, S.77-90.

Jones, Michael A./Mothersbaugh, David L./Beatty, Sharon E. (2002): Why customers stay: measuring the underlying dimensions of services switching costs and managing their differential strategic outcomes, Journal of Business Research, 55 Nr. 6 (2002), 441–450.

Kano, Noriaki (1984): Attractive Quality and Must-be Quality, Hinshitsu: The Journal of the Japanese Society for Quality Control, 14 Nr. 2 (1984), 39–48.

Kartte, Joachim/Neumann, Karsten (2008): Der Gesundheitsmarkt. Sicht der Bürger - Strategien der Anbieter, Studie, Roland Berger Strategy Consultants, Germany.

Kay, Sabine (2001): Neue Ansätze im Krankenkassen-Marketing. Die qualitative Erweiterung des Leistungsspektrums um private Versicherungsleistungen im Kontext der wettbewerbsorientierten Umgestaltung der gesetzlichen Krankenversicherung, In **Zerres, Michael/Zerres, Christopher (Hrsg.):** Gesundheitsmarketing. Analyse ausgewählter Träger des deutschen Gesundheitswesens unter besonderer Berücksichtigung einer Patientensouveränität, Hampp, 29–61.

Kenning, Peter/Blut, Markus (2006): Vertrauen: Ein Objekt des Marketingmanagements?! In **Bauer, Hans/Neumann, Marcus M./Schüle, Anja (Hrsg.):** Konsumentenvertrauen. Konzepte und Anwendungen für ein nachhaltiges Kundenbindungsmanagement, Vahlen, 3–15.

Kepplinger, Mathias (2006): „Kassenhopper" - Chancen und Risiken von mehr Wettbewerb, Beiträge zur Gesellschaftspolitik, Nr. 5 (2006), 7–13.

Kindermann, Harald (2006): Optimierung der Kundenbindung in Massenmärkten. Eine empirische Untersuchung im österreichischen Mobilfunkmarkt, 1. Auflage. Wiesbaden: Deutscher Universitäts-Verlag.

Kirchgeorg, Manfred/Lorbeer, Alexander (2006): Bedeutung von Vertrauen für Kundenbeziehungen bei E-Health-Anbietern, In **Bauer, Hans/Neumann, Marcus M./Schüle, Anja (Hrsg.):** Konsumentenvertrauen. Konzepte und Anwendungen für ein nachhaltiges Kundenbindungsmanagement, Vahlen, 439–452.

Kleinaltenkamp, Michael (2005): Kundenbindung durch Kundenintegration, In **Bruhn, Manfred/Homburg, Christian (Hrsg.):** Handbuch Kundenbindungsmanagement, 5. Auflage. Wiesbaden: Gabler, 361–378.

Klemperer, Paul (1987): Markets with Consumer Switching Costs, The Quarterly Jounal of Economics, 102 Nr. 2 (1987), 375–394.

Klusen, Norbert (2008): „Hat nur Groß eine Chance?", Die Krankenversicherung, 60 Nr. 11 (2008), 280.

Knappe, Eckhard/Weissberger, Doris (2003): Wettbewerb und Solidarität im deutschen Gesundheitssystem, Sozialer Fortschritt, 52 Nr. 4 (2003), 102–105.

Knaus, Thomas/Nuscheler, Robert (2002): Incomplete Risk Adjustment and Adverse Selection in the German Public Health Insurance System, Discussion Paper FS IV 02-27, Wissenschaftszentrum Berlin, 2002.

Köber, Christianeand Kaross, Dietmar (2008): Werbung mit Testurteilen und Gütesiegeln – Möglichkeiten und Risiken für Krankenkassen, Die Ersatzkasse, 88 Nr. 12 (2008), 481–482.

Köcher, Renate (2009): Selbstmedikation und GKV. Was die Bevölkerung wirklich will, Allensbacher Archiv, IfD-Umfrage 10042.

Kolanoski, Achim (2010): „Versorgerkassen werden bestraft", Monitor Versorgungsforschung, 3 Nr. 05 (2010), 22–24.

Korehnke Kommunikation (2009): Kassenbindung der gesetzlich Krankenversicherten. Ergebnisse einer Repräsentativbefragung, Studie, http://www.korehnke-kommunikation.de/download/kassenbindung.pdf (Verfügbarkeitsdatum: 23.06.2009).

Kotler, Philip et al. (2003): Grundlagen des Marketing, München: Pearson Studium.

Kötter, Claudia/Maßing, Elke (2007): 30.000 Hilfsmittel: Wie kommt die BKK zu ihren Verträgen? Die BKK, 95 Nr. 12 (2007), 542–548.

Kottmair, Stefan/Frye, Christian/Ziegenhagen, Dieter J. (2005): Gesundheitsprogramm Herzinsuffizienz – medizinischer und ökonomischer Nutzen, In **Schlette, Sophia/Knieps, Franz/Amelung, Volker (Hrsg.):** Versorgungsmanagement für chronisch Kranke. Lösungsansätze aus den USA und aus Deutschland, KomPart Verlagsgesellschaft mbh & Co. KG, 119–133.

Krafft, Manfred/Götz, Oliver (2006): Der Zusammenhang zwischen Kundennähe, Kundenzufriedenheit und Kundenbindung sowie deren Erfolgswirkungen, In **Hippner, Hajo/Wilde, Klaus D. (Hrsg.):** Grundlagen des CRM. Konzepte und Gestaltungen, 2. Auflage. Wiesbaden: Gabler, 325–356.

Krauskopf, Dieter (2004): Einführung, In SGB V. Gesetzliche Krankenversicherung. Textausgabe mit ausführlichem Sachregister und einer Einführung von Dr. Dieter Krauskopf 12. Auflage. München.

Kriwy, P./Mielck, A. (2006): Versicherte der gesetzlichen Krankenversicherung (GKV) und der privaten Krankenversicherung (PKV): Unterschiede in Morbidität und Gesundheitsverhalten, Gesundheitswesen, 68 Nr. 5 (2006), 281–288.

Kroeber-Riel, Werner/Weinberg, Peter (2003): Konsumentenverhalten, 8. Auflage. München: Vahlen.

Krosnick, Jon A. et al. (2002): The impact of „no option" response options on data quality. Non-attitude reduction or an invitation to satisfice? Public Opinion Quarterly, 66 Nr. 2 (2002), 371–403.

Krüger, anja/Fromme, Herbert (2008): Profitieren gesetzliche Krankenkassen von einem Rating? Ärzte Zeitung 29. April 2008.

Krummaker, Simone et al. (2008): Entwicklungen des gesetzlichen Krankenversicherungsmarktes in Deutschland: Ergebnisse einer empirischen Erhebung, Gesundheits- und Sozialpolitik, 62 Nr. 6 (2008), 28–39.

Kuß, Alfred (2003): Subjektive Preiskalküle und Nutzenpreise, In **Diller, Hermann/Herrmann, Andreas (Hrsg.):** Handbuch Preispolitik. Strategien - Planung - Organisation - Umsetzung, 1. Auflage. Wiesbaden: Gabler, 285–302.

Kuß, Alfred/Eisend, Martin (2010): Marktforschung. Grundlagen der Datenerhebung und Datenanalyse, 3. Auflage. Wiesbaden: Gabler.

Kuhlmann, Eberhard (2006): Kaufrisiko, In **Bauer, Hans/Neumann, Marcus M./Schüle, Anja (Hrsg.):** Konsumentenvertrauen. Konzepte und Anwendungen für ein nachhaltiges Kundenbindungsmanagement, Vahlen, 167–179.

Kühn, Richard (1995): Marketing-Mix, In **Titz, Bruno/Köhler, Richard/ Zentes, Joachim (Hrsg.):** Handwörterbuch des Marketing, Zweite, völlig neu gestaltete Auflage. Stuttgart, 1615–1628.

Lambertin, Knut (2008): Gesetz zur Weiterentwicklung der GKV-Organisationsstrukturen: Ein Omnibus-Gesetz zur Insolvenz von Krankenkassen und vielen anderen Neuregelungen, Soziale Sicherheit, 57 Nr. 10 (2008), 327–329.

Laschet, Helmut (2004): Wie das Prinzip Hoffnung Kassen in die Schuldenfalle getrieben hat, Ärzte Zeitung 21. Juli 2004.

Lauterbach, Karl W./Lüngen, Markus (2005): Konzepte zu einem diagnose- und verordungsorientierten Risikostrukturausgleich zwischen den Krankenkassen, Gesundheits- und Sozialpolitik, 59 Nr. 1-2 (2005), 20–24.

Lauterbach, Karl W./Wille, Eberhard (2001): Modell eines fairen Wettbewerbs durch den Risikostrukturausgleich. Sofortprogramm „Wechslerkomponente und solidarische Rückversicherung“ unter Berücksichtigung der Morbidität, Gutachten im Auftrag des VdAK, des AEV, des AOK-BV und des IKK-BV. Abschlussbericht.

Leidl, Reiner (2002): Die Ausgaben für Gesundheit und ihre Finanzierung, In **Schwartz, F. W. et al. (Hrsg.):** Public Health. Gesundheit und Gesundheitswesen, Zweite, völlig neu bearbeitete und erweiterte Auflage. München, Jena, 349–366.

Lickvers, K. et al. (2005): Ergebnisse aus dem Gesundheitsprogramm Hypertonie der Deutschen Krankenversicherung (DKV), DMW - Deutsche Medizinische Wochenschrift, 130 Nr. 46 (2005), 2628–2630.

Löcherbach, Peter (2010): Effektivität und Effizienz von Case Management sind belegt, Monitor Versorgungsforschung, 3 Nr. 6 (2010), 27–31.

Luhmann, Niklas (2000): Vertrauen: ein Mechanismus der Reduktion sozialer Komplexität, 4. Auflage. Stuttgart: Lucius und Lucius.

Lüngen, Bent/Liese, Karl (2010): Innovation im Versorgungsmanagement am Beispiel der Hochkostenfälle, In **Rebscher, Herbert/Kaufmann, Stefan (Hrsg.):** Innovationsmanagement in Gesundheitssystemen, Heidelberg, 287–304.

Lüngen, Markus/Lauterbach, Karl W. (2007): Wettbewerb im Gesundheitswesen, In **Ried, Walter/Ulrich, Volker (Hrsg.):** Effizienz, Qualität und Nachhaltigkeit im Gesundheitswesen: Theorie und Politik öffentlichen Handelns, insbesondere in der Krankenversicherung; Festschrift zum 65. Geburtstag von Eberhard Wille, Baden-Baden, 278–293.

Lüngen, Markus et al. (2009): Evidenz der Wirksamkeit internationaler Präventionsmaßnahmen und Auswirkungen auf ein deutsches Präventionsgesetz, Medizinische Klinik, 104 Nr. 2 (2009), 101–107.

Lütters, Holger (2004): Online-Marktforschung. Eine Positionsbestimmung im Methodenkanon der Marktforschung unter Einsatz eines webbasierten Analytic Hierarchie Process (webAHP), Wiesbaden: Deutsche Universitäts-Verlag.

Malin, Eva-Maria/Schmidt, Elke Maria (1995): Beitragsrückzahlung in der GKV: Ein Instrument zur Kostendämpfung? Die Betriebskrankenkasse, 83 Nr. 12 (1995), 759–763.

Matzler, Kurt (2000): Die Opponent-Prozess-Theorie als Erklärungsansatz einer Mehr-Faktor-Struktur der Kundenzufriedenheit, Marketing - Zeitschrift für Forschung und Praxis, 22 Nr. 1 (2000), 5–24.

Matzler, Kurt (2003): Preiszufriedenheit, In **Diller, Hermann/Herrmann, Andreas (Hrsg.):** Handbuch Preispolitik. Strategien - Planung - Organisation - Umsetzung, 1. Auflage. Gabler, 303–328.

Matzler, Kurt/Bailom, Franz (2004): Messung von Kundenzufriedenheit, In **Hinterhuber, Hans H./Matzler, Kurt (Hrsg.):** Kundenorientierte Unternehmensführung, 4., überarbeitete und erweiterte Auflage., 263–293.

Matzler, Kurt et al. (2003): Empirische Überprüfung des Kano-Modells und Implikationen für die Importance-Performance-Analyse (IPA), In **Wildemann, Horst (Hrsg.):** Moderne Produktionskonzepte für Güter- und Dienstleistungsproduktionen, , 303–328.

Matzler, Kurt et al. (2005): Asymmetrische Effekte bei der Entstehung von Kundenzufriedenheit: Konsequenzen für die Importance-Performance-Analyse, Zeitschrift für Betriebswirtschaft, 75 Nr. 3 (2005), 299–317.

Matzler, Kurt/Pramhas, Natascha (2004): Preiszufriedenheit - Prospect Theory oder Kano-Modell? In **Hinterhuber, Hans H./Matzler, Kurt (Hrsg.):** Kundenorientierte Unternehmensführung, 4., überarbeitete und erweiterte Auflage., 181–193.

Matzler, Kurt/Sauerwein, Elmar/Stark, Christian (2004): Methoden zur Identifikation von Basis-, Leistungs- und Begeisterungsfaktoren, In **Hinterhuber, Hans H./Matzler, Kurt (Hrsg.):** Kundenorientierte Unternehmensführung, 4., überarbeitete und erweiterte Auflage., 315–339.

Matzler, Kurt/Stahl, Heinz K./Hinterhuber, Hans H. (2004): Die Customer-based View der Unternehmung, In **Hinterhuber, Hans H./ Matzler, Kurt (Hrsg.):** Kundenorientierte Unternehmensführung, 4., überarbeitete und erweiterte Auflage., 3–31.

Maurer, Marcus/Jandura, Olaf (2009): Masse statt Klasse? Einige kritische Anmerkungen zu Repräsentativität und Validität von Online-Befragungen, In **Jacob, Nikolaus/Schoen, Harald/Zerback, Thomas (Hrsg.):** Sozialforschung im Internet. Methodologie und Praxis der Online-Befragung, VS Verlag für Sozialwissenschaften, 61–73.

May, Uwe/Kötting, Cosima/Cheraghi, Tanaz (2010): Non-Compliance als gesundheitspolitische Nebenwirkung – Demoskopie und Problemanalyse am Beispiel der Rabattverträge, Pharmazeutische Zeitung, Ausgabe 06/2010, http://www.pharmazeutische-zeitung.de/index.php?id=32572 (Verfügbarkeitsdatum: 07.03.2010).

Meffert, Heribert (1995): Dienstleistungsmarketing, In **Titz, Bruno/Köhler, Richard/Zentes, Joachim (Hrsg.):** Handwörterbuch des Marketing, Zweite, völlig neu gestaltete Auflage. Stuttgart, 454–469.

Meffert, Heribert (2000): Marketing. Grundlagen marktorientierter Unternehmensführung. 9. Auflage. Wiesbaden: Gabler.

Meffert, Heribert (2003): Kundenbindung als Element moderner Wettbewerbsstrategien, In **Bruhn, Manfred/Homburg, Christian (Hrsg.):** Handbuch Kundenbindungsmanagement, 4. Auflage. Wiesbaden: Gabler, 125–145.

Meffert, Heribert/Bruhn, Manfred (2003): Dienstleistungsmarketing. Grundlagen - Konzepte - Methoden, 4. Auflage. Wiesbaden: Gabler.

Meißner, Marc (2009): Gerangel um „korrekte“ Codierung, Deutsches Ärzteblatt, 106 Nr. 5 (2009), 172.

Meyer, Anton/Oevermann, Dirk (1995): Kundenbindung, In **Titz, Bruno/ Köhler, Richard/Zentes, Joachim (Hrsg.):** Handwörterbuch des Marketing, Zweite, völlig neu gestaltete Auflage. Stuttgart, 1340–1351.

Meyer, Jörg (2008): BKK Imagemonitor 2008, Die BKK, 96 Nr. 10 (2008), 557–561.

Meyer, Jörg (2010): Erkenntnisse zu GKV Kunden im Bertelsmann Gesundheitsmonitor 2009. Erreichbarkeit ist das Wichtigste – „Freiwillige“ sind gegen die PKV, Die BKK, 98 Nr. 01 (2010), 16–21.

Minn, Norbert (2008): Insolvenzgesetz: Massiver Eingriff in den Wettbewerb, Die Ersatzkasse, 88 Nr. 6 (2008), 228–230.

Moßhammer, D. et al. (2009): Hausarztzentrierte Versorgung – internationale Daten und aktuelle Entwicklungen in Deutschland mit Fokus auf Baden-Württemberg, Gesundheitswesen, 71 Nr. 12 (2009), 832–838.

MSR Consulting Group (2003): Wechselverhalten in der Gesetzlichen Krankenversicherung. Ergebnisse einer repräsentativen Studie, Ergebnisbericht, Köln, August 2003.

MSR Consulting Group (2010): Die Kundenzeitschrift - wichtiges Kommunikationsmedium der Krankenkassen, Pressemitteilung vom 04.05.2010; http://www.msr.de/pressemitteilungen-archiv-details.aspx?newsid=302 (Verfügbarkeitsdatum: 19.11.2011)..

Mühlbacher, Axel C./Ekert, Stefan (2009): Finanzierung in der Integrierten Versorgung: Vergütungsformen und Risikomanagement, In **Goldschmidt, Andreas J. W./Hilbert, Josef (Hrsg.):** Gesundheitswirtschaft in Deutschland: Die Zukunftsbranche, Thieme, 106–136.

Mühlenkamp, Holger (1995): Größen- und Verbundvorteile in der Verwaltung der gesetzlichen Krankenversicherung, Zeitschrift für Betriebswirtschaft, 65 Nr. 3 (1995), 287–308.

Müller, Joachim/Schneider, Werner (1997): Mitgliederbewegungen und Beitragssätze in Zeiten des Kassenwettbewerbs - Ein erster empirischer Befund nach Inkrafttreten der Wahlfreiheit, Arbeit und Sozialpolitik, 51 Nr. 3-4 (1997), 11–24.

Müller, Joachim/Schneider, Werner (1999): Entwicklung der Mitgliederzahlen, Beitragssätze, Versichertenstrukturen und RSA-Transfers in Zeiten des Kassenwettbewerbs - empirische Befunde im dritten Jahr der Kassenwahlrechte, Arbeit und Sozialpolitik, 53 Nr. 3-4 (1999), 20–39.

Müller, Stephanie/Kissling, Werner (2009): Finanzielle Anreize zur Complianceförderung, Psychiatrische Praxis, 36 Nr. 6 (2009), 258–260.

Müller-Hagedorn, Lothar/Preißner, Markus/Wilke, Kai (2006): Die Rolle des Vertrauens bei der Beurteilung der Preisgünstigkeit, In **Bauer, Hans/ Neumann, Marcus M./Schüle, Anja (Hrsg.):** Konsumentenvertrauen. Konzepte und Anwendungen für ein nachhaltiges Kundenbindungsmanagement, Vahlen, 151–165.

Nebling, Thomas (2008): Strategische Interdependenzen bei selektiven Verträgen. Neue Herausforderungen für das Krankenkassen-Management, Sozialer Fortschritt, 57 Nr. 5 (2008), 118–125.

Neises, Gudrun et al. (2009): Machen Rabattverträge krank? Pharmazeutische Zeitung, Ausgabe 47/2009, http://www.pharmazeutische-zeitung.de/index.php?id=31689 (Verfügbarkeitsdatum: 07.03.2010).

Neumann, Marcus M. (2007): Konsumentenvertrauen: Messung, Determinanten und Konsequenzen, Wiesbaden: Gabler.

Neus, Werner (2003): Einführung in die Betriebswirtschaftslehre aus institutionenökonomischer Sicht, 3. Auflage. Tübingen: Mohr Siebeck.

Nolting, Hans-Dieter et al. (2006): Nutzen, Kosten, Präferenzen - Wissen was der Bürger will! 4. Delphi-Studie zur Zukunft des Gesundheitswesens, Janssen-Cilag GmbH.

Oberender, Peter O./Zerth, Jürgen (2005): Anreizwirkungen des RSA in einem wettbewerblich orientierten Krankenversicherungssystem, In **Klusen, Norbert/Straub, Christoph/Meusch, Andreas (Hrsg.):** Steuerungswirkungen des Risikostrukturausgleichs, Baden-Baden, 37–49.

Olsson, Ulf Henning et al. (2000): The Performance of ML, GLS and WLS Estimation in Structural Equation Modeling Under Conditions of Misspecification and Nonnormality, Structural Equation Modeling, 7 Nr. 4 (2000), 557–595.

Osterkamp, Nicole (2008): Verwaltungskosten in der GKV. Notwendiges Übel oder Grundvoraussetzung für eine leistungsfähige Gesundheitsversorgung? In **Repschläger, Uwe (Hrsg.):** BARMER Gesundheitswesen aktuell 2008: Beiträge und Analysen zu Auswirkungen der Gesundheitsreform ab 2009, Barmer Hauptverwaltung, 118–142.

o.V. (2004a): Krankenkasse sponsert Formel 1: Kunden sind verärgert, http://www.shortnews.de/id/532114/Krankenkasse-sponsert-Formel-1-Kunden-sind-veraergert (Verfügbarkeitsdatum: 19.11.2011).

o.V. (2004b): MLP vermittelt Kassenmitglieder auf Provisionsbasis, Ärzte Zeitung vom 21. April 2004.

o.V. (2007): Kassen wollen mit Call-Centern Kosten senken, Ärzte Zeitung vom 15. November 2007.

o.V. (2008a): Barmer senkt durch Bonusprogramme ihre Ausgaben, Ärzte Zeitung vom 27. Juni 2008.

o.V. (2008b): BKKn rüsten für neue Versorgungsformen, Ärzte Zeitung vom 5. November 2008.

o.V. (2008c): Bonusprogramm senkt IKK-Ausgaben, Ärzte Zeitung vom 26. Mai 2008.

o.V. (2008d): Health-Coaching lebt vom Vertrauen, Monitor Versorgungsforschung, 1 Nr. 03 (2008), 14.

o.V. (2008e): Kassen bezahlen Überprüfung von Diagnosen, Ärzte Zeitung vom 28. November 2008.

o.V. (2008f): Krankenkassen unterziehen sich Rating, Ärzte Zeitung vom 18. April 2008.

o.V. (2009a): Bundesärztekammer dementiert Einsparreserven im Gesundheitswesen, Deutsches Ärzteblatt vom 9. Januar 2009.

o.V. (2009b): Bundesversicherungsamt rügt BKK wegen Diagnosetuning, Deutsches Ärzteblatt vom 20. Februar 2009.

o.V. (2009c): Gesundheitscoach soll Patienten an die Hand nehmen, Ärzte Zeitung vom 9. September 2009.

o.V. (2009d): Kasse stellt Versicherten einen Gesundheitsassistenten an die Seite, Ärzte Zeitung vom 5. August 2009.

o.V. (2009e): Kassen bieten Kompetenz-Seminar für Patienten, Ärzte Zeitung vom 18. Dezember 2009.

o.V. (2009f): Mehr Qualität bei weniger Kosten, Monitor Versorgungsforschung, 2 Nr. 03 (2009), 27.

o.V. (2009g): Rabattverträge: Milliarden-Ersparnis bei den Kassen, Pharmazeutische Zeitung vom 22. Dezember 2009, http://www.pharmazeutische-zeitung.de/index.php?id=32135 (Verfügbarkeitsdatum: 07.03.2010).

o.V. (2009h): Studie: Kassen könnten Milliarden sparen - Schmidt warnt vor Betrug, Ärzte Zeitung vom 8. Januar 2009.

o.V. (2010a): Halbwahre Infos zum Kassenwechsel sind unzulässig, Ärzte Zeitung vom 9. Dezember 2010.

o.V. (2010b): Zusatzbeiträge lösen regelrechte Fluchtwellen aus, Ärzte Zeitung vom 31. März 2010.

o.V. (2011): Zusatzbeiträge: Hunderttausende wechselten die Kasse, Ärzte Zeitung vom 26. Januar 2011.

Paquet, Robert (2009): Die Krankenkassenverbände nach der Organisationsreform, Soziale Sicherheit, 58 Nr. 1 (2009), 5–12.

Paquet, Robert/Stein, Martin (2008): GKV-Mitglieder: preissensibel und leistungsbewusst, Die BKK, 96 Nr. 05 (2008), 274–280.

Peter, Sibylle Isabelle (1999): Kundenbindung als Marketingziel. Identifikation und Analyse zentraler Determinanten, 2. Auflage. Wiesbaden: Gabler.

Petermann, Franz/Warschburger, Petra (1997): Compliance, In **Weitkunat, Rolf/Haisch, Jochen/Kessler, Manfred (Hrsg.):** Public Health und Gesundheitspsychologie. Konzepte, Methoden, Prävention, Versorgung, Politik, Bern, Göttingen, 371–383.

Petermann, Franz/Winkel, Sandra (2006): Interpersonelles Vertrauen - Grundlagen, Messung, empirische Befunde, In **Bauer, Hans/Neumann, Marcus M./Schüle, Anja (Hrsg.):** Konsumentenvertrauen. Konzepte und Anwendungen für ein nachhaltiges Kundenbindungsmanagement, Vahlen, 77–91.

Pick, Doreén (2008): Wiederaufnahme vertraglicher Geschäftsbeziehungen. Eine empirische Untersuchung der Kundenperspektive, Wiesbaden: Gabler.

Ping, Robert A. (1993): The Effects of Satisfaction and Structural Constraints on Retailer Exiting, Voice, Loyalty, Opportunism, and Neglect, Journal of Retailing, 69 Nr. 3 (1993), 320–352.

Pittrow, D./Böcking, W./Kirch, H. (2003): Determinanten des Kassenwechsels in der Gesetzlichen Krankenversicherung: Welche Bedeutung kommt den Strukturfaktoren der Versicherungen zu? Gesundheitsökonomie & Qualitätsmanagement, 8 Nr. 1 (2003), 24–30.

Plinke, Wulff (1997): Grundlagen des Geschäftsbeziehungsmanagements, In **Plinke, Wulff/Kleinaltenkamp, Michael (Hrsg.):** Geschäftsbeziehungsmanagement, 1. Auflage. Berlin: Springer, 3–62.

Plinke, Wulff/Söllner, Albrecht (2005): Kundenbindung und Abhängigkeitsbeziehungen, In **Bruhn, Manfred/Homburg, Christian (Hrsg.):** Handbuch Kundenbindungsmanagement, 5. Auflage. Wiesbaden: Gabler, 67–91.

Plötner, Olaf (1995): Das Vertrauen des Kunden. Relevanz, Aufbau und Steuerung auf industriellen Märkten, Wiesbaden: Gabler.

Polaszek, Udo/Zellmann, Michael (2009): Krankenkassen im Fokus des Insolvenzrechts – die neuen Pflichten nach dem GKV-OrgWG, Die BKK, 97 Nr. 04 (2009), 136–142.

Popken, H. (2007): Fallmanagement der AOK bei Arbeitsunfähigkeit, In **Badura, B./Schellschmid, H./Vetter, C. (Hrsg.):** Fehlzeiten-Report 2006. Chronische Krankheiten. Zahlen, Daten, Analysen aus allen Branchen der Wirtschaft, Heidelberg: Springer, 173–185.

Popper, Karl R. (1994): Logik der Forschung, Zehnte, verbesserte und vermehrte Auflage. Tübingen: Mohr.

Porst, Rolf (2009): Fragebogen. Ein Arbeitsbuch, 2. Auflage. Wiesbaden: VS Verlag.

Pourie, Ralf/Schmöller, Mechthild (2010): Patientencoaching: Outcome eines Pilotprojektes, Monitor Versorgungsforschung, 3 Nr. 2 (2010), 38–43.

psychonomics AG (2007): GKV-Versicherte im Netz. Nutzererwartungen an die Websites von Krankenkassen, Studiensteckbrief, http://www.psychonomics.de/filemanager/download/1600 (Verfügbarkeitsdatum: 11.09.2010).

Pütz, Claudia (2008): Vom Eintarif- zum Mehrtarifanbieter. Die neuen Wahlmöglichkeiten der gesetzlichen Krankenkassen, Gesundheits- und Sozialpolitik, 62 Nr. 1 (2008), 46–52.

Reile, Anke (2006): Gestaltungsoptionen von Krankenkassen bei staatlichen Systemvorgaben. Eine theoriegeleitete Analyse der kasseneigenen Freiräume zur Einnahmen- und Ausgabengestaltung, Berlin: Berliner Wissenschafts-Verlag.

Reschke, Peter et al. (2004): Klassifikationsmodelle für Versicherte im Risikostrukturausgleich, Untersuchung zur Auswahl geeigneter Gruppenbildungen, Gewichtungsfaktoren und Klassifikationsmerkmale für einen direkt morbiditätsorientierten Risikostrukturausgleich in der gesetzlichen Krankenversicherung im Auftrag des Bundesministeriums für Gesundheit und Soziale Sicherung. Endbericht.

Robert Koch-Institut (2009): Daten und Fakten: Ergebnisse der Studie „Gesundheit in Deutschland aktuell 2009", Gesundheitsberichterstattung des Bundes.

Rürup, Bert (2006): Große Kassen arbeiten nicht wirtschaftlicher, Die BKK, 94 Nr. 07 (2006), 332–334.

Rürup, Bert (2008): Gesundheitspolitik für das 21. Jahrhundert, Die BKK, 96 Nr. 02 (2008), 80–85.

Sachverständigenrat für die Konzertierte Aktion im Gesundheitswesen (1995): Gesundheitsversorgung und Krankenversicherung 2000. Mehr Ergebnisorientierung, mehr Qualität und mehr Wirtschaftlichkeit, Baden-Baden: Nomos.

Sachverständigenrat für die Konzertierte Aktion im Gesundheitswesen (2001a): Gutachten 2000/2001. Bedarfsgerechtigkeit und Wirtschaftlichkeit. Band I: Zielbildung, Prävention, Nutzerorientierung und Partizipation, Deutscher Bundestag, Drucksache 14/5660.

Sachverständigenrat für die Konzertierte Aktion im Gesundheitswesen (2001b): Gutachten 2000/2001. Bedarfsgerechtigkeit und Wirtschaftlichkeit. Band III: Über-, Unter- und Fehlversorgung, Deutscher Bundestag, Drucksache 14/6871.

Sachverständigenrat für die Konzertierte Aktion im Gesundheitswesen (2002): Gutachten 2000/2001. Bedarfsgerechtigkeit und Wirtschaftlichkeit. Band I: Zielbildung, Prävention, Nutzerorientierung und Partizipation, 1. Auflage. Baden-Baden: Nomos Verlagsgesellschaft.

Sachverständigenrat für die Konzertierte Aktion im Gesundheitswesen (2003): Gutachten 2003 des Sachverständigenrates für die Konzertierte Aktion im Gesundheitswesen, Deutscher Bundestag, Drucksache 15/530.

Sachverständigenrat für die Konzertierte Aktion im Gesundheitswesen (2005): Gutachten 2005 des Sachverständigenrates zur Begutachtung der Entwicklung im Gesundheitsweisen, Deutscher Bundestag, Drucksache 15/5670.

Sachverständigenrat zur Begutachtung der Entwicklung im Gesundheitswesen (2007): Kooperation und Verantwortung – Voraussetzungen einer zielorientierten Gesundheitsversorgung, Deutscher Bundestag, Drucksache 16/6339.

Sachverständigenrat zur Begutachtung der Entwicklung im Gesundheitswesen (2009): Koordination und Integration - Gesundheitsversorgung in einer Gesellschaft des längeren Lebens. Sondergutachten 2009,.

Salzberger, Thomas (2007): Messung in der Marketingforschung — Status Quo und Perspektiven, der markt, 46 Nr. 1-2 (2007), 61–84.

Sander, Matthias (2004): Marketing-Management. Märkte, Marktinformationen und Marktbearbeitung, Stuttgart: Lucius & Lucius.

Sander, Michael/Kade-Lamprecht, Evelyn (2008): Kundenbeziehungsmanagement entscheidet den Wettbewerb in der GKV, Fokusvortrag zur 3. GKV-Managementfachtagung am 29. April 2008 in Hamburg, http://www.terraconsult.de/fileadmin/Dokumente/02_sander_ekl_fokusvortrag-kbm.pdf (Verfügbarkeitsdatum: 23.06.2009).

Sauerland, Dirk/Wübker, Ansgar (2010): Die Entwicklung der Ausgaben in der Gesetzlichen Krankenversicherung bis 2050 – bleibende Herausforderung für die deutsche Gesundheitspolitik, discussion paper, Fakultät für Wirtschaftswissenschaft, Universität Witten/Herdecke, Neue Serie 2010 ff., Nr. 4 / 2010.

Sauerwein, Elmar (2000): Das Kano-Modell der Kundenzufriedenheit. Reliabilität und Validität einer Methode zur Klassifikation von Produkteigenschaften, Wiesbaden: Deutscher Universitäts-Verlag.

Schaaf, Michael/Sander, Michael (2008): Marketing und Strategie im Gesundheitswesen. Diskussionsbeitrag zur Bewältigung des Wandels speziell im Sektor GKV Gesetzliche Krankenversicherung, White Paper, April 2008, Veröffentlicht von: TCP Terra Consulting Partners GmbH.

Schawo, Dorothee (2007): Gesundheitsfonds und Einkommensausgleich zwischen den Krankenkassen, In **Göpffarth, Dirk et al. (Hrsg.):** Jahrbuch Risikostrukturausgleich 2007, Asgard-Verlag, 97–114.

Scheffold, Katrin (2008): Kundenbindung bei Krankenkassen. Eine marketingorientierte Analyse kassenindividueller Handlungsparameter bei selektivem Kontrahieren auf dem GKV-Versorgungsmarkt, Berlin: Duncker & Humblot.

Schellhorn, Martin (2002): Auswirkungen wählbarer Selbstbehalte in der Krankenversicherung: Lehren aus der Schweiz? Vierteljahreshefte zur Wirtschaftsforschung, 71 Nr. 4 (2002), 411–426.

Scherenberg, Viviane/Greiner, Wolfgang (2008): Präventive Bonusprogramme. Auf dem Weg zur Überwindung des Präventionsdilemmas, Bern: Verlag Hans Huber.

Schlingensiepen, Ilse (2007): Weichenstellung für die neue Kassenwelt, Financial Times Deutschland 27. September 2007.

Schmid, E. et al. (2008): Patientencoaching Gesundheitscoaching Case Management. Methoden im Gesundheitsmanagement von morgen, Berlin: MWV Medizinisch Wissenschaftliche Verlagsgesellschaft OHG.

Schnee, Melanie (2007): Neue Versorgungs- und Versicherungsformen in der GKV: Wer kennt sie und wer nutzt sie? gesundheitsmonitor. Ein Newsletter der Bertelsmann Stiftung, Ausgabe 2 (2007).

Schneider, Udo (2003): Kostenfalle Gesundheitswesen? Ökonomische Herausforderungen und Perspektiven der Gesundheitssicherung. Diskussionspapier 08-03, Bayreuth: Rechts- und Wirtschaftswissenschaftliche Fakultät, Universität Bayreuth.

Schnell, Rainer/Hill, Paul B./Esser, Elke (2005): Methoden der empirischen Sozialforschung, 7. Auflage. München, Wien: R. Oldenbourg Verlag.

Schräder, Wilhelm F./Reschke, Peter (2006): Die empirischen Grundlagen zur Einführung des Risikostrukturausgleichs in der Gesetzlichen Krankenversicherung, In **Göpffarth, Dirk et al. (Hrsg.):** Jahrbuch Risikostrukturausgleich 2006, Asgard-Verlag, 317–329.

Schulenburg, Johann-Matthias von der/Greiner, Wolfgang (2000): Gesundheitsökonomik, Tübingen: Mohr Siebeck.

Schulz, Norbert (2003): Wettbewerbspolitik, Tübingen: J.C.B. Mohr (Paul Siebeck).

Schulz-Nieswandt, Frank (2006): Wettbewerb in der Gesundheitsversorgung - Wie viel Differenzierung braucht die GKV? Die Krankenversicherung, 58 Nr. 10 (2006), 274–277.

Schulze, Sabine (2007): Gesundheitsreform und Vertragswettbewerb: Auswirkungen des GKV-Wettbewerbsstärkungsgesetzes auf die Möglichkeiten zum Abschluss von Selektivverträgen zwischen Krankenkassen und Leistungserbringern, In **Göpffarth, Dirk et al. (Hrsg.):** Jahrbuch Risikostrukturausgleich 2007, Asgard-Verlag, 273–306.

Schümann, Inken (2004): Möglichkeiten und Grenzen der Gesundheitsinformation und -beratung durch gesetzliche Krankenkassen, Hamburg: Verlag Dr. Kovac.

Schut, Frederik T./Greß, Stefan/Wasem, Jürgen (2003): Consumer Price Sensitivity and Social Health Insurer Choice in Germany and the Netherlands, International Journal of Health Care Finance and Economics, 3 Nr. 2 (2003), 117–138.

Schwartz, Friedrich Wilhelm/Kickbusch, Ilona/Wismar, Matthias (2002): Ziele und Strategien der Gesundheitspolitik? In **Schwartz, F. W. et al. (Hrsg.):** Public Health. Gesundheit und Gesundheitswesen, Zweite, völlig neu bearbeitete und erweiterte Auflage. München, Jena, 229–242.

Schwartz, F.W. (1999): Grenzen und Risiken des Wettbewerbs im Gesundheitswesen, In **Wille, Eberhard (Hrsg.):** Zur Rolle des Wettbewerbs in der gesetzlichen Krankenversicherung. Gesundheitsversorgung zwischen staatlicher Administration, korporativer Koordination und marktwirtschaftlicher Steuerung, 1. Auflage. Baden-Baden, 87–93.

Schwarze, Johannes/Andersen, Hanfried H. (2001): Kassenwechsel in der Gesetzlichen Krankenversicherung: Welche Rolle spielt der Beitragssatz? Schmollers Jahrbuch, 121 Nr. 4 (2001), 581–602.

Schweitzer, Marcell (1997): Gegenstand und Methoden der Betriebswirtschaftslehre, In **Bea, Franz Xaver/Dichtl, Erwin/Schweitzer, Marcell (Hrsg.):** Allgemeine Betriebswirtschaftslehre. Bd.1: Grundfragen, Lucius und Lucius, 23–80.

Sehlen, Stephanie (2005): Risikostrukturausgleich in der gesetzlichen und privaten Krankenversicherung, In **Schmehl, Arndt/Wallrabenstein, Astrid (Hrsg.):** Steuerungsinstrumente im Recht des Gesundheitswesens. Band 1: Wettbewerb, Tübingen, 55–76.

Seitz, Robert (2004): Die deutschen DMP nach dem GMG und 9. RSAÄndV, Gesundheits- und Sozialpolitik, 58 Nr. 7-8 (2004), 11–22.

Sharma, Neeru/Patterson, Paul G. (2000): Switching costs, alternative attractiveness and experience as moderators of relationship commitment in professional, consumer services, International Journal of Service Industry Management, 11 Nr. 5 (2000), 470–490.

Simon, Hermann (1992): Preismanagement. Analyse - Strategie - Umsetzung, 2. Auflage. Wiesbaden: Gabler.

Simon, Michael (2008): Das Gesundheitssystem in Deutschland. Eine Einführung in Struktur und Funktionsweise, 2. Auflage. Bern: Verlag Hans Huber.

Skiera, Bernd/Albers, Sönke (2000): Regressionsanalyse, In **Herrmann, Andreas/Homburg, Christian (Hrsg.):** Marktforschung: Methoden - Anwendungen - Praxisbeispiele, 2. Auflage., 203–236.

Smigielski, Edwin (1993): Organisationsreform und Wettbewerb in der Gesetzlichen Krankenversicherung, In **Oberender, Peter (Hrsg.):** Institutionelle Erneuerung des Gesundheitswesens in Deutschland, 1. Auflage. Baden-Baden, 85–109.

Stahl, Heinz K. (2004): Kundenloyalität kritisch betrachtet, In **Hinterhuber, Hans H./Matzler, Kurt (Hrsg.):** Kundenorientierte Unternehmensführung, 4. Auflage., 101–119.

Stahl, Heinz K. et al. (2004): Kundenzufriedenheit und Kundenwert, In **Hinterhuber, Hans H./Matzler, Kurt (Hrsg.):** Kundenorientierte Unternehmensführung, 4. Auflage., 243–262.

Stapf-Finé, Heinz (2009): Kassenfusionen - nicht immer der Weisheit letzter Schluss, Soziale Sicherheit, 58 Nr. 4 (2009), 124.

Stauss, Bernd (1999): Kundenzufriedenheit, Marketing - Zeitschrift für Forschung und Praxis, 21 Nr. 1 (1999), 5–24.

Stauss, Bernd/Neuhaus, Patricia (2004): Das Qualitative Zufriedenheitsmodell (QZM), In **Hinterhuber, Hans H./Matzler, Kurt (Hrsg.):** Kundenorientierte Unternehmensführung, 4. Auflage., 84–100.

Steinmeyer, Heinz-Dietrich (2008): Die Halbherzigkeiten des GKV-OrgWG – Insolvenz und Haftung von Krankenkassen, Die BKK, 96 Nr. 08 (2008), 442–453.

Stiftung Warentest (2002): Wissenslücken. Krankenversicherten-Hotlines, test, Nr. 8 (2002), 91–95.

Stock, Stephanie/Redaèlli, Marcus/Lauterbach, Karl W. (2004): Diease Management, In **Lauterbach, K. W./Schrappe, M. (Hrsg.):** Gesundheitsökonomie, Qualitätsmanagement und Evidence-based Medicine. Eine systematische Einführung, Stuttgart, New York: Schattauer, 221–230.

Stoschek, Jürgen (2003): Wie viele Kassen braucht das Land? Auch da schwören Experten auf die Selbstregulierung des Marktes, Ärzte Zeitung 5. März 2003.

Straub, C. (2006): Gesundheitsökonomie als Ansatz für eine Synthese von Leistungsfähigkeit und Finanzierbarkeit der gesetzlichen Krankenversicherung, Bundesgesundheitsblatt, Gesundheitsforschung, Gesundheitsschutz, 49 Nr. 1 (2006), 73–80.

Theobald, Axel (2000): Das World Wide Web als Befragungsinstrument, Wiesbaden: Deutscher Universitäts-Verlag.

Thibaut, John W./Kelley, Harold H. (1959): The social psychology of groups, New York: Wiley.

TNS Infratest (2010): Über 60-Jährige mit größtem Wachstum bei der Internetnutzung, Presseinformation vom 8. Juli 2010, http://www.tns-infratest.com/presse/presseinformation.asp?prID=760 (Verfügbarkeitsdatum: 14.09.2010).

Tomczak, Torsten/Dittrich, Sabine/Reinecke, Sven (2004): Kundenpotentiale ausschöpfen - Gestaltungsansätze für Kundenbindung in verschiedenen Geschäftstypen, In **Hinterhuber, Hans H./Matzler, Kurt (Hrsg.):** Kundenorientierte Unternehmensführung, 4. Auflage., 121–145.

Töpfer, Armin (2008): Konzeptionelle Grundlagen und Messkonzepte für den Kundenzufriedenheitsindex (KZI/ CSI) und den Kundenbindungsindex

(KBI/ CRI), In **Töpfer, Armin (Hrsg.):** Handbuch Kundenmanagement: Anforderungen, Prozesse, Zufriedenheit, Bindung und Wert von Kunden, Heidelberg, 309–382.

Töpfer, Armin (2009): Erfolgreich Forschen. Ein Leitfaden für Bachelor-, Master-Studierende und Doktoranden, Berlin; Heidelberg: Springer.

Töpfer, Armin/Opitz, Frank (2005): Hohe Versichertenzufriedenheit und -bindung erschweren Differenzierung, Zeitschrift für Versicherungswesen, 56 Nr. 12 (2005), 389–392.

Töpfer, Armin/Opitz, Frank (2007): M+M Versichertenbarometer 2007. Kundenzufriedenheit und -bindung im Urteil der Versicherten, Studienbericht der Management + Marketing Consulting GmbH, März 2007.

Töpfer, Armin/Opitz, Frank (2008): Benchmarking mit dem Versichertenbarometer - Kundenzufriedenheit und -bindung im deutschen Krankenkassenmarkt, In **Töpfer, Armin (Hrsg.):** Handbuch Kundenmanagement: Anforderungen, Prozesse, Zufriedenheit, Bindung und Wert von Kunden, Heidelberg, 541–553.

Töpfer, Armin/Opitz, Frank (2009): M+M Versichertenbarometer 2009. Kundenzufriedenheit und -bindung im Urteil der Versicherten, Studienbericht der Management + Marketing Consulting GmbH, März 2009.

Trommsdorff, Volker/Götze, Franziska/Herm, Steffen (2006): Konsumentenvertrauen und Marken, Das Wirtschaftsstudium, 35 Nr. 10 (2006), 1064–1270.

Ulrich, Volker/Schneider, Udo (2007): Prognosen der Beitragssatzentwicklung in der GKV - Was lässt sich aus langfristigen Szenarien lernen? In **Ried, Walter/Ulrich, Volker (Hrsg.):** Effizienz, Qualität und Nachhaltigkeit im Gesundheitswesen: Theorie und Politik öffentlichen Handelns, insbesondere in der Krankenversicherung; Festschrift zum 65. Geburtstag von Eberhard Wille, Baden-Baden, 777–795.

Unterhuber, Hans/Zacher, Stefanie (2009): Big is beautiful – (k)ein Erfolgsfaktor in der GKV! Die BKK, 97 Nr. 10 (2009), 426–433.

Wald-Esser, Dagmar/Schröder-Bernhardi, Detlef/Kostev, Karel (2010): Welchen Einfluss haben Rabattverträge auf den Versorgungsalltag? Studie der IMS HEALTH GmbH & Co. OHG, http://www.bah-bonn.de (Verfügbarkeitsdatum: 07.03.2010).

Walgenbach, Peter (2006): Wieso ist Vertrauen in ökonomischen Transaktionsbeziehungen so wichtig, und wie lässt es sich generieren? In **Bauer, Hans/ Neumann, Marcus M./Schüle, Anja (Hrsg.):** Konsumentenvertrauen. Konzepte und Anwendungen für ein nachhaltiges Kundenbindungsmanagement, Vahlen, 17–26.

Wasem, Jürgen (2007): Die Weiterentwicklung des Risikostrukturausgleichs ab dem Jahr 2009, G+G Wissenschaft. Das Wissenschaftsforum in Gesundheit und Gesellschaft, 7 Nr. 3 (2007), 15–22.

Wasem, Jürgen/Greß, Stefan/Hessel, Franz (2003): Hausarztmodelle in der GKV – Effekte und Perspektiven vor dem Hintergrund nationaler und internationaler Erfahrungen, Diskussionsbeiträge aus dem Fachbereich Wirtschaftswissenschaften, Universität Duisburg-Essen, Nr. 130, November 2003.

Wasem, Jürgen/Lauterbach, Karl W./Schräder, Wilhelm (2005): Klassifikationsmodelle für Versicherte im morbiditätsorientierten Risikostrukturausgleich, G+G Wissenschaft. Das Wissenschaftsforum in Gesundheit und Gesellschaft, 5 Nr. 2 (2005), 7–15.

Weber, Guido W. (2006): Die Patientenquittung – Ein ungenutztes Marketing-Instrument in der Gesetzlichen Krankenversicherung? Gesundheits- und Sozialpolitik, 60 Nr. 1/2 (2006), 30–37.

Weber, Guido W. (2009): Wechseldynamik, Wechslerprofile und Motive der Kassenwahlentscheidung. Empirische Befunde zum Konsumentenverhalten in der gesetzlichen Krankenversicherung, Gesundheits- und Sozialpolitik, 63 Nr. 6 (2009), 32–42.

Weber, Guido W. (2010): Wechselbarrieren und die Bedeutung spezifischer Kassenangebote. Empirische Befunde zum Konsumentenverhalten in der gesetzlichen Krankenversicherung, Gesundheits- und Sozialpolitik, 64 Nr. 1 (2010), 43–51.

Weiber, Rolf/Adler, Jost (2003): Der Wechsel von Geschäftsbeziehungen beim Kauf von Nutzungsgütern: Das Beispiel Telekommunikation, In **Rese, Mario/Söllner, Albrecht/Utzig, Peter B. (Hrsg.):** Relationship-Marketing, Berlin, Heidelberg: Gabler, 71–103.

Weiber, Rolf/Mühlhaus, Daniel (2010): Strukturgleichungsmodellierung. Eine anwendungsorientierte Einführung in die Kausalanalyse mit Hilfe von AMOS, SmartPLS und SPSS, Heidelberg; Dordrecht; London; New York: Springer.

Weinberg, Peter/Terlutter, Ralf (2005): Verhaltenswissenschaftliche Aspekte der Kundenbindung, In **Bruhn, Manfred/Homburg, Christian (Hrsg.):** Handbuch Kundenbindungsmanagement, 5. Auflage. Wiesbaden: Gabler, 41–64.

Weller, Michael (2002): Wettbewerb in der sozialen Krankenversicherung. Chancen einer wettbewerblichen Orientierung nutzen - Gefahren erkennen, Arbeit und Sozialpolitik, 56 Nr. 1-2 (2002), 39–42.

Wendt, Wolf Rainer (2001): Case Management im Sozial- und Gesundheitswesen. Eine Einführung, Freiburg im Breisgau: Lambertus.

Wenner, Ulrich (2006): Risikostrukturausgleich ist verfassungsgemäß. Solidarprinzip der gesetzlichen Krankenversicherung gestärkt, Soziale Sicherheit, 55 Nr. 8-9 (2006), 309–314.

Werani, Thomas (2003): Bewertung von Kundenbindungsstrategien in B-to-B-Märkten, Wiesbaden: Deutscher Universitäts-Verlag.

Werner, A./Reitmeir, P./John, J. (2005). Kassenwechsel und Risikostrukturausgleich in der gesetzlichen Krankenversicherung - empirische Befunde der Kooperativen Gesundheitsforschung in der Region Augsburg (KORA), Gesundheitswesen, 67 Nr. Sonderheft 1 (2005), S158–S166.

West, S. G./Finch, J. F./Curran, P. J. (1995): Structural equation models with nonnormal variables: Problems and remedies, In **Hoyle, R. H. (Hrsg.):** Structural equation modeling: Concepts, issues, and applications, Sage Publications, 56–75.

Wille, Eberhard (1999): Koreferat zu „Ordnung und Inhalte eines sinnvollen Kassenwettbewerbs in regionaler Perspektive", In **Knappe, Eckhard (Hrsg.):** Wettbewerb in der Gesetzlichen Krankenversicherung. Tagungsband des Gesundheitsökonomischen Ausschusses, Baden-Baden, 169–177.

Wille, Eberhard et al. (2008): Fokus Krankenversicherungsmarkt. Herausforderungen der jüngsten Gesundheitsreform, Veröffentlichung der Accenture GmbH.

Wille, Eberhard/Ulrich, Volker/Schneider, Udo (2009): Morbiditätsorientierte Weiterentwicklung des Risikostrukturausgleichs: Chancen und Risiken, In **Göpffarth, Dirk et al. (Hrsg.):** Jahrbuch Risikostrukturausgleich 2008, Asgard-Verlag, 73–100.

Wimmer, Katja (2010): Wissenschaftliche Evaluation eines selektivvertraglichen Kooperationsmodells zwischen Arztpraxis und Krankenkasse, Monitor Versorgungsforschung, 3 Nr. 6 (2010), 24–26.

Winkelhake, Olaf/Miegel, Ulrich/Thormeier, Klaus (2002): Die personelle Verteilung von Leistungsausgaben in der Gesetzlichen Krankenversicherung 1998 und 1999. Konsequenzen für die Weiterentwicklung des deutschen Gesundheitssystems, Sozialer Fortschritt, 51 Nr. 3 (2002), 58–61.

Wöhe, Günter (1990): Einführung in die allgemeine Betriebswirtschaftslehre, 17. Auflage. München: Vahlen.

World Health Organization (2000): The world health report 2000. Health systems: improving performance, http://www.who.int/entity/whr/2000/en/whr00_en.pdf (Verfügbarkeitsdatum: 21.02.2011).

World Health Organization (2003): Adherence to long-term therapies: evidence for action, http://whqlibdoc.who.int/publications/2003/9241545992.pdf (Verfügbarkeitsdatum: 26.01.2010).

Zanger, Cornelia/Deckow, Frauke (2006): Vertrauen durch Kompetenzmarketing, In **Bauer, Hans/Neumann, Marcus M./Schüle, Anja (Hrsg.):** Konsumentenvertrauen. Konzepte und Anwendungen für ein nachhaltiges Kundenbindungsmanagement, Vahlen, 39–52.

Zentner, Annette/Garrido, Marcial Velasco/Busse, Reinhard (2008): Effekte des Gatekeeping durch Hausärzte, Systematischer Review für das Sondergutachten „Koordination und Integration – Gesundheitsversorgung in einer Gesellschaft des längeren Lebens“ des Sachverständigenrates zur Begutachtung der Entwicklung im Gesundheitswesen, Berlin 18.12.2008, http://www.svr-gesundheit.de/Gutachten/Uebersicht/Anhang%20GA2009/UebersichtAnhang GA2009.htm (Verfügbarkeitsdatum: 11.05.2010).

Zentralinstitut für die kassenärztliche Versorgung (2010): Teilnahme an gesetzlichen Früherkennungsuntersuchungen und an Beratungen zur Prävention des Darmkrebs (in Prozent der anspruchsberechtigten Altersgruppen) im Jahr 2008 (Bundesgebiet), http://www.zi-berlin.de/news/downloads/Beteiligungsraten_2008_Bundesgebiet.pdf (Verfügbarkeitsdatum: 24.01.2010).

Ziegenhagen, Dieter J./Frye, Christian/Kottmair, Stefan (2005): Patientenzentrierte Gesundheitsprogramme. Konzeptionen und praktische Erfahrungen am Beispiel der Indikation chronische Herzinsuffizienz, Zeitschrift für Evidenz, Fortbildung und Qualität im Gesundheitswesen, 99 Nr. 3 (2005), 209–215.

Zok, Klaus (2002): Erwartungen der Versicherten an die Gesetzliche Krankenversicherung, Arbeit und Sozialpolitik, 56 Nr. 3-4 (2002), 29–35.

Zok, Klaus (2003): Immer mehr Versicherte wollen wechseln, Gesundheit und Gesellschaft, 6 Nr. 9 (2003), 38–41.

Zok, Klaus (2005): Bonusprogramme und Zusatzversicherungen in der GKV. Ergebnisse einer Repräsentativumfrage unter 3.000 GKV-Mitgliedern, WIdO-monitor, 2 Nr. 1 (2005), 1–7.

Zok, Klaus (2006): Beitragssatzkenntnis und Wechselbereitschaft in der GKV. Ergebnisse von Repräsentativumfragen bei GKV-Mitgliedern im Zeitverlauf, WIdO-monitor, 3 Nr. 2 (2006), 1–7.

Zok, Klaus (2009): Erwartungen an die GKV nach Einführung des Gesundheitsfonds. Ergebnisse einer Repräsentativ-Umfrage unter 3.000 GKV-Versicherten, WIdO-monitor, 6 Nr. 1 (2009), 1–8.